LA MARQUE

SOUS LA DIRECTION DE

JEAN-NOEL KAPFERER

JEAN-CLAUDE THOENIG

LA MARQUE

MOTEUR DE LA COMPETITIVITE DES ENTREPRISES ET DE LA CROISSANCE DE L'ECONOMIE

Préface de François Dalle

McGRAW-HILL

Paris — Auckland — Bogota — Caracas — Hambourg — Jakarta — Lisbonne — Londres — Madrid — Mexico — Milan — Montréal — New Delhi — New York — Panama — San Juan — São Paulo — Singapour — Sydney — Tokyo — Toronto.

Maquette de couverture : Françoise Rojare

ISBN : 2-7042-1213-9

McGraw-Hill - 28, rue Beaunier - 75014 Paris

Table des matières

Deuxième partie
Les comportements face à la marque

Troisième partie
La marque dans l'économie moderne

Quatrième partie
La marque moderne en perspective

Présentation des auteurs

1. AUTEURS ET COORDINATEURS

Jean-Noël Kapferer

Psycho-sociologue, HEC, Ph.D. de Northwestern University (USA).
Professeur au centre HEC-ISA, Jouy-en-Josas.
Auteur de :
— *La Sensibilité aux marques* (avec G. Laurent), Paris, Editions Jours de France, 1983.
— *Les Chemins de la persuasion*, Paris, Dunod, 1984.
— *L'Enfant et la publicité*, Paris, Dunod, 1985.
— *Rumeurs*, Paris, Editions du Seuil, 1987.

Jean-Claude Thoenig

Sociologue, doctorat de Sociologie, Université de Genève (Suisse).
Directeur de recherches au CNRS.
Professeur à l'INSEAD-CEDEP, Fontainebleau.
Auteur de :
— *L'Administration en miettes* (avec F. Dupuy), Paris, Fayard, 1985.
— *La Loi du marché* (avec F. Dupuy), Paris, L'Harmattan, 1986.
— *L'Ere des technocrates*, Paris, L'Harmattan, 1987.
— *Les Politiques publiques* (avec Y. Meny), Paris, PUF, 1989.

2. AUTEURS

Odilon Cabat

Sémiologue, licencié ès Philosophie et maîtrise de Logique Formelle, Université de Paris 1, Sorbonne.

Véronique de Chantérac

Docteur en Droit, Université de Montpellier (France).
Diplômée du Centre universitaire d'études des Communautés européennes.
Professeur-Associé au centre HEC-ISA de Jouy-en-Josas.
Auteur de :
— *Le Droit de la publicité et de la promotion des ventes,* Paris, Dalloz, 1986.

François Contensou

Economiste, ESSEC, DES de Sciences Economiques (Paris 1).
Agrégé des Techniques économiques et de gestion.
Professeur d'économie à l'ESSEC.

François Dupuy

Sociologue, diplômé de l'IEP (Paris), maîtrise d'Histoire (Université de Paris).
Chargé de recherche au CNRS.
Professeur à l'INSEAD-CEDEP, Fontainebleau.
Auteur de :

— *Sociologie de l'administration* (avec J.C. Thoenig), Paris, A. Colin, 1983.
— *L'Administration en miettes* (avec J.C. Thoenig), Paris, Fayard, 1985.
— *La Loi du marché* (avec J.C. Thoenig), Paris, L'Harmattan, 1986.

Jean-Jacques Lambin

Economiste, docteur ès Sciences économiques appliquées, Université catholique de Louvain-la-Neuve (Belgique).
CRB Graduate Fellow, University of California, Berkeley (USA).
Professeur de marketing à l'Université catholique de Louvain-la-Neuve (Belgique).
Doyen de Lovanium international management center, Bruxelles.
Auteur de :

— *Advertising, Competition and Market Conduct in Oligopoly over Time,* North-Holland, American Elsevier, 1976.
— *Le Marketing stratégique,* Mc Graw Hill, 1986.

Romain Laufer

HEC, M.A., Ph.D. de Cornell University (USA).
Professeur de marketing au centre HEC-ISA, Jouy-en-Josas.
Auteur de :

— *Mercator : théorie et pratique du marketing* (avec J. Lendrevie et D. Lindon), Paris, Dalloz, 1983.
— *Management public : gestion et légitimité* (avec A. Burland), Paris, Dalloz, 1980.
— *Le Prince bureaucrate : Machiavel au pays du marketing* (avec C. Paradeise), Paris, Dalloz, 1982.

Gilles Laurent

HEC, Ph.D. Massachusetts Institute of Technology, Cambridge (U.S.A.).
Professeur de marketing au centre HEC-ISA.
Auteur de :

— *La Sensibilité aux marques* (avec J.N. Kapferer), Paris, Editions Jours de France, 1983.

Daniel Soulié

HEC, licence ès Sciences économiques (Université de Paris).
Docteur d'Etat en Economie appliquée (Université de Paris-Dauphine).
Agrégé de Sciences économiques et de gestion.
Professeur de gestion à l'Université de Paris-Dauphine.

Bernard Yon

Economiste, ESSEC, Ph.D. de Cornell University (U.S.A.).
Professeur et Directeur à l'Institut de gestion internationale agro-alimentaire (Groupe ESSEC).
Auteur de :

— *Le Comportement marketing de l'entreprise : une approche économétrique,* Paris, Dunod, 1976.
— *Le Marketing agro-alimentaire,* Paris, Dalloz, 1976.
— *La Fonction chef de produit* (avec G. Panigyrakis), Paris, les Editions d'Organisation, 1987.

Masaru Yoshimori

B.A. en Economie (Université Métropolitaine de Tokyo), INSEAD.
Docteur en Economie (Université de Montpellier 1).
Professeur et Doyen-Associé de la Graduate School of International Management, International University of Japan, Niigata, Japon.
Auteur de :

— *Idéologies et comportements des entreprises françaises* (en japonais), Diamond Inc., 1984, Tokyo.
— *Les Entreprises japonaises,* Paris, PUF, Que sais-je, n° 2186, 1987.

Préface

par François Dalle

Voici un ouvrage qui reconnaît à la marque son véritable statut. La marque est un phénomène central des économies modernes, à la fois comme facteur de leur compétitivité, mais aussi comme catalyseur des relations entre les différents acteurs économiques.

Mes premières réflexions sur la marque datent de mes tout débuts de carrière. C'était pendant l'Occupation. Je venais d'entrer, à Paris, dans l'affaire Monsavon. La marque était attrayante, aimée du consommateur, auprès duquel elle avait acquis, dans les années trente, ses lettres de noblesse. Mais, avec la guerre et l'occupation, et les restrictions de matières premières qui en étaient résultées, le produit que supportait cette marque si prestigieuse était devenu une espèce d'ersatz. Nous en souffrions tous.

Mais toutes les marques en étaient là, et pas seulement en France d'ailleurs. Les GI's sont arrivés en 1944 avec, dans leurs musettes, les produits de première nécessité que leur fournissait l'intendance de l'armée américaine. Ces produits portaient des noms prestigieux, mais ils avaient dû, eux aussi, s'adapter aux circonstances. Je me rappelle, en particulier, que les conditionnements des produits portant la marque Gillette étaient uniformément kaki. Et Gillette expliquait fièrement qu'il avait résolu, lui aussi, de se mettre en *battle dress*.

Les marques des produits industriels avaient donc subi, partout, et en Europe sans doute plus gravement qu'en Amérique, les atteintes d'une économie de guerre. Mais partout, et même en Europe, nous avons pu constater que les marques qui avaient retrouvé, après la guerre, leur niveau de qualité des années 30 avaient, du même coup, recouvré tout leur prestige auprès des consommateurs. En faisant, à l'époque, cette constatation, je me disais que l'attachement du consommateur pour la marque était, au fond, le symbole d'un attribut qui pourtant lui est refusé en droit : *l'affectio societatis*. Depuis, je n'ai cessé de me renforcer dans cette conviction en constatant la dépersonnalisation et la volatilité du capital dans la plupart de nos entreprises. Et comme l'attachement du travailleur ne dure que le temps de sa vie active, c'est finalement le consommateur qui constitue, de génération en génération, l'élément le plus stable de l'entreprise. Et c'est par la marque que se scelle leur attachement réciproque.

Attachement, le mot n'est pas trop fort. Combien de fois ai-je pu constater, en effet, que les consommateurs n'hésitaient pas à s'adresser directement aux fabricants lorsque la qualité de leurs produits habituels leur paraissait baisser ou se trouvait dépassée par celle d'un produit concurrent. De tels comportements ne s'expliquent évidemment pas par la théorie économique, qui postule qu'en cas d'insatisfaction le consommateur devrait, purement et simplement, se détourner de la marque et lui préférer une concurrente. Il faut donc croire que le consommateur a ses raisons que la raison ne connaît pas.

Mais nous savons tous très bien, dans notre vie quotidienne, ce qu'il peut en coûter de décevoir les élans du cœur. Cela vaut pour la marque. Combien de marques, qui avaient eu leur moment de gloire dans les années cinquante, sont aujourd'hui tombées dans l'oubli ! En France Simca, Matford pour l'automobile, Teppaz, Grandin pour la radio, Matho pour les apéritifs, Catox pour la lessive, la liste serait longue des marques disparues en dix ou vingt ans, chez nous comme à l'étranger. Pourquoi toutes ces disparitions ? Je pense que la raison essentielle en est que ces marques étaient, ou étaient devenues, ce que j'appellerais des marques paresseuses.

C'est un risque contre lequel j'ai eu la chance, pour ma part, d'être très tôt prévenu. Les hasards de la vie m'ont permis, en effet, de nouer des relations professionnelles suivies, dès la fin des années quarante, avec l'une des entreprises américaines les plus prestigieuses. Grâce à ces contacts, j'ai pu me rendre compte de tout ce que le souci de maintenir son prestige à une marque nécessitait d'efforts : efforts pour anticiper les besoins des consommateurs, et « saisir ce qui commence » avant les concurrents, efforts pour rechercher de nouveaux principes actifs et développer des produits améliorés, efforts pour rendre les opérations de production industrielle plus sécurisantes et plus économiques, efforts, enfin, pour capter l'attention du public et l'informer des mérites nouveaux que la marque s'est acquis, du fait de ses efforts dans les domaines du marketing, de la recherche et de la production.

Il est vrai que pendant des décennies, pendant toutes ces années qu'il fallut pour que nos sociétés sortent, les unes des pénuries, les autres des privations du temps de guerre, ce jeu fut relativement facile. J. Kenneth Galbraith a dit de cette époque qu'elle avait été celle de la « filière inversée ». On vendait ce qu'on produisait et l'on avait tendance à décerner le qualificatif « nouveau » à des produits qui ne l'étaient pas fondamentalement. A défaut de pouvoir s'excuser, cela s'expliquait objectivement par le fait que la ressource rare était la production. Les équipements ne paraissaient jamais assez massifs pour répondre aux appétits du marché, cependant ils l'étaient suffisamment pour être trop rigides. Ils s'adaptaient mal à une production trop fréquente de réelles nouveautés. Ils incitaient, au contraire, à la standardisation des produits et à la fausse nouveauté.

Beaucoup de marques se sont déconsidérées par ces conduites, notamment les marques américaines d'automobiles qui provoquèrent, comme on le sait, à la fin des années soixante, la contestation consumériste de la « filière inversée ».

Les constructeurs de Detroit passaient, dans les *business schools*, pour des as du marketing, peut-être parce qu'ils excellaient à jeter un peu de poudre aux yeux des consommateurs. Chaque année, en effet, ils les avaient accoutumés à modifier le *look* de leurs voitures, mais sans jamais rien changer de fondamental, ni à leur motorisation, ni à leur sécurité, ni à leurs performances, ni à leur confort, ce qui leur évitait de remettre en cause tout un système de recherche et développement, de production et d'approvisionnement qui se caractérisait par le gigantisme, le conformisme et la rigidité. Il faut savoir, par exemple, que la grande General Motors dut se livrer à un *lobbyisme* forcené pour repousser, d'année en année, et ce pendant plusieurs années, les dates d'application des réglementations relatives à la pollution et à la consommation énergétique des moteurs à explosion.

Ce sont les Japonais qui ont montré la voie du redressement de la filière inversée. Ils l'ont fait à partir du milieu des années soixante-dix en commençant justement par l'automobile et en étendant progressivement au reste de leur système industriel, un nouveau mode d'organisation de la production qui permettait de fabriquer des produits diversifiés, en séries courtes, mais aussi économiquement, et même plus économiquement que ne le permettait la production de masse, à l'américaine, de produits rigoureusement standardisés. Ce nouveau mode d'organisation est progressivement adopté maintenant par les autres continents industriels, l'Amérique et l'Europe. Le prestige de la marque va gagner à cette évolution.

Dès lors que les outils de production sont plus flexibles et plus adaptatifs, les entreprises sont, en effet, mieux à même d'opérer comme des « systèmes ouverts ». La fonction marketing devient réellement la fonction majeure de progrès, car c'est d'elle que dépendent l'appréciation correcte des critères de segmentation des marchés et, par conséquent, la déclinaison des recherches de nouveaux produits et la diversification des catalogues de production. Encore faut-il, cependant, faire savoir, le moment venu, aux différents segments de consommateurs intéressés que ces recherches ont abouti et que les produits sont disponibles dans la distribution pour répondre à leurs attentes. C'est là, dans la production économique de toute cette information par nature diversifiée, que se déplacera désormais le problème. En d'autres termes, le souci d'économie d'échelle n'est plus de nos jours dans la production, il est dans la communication publicitaire et dans la distribution. Dans ces conditions, la marque devient économiquement essentielle. Elle permet de condenser l'information publicitaire relative à une gamme diversifiée de produits ; elle permet, du même coup, au consommateur de repérer, avec le minimum de perte de temps, la gamme de produits qui l'intéresse parmi les linéaires d'un magasin en libre-service. Et dès lors qu'elle fait ainsi l'affaire du consommateur, la marque fait aussi celle du distributeur. Aucun des distributeurs que j'ai connus dans ma carrière n'en a, d'ailleurs, jamais douté. Car ce qui compte, dans le commerce moderne, c'est la circulation rapide des chalands et des produits.

Dans nos sociétés, le domaine de l'économique est central. Lorsqu'elle joue pleinement son rôle de fédérateur des intérêts respectifs du consommateur, du distributeur et du fabricant, la marque devient, du même coup, phénomène social. Elle sublime, dans son énoncé, tout le savoir-faire du pays dont elle est issue. Il suffit d'évoquer Hoechst, General Motors ou Sony pour voir en filigrane l'Allemagne, l'Amérique ou le Japon. « Ce qui est bon pour la General Motors est bon pour l'Amérique », n'était-ce pas, justement, une façon de voir, dans la General Motors, comme une moderne allégorie de l'Amérique ? Mais, en même temps, quelle responsabilité sociale pour la General Motors ! On a vu, tout à l'heure, qu'elle ne l'avait pas toujours assumée avec bonheur. De même, Renault a longtemps été, pour la France, ce que General Motors avait été pour les Etats-Unis : la vitrine de toute une industrie. Or ce qui à l'époque était — peut-être — bon pour Renault ne l'était pas nécessairement pour le reste de la France industrielle.

La marque est signe de reconnaissance d'une excellence, en même temps qu'elle oblige à l'excellence, au sens où l'on dit, justement, que « noblesse oblige ». Peut-être avons-nous, jusqu'ici, accordé trop d'importance à quelques marques phares, surtout en France, où le poids de l'Etat sur le système industriel est excessif et a tendance à donner de l'« enflure » aux grandes entreprises. La puissance d'une économie est, à l'évidence, plus assurée si elle dépend de cent marques de marchés de masse que de dix marques de marchés de prestige.

Nos marques sont nos titres de noblesse. La Cour de nos modernes Monarques ne manque pas de Grands Ducs. Mais nos provinces manquent de hobereaux.

L'essentiel de la vie professionnelle de François Dalle s'est confondu avec celle de L'Oréal — premier groupe mondial de produits cosmétiques — qu'il a dirigé comme PDG pendant quarante ans, jusqu'en 1984. François Dalle est aujourd'hui Président du comité stratégique de L'Oréal. Il est également premier Vice-Président de Nestlé.

Son souci de promouvoir une réflexion sur l'entreprise contemporaine l'a amené à écrire plusieurs ouvrages dont « L'Entreprise du futur », « Quand l'entreprise s'éveille à la conscience sociale », etc. François Dalle a été à deux reprises chargé par le Gouvernement français de mener une réflexion, d'une part sur l'industrie automobile française, en 1984, et d'autre part sur l'emploi, en 1987.

Introduction

La marque : nouveaux enjeux, nouvelles perspectives

par Jean-Noël Kapferer et Jean-Claude Thoenig

Omniprésente sur les marchés, la marque demeure pourtant une réalité méconnue. Le constat de ce paradoxe explique le présent ouvrage consacré à la marque, son statut économique et social, les mythes et les vérités qui l'accompagnent.

En tant que pratique d'entreprise, la marque étend chaque jour son territoire. Longtemps confiné aux biens de grande consommation, l'usage de la marque pénètre désormais de nouveaux secteurs d'où il semblait a priori exclu. On trouve des marques de fruits qui ne se confondent pas avec l'appellation d'origine. Le marché du vin découvre la logique des marques. L'industrie lourde, elle-même longtemps réticente à utiliser la marque, en perçoit depuis peu l'utilité si ce n'est la nécessité : Saint-Gobain crée des marques internationales de verre plat, Alcan développe des marques de profilés en aluminium, différentes du nom de ces sociétés. Enfin, une des manifestations les plus visibles des changements survenus en Chine et dans les pays de l'Est réside dans l'apparition progressive de marques sur les rayons des magasins, en remplacement des produits génériques. La marque devient donc un phénomène universel, une pratique tendant à se généraliser.

Or, en dépit de son extension croissante, la marque reste un objet d'ignorance à bien des égards. Omniprésente, on la réduit pourtant à un phénomène technique, une tactique de communication ou à un enjeu moral, deux façons d'en marginaliser la portée.

C'est ainsi que la marque est quasiment absente des savoirs fondamentaux qui constituent la référence culturelle des acteurs économiques, qu'il s'agisse des entrepreneurs ou des pouvoirs publics. La science économique a longtemps ignoré puis hésité face à la marque. Par exemple, le modèle idéal de la micro-économie — celui de la concurrence pure et parfaite — ne parle que de produits et de prix. Plus tard, sous la contrainte des faits, la théorie économique développera des modèles de concurrence dite « imparfaite », où la marque apparaît présentée comme une des sources de cette « imperfection ». En se constituant une clientèle satisfaite donc fidèle, elle freinerait la fluidité des choix des acheteurs. Comme on le constate, l'entrée de la marque dans les schémas théoriques classiques ne s'est pas faite sans un jugement de valeur, si ce n'est une contestation de sa légitimité. La théorie du management, de son côté, l'a cantonnée à un sujet pour vendeurs et pour publicitaires. Il est significatif que la plupart des livres de marketing mettent l'accent sur le produit, le prix, la distribution et la communication. La marque y est mentionnée mais au milieu des techniques de communication. Quant à l'organisation et la mise en place de structures de marketing, ces livres parlent avant tout de « chef de produit » et moins de « chef de marque ».

Si la théorie fait peu de place à la marque, celle-ci donne lieu en revanche à d'abondants débats d'opinion. D'une certaine façon le vide théorique a laissé libre cours et a été compensé par un discours normatif sur ce qu'il faut penser des marques, sur ce qu'il faut faire des marques. Les critiques des milieux consuméristes agitaient le spectre de l'influence toute puissante des marques et de la manipulation des consommateurs. Les distributeurs ont parfois poursuivi ces critiques en leur ajoutant un thème auquel tout gouvernement est sensible, celui de la hausse des prix. En bref, alors que la marque est au centre de la vie économique, qu'elle structure les relations entre agents économiques (acheteurs, producteurs, distributeurs et l'Etat, les pouvoirs publics), la plupart des décisions qui se prennent à son égard reposent, aujourd'hui encore, plus sur un corps d'opinions collectives que sur un savoir scientifique et serein, développé à l'abri des parti-pris idéologiques et des lobbys.

Le présent ouvrage a précisément pour but de combler ce vide. Il ne s'agit pas de bâtir une théorie de la marque qui serait un exercice de style purement axiomatique, mais d'analyser le phénomène de marque dans ses manifestations économiques, à travers le comportement concret des acteurs dans les marchés où il y a marques. En d'autres termes, nous voulons donner la parole à la marque : qu'est-elle devenue dans les faits ? à quoi sert-elle ? qui concerne-t-elle vraiment ? quels sont ses rôles, ses fonctions, ses effets ?

Pour mener à bien cette tâche, première de son genre à notre connaissance, même sur un plan international, plusieurs options fondamentales ont été retenues.

— Nous avons constitué une équipe pluridisciplinaire de chercheurs universitaires, reconnus et experts dans leur domaine. En effet, la marque peut être analysée sous de multiples facettes et ne saurait être réduite à une seule d'entre elles. Aussi, chaque chapitre représente le point avancé des connaissances sur la marque, au travers du prisme des disciplines que sont la psychologie, la sociologie, l'économie, la sémiologie, la philosophie, le marketing, la science politique... Néanmoins, bien qu'appartenant à des perspectives et des disciplines différentes, tous les auteurs ont pour centre de leur activité de recherche l'entreprise et les comportements de marché. Leurs analyses sont en prise directe avec la réalité. Il ne s'agit donc pas, par exemple, d'écouter un psychologue parler de la marque, mais de suivre les derniers développements de la psychologie de la marque.

— La seconde option fut d'adopter une perspective internationale. Portant sur la structure du phénomène de marque et sur la dynamique du comportement des acteurs sur les marchés, les conclusions de l'ouvrage ont une portée qui intéresse l'ensemble des sociétés et des économies avancées. D'autre part, tous les auteurs ont une formation universitaire et professionnelle internationale. Nous avons, de plus, cherché à intégrer des auteurs de plusieurs nationalités, pour enrichir l'ouvrage de perspectives culturelles différentes. Même lorsqu'il présente des exemples nationaux, chaque chapitre a été écrit en pensant à un lecteur international.

— La troisième option est celle de la recherche de l'objectivité. Comme nous le verrons, la marque est devenue un terrain d'enjeux considérables et un pôle de tension entre les acteurs, que ces enjeux et ces acteurs soient économiques mais aussi politiques, culturels ou même technologiques. Car la marque est devenue bien autre chose qu'un banal fait publicitaire ou de marketing. Elle constitue aujourd'hui un fait social global, elle intéresse la vie quotidienne du consommateur autant que la guerre économique entre les nations, elle structure les rapports entre les agents économiques.

Aussi, derrière les opinions couramment entendues sur la marque, l'analyste doit déceler l'intention stratégique sous-jacente. Les déclarations émises sur la marque par les acteurs du marché seront donc prises pour ce qu'elles sont, des actes de communication et de persuasion, et analysées en tant que tels. Ce faisant, nous serons amenés à mettre en lumière des stratégies jusqu'à présent dans l'ombre ou des processus méconnus. Dans son travail d'analyse et de mise à nu des phénomènes, le chercheur peut être amené à heurter des intérêts particuliers. C'est le risque de toute recherche sur un sujet où l'enjeu a trop longtemps primé sur le savoir.

— Pour assurer la pérennité de l'ouvrage, nous avons volontairement réduit la part des données purement descriptives. Chaque chapitre a une vocation explicative et a pour but de mettre en lumière des mécanismes fondamentaux. Pour ce faire, il s'appuie certes sur des données actuelles, mais l'intention est de fournir un modèle explicatif durable, de révéler la dynamique des phénomènes observés, d'en montrer les causes structurelles, et non de présenter une photographie du moment.

— Enfin, l'analyse a volontairement porté sur un vaste ensemble de biens et de marchés : produits de grande consommation certes, mais aussi services, produits durables, produits industriels voire matières premières. L'analyse structurelle du phénomène de marque, pour être robuste, doit pouvoir s'étendre à un échantillon contrasté d'exemples.

L'ouvrage a pour ambition d'apporter des éclairages nouveaux, originaux, à la pointe de la recherche sur le phénomène de marque dans les marchés modernes. Il n'est donc pas une synthèse rétrospective de travaux antérieurs déjà connus sur la marque. Chacun connaît les écrits de Chamberlin, Lancaster, Dichter, Levy, Barthes ou Baudrillard. Depuis lors le phénomène de marque a pris de l'ampleur, s'est précisé dans ses implications et ses enjeux économiques et sociaux. Le livre vise donc à cerner la marque dans sa réalité moderne et à y pénétrer par de nouvelles clés d'analyse et de lecture.

Le livre se divise en quatre parties.

— La première a pour but d'éclairer ce dont on parle. Qu'est-ce qu'une marque ? Quelle différence y-a-t-il entre la marque et le produit ou entre marque et publicité ? Deux éclairages seront utiles à ce stade : celui de l'analyse stratégique et celui du droit international comparé.

— La seconde partie aborde la marque sous l'angle comportemental. Elle développe le concept de « sensibilité aux marques » et analyse les facteurs expliquant pourquoi les acheteurs sont sensibles aux marques dans certains marchés mais insensibles dans d'autres. La place de la marque dans le processus de décision d'un acheteur sera analysée en tenant compte des nouvelles perspectives de la psychologie cognitive. L'analyse économétrique de la relation entre la publicité et les ventes permettra de jeter un regard scientifique sur l'hypothèse souvent entendue de la toute puissance de la marque et de son influence sur le comportement des consommateurs. L'analyse sociologique du jeu des acteurs dans différents marchés montrera enfin le pouvoir structurant qui est celui de la marque dans les relations de collaboration ou d'antagonisme entre agents économiques.

— La troisième partie analyse, à travers une lecture économique, le statut de la marque dans la concurrence et son rôle par rapport au bien-être des nations. Seront abordées les différentes stratégies de qualité qui peuvent être reliées aux marques. Puis l'on traitera de la manière dont la marque participe à l'innovation en matière de biens et de services. Enfin les développements les plus récents de la théorie économique permettront d'analyser objectivement l'opinion fréquemment entendue liant marques, prix et inflation.

— La marque figure au cœur de la notion de marketing. Néanmoins, elle s'inscrit dans la longue tradition des « signes distinctifs mis sur une chose pour la distinguer, la reconnaître ou servir de repère ». La marque est donc une notion bien plus ancienne que le marketing. La quatrième partie analyse les racines historiques de la marque. En situant la marque dans l'histoire très ancienne des signes distinctifs, on comprend mieux les fondements structurels et les fonctions de la marque moderne. D'autre part, le détour historique permet de clarifier enfin les débats actuels portant sur la légitimité même de la marque et du marketing.

Ce livre veut parler à ceux et à celles qui exercent des responsabilités dans l'entreprise, dans l'économie et dans la vie publique : chefs et cadres d'entreprise, hommes politiques et hauts fonctionnaires, associations de consommateurs, journalistes et pédagogues. En même temps il s'adresse aux futurs responsables que sont les étudiants. D'où le choix d'un style qui soit abordable mais sans concessions sur le fond et sur la rigueur de l'analyse.

L'exercice de responsabilités suppose une appréciation exacte des phénomènes sur lesquels on doit agir. Or, il existe un décalage dans la diffusion du savoir. Une génération d'auteurs produit des théories, une autre les enseigne, la troisième se nourrit de ces théories et base ses décisions sur celles-ci. Comme on le verra dans chaque chapitre, les développements récents de chacune des disciplines contribuant à l'ouvrage remettent en cause maintes opinions et conceptions du phénomène de marque. C'est le vœu secret de chacun des chercheurs participant à ce livre de contribuer par leurs recherches à rendre les décisions des agents économiques plus rationnelles, moins fondées sur des impressions et opinions et plus sur des faits.

PREMIÈRE PARTIE

Réalité de la marque moderne

Chapitre 1

La face cachée des marques

par Jean-Noël Kapferer

En 1981, la communication publicitaire de Nescafé changea radicalement. Délaissant les images de consommateurs heureux et satisfaits de l'excellence de leur café soluble, la nouvelle publicité de Nescafé avait pour théâtre les paysages grandioses des Andes, traversés par un petit train bringuebalant, le tout sur un fond de musique folklorique colorée et enjouée.

Cette rupture dans le style et les codes de la communication de Nescafé fit l'effet d'une bombe dans le microcosme des spécialistes du marketing et de la publicité. Que signifiait donc ce changement de stratégie de la marque ? Pourquoi, prenant pour décor l'Amérique du Sud, la marque empiétait-elle sur ce qui était, jusqu'alors, considéré comme le territoire réservé de la marque de café moulu Jacques Vabre et de son émissaire exigeant et intraitable, le « gringo » ? Les exégèses et interprétations se multiplièrent dans les revues spécialisées du métier : pour certains, la marque Nescafé cherchait à se doter d'une virginité nouvelle, en replongeant aux racines du café. L'Amérique du Sud, continent mythique de l'imaginaire du café, serait le Jourdain lavant la marque Nescafé de quelque péché originel. Pour d'autres, dans une logique concurrencielle, Nescafé visait précisément à éviter que l'Amérique du Sud ne devienne irrémédiablement associée à une autre marque. Il fallait donc rompre le statu quo des codes publicitaires.

Toutes ces interprétations avaient un point commun. Elles posaient le problème en termes publicitaires : un combat de codes, de signes, d'images, d'imaginaires. Toutes se trompaient : la nouvelle campagne Nescafé n'était que l'expression d'un événement considérable dans le processus de fabrication de Nescafé. Après quarante années de recherche fondamentale et des millions de francs investis dans le procédé de fabrication, la marque Nescafé avait réussi à conserver intacte pratiquement l'intégralité des huit cents arômes qui font l'arôme d'un café. Impossible auparavant, Nescafé savait désormais retrouver dans la tasse de café soluble le goût spécifique de grains d'origines différentes. Nestlé pouvait donc enfin proposer aux consommateurs différents purs arabicas (Alta Rica d'Amérique Centrale, Cap Colombie), les différences de goût des grains se retrouvant dans la tasse.

Présenté par les experts comme pur combat d'images et effets de manche publicitaires, le changement de la publicité Nescafé était en réalité l'expression d'une avancée radicale dans la performance des produits. C'est parce qu'elle se savait désormais fidèle au goût du grain que la marque de café soluble avait décidé de communiquer sur l'authenticité et donc tourné le film de lancement de ses purs arabicas dans leur continent d'origine.

Cet exemple est symptomatique de la vision fragmentée que l'on a aujourd'hui de la marque, même dans les milieux qui font l'opinion. Tel un iceberg, on ne veut retenir de la marque que la partie émergée, c'est-à-dire la publicité et le comportement au point de vente. Or ce n'est pas la communication qui fait les marques : on ne peut communiquer que sur ce qui existe. Ce qui fonde la marque, c'est le renouvellement permanent de la qualité et des performances du produit, l'innovation et la responsabilité.

Dans ce chapitre, nous examinerons la face cachée des marques : la recherche, l'innovation, l'investissement dans l'amélioration permanente des performances des produits, de la productivité et de la qualité. Au travers de plusieurs exemples, nous illustrerons ce qui fait une vraie marque, son comportement. Dans une deuxième partie, nous nous interrogerons sur les rapports existant entre la marque, le produit et la communication. Enfin nous analyserons les sources et les finalités de cette perception actuelle de la marque, qui met exclusivement l'emphase sur la communication, passant sous silence la partie immergée de l'iceberg : sa focalisation sur le progrès du produit.

1. L'AUTO-EXIGENCE DE LA MARQUE

Au niveau des produits de grande consommation, d'achat répétitif et de prix modique, le consommateur peut aisément juger les performances ou les goûts des différentes marques existant dans une catégorie de produits. Tous les jours, les consommateurs comparent les marques les unes avec les autres et les évaluent en fonction de leurs goûts ou besoins. S'ils sont fidèles à une marque, c'est que celle-ci leur apporte une meilleure performance ou répond mieux que d'autres à leur besoin spécifique. Mais ils ne se privent pas d'essayer de temps en temps une autre marque pour vérifier le bien-fondé de leur préférence. La lecture des panels de consommation est révélatrice à cet égard : le consommateur achetant exclusivement une seule marque est une rareté statistique (Jacoby, Chestnut, 1978).

Contrairement à ce que beaucoup croient, la marque n'est pas une rente, un abonnement passé avec les consommateurs. La marque ne dure que si elle apporte une vraie valeur ajoutée. Soumise à d'incessants tests par les consommateurs, qui comparent et qui s'habituent vite aux innovations au point de considérer comme normal le dernier progrès apporté par la marque, celle-ci n'a pas d'autre issue pour survivre que de remettre constamment le produit sur le métier. La valeur ajoutée n'est jamais acquise une fois pour toutes. D'une part la concurrence tente de rattraper la marque, d'autre part chaque progrès des performances accroît le niveau d'exigence des acheteurs et suscite de nouvelles attentes.

L'exemple de Nescafé illustre l'obligation d'auto-exigence de la marque pour maintenir sa valeur ajoutée et sa supériorité partielle. Entre le premier Nescafé, créé en 1938, et ceux d'aujourd'hui, la marque est la même mais les produits sont incomparables. C'est le résultat de cinquante années de recherche fondamentale et appliquée, d'acquisition d'un savoir exclusif sur les molécules constituant les arômes du café, d'un savoir-faire technologique toujours renouvelé.

Le premier axe des recherches consista à éliminer quelques goûts indésirables, introduits par le procédé de déshydratation de l'époque. En effet dans son principe, après avoir fait passer de l'eau chaude sur du café moulu, le procédé idéal consiste à enlever l'eau chaude sans rien enlever d'autre ni rien créer d'autre. Or le procédé d'origine nécessitait des hydrates de carbone (sucres) pour fixer la poudre de café issue de la déshydratation, d'où l'apport d'une pointe caramélisée au goût originel du café. Les progrès technologiques permirent de supprimer dès 1954 ces hydrates de carbone et d'obtenir la fameuse poudre soluble par seule pulvérisation d'un courant d'air chaud. Ayant maîtrisé le problème des goûts parasites, les chercheurs de Nestlé attaquèrent celui, bien plus considérable, de la conservation des arômes. En effet, le goût et l'odeur du café sont en réalité le résultat de 800 arômes. Or les plus subtils, les plus fins, sont aussi les plus volatils ; ils disparaissaient pendant le processus de fabrication. Depuis cette date, la vie de Nescafé est jalonnée des progrès de la difficile reconquête et conservation des arômes.

— En 1962, Nescafé fait l'objet d'un relancement marketing avec un nouveau concept publicitaire « tout arôme » et le passage à un emballage en verre. Ce slogan reflétait d'une part qu'il n'y avait plus de goût parasite, d'autre part que la recherche avait permis une amélioration significative de la conservation des arômes. Le principe consistait à mettre de coté ces arômes pour ne pas les perdre pendant le traitement thermique, puis à les réinjecter à la fin du processus de fabrication.

— En 1966, Nestlé maîtrise industriellement un second procédé révolutionnaire de séchage, permettant d'obtenir une poudre soluble riche en arômes et en saveur, la lyophilisation, méthode de séchage par le froid à très basses températures. La lyophilisation est un procédé coûteux mais qui seul permet de mieux conserver certains arabicas du Mexique ou de Colombie, c'est-à-dire des cafés sensibles, aux arômes faits de notes fugaces, plus fines. Quatre installations de lyophilisation furent implantées en Europe (dont une en France) et deux aux

Etats-Unis. Cette innovation-produit se traduisit par un lancement marketing du Nescafé appelé « spécial filtre ».

— En 1976, la recherche fondamentale et appliquée de Nestlé permet d'isoler les arômes les plus représentatifs de l'arôme du café fait par la ménagère et ceux les plus naturellement présents lors de la torréfaction mais peu désirables. On savait enfin quelles molécules devaient être gardées, quelles autres ne le devaient pas, et surtout comment les séparer par des moyens non chimiques. Cette progression fut dramatisée par une relance marketing.

— En 1981, Nestlé se savait suffisamment fidèle pour diversifier les profils de goûts et proposer des crus d'origines différentes : d'où le lancement des purs arabicas (Alta Rica et Cap Colombie) et l'adoption du code publicitaire nouveau, présenté au début de ce chapitre.

— En 1985, l'amélioration de la lyophilisation est traduite par le lancement marketing de Mocamba, mélange de cafés d'Afrique et du Brésil.

Dans la longue histoire des améliorations de la qualité et des performances organoleptiques, les étapes charnières se sont traduites par des relances marketing et publicitaires. Entre ces grands pas technologiques, les procédés subissent une évolution continue, petit pas par petit pas. Le produit Nescafé évolue parallèlement, mais d'une façon imperceptible sauf à des experts. Ces petites étapes ne donnent pas lieu à communication, car les améliorations — tout en étant réelles — ne sont pas perceptibles par les consommateurs. La marque a pour politique de ne pas dévaluer l'annonce « qualité améliorée » quand l'amélioration est ténue. En revanche, toute étape charnière dans la production est objectivée par une différence visuellement observable (changement de flacon, modification de la taille du grain, de la couleur du produit). Ces modifications extérieures visent les consommateurs occasionnels. En effet le consommateur habituel remarquera immédiatement la différence au goût et à l'odeur. L'acheteur occasionnel ne sera tenté de ré-acheter que s'il remarque quelque chose de nouveau sur le linéaire.

On peut s'interroger sur l'intérêt des améliorations imperceptibles de la marque. Il s'agit d'une logique de petits pas : chacun est marginal mais le résultat cumulé aboutit un jour à être perceptible.

Pour améliorer les prix de revient, il pourrait être tentant de diminuer la qualité de façon aussi imperceptible. Maintes modifications pourraient être entreprises dans ce sens sans que le consommateur ne le remarque. Ainsi on peut caractériser un café soluble par son taux d'extraction, c'est-à-dire le ratio entre la quantité de poudre obtenue et la quantité de café au départ. Plus l'eau est chaude, plus elle passe longtemps, plus haute est la pression, plus on améliore le taux d'extraction donc la rentabilité. Cela permet de proposer des cafés solubles à prix imbattable, pour les marques premier prix ou les produits génériques. Mais en augmentant le taux d'extraction, on dégrade aussi la qualité car on extrait du café moulu des éléments, par exemple les amidons, qui se retrouvent dans la poudre. Ils font du poids mais n'ont aucune valeur organoleptique.

En situation de hausse des cours du café ou pour minimiser les prix de revient, il peut être tentant d'augmenter de un pour cent le taux d'extraction ou de modifier la qualité des mélanges. Comparant ces modifications minimes et imperceptibles aux marches d'un escalier, une vraie marque ne transige pas : elle ne veut et ne peut que monter cet escalier. Elle ne le descend jamais.

Ce qui caractérise la marque est de ne jamais rien faire dont elle sait que cela ne va pas dans le bon sens (plus d'arôme, plus de tessiture, plus de velours, plus de richesse). Même s'ils restent imperceptibles à court terme, ne sont acceptés que les micro-changements qui vont dans le sens du progrès qualitatif. La limite de ce processus ascendant en est le coût de revient. En effet la marque est soumise à l'obligation de compétitivité vis-à-vis du prix des solutions alternatives. Ainsi le café soluble est aujourd'hui devenu moins une boisson-fonction qu'une boisson-plaisir. Il se bat donc dans l'univers concurrentiel élargi des autres boissons-plaisir et doit nécessairement être compétitif en termes de prix vis-à-vis de la tasse de café faite à la maison, de la tasse de thé mais aussi des colas, des « soft-drinks ».

La concurrence directe d'autres cafés solubles ne manque pas. Dans son principe, la production de café soluble est simple et connue. En période de surplus mondial de café, on voit apparaître pendant une période de quelques mois, de nouvelles marques proposant un café soluble à prix imbattable. Aujourd'hui, on peut acheter clé-en-main des usines de café soluble. Pour vendre ses voitures en Colombie, Renault accepta du café en paiement et fit construire deux usines de café soluble à Anvers et en Sardaigne. L'accès à la technologie paraissait une affaire réglée.

Mais n'est pas marque qui veut. L'apport de la marque est dans la constitution cumulative d'un savoir-faire exclusif, dans la connaissance chèrement acquise de la sélection et de la conservation des arômes, dans la plus grande capacité d'extraire les seuls principes actifs du café torréfié, dans une focalisation quotidienne vers l'amélioration de la productivité, qui aille toujours dans un seul sens : le progrès des performances organoleptiques.

Pris à titre d'illustration, parmi tant d'autres, l'exemple ci-dessus met en relief les réalités d'une démarche de marque.

1.1. Marque et R & D (recherche et développement)

Etre une marque n'est pas une technique de communication, c'est d'abord un effort de recherche fondamentale et un métier industriel. Ce métier consiste en permanence à faire en sorte que par touches successives, les produits soient toujours actuels, toujours de leur temps. Cela oblige à mesurer et suivre sans relâche les attentes des consommateurs, pour détecter les signes d'évolution, l'émergence d'insatisfactions ou de problèmes nouveaux à résoudre. En parallèle, cela exige une capacité de recherche fondamentale et de mise en oeuvre industrielle à grande échelle des procédés et techniques nouvelles.

On l'a vu, la fabrication de café soluble est accessible à beaucoup. En revanche, faire un café soluble que les consommateurs ne distinguent plus d'un café torréfié a pris cinquante années de savoir-faire cumulatif. Pour être à même de parvenir à ce résultat à un prix compétitif, il fallut plusieurs milliards de francs en investissements industriels lourds, que seule la marque autorise, par l'espérance qu'elle fournit de pouvoir amortir ces frais fixes sur de grandes quantités, si le produit satisfait aux exigences des consommateurs.

Certains déplorent que les grandes marques émanent toutes de grands groupes industriels. Cela tient à une logique industrielle : au fur et à mesure que la qualité progresse, le coût d'amélioration de la qualité augmente. Paradoxalement, plus le produit est de consommation courante et de prix unitaire bas, plus il faut être gros pour innover car le progrès est fonction de l'effort consenti, celui-ci déterminant l'importance des équipes de recherche et la qualité des chercheurs qui les constituent.

Ce n'est pas un hasard si L'Oréal ou Unilever ont bâti des marques réputées. L'Oréal consacre 5 % de son chiffre d'affaires à la recherche fondamentale. Unilever (Omo, Lipton, Signal, etc.) entretient plus de 4 000 chercheurs dans la physico-chimie, la bio-technologie (l'enzymologie, la biologie cellulaire, le génie génétique), la technologie de fabrication...

1.2. Marque et besoins des consommateurs

Etre une marque, c'est suivre en permanence les attentes des consommateurs, voire même les devancer, repérer les facteurs de l'environnement qui vont infléchir ces attentes et proposer des produits adaptés à celles-ci.

Bâtir une marque, ce n'est pas apposer un timbre ou un nom sur un produit. C'est d'abord se donner la volonté et les moyens d'une véritable démarche marketing. Le marketing est avant tout une attitude, à l'écoute des attentes du marché. Il dispose d'outils de détection et de mesure de ces attentes. De la capacité de bien détecter les attentes mal satisfaites naîtra le bon concept de produit. Alors, en fonction des effets conjoints de la chance et des efforts financiers et humains, le département R & D débouchera plus ou moins vite sur la mise au point du produit ou d'une formulation capable de répondre aux attentes détectées. La troisième étape, la production industrielle en grande série, suppose une maîtrise de la technologie et la capacité d'amortir les investissements sur de grandes quantités, compte tenu de la faible marge unitaire dégagée sur la plupart des produits de grande consommation.

Le cas du gratton laveur de 3 M illustre cette démarche de la marque. Il y a vingt huit ans, 3 M lançait le désormais fameux tampon vert, tampon abrasif révolutionnaire, venu se substituer aux anciens tampons métalliques. Le bond technologique consista à créer une nappe non tissée, à lier ses fibres entre elles par une résine d'encollage et à injecter dans les gouttes de résine des particules abrasives. Depuis lors le tampon vert a suscité bien des imitations, mais le savoir-faire accumulé sur la façon de lier les fibres, sur la technologie des non-tissés et sur la physique des abrasifs, fait du tampon Scotch Brite, le standard de référence.

Bien que le produit paraisse anodin, sa production nécessita des équipements lourds et des investissements considérables. En plus, 3M a développé à travers le temps une connaissance approfondie des réactions de la clientèle et de ses attentes. Le produit bénéficia en permanence d'améliorations et a grandement évolué depuis vingt-huit ans, en durée de vie, en texture... Il s'est diversifié pour mieux répondre à certaines tâches ménagères spécifiques : l'émail, les gros travaux. 3 M le sophistiqua en l'associant au dos d'une éponge. Ce combiné paraît désormais évident à toutes les ménagères, mais sa conception requit plusieurs années et relève de la prouesse technologique. Le fait de coller une nappe sur une éponge pose des problèmes complexes, longtemps insolubles : le collage doit résister à l'eau et aux détergents et l'ensemble doit rester souple. Or tout collage nuit à la flexibilité du produit. De plus, les consommatrices françaises préfèrent acheter des éponges qui, dans leur conditionnement, restent un peu humides, ce qui s'ajoutait à la difficulté.

Depuis quelques années, 3 M observait que les ustensiles de cuisson des ménagères se transformaient : elles achetaient des poêles et des casseroles faites de matériaux très sophistiqués, de plus en plus fragiles. Il fallait anticiper une évolution des attentes et prévoir une évolution des tampons abrasifs. Avec le développement des poêles de type Tefal, les ménagères devraient manifester une attente pour un abrasif qui ne raye pas : un ustensile rayé est considéré comme irrécupérable. Même propre, il fait sale et usé.

Le problème ainsi posé aboutissait à un cul-de-sac, une impasse technique et psychologique. Jusqu'à présent, on savait produire des particules qui, parce qu'elles étaient abrasives et efficaces, rayaient obligatoirement, ne fut-ce qu'un peu. D'ailleurs, au niveau des consommatrices, les études de 3 M démontraient qu'elles utilisaient le fait de rayer comme un indicateur d'efficacité : « s'il récure, c'est qu'il est fort, s'il ne raye pas c'est qu'il est doux ». Le produit idéal était non crédible a priori.

Chez 3 M, une partie importante de la recherche est totalement exploratoire. Les chercheurs consacrent quinze à vingt pour cent de leur temps à des sujets non guidés. Ils passent ainsi un peu de temps sur beaucoup d'idées, de façon désordonnée. Pour aller plus loin, il faut le parrainage du marketing, signe que l'idée technique rencontre un écho auprès de ceux dont la tâche est de coller au plus près aux attentes des consommateurs.

Or un chercheur de 3 M avait fait savoir qu'il avait trouvé, parmi toutes ses recherches non guidées, un nouveau matériau très peu abrasif dont on pouvait améliorer l'efficacité en faisant des particules très grosses. Le Marketing-Europe vit tout de suite les avantages que l'on pouvait tirer de cette piste de recherche : faire un tampon qui récure mais qui ne raye pas, même les ustensiles les plus fragiles. Aussi passa-t-on à une phase de développement.

Face aux résultats très concluants des tests de consommateurs et des études sur le prix de fabrication, la mise en fabrication généralisée fut décidée avec commercialisation européenne. Le « Gratton Laveur Bleu » allait naître. Sa valeur ajoutée était d'apporter en plus de l'efficacité récurante du tampon vert, la non-rayance. Sur le plan marketing, le produit nouveau fut lancé en automne 1986 auprès du grand public. La couleur bleue fut retenue car c'était la seule alliant un aspect tonique (suggérant l'efficacité) et une certaine douceur, sans paraître trop doux. Comme la prouesse technique, on l'a vu, était peu crédible a priori pour les consommatrices qui associent douceur à manque d'efficacité, la marque avait besoin de l'aide de cette couleur pour signifier l'efficacité du produit. Afin d'encourager à l'essai, la marque proposa des lots à prix intéressant associant le tampon vert et le tampon bleu.

Devant le succès du produit 3 M, d'autres tampons bleus sont apparus sur le marché mais aucun n'a son niveau de performance. Pourtant, fait exceptionnel, ce produit 3 M n'avait pu être breveté. Toute sa différence réside dans le savoir-faire. C'est le savoir-faire cumulatif d'une marque (Scotch Brite) spécialisée sur les tampons abrasifs, qui protège et fournit la base des différences de performance entre son produit et les autres tampons bleus, moins chers et apparus depuis, après avoir analysé les constituants de la marque innovante.

1.3. La marque : un engagement sous haute surveillance

La marque a une responsabilité : elle est un engagement sous haute surveillance. La marque est la mémoire du produit. Elle est le souvenir cumulé des impressions retirées par le consommateur, après l'usage du produit. Dans certains cas, lorsque le produit s'est considérablement amélioré, l'image de la marque est en retrait par rapport à la réalité du produit. C'est le cas de Nescafé. La marque traîne encore avec elle les reliquats des impressions que les consommateurs des années soixante ont eues et qu'ils ont gardées depuis, tout en ayant cessé de boire du Nescafé. D'autre part, seule connue de sa catégorie, la marque hérite des commentaires négatifs, liées aux machines automatiques à café, dispensant un café soluble sans marque.

Bâtie sur un produit dont les performances sont remarquables, la marque devient une promesse de réédition de cette performance. Elle oblige donc le fabricant à fournir dans le temps, quels que soient les lieux, un produit de qualité et performances constantes. Elle devient un engagement du producteur. Pouvoir à court terme sur les consommateurs, la marque donne donc des devoirs et crée la responsabilité du fabricant devant les consommateurs. A ce titre elle est une sécurité. Compte tenu de sa réputation, L'Oréal est contraint au zéro défaut et ne peut en aucun cas se contenter de produire un shampooing moyen. Sa signature est une telle promesse aux yeux de l'acheteur, qu'elle oblige la marque à pousser à l'extrême les précautions avant le lancement de tout nouveau produit ou avant toute modification de formule : multiplication des expérimentations comparatives en laboratoire sur des mèches de cheveux de façon à évaluer ce qu'apporte la nouvelle matière première par rapport à la technologie existante, mesures objectives métrologiques, études toxicologiques, tests d'innocuité. Puis, lorsque toutes les garanties sont obtenues, passage à des applications sur tête avec notation comparative sur une batterie de vingt critères, tests d'usage répétés et prolongés auprès des consommateurs...

L'engagement public et signé qu'est une marque l'oblige à contrôler à l'extrême la régularité de la qualité, quitte à sacrifier la productivité. Ainsi en matière de lessive, même si par plagiat, chacune avait la même formule, les mêmes ingrédients primaires, la poudre sortant de deux usines différentes serait différente. L'efficacité au lavage dépend du dosage optimal entre les multiples composants chimiques et biologiques qui constituent un détergent. Maintenir ce dosage est en soi une gageure. Dans une usine de détergent, il se remplit trois boites ou un baril de lessive par seconde. Le problème aigü est d'assurer que le dosage fin de l'ensemble des constituants soit identique dans tous les paquets et dans tous les barils, ainsi qu'à l'intérieur, entre la poudre en haut, au milieu et au fond du baril. Lever France investit 13 millions de francs par an pour améliorer en permanence l'homogénéïté des poudres versées et réduire au maximum les variations qui pourraient survenir. Si dans la formule de la marque le pouvoir enzymatique correspond à 10 unités de mesure, on ne saurait trouver d'un paquet à l'autre 5 ou 15 unités. Le coefficient de variation doit être nul. L'analyse des lessives sans marque apparues à partir de 1976 révéla que leur formule était acceptable en moyenne : le produit assurait sa fonction, mais les coefficients de variation étaient larges. On ne peut à la fois fabriquer aux prix les plus bas et en même temps pousser la qualité à son maximum.

Les produits à achat fréquent sont un défi à la promesse de régularité absolue qu'est la marque.

En France, chaque jour, les produits laitiers frais Gervais Danone (fromages frais Gervais et yoghourts et desserts Danone) donnent lieu à 1 500 000 actes d'achat. Ils ne sont dépassés que par le pain et le journal. Les yoghourts Danone représentent 50 % de ces actes d'achat. Une telle répétitivité des achats est un véritable défi pour la marque. La difficulté n'est pas, en effet, de savoir produire un yoghourt de qualité, mais d'être capable d'offrir le plus haut standard de qualité pour chacun de ces millions de pots achetés. A ce jour, Danone est à la fois la marque produisant le yoghourt aux standards les plus élevés du marché et, en même temps, la marque la plus régulière : l'écart par rapport à ces standards, d'un petit pot à l'autre, est le plus faible du marché. C'est le résultat concret de la devise de Gervais Danone : la maîtrise de la qualité au quotidien.

En matière de yoghourt, le nature est le test implacable de la qualité et de la régularité : en effet, rien ne peut en cacher les défauts. Tous les écarts d'acidité, de texture, se voient en gros, immédiatement. Dans les yoghourts aux fruits, les fruits masquent les défauts éventuels. Le brassage des yoghourts bulgares fait de même.

Aussi, chez Danone, le yoghourt nature est devenu le produit test de la mesure de qualité, l'étalon sur lequel on se focalise pour parvenir à la régularité maximum. En matière de yoghourt, cette qualité s'analyse d'abord sur un plan physico-chimique, en laboratoire : on mesure l'acidité, la texture. La qualité est aussi organoleptique et fait appel aux mesures de psycho-physique : Danone fait juger ses produits en terme de « mouth feel », de caractère « lisse », d'onctuosité perçue, de caractère acqueux, d'épaisseur, de couleur, de présentation en surface, etc. Un Danone est aujourd'hui une assurance qualité sur tous ces points.

La prééminence de cette marque en terme de régularité s'explique, certes, par la large batterie de tests et de contrôles de qualité. Mais, paradoxalement, l'avance de Gervais Danone tient surtout à l'écoute des consommateurs et à l'animation, qualité pratiquée dans tous les sites de production.

Danone considère que rien n'est plus important que ce que peut dire un consommateur sur son yoghourt. Aussi, sur les emballages de ses yoghourts natures, la marque exhorte-t-elle les consommateurs à lui écrire. Elle les « pousse au crime » en les incitant à lui envoyer leurs commentaires. Un service spécialisé est chargé de la gestion des lettres reçues. Les doléances peuvent aussi, dorénavant, être envoyées par Minitel. Pour Gervais Danone, le consommateur est le juge de paix final. On estime que, pour un consommateur qui écrit, en fait 100 voire 1 000 ne sont pas satisfaits d'un produit laitier frais qu'ils ont pu acheter. Par an, Gervais Danone reçoit 500 à 600 lettres de réclamation. Il y aurait donc 50 000 à 500 000 pots défectueux, tels que perçus par les consommateurs, sur les 36 milliards de pots consommés par an, c'est-à-dire moins de un pour cent mille.

Chez Gervais Danone, l'intéressement industriel est basé, entre autres, sur cette lettre du consommateur. Comme l'usine, la machine et le lieu de fabrication sont étiquetés sur le produit, il est possible de remonter à l'opérateur. Une lettre de consommateur, dans une usine, provoque une véritable mobilisation. C'est le signe que, quelque part dans les milliards de pots, une irrégularité a pu se glisser. Toute l'organisation se focalise alors pour en diagnostiquer la cause et y apporter remède, et se repose pour cela sur l'opérateur lui-même. L'avance de Gervais Danone dans la régularité de la qualité tient dans cette mise en relation du consommateur insatisfait d'un pot et de l'opérateur qui l'a fabriqué. L'ensemble des opérateurs est donc ultra-sensibilisé aux problèmes de qualité. L'intéressement des employés peut être annulé ou doublé en fonction des résultats de qualité, parmi lesquels, le nombre de lettres de consommateurs a un impact fort.

Ce comportement de marque n'est pas l'apanage des seuls grands groupes. Des entreprises familiales ont su bâtir des marques fortes grâce à une même mystique de la qualité. Chez William Saurin, la qualité est depuis toujours au centre de la culture d'entreprise et le fondement de la pérennité de cette marque.

Dans la fabrication du cassoulet, le fossé technologique séparant les concurrents est faible. N'importe qui peut accéder à la technologie de la conserve. En termes gastronomiques, le produit leader de William Saurin, le cassoulet de la gamme « Blanche » n'est pas le meilleur cassoulet du marché. Vendu environ dix francs la boîte de 840 grammes, il est moins bon par exemple que le cassoulet de la gamme « Carte Brasserie » lancée par William Saurin, cassoulet à la graisse d'oie ou au confit de canard vendu dix-huit francs la boîte. Il est aussi moins gastronomique que certains cassoulets supérieurs proposés sous marque de distributeur, intermédiaires entre la gamme « Blanche » et la gamme « Carte Brasserie » de William Saurin. Pourtant, depuis quarante cinq ans, date de sa création, le cassoulet gamme « Blanche » de William Saurin reste le meilleur rapport qualité/prix proposé sur le marché. En France, la concurrence ne manque pas : il existe 86 petites marques de cassoulet premier prix. Deux fabricants, Peny et Mutular, fabriquent en réalité cinquante d'entre elles, marques exclusives de distributeurs. En France 41 % des foyers consomment du cassoulet : 60 % de ceux-ci, soit un foyer sur quatre, achètent le cassoulet gamme « Blanche » de William Saurin.

Ce n'est pas le fruit du hasard. A force de rigueur et d'optimisation, la marque est devenue pratiquement un label de garantie. Le fabricant s'engage derrière chacune de ses boîtes : il les signe et peut être à tout instant interpellé par les consommateurs qui savent à qui s'adresser si la boîte achetée les a déçus ; on leur répondra personnellement.

En matière de conserve, toute la difficulté est d'assurer à de très grandes quantités de produit le même niveau très élevé de qualité, de parvenir à transposer le fait-maison au fait-industriel. Si la technique de la conserve est accessible à tous, il faut des années d'expérience et d'exigence de tous les instants pour parvenir à optimiser la qualité. Chez William Saurin, la qualité n'est pas l'apanage d'un département ou d'un service : elle est totalement décentralisée. Toute personne travaillant dans l'entreprise a une responsabilité de qualité.

Engagée par son nom, sa marque, l'entreprise William Saurin doit son leadership à sa gestion de la qualité. Chaque personne reçoit une formation spécifique « qualité » correspondant à son poste de travail. L'intéressement des travailleurs est fondé sur le COQ, le coût d'obtention de la qualité : chaque année, on additionne tous les problèmes de qualité qui se sont posés et qui ont coûté des produits à l'entreprise. Ceci donne une mesure annuelle du coût total de la non-qualité : chaque usine reçoit pour l'année suivante des objectifs de réduction du coût total de la non-qualité.

La réussite de William Saurin tient aussi à la capacité de reproduire la recette exclusive, créée à la fin du siècle dernier, composé subtil d'aromates, de tomates, d'épices et d'autres ingrédients. Cette recette est un point d'équilibre fragile : en effet, lorsque change un seul élément de la recette (par exemple, un morceau de lard remplacé par un saucisson), tout est à revoir, tout est modifié. C'est ce qui rend ce cassoulet inimitable mais est aussi la difficulté technique principale : parvenir dans le temps à garantir aux consommateurs ce goût unique et l'assurance d'une exigence extrême sur le niveau de qualité des ingrédients et du procédé de fabrication.

L'entreprise a acquis un savoir-faire exclusif dans la sélection et le contrôle des matières premières, allant jusqu'à des cultures spécifiques correspondant à ses besoins, travaillant en symbiose avec les agriculteurs, aux Etats-Unis et en

France. La première assurance de la compétitivité a consisté à intégrer la démarche qualité chez les fournisseurs eux-mêmes, afin de prévenir tout problème, qu'il s'agisse des viandes, des lards, de certains éléments de la sauce, etc. Malgré cette intégration de la qualité en amont, toute réception donne lieu aux plus extrêmes contrôles qualitatifs et quantitatifs. Tout au long du processus de fabrication, chacun a un cahier des charges qualité à respecter.

Outre ces contrôles internes, les produits sont soumis à l'analyse sensorielle d'un panel d'experts, choisis pour leur palais et leur capacité à appréhender des différences subtiles d'arômes et de goût, afin de garantir la stabilité du produit. Il existe aussi un baromètre emballage, examinant les produits dans les linéaires des magasins. Son rôle est de relever les moindres défauts, les plus petites micro-fautes : problème de serti, points de rouille sur la boîte, qualité des étiquettes.

Enfin, William Saurin se soumet chaque année à l'évaluation et au jugement de 600 foyers, recrutés scientifiquement par la Sofres. Sans connaître la marque de ces cassoulets, ils goûtent le cassoulet gamme « Blanche » et des cassoulets concurrents. Ils les décrivent et les notent dans le détail, depuis la « fermeté de la saucisse » jusqu'à la « teneur en sel ». Ce baromètre est la sanction de la performance organoleptique, du goût et de la qualité, juge impartial de la compétitivité de l'offre, de son rapport qualité/prix. Comme on le voit, un produit de marque n'est pas libre, mais sous la plus extrême et constante surveillance.

1.4. La marque : une volonté et une organisation

Gérer la marque, c'est maintenir le produit en permanence au faîte de la mission assignée à la marque : répondre mieux que ses concurrents à un type de besoin, à une certaine attente des consommateurs. Il faut une organisation spécifique pour assurer ce travail : elle tourne autour du chef de marque. Dans les entreprises, chaque marque est la responsabilité d'une équipe, dirigée par un chef de marque, épaulé éventuellement par des chefs de produit (au cas où la marque recouvrirait plusieurs variétés de produits ; par exemple, Ariel recouvre désormais une lessive liquide et une poudre). Cette affectation de chaque marque à une équipe est une nécessité.

Gérer une marque, ce n'est pas envoyer un cahier des charges à un sous-traitant et attendre le produit en retour, c'est, on l'a vu ci-dessus :

— développer une connaissance approfondie des goûts, souhaits et besoins des consommateurs de la catégorie de produit ;

— suivre en permanence, par des études et sondages périodiques, l'évolution de ces goûts, souhaits ou besoins ;

— surveiller sans cesse la performance comparée de ses propres produits vis-à-vis des attentes des consommateurs et des performances des produits concurrents ;

— entretenir des relations permanentes avec les départements de recherche pour détecter des innovations pouvant faire faire des sauts importants à la performance du produit, pour encourager les recherches dans le sens de la meilleure résolution de tel ou tel souhait ou besoin des consommateurs ;

— entretenir des relations permanentes avec l'usine et les responsables de fabrication et des procédés pour envisager toutes les rénovations et améliorations possibles ainsi que les gains de productivité ;

— enfin, et nous lui consacrerons un développement particulier, c'est assurer la meilleure commercialisation. L'ensemble doit générer une marge, rémunération de la valeur ajoutée de la marque et condition de son futur. Une partie du profit rémunère le capital, l'autre finance la recherche et développement et fournit les moyens des investissements nécessités par la création, l'amélioration et l'innovation à l'échelle industrielle.

Pour se dépasser et proposer une performance toujours supérieure, une valeur ajoutée, la marque n'a personne qu'elle peut copier. Elle doit créer. Sa source d'inspiration est double : d'une part le suivi permanent et une connaissance sans cesse remise à jour des goûts, souhaits et besoins des consommateurs et de leurs réactions après usage des produits existants, d'autre part les suggestions des départements R & D, travaillant soit de façon fondamentale soit de façon appliquée, sur un besoin ou une performance particulière.

Parce qu'elle est en permanence projetée vers son devenir, la marque réclame une volonté, une organisation en équipes spécialisées, dont la marque est la focalisation exclusive. Expert reconnu de la marque de distributeur, E. Thil[1], le directeur du marketing de Carrefour lors du lancement des produits libres, fait aussi de cette volonté le passage obligé pour parvenir à créer une vraie marque. Interrogé sur la situation de la marque de distributeur en France, il déclare : « On ne peut véritablement créer des produits innovants, des produits nouveaux, que si l'on a le savoir-faire, les gens pour le faire et en plus, la volonté d'y arriver. Les distributeurs français en sont assez loin. Ainsi pendant longtemps, il y a eu chez Carrefour un seul directeur de marchandises alimentaires qui devait s'occuper de tout, des relations avec les marques nationales et des produits libres. Il n'est pas étonnant que, pendant quatre ans, les produits libres aient végété : il n'avait pas de temps à leur consacrer. Et il n'y avait pas au sommet de l'entreprise la volonté de les faire évoluer. »

Le fait que, en Grande-Bretagne par exemple, le distributeur Marks & Spencer ait fait de sa marque St Michael une référence dans le textile et les produits alimentaires, n'est pas le résultat du hasard, mais d'une culture d'entreprise tournée vers l'amélioration constante de la qualité et la mise en place d'une organisation humaine focalisée sur la marque. Il existe quelques autres exemples en ce sens, Sainsbury aussi en Grande-Bretagne et Migros en Suisse.

[1] E. Thil, Libre Service Actualités, 21 février 1986, n° 1014, page 72.

2. LA MARQUE, LE PRODUIT ET LA COMMUNICATION

2.1. La marque et le produit

La vraie valeur ajoutée de la marque est dans le produit et sa remise permanente sur le métier pour améliorer sa qualité, ses performances, sa valeur d'usage, son adéquation à l'évolution des goûts et besoins des consommateurs. Le marketing est la démarche et l'organisation des moyens visant à détecter où se situent les valeurs à ajouter, c'est-à-dire les améliorations de performances les plus prisées, les plus valorisées par un certain groupe ou segment de consommateurs.

Dans le marché des détergents par exemple, il existe un segment de consommatrices très exigeantes, soucieuses d'obtenir la plus haute performance de lavage en machine. La société Lever d'un côté et Procter & Gamble de l'autre ont développé depuis plus de vingt années respectivement Skip et Ariel, deux marques dont la mission est d'assurer la meilleure performance de lavage possible, compte tenu des derniers progrès de la recherche fondamentale en physique, chimie, biologie, biotechnologie. Cette mission s'appelle le « positionnement » de la marque, sa vocation spécifique, le niveau d'attente et le type de besoin auquel elle devra répondre toujours au maximum. La mission de la marque définit le fil directeur des améliorations du produit.

Ainsi Ariel et Skip ont un positionnement haut de gamme : elles représentent le niveau maximum de la performance de lavage, et cela depuis leur création. Skip fut lancé en 1959. La publicité de Skip, depuis lors, ne cesse de répéter que la marque est recommandée par les marques de machines à laver. Cette déclaration est présentée par le microcosme publicitaire comme une astuce, une technique de persuasion, c'est-à-dire un habile artifice. Ils se trompent. Il s'agit en réalité du pivot de la politique de recherche et développement de Skip. En 1958, sur près de 3 millions de machines à laver, moins de 500 000 étaient à tambour, soit 3,5 % des foyers, la majorité étant à pulsateur et à agitateur. Skip fut conçu, lancé et commercialisé en fonction du développement des machines à tambour, totalement minoritaires à l'époque. Dès le départ, les essais techniques de Skip et les formules successives furent réalisés en collaboration étroite avec les constructeurs de machines à laver qui eux-mêmes adaptaient et modifiaient les programmes des machines pour optimiser la performance du lavage fournie par la technologie du détergent.

Pour atteindre sa mission, la focalisation exclusive de Skip a été son adéquation à la machine à tambour. Sa stratégie de recherche fut le développement de recherches conjointes avec les constructeurs, ayant pour résultat d'optimiser à tout instant la performance machine-détergent.

La mission d'Ariel et de Skip, assurer le plus haut niveau de lavage possible, se traduit par le fait que ces deux marques incorporent dans leurs produits les avancées techniques et les progrès de la recherche les plus performants. Ainsi Ariel fut l'innovation en 1968 lorsque Procter et Gamble mit au point une technique d'encapsulation des enzymes, supprimant les problèmes liés à leur utilisation avec les agents oxydants nécessaires au lavage. Ariel vulgarisa donc le progrès considérable apporté par les enzymes, d'où son nom de « lessive biologique ». Unilever développa une technique d'encapsulation différente et l'incorpora dans la formule de Skip.

Depuis, ces deux lessives n'ont cessé d'évoluer, de progresser, car le textile lui-même et les conditions de lavage ont profondément changé. Aujourd'hui la couleur domine : seuls 40 % des articles lavés sont blancs. Il n'y a plus « le jour » du lavage : un ménage sur deux utilise sa machine à laver chaque jour. Avec le souci d'économie de temps et d'énergie, les textiles synthétiques et les couleurs, mélanges qui ne supportent pas les températures élevées, les consommatrices lavent désormais à température moyenne (40 ° à 60 °). Bouillir est une exception. Ce nouveau comportement créa des insatisfactions : le linge n'était pas assez détaché à ces températures.

On demanda alors aux lessives de résoudre ces problèmes nouveaux. En 1979, Unilever maîtrisa la technologie et la chimie du TAED, le tétra-acétyl-éthylène-diamine. Il avait fallu quinze années de recherche pour mettre au point le composé final, assurer sa stabilité, sans altérer l'action des autres composants dont le rôle restait indispensable. Grâce au TAED, l'efficacité du détachage commençait dès 30 ° et non au-delà de 60 °. Skip reçut cette innovation en 1979 et fut relancé sous le slogan « Skip formule avancée », expression publicitaire du progrès réalisé.

En 1980, Procter et Gamble maîtrise les problèmes liés à l'incorporation d'un nouveau type d'agents détergents beaucoup moins sensible à la dureté de l'eau que les composés traditionnels. Ce nouveau type d'agents détergents permet une nette amélioration du pouvoir nettoyant notamment dans les cycles de lavage à basse température. Ariel fut la première marque à en bénéficier en 1981. Depuis, la plupart des grandes marques de lessives ont suivi.

La mission de ces deux marques est de fournir la meilleure performance possible dans l'état de la technologie. C'est le fil directeur des améliorations de leur formule. Ceci ne signifie pas qu'elles héritent d'une innovation dès sa sortie. On ne saurait prendre de risques avec la réputation lentement acquise par la marque. Par le capital de confiance accumulé et le niveau d'attente qu'elle engendre, la marque a une responsabilité vis-à-vis de son public. C'est pourquoi la première lessive aux enzymes d'Unilever fut Ala et non Skip. De même Procter et Gamble a lancé sa première lessive liquide sous le nom de Vizir et non d'Ariel. Unilever a aussi appelé sa première lessive liquide Wisk et non Skip. Ariel et Skip liquide ne sont apparus que lorsque la technologie du détergent liquide fut assez maîtrisée pour pouvoir proposer le niveau de performance maximum, à la hauteur de ces deux marques. Naturellement, compte tenu de leur mission, de leur positionnement haut de gamme et de ses conséquences en terme de degré de performance des produits, Skip et Ariel sont aussi les lessives les plus chères du marché : ce sont elles qui offrent en permanence la plus forte valeur ajoutée, demandée par les consommateurs exigeants. Elles sont aujourd'hui leaders de ce marché.

A l'autre extrême, il existe des consommateurs pour lesquels, par contrainte ou par manque d'implication, (Kapferer et Laurent 1983 ; Laurent et Kapferer 1985), le prix est le critère de choix principal. Ils attendent d'une lessive qu'elle réponde à sa fonction de base et surtout qu'elle soit bon marché. Ce segment légitime les marques premier prix, les produits génériques ou les marques de distributeur. Entre ces deux extrêmes, il existe d'autres marques, ayant pour mission de répondre à des attentes intermédiaires : fournir la meilleure valeur ajoutée du produit pour un prix moyen ou se spécialiser pour répondre à un besoin spécifique (le lavage à la main, le lavage des lainages, l'adoucissage...). Chaque positionnement nécessite de modifier le contenu et l'équilibre des différents agents nécessaires au lavage : agents azurants, agents biologiques, anti-redéposition, agents anti-calcaire, agents émulsionnants, agents mouillants et enfin agents spécifiques (assouplissant, respect des couleurs, anti-tâches). C'est parce que, dans un même marché, il existe différentes attentes fonctionnelles que plusieurs types de marques peuvent coexister. Le marché décide des marques dont il a besoin. Il n'achète pas celles qui lui paraissent inutiles.

Chaque marque a une mission, un positionnement spécifiques : elle doit répondre mieux que la concurrence à ce besoin, à cette attente du marché ou d'un groupe de consommateurs. En matière de satisfaction des besoins et attentes, rien n'est jamais acquis. Dès que la marque introduit une innovation forte, elle crée une discontinuité dans le marché, qui devient une contrainte pour les autres marques. Elles doivent s'aligner si elles ne veulent pas périr, l'écart étant trop grand entre la valeur ajoutée du produit innovant et elles-mêmes. Elles doivent investir en recherche et développement pour réduire cet écart.

Comme on le voit, la marque est la mission et le résultat du produit. Ce dernier évolue dans le sens défini par le positionnement de la marque. Poussé par la concurrence et le fait que les consommateurs, s'habituant vite au progrès, développent des exigences accrues, le produit ne cesse de se parfaire. Entre l'Ariel de 1968 et celui de 1988, les performances de lavage à l'ébullition sont identiques. En revanche, la formule a reçu des additions permanentes pour la rendre la plus performante possible à 40° ou à 60°, c'est-à-dire là où la consommation a le plus évolué. Dans un autre marché, l'image de la marque Ariel, comme celle de Skip, est le résultat de ces valeurs ajoutées du produit successives. L'image de Lotus est le résultat de l'écart toujours maintenu depuis 1966 entre la douceur du papier toilette signé Lotus et ceux des concurrents.

La marque guide le produit ; elle est un point de vue sur la catégorie de produit, un fil directeur. Le produit nourrit la marque qui à son tour cautionne le produit. En effet, la marque est un concentré d'histoire : les consommateurs stockent dans leur mémoire une image de marque, c'est-à-dire la somme des impressions, satisfactions ou insatisfactions accumulées lors de leur usage du produit ou de ce qu'ils ont entendu en dire par le bouche à oreille ou la communication.

La relation étroite et l'interaction permanente et réciproque existant entre marque et produit permettent de comprendre certaines maladies de la marque.

En effet, la marque crée un certain niveau d'attente chez le consommateur, niveau hérité de l'histoire des produits signés par cette marque. Si le produit acheté n'est pas à la hauteur de l'attente, non seulement il n'est pas racheté, mais la marque elle-même souffre et son capital d'image est entamé. Promesse d'une valeur ajoutée, la marque reçoit, c'est légitime, une prime de prix. Si le produit ne fournit pas la valeur correspondant à cette prime de prix, il met en péril la crédibilité de la marque. Entre défection et loyauté, les consommateurs font un choix (Hirschmann, 1970). Ils cessent d'acheter ce produit mais attendent de la marque qu'elle se ressaisisse. La confiance reste encore acquise pour un temps : la marque dispose d'un sursis pour se rattraper et se redépasser.

Ainsi Porsche a décidé en 1988 d'interrompre la production du modèle 924. Vendue trente à quarante mille francs plus cher que les modèles concurrents d'autres marques, la 924 n'était pas à la hauteur de la marque. Non seulement elle se vendit mal, mais surtout elle induisait chez ses acheteurs une déception par rapport aux attentes, génératrice d'un bouche à oreille négatif sur la marque et sa capacité à maintenir son leadership.

De même, la politique de licence aboutissant à vendre trois fois plus cher des chaussettes de finition normale, voire fabriquées à Taïwan, sous prétexte qu'elles sont signées Lacoste, est un des chemins de dévalorisation du capital que constitue la marque. C'est une erreur de croire que la valeur ajoutée apportée par les griffes ne réside que dans la valeur-signe, la distinction, la valorisation de soi, bref le reflet de soi conféré par la communication publicitaire. Une griffe ne peut survivre que si elle fait preuve de création toujours renouvelée et si la fabrication s'appuie sur un niveau de qualité poussé à l'extrême. Le choix des matières premières, la qualité des couleurs, la finition des coutures et des détails visibles et invisibles fondent la réalité de la différence entre les vrais sacs Vuitton et les faux, vendus tout à fait officiellement à Agadir ou à Bangkok. Le contenant doit être à la hauteur du signe : le contraire sera le chant du cygne.

La marque qui n'entretient pas sa valeur ajoutée du produit est vouée à la fragilisation. Les marques faibles ont oublié de se soucier de la santé du produit. Le « lifting » de leur communication n'est qu'un expédient, une oxygénation médiatique, provisoire et coûteuse.

Lorsque la marque n'est que communication, elle est alors une fausse marque. Ainsi, dans le domaine des photocopieurs, beaucoup de marques ne sont qu'un timbrage différent sur un même produit, issu du même fabricant. Il en va de même des caméscopes. Le même produit est habillé aux couleurs de marques qui lui apportent une fausse valeur ajoutée, à la limite moindre que celle du distributeur qui va les vendre (service après-vente, dépannage, conseil avant-vente). Ces pratiques expliquent largement la baisse de la sensibilité aux marques observée dans le domaine de l'électro-ménager (chapitre 3).

2.2. Communiquer la différence

La marque est une différence, et la volonté de maintenir cette différence en renouvellant sans cesse le produit pour rehausser ses performances, ses qualités et la satisfaction retirée par ses utilisateurs. Il est donc nécessaire de faire savoir en permanence quelle est la nature de cette différence et d'avertir des modifications du produit.

Le libre-service met en contact direct le consommateur et les produits. Le vendeur, le conseiller ont disparu. Ayant investi pour créer, pour innover et produire un produit à valeur ajoutée, l'entreprise a besoin de la publicité pour communiquer cette différence. La publicité est une conséquence de la marque.

Il est de bon ton de critiquer les budgets de communication publicitaire, dénonçant les barrières à l'entrée qu'ils constituent. Ne pouvant rivaliser dans la course aux budgets publicitaires, des entreprises ne peuvent accéder à certains marchés. S'il est vrai que le montant des dépenses publicitaires d'un secteur constitue un frein à l'entrée, la fonction première de ces dépenses publicitaires ne doit pas être oubliée : elles sont la dernière phase d'un processus commençant par la création d'une différence, d'une valeur ajoutée, puis de la mise en production industrielle et de la prise du risque financier qu'elle implique. On a trop tendance à considérer que plus un produit est domestique, plus sa fabrication est aisée. Nous l'avons illustré au début de ce chapitre, la mise au point de maints produits de grande consommation a nécessité des années d'effort, de recherche fondamentale et appliquée, et relève de la prouesse technologique. On a trop tendance à oublier que la marque est avant tout un risque industriel. La production à grande échelle est nécessaire pour atteindre un prix de revient bas, grâce à l'étalement des frais fixes sur de grandes séries. Cette production est un pari financier, car elle implique désormais des équipements lourds et des technologies de pointe. La valeur ajoutée des marques réside désormais moins dans les matières premières que dans le « process » industriel, le savoir-faire technologique.

Quelques chiffres illustrent bien l'importance du risque associé à l'industrialisation de la marque. En 1986, Kaysersberg décidait de lancer les Lotus Compacts, nouveaux mouchoirs en mini-étuis refermables, très pratiques dans la poche ou le sac ; la taille du mouchoir, elle, restait la même que celle de l'étui normal. Cette modification apparemment simple nécessite en réalité de modifier totalement le système de pliage, c'est-à-dire de modifier l'outil de production ou d'investir dans de nouvelles machines dont la capacité unitaire est de 100 millions d'étuis par an. En outre, il fallait s'assurer que le consommateur comprendrait que la taille plus petite de l'étui n'était pas due à une diminution de la taille du mouchoir lui-même. Enfin, il fallait s'assurer que la demande serait assez forte pour que la distribution référence durablement le produit sans qu'il se substitue toutefois à l'étui classique. Bref, pour justifier le risque industriel et commercial, il était nécessaire de viser plus de 10 % du marché des mouchoirs.

Cet objectif ne pouvait être atteint rapidement sans :

— une campagne publicitaire d'envergure pour faire connaître la nouvelle différence au marché et susciter le plus possible d'essayeurs ;

— un produit dont la différence soit réellement appréciée par les essayeurs, afin qu'ils renouvellent leurs achats du produit au prix de vente fixé.

Deux ans après son lancement, le produit a dépassé son objectif de 10 % de part de marché. Sans la communication de la marque, le potentiel de marché n'aurait pas été révélé aussi rapidement, mais, compte tenu de la modicité du prix de vente, les investissements spécifiques ne seront remboursés qu'en 4 ans au mieux. Or, face à son succès, apparaissent déjà des projets de copie, le risque commercial ayant été largement réduit par l'entreprise innovatrice.

Pour reprendre l'exemple des tampons abrasifs, la lourdeur des investissements est telle que seuls six fabricants de par le monde sont capables d'en fabriquer. Pour monter une unité de production d'un nouveau tampon, et le produire de façon rentable, compte tenu de son prix de vente modique, il faut en vendre plus de 2 millions de m^2 par an ! La communication est nécessaire pour que le marché soit averti de l'existence d'une amélioration significative du produit. Sans la publicité, la marque ne pourrait atteindre aussi vite sa clientèle. Elle devrait attendre les effets beaucoup plus lents du bouche à oreille des consommateurs qui, ayant acheté le nouveau tampon par hasard, auraient fait part de leur satisfaction à leur entourage. Entre-temps, le produit nouveau aurait peut-être été copié et l'innovation, au lieu d'être attribuée à sa marque créatrice et preneuse de risque, serait alors banalisée.

C'est là une seconde fonction essentielle de la publicité : en plus des brevets techniques et des dépôts de procédé, et a fortiori si l'innovation n'est pas brevetable, la publicité protège la marque. Elle lui permet de tirer les bénéfices de son innovation en créant chez le consommateur une forte association entre celle-ci et la marque, une attribution de l'innovation-produit à sa marque-mère. C'est la communication qui signe l'antécédence et qui permet de protéger la création. Cela est vrai aussi bien pour les robes de Christian Lacroix que pour les nouvelles salades composées de Saupiquet. Mais, on le verra ultérieurement, le parasitisme, la copie conforme des modèles à succès est une trop grande tentation. La marque innovante est copiée. Prenant tous les risques, industriels et financiers, la marque innovante révèle par son succès l'existence d'un marché tapi, d'une attente non décelée jusqu'alors. Profitant de l'appel d'air ainsi créé et de la route indiquée, les contrefaçons et imitations apparaissent. Aux Etats-Unis on désigne de l'euphémisme d'« alternative designers » les stylistes s'inspirant fortement des premières photos publiées après la présentation publique des collections des griffes de la Haute Couture française.

Théoriquement, on le verra au chapitre 2, le droit protège la marque contre les contrefaçons. Mais c'est un processus souvent lent. Ainsi, la marque La Vache Qui Rit fut déposée par les fromageries Bel en 1921. Les fromageries Grosjean lancèrent plus tard un produit identique sous la marque La Vache Sérieuse. Bel intenta en 1954 un procès en imitation de marque et en concurrence déloyale. Le procès dura 11 ans, la cour donnant raison à Bel et déclarant La Vache Sérieuse imitation illicite en raison des analogies d'ensemble des étiquettes et de la réplique par contraste des deux marques. La protection du droit est aussi théorique lorsque l'imitation émane d'une marque de distributeur. Les risques d'un déréférencement découragent en général les fabriquants de marque d'ester en justice pour faire valoir leurs droits légitimes.

Pour conclure, les budgets de communication des marques sont le pendant, en aval, des moyens considérables investis en amont, au niveau recherche et production, pour identifier des innovations fortes correspondant à une attente et les produire de façon industrielle au prix le plus bas. On a trop tendance à ne retenir de la marque que cette partie « aval », la plus visible et à la dissocier du processus en amont. La publicité annonce le progrès fait par la marque, pour lui créer une large clientèle et accélérer le processus de récupération de l'investissement industriel. Les budgets sont à la hauteur des points morts, de la hausse des seuils de rentabilité impliqués par les investissements industriels liés à la production de l'innovation.

Il arrive que certains industriels opposent les investissements en recherche et les investissements publicitaires, déclarant par exemple consacrer zéro franc à la publicité pour se concentrer sur la recherche, et vendre par exemple exclusivement sous marque de distributeur. C'est la stratégie qui a permis à la société Celatose de croître dans le marché des produits d'hygiène jetables (par exemple les couches pour bébé), marché à très forte intensité publicitaire (Pampers, Câlines, Tendresse...). Celatose vend aujourd'hui 20 % de la consommation totale française et exporte 50 % de sa production. Elle a construit en Allemagne et au Royaume-Uni des usines qui fabriquent dans ces pays pour les marques de distributeurs allemands et anglais. Sa stratégie d'entreprise est une réussite. Mais pour être précis, cette stratégie ne se limite pas à ne pas avoir de marque propre ; donc à ne pas investir en publicité. Elle consiste aussi à ne pas fortement investir en recherche et développement pour créer des produits innovants dans son secteur. A ce jour, toutes les innovations-produit dans ces secteurs ont été créées par les marques. Comme on le voit, l'opposition entre recherche et publicité est fallacieuse. Si la stratégie d'entreprise est la réduction maximale des coûts de fabrication pour rentrer dans les cahiers des charges des marques de distributeurs, ceci conduit à une politique de produit dans le sillage des innovations créées par d'autres, faisant ainsi l'impasse certes de la publicité, mais avant tout des coûts considérables de recherche et développement. La stratégie est toute entière tournée vers la productivité. Si la stratégie d'entreprise est l'innovation, la marque est le passage obligé de la rémunération de cette fonction sociale.

La marque et la communication intense sur la marque sont souvent le seul moyen de rémunérer la fonction sociale d'innovation. En effet de nombreuses innovations

— d'une part ne sont pas protégeables par des brevets ;
— d'autre part consistent à changer des habitudes, ce qui suppose un effort de formation et de persuasion.

2.3. Marques de distributeur : produit et communication

Les marques de distributeur ne sont pas un phénomène récent. En Grande Bretagne, Sainsbury a lancé sa marque de distributeur dès 1869. En France,

Coop déposa sa marque en 1929, Casino en 1948. La Migros fut fondée en Suisse en 1925. C'est un domaine naturellement conflictuel dans la mesure où, par définition, sur une surface de vente limitée (le linéaire) toute présence d'un nouveau concurrent réduit de facto la place réservée aux autres, donc augmente la tension concurrentielle.

Aujourd'hui, la réalité des marques de distributeur est complexe et offre une grande diversité d'options stratégiques depuis les marques premier prix, les produits génériques, les produits drapeaux, les marques propres et les marques-enseigne. Il faut donc éviter les généralisations hâtives. Beaucoup de choses ont été dites sur les marques de distributeur, mais dans ce champ conflictuel, les parti-pris l'emportent parfois sur les faits. La situation a été rendue d'autant plus tendue que certaines marques de distributeur ont revendiqué haut et fort dans leur publicité le fait de ne pas être des marques, voire de faire le procès de la marque, ou encore d'être des anti-marques.

La marque-enseigne est a priori aussi légitime que la marque du fabricant, quand elle porte sur les attributs spécifiques de la fonction du distributeur : garantie de prix (Mammouth), garantie de choix (La Vie Auchan), élargissement de la gamme des prestations (Leclerc). La marque-enseigne n'a de valeur à propos d'un produit que dans la mesure où les producteurs sont défaillants ou absents. Pendant longtemps, avant l'apparition des produits empaquetés de marque, c'était le détaillant qui garantissait la qualité au consommateur. Ainsi, lorsque le groupe Coop acquiert sa première usine à Audierne en 1918, ses motivations étaient de maîtriser l'approvisionnement pour parvenir à assurer aux clients un suivi de qualité, de prix et de livraison. Sur les produits alimentaires aux cours variables (LSA, n° 1014, p 65, 1986), ces amplitudes posaient des problèmes au commerce. Le distributeur se fit alors producteur pour assurer la stabilité de la qualité. L'autonomie de production permettait aussi de sortir du système des prix imposés, en vigueur à l'époque. En intégrant le profit industriel, Coop pouvait donc proposer un produit stable, moins cher. Coop était donc plus un label de qualité qu'une marque.

Aujourd'hui, l'existence d'une demande démontre que les marques de distributeur ont répondu aux attentes d'un segment de clientèle, variable suivant les catégories de produit (chapitre 3), et avant tout sensible au prix. La nécessité de dégager des marges bénéficiaires supérieures a conduit les distributeurs, en particulier les enseignes d'hypermarché, à relancer les marques de distributeur à partir de 1975, pour en faire des « vaches à lait ». En effet, les grandes marques fournissent l'occasion d'une guerre des prix entre les enseignes et sont souvent vendues à perte. Pour vendre un produit générateur de profit, les distributeurs ont suivi plusieurs stratégies, analysables suivant deux axes : le produit et l'emballage, la qualité et l'apparence extérieure.

La qualité peut être, soit supérieure, soit égale, soit inférieure aux articles de certaines marques de fabricants. L'emballage, ou packaging, peut être original, spécifique, ou au contraire copier celui d'une marque de fabricant connue. Le

Tableau 1. Typologie des comportements des marques de distributeur

Qualité du produit \ **Politique de communication**	**Emballage copiant celui de la marque fabricant leader**	**Emballage différencié spécifique de la marque du distributeur**
Supérieure à certains produits de marque		1 Produits-enseigne dans certaines catégories de produits
Egale à certains produits de marque	3 Certaines marques propres ou marques exclusives	2 Produits-drapeaux dans certaines catégories de produits
Inférieure aux produits de marque	5 Certaines marques propres ou marques exclusives	4 Produits génériques Marques premier prix

croisement de ces deux axes définit cinq types de comportement potentiel des marques de distributeur (tableau 1). Nous les analyserons tour à tour.

1. Exemplaires du premier type de comportement, certaines marques de distributeur ont acquis des lettres de noblesse pour leur qualité supérieure et sont considérées par les consommateurs comme de grandes marques. Marks & Spencer en Grande Bretagne en est le prototype avec sa marque propre (private label) : St Michael. Les pulls-overs et le textile de cette marque sont considérés comme un des meilleurs rapport qualité/prix existant sur le marché. En France, récemment, Carrefour, tournant la page des « produits-libres », a annoncé une volonté de créer des « produits innovants », offrant une réelle valeur ajoutée par rapport à l'état de l'offre existant sur le marché, et commercialisés dans un packaging original, spécifique, sous la marque Carrefour. Casino a développé une ligne de plats cuisinés sous vide. Au delà d'une stricte recherche de meilleure profitabilité, l'objectif de ces produits-enseigne est surtout de défendre et valoriser le nom de l'enseigne.

En dehors des deux distributeurs britanniques (Marks & Spencer, Sainsbury) toujours cités en exemple, et des volontés annoncées par Carrefour et Casino en France, peu de marques de distributeur semblent suivre cette stratégie. Interrogé sur ce point, Thil, l'ancien directeur du marketing de Carrefour, l'attribue aux différences de culture et de métier : « Beaucoup de distributeurs ont plutôt la mentalité de marchands (j'achète pour revendre) que la mentalité marketing (je crée des produits pour les vendre aux consommateurs). C'est un état d'esprit différent. Une voie d'avenir pour certaines enseignes seulement, c'est la marque de distributeur pour des produits exclusifs, des produits innovants... Pour réussir, il faut y croire et y mettre les moyens de le faire » (LSA, op. cit., p 73). C'est pourquoi les distributeurs qui ont intégré une activité industrielle d'amont peuvent parvenir à de réelles innovations techniques dans certaines catégories de produit, les autres faisant essentiellement de l'imitation. On l'a vu ci-dessus, la marque est une volonté, une organisation, et des moyens considérables tournés vers la recherche, l'innovation, le renouvellement du produit et la prise de risques. Le progrès est fonction de l'effort et de l'expérience accumulés.

En ce qui concerne leur niveau de qualité et de performances, il est souvent fait un faux procès aux marques de distributeurs. Excédés par cette concurrence nouvelle, certains industriels dénient aux distributeurs la possibilité de faire des produits de qualité supérieure, car ils sont des distributeurs et non des fabricants.

En réalité, le problème doit être posé différemment, c'est-à-dire purement en termes de concentration industrielle. Ce n'est pas la fonction de distributeur qui est moins noble ou handicapante du point de vue du développement de produits innovants et de qualité supérieure, ce sont les contraintes économiques et les retombées de la concentration. La distribution est moins concentrée que la production. En terme de volume d'un produit particulier, un distributeur ne peut atteindre les niveaux de volume d'un fabricant qui couvre tout le marché : chaque distributeur n'accède qu'à un volume limité de consommateurs. De plus, on a vu que, contrairement aux apparences, l'innovation dans les produits de grande consommation nécessitait des investissements considérables. L'industriel qui n'est pas limité à un seul distributeur, mais peut vendre nationalement voire dans tous les pays, peut faire face aux risques impartis par la lourdeur des investissements et des enjeux. C'est parce qu'il y a moins de producteurs de papier-toilette que de groupes de distribution, que Carrefour ne pourra jamais investir assez pour innover dans le papier toilette. Cela n'a rien à voir avec la qualité des hommes de Carrefour ou leur fonction. C'est un problème de structure. S'il n'y avait que trois groupes de distribution en France, ils pourraient peut-être, du fait de l'accès de chacun à un tiers des français, prendre les risques liés aux investissements en innovations-produit et aux améliorations permanentes de la qualité. Mais le pourraient-ils sur beaucoup de produits ?

A contrario, chaque fois que la distribution est plus concentrée que la production, elle peut plus facilement justifier l'effort financier du progrès des produits. Il est significatif que St Michael soit l'exemple permanent de la réussite d'une marque de distributeur en termes de performance et de qualité supérieure des produits. En matière de textile, la production est très peu concentrée. Seul Marks & Spencer, par sa taille, fournit l'accès à un nombre de consommateurs justifiant des investissements dans l'amélioration permanente de la qualité et l'innovation, et les outils de production correspondants. Plus le produit a une composition complexe, plus cet effet de taille joue : la réussite et la performance du produit tiennent bien moins aux matières premières qu'au « process » de fabrication et à la technologie. Les investissements nécessités par la production des anodines barres chocolatées sont considérables. La réussite de Kellogg's tient à une maîtrise longtemps exclusive du processus délicat de fabrication des corn flakes.

A contrario, plus le produit comporte une faible valeur ajoutée par rapport aux matières premières, moins l'effet de taille industrielle est opérant. Il est significatif que les premiers exemples de « produits innovants » de Carrefour soient des conserves de légumes en bocaux de verre (préférés par les consommateurs aux boîtes de conserves) ou une gamme de vins, vendus entre 15 et 30 francs, ou encore un chocolat au taux record de 72 % de cacao. Plus on est proche de la matière première, plus l'accès à la qualité est ouvert : c'est ce qui a fondé la réputation de qualité et de fraîcheur de l'enseigne française Casino, ou de l'anglais Sainsbury.

2. Les produits-drapeaux illustrent le second type de comportement des marques de distributeur. A la différence des produits « innovants », les produits-drapeaux ont été lancés à partir de 1976 sur la base d'une promesse : « aussi bons et moins chers » que les marques nationales. Leur stratégie de communication a consisté à se dépouiller de tout ce qui caractérise extérieurement les marques tout en clamant être de performance égale. Les « produits-libres » de Carrefour, les « produits-oranges » d'Euromarché ne ressemblaient pas du tout aux marques, du point de vue de l'emballage, et étaient 20 % moins chers. La validité de la promesse de « qualité égale » renvoie aux effets de taille industrielle examinés ci-dessus et à l'importance de la valeur ajoutée technologique dans les produits. Dans le marché des lessives par exemple, l'imitation des grandes marques suppose de tels investissements industriels qu'elle échappe aux volontés des petites ou moyennes entreprises qui en auraient décomposé la formule. Pour atteindre la promesse de « qualité égale » sur des produits où le « process » constitue l'essentiel de la valeur ajoutée, il n'existe qu'une solution : s'approvisionner auprès des fabricants eux-mêmes. Beaucoup ont refusé. D'autres ont accepté, en différenciant et en gardant pour leurs marques les bénéfices des innovations. C'est pourquoi, contrairement à l'adage bien connu, toutes les lessives ne sont pas égales : il existe une forte relation entre le prix et les niveaux de performance (tableau 2). Pour les produits à faible valeur ajoutée, il suffit de trouver d'autres fournisseurs, voire de les susciter.

3. Le troisième type de comportement consiste à proposer un produit identique à celui d'une marque de fabricant, en donnant au packaging de cette marque de distributeur la même apparence extérieure que celui de la marque nationale visée. Cette politique de marque-propre est illustrée par le cas des salades composées à base de thon. Au début de 1983, après différentes recherches d'innovation et plusieurs études d'acceptabilité et de consommation auprès des ménagères françaises, Saupiquet créait une gamme inédite de conserves : 4 salades exotiques à base de thon, dans une présentation originale. Pour lancer cette innovation, Saupiquet investit dans une large campagne publicitaire à la radio et à la

Tableau 2. A propos d'une rumeur : toutes les lessives seraient égales
Analyse comparative des performances et du prix
Secteur : Lessives en poudre

	Produit de marque	**Meilleure marque de distributeur**	**Marque distributeur 2**	**Superéconomique distributeur 3**
Indice de prix en rayon (5 kg) [(1)]	100	85	84	75
Indice de performance				
• Lavage à basse température (majorité des cas)	100	54	67	25
• Lavage à haute température 60°, 90°	100	88	79	49
Composition chimique, Indice pondéral [(2)] **Ingrédients-clés pour la performance**				
• Agents tensio-actifs (Détergence, enlèvement de la saleté et des taches grasses)	100	63	66	44
• Agents anti-calcaire (Maintien de la blancheur et de l'éclat des couleurs)	100	100	86	32
• Agents oxydants à basse/haute température (Hygiène, blanchiment, enlèvement des taches de fruits et de boissons)	100/100	0/100	50/85	0/71

(1) *Source :* Nielsen, janvier-juin 1988
(2) Sur la base de l'analyse chimique

télévision. Fin 1984, la société Pêcheurs de France, distribuée par Ed et Casino, mit sur le marché une gamme identique faite des quatre mêmes variétés dans des conditionnements reproduisant les caractéristiques de ceux utilisés par Saupiquet. Après diverses protestations restées vaines, Saupiquet fit un procès pour concurrence déloyale et le gagna. Le Tribunal de commerce de Paris interdit la poursuite de la vente des produits Pêcheurs de France sous les conditionnements incriminés.

Cet exemple appelle plusieurs commentaires : nous sommes typiquement dans un secteur où la part du « process » de fabrication, de la technologie, est faible. L'accès à la qualité est donc plus ouvert. Dans ces secteurs, l'innovation tient souvent à une idée, à un concept : ici, faire des salades mélangées (mexicaine, américaine, bretonne et vendéenne). Il faut réussir la mise en œuvre industrielle de ces idées sur le plan de la qualité, du goût et du prix, et vérifier le potentiel d'acceptabilité des produits par les consommateurs. Puis la marque lance commercialement le nouveau produit. Le succès de celui-ci révèle un potentiel qu'il est alors tentant de récupérer à son profit : l'imitation de telles idées est peu coûteuse.

Se situant dans le sillage de la marque innovante, la société imitatrice fait l'économie du risque, de tous les tâtonnements initiaux, des études de marché, et de la campagne publicitaire qui a pré-vendu au public ces nouveaux concepts. Il y a donc de la part de l'imitateur une appropriation pure et simple d'une innovation pour cause d'utilité privée. Ici, la marque de distributeur s'engage mais ne crée pas : elle récupère les efforts d'un autre. Ce comportement n'est en rien nouveau : les fabricants eux-mêmes le pratiquent entre eux. Rappelons le cas de la Vache Sérieuse, lancée après le succès de la Vache Qui Rit. L'utilisation de cette tactique par une marque propre (marque exclusive d'un distributeur) ne saurait être justifiée par ce fait. L'imitation rapide par une marque de distributeur, outre qu'elle prive l'innovateur des bénéfices légitimes de son innovation, introduit trois paramètres nouveaux.

— Elle se trouve tout de suite au linéaire et jouit donc d'une visibilité immédiate, à côté de la marque innovatrice, ce qui n'était pas le cas d'imitations par des marques de fabricants. Chez certains distributeurs, elle jouit même d'un monopole local : ainsi dans les magasins Ed, les salades composées Pêcheurs de France sont seules présentes.

— N'ayant à subir aucun coût de recherche de développement de produit, ni de publicité, ni de référencement en magasin, la marque propre copiant ainsi le produit innovant peut être présentée à un prix imbattable, très attractif pour le consommateur. Au cas où les deux produits seraient présents sur le même linéaire — l'innovant et l'imitant — la ressemblance des deux offres contribue à lever toute hésitation, surtout si le distributeur fixe la marque nationale à un prix élevé, afin de maximiser la différence de prix. Dans leur évaluation des produits, les consommateurs, c'est naturel, ne tiennent compte que des matières premières. Ils n'incorporent pas les coûts en amont, liés à l'innovation, au développement et à la prime de risque. Face à deux offres si proches, aux prix si éloignés, la marque acquiert une image négative : elle paraît socialement nuisible, inflationniste, etc.

— Si le groupe de distribution représente une part importante du chiffre d'affaires de la société produisant la marque innovante, celle-ci hésitera à poursuivre en justice ce groupe pour concurrence déloyale.

4. Le quatrième type de marque de distributeur est connu sous le nom de « produits génériques » ou de « produits premier prix ». Ces produits s'inscrivent dans une logique de guerre des prix. Leur qualité est moins bonne que les marques nationales, mais leur prix est très nettement inférieur. Le consommateur peut ainsi trouver du café soluble 50 % moins cher que certains Nescafé. L'emballage de ces produits est spécifique : souvent dépouillé au maximum, avec seule mention de la catégorie de produit. Ces produits prennent en charge un besoin jusque-là non satisfait : un produit au prix minimum. L'acheteur, sensible au

prix, sait ce qu'il achète : les produits génériques ne cachent pas leur qualité moyenne, clé du prix plancher qu'ils proposent.

5. Le cinquième type de comportement consiste à créer des marques propres, dont l'emballage, le nom et l'allure extérieure imite certaines marques nationales, tout en fournissant un produit de qualité et de performances inférieures. Ce comportement est exposé dans les brochures internes de certains distributeurs : « Produits à marques réservées : copie conforme, atout prix ! En créant un produit qui ressemble physiquement au leader, avec une marque de commercialisation exclusive, nous sommes sûrs d'offrir un premier prix, pour une qualité acceptable. » On a vu précédemment que le leader du marché correspond souvent au plus haut niveau de performance et de qualité : ici, la copie conforme n'imite que l'emballage, les signes extérieurs ; l'intérieur n'est que de qualité « acceptable ».

Dans le domaine de l'hygiène beauté et des soins capillaires, L'Oréal est réputée sur le plan mondial pour l'importance de ses investissements en recherche, source de ses multiples innovations et de la performance supérieure de ses produits. Or, on a vu apparaître chez certains distributeurs des marques exclusives, extérieurement jumelles des produits L'Oréal : par exemple la marque de distributeur Microline dont l'emballage reprend les apparences extérieures du nouveau produit à succès Studio Line de L'Oréal, spray fixant destiné aux jeunes (même concept, mêmes couleurs, même graphisme, même terminologie...).

Dans le domaine du fromage, le Roquefort Casino préemballé s'inspire extérieurement de l'emballage du leader du marché, le Roquefort Société, considéré comme la référence.

On peut multiplier à l'envi de tels exemples : le tableau 3 (page suivante) en présente un petit échantillon. Ainsi dans une enseigne, on a trouvé près de la bière Kronenbourg, une bière Koenemberg, imitant le graphisme des lettres de la première, ainsi que son code-couleur, blanc et rouge. La couleur jaune des bouteilles de Schweppes Tonic se retrouve sur une bouteille identique, à la marque Queen's Tonic. L'argument selon lequel certaines couleurs appartiennent au code général de la catégorie (comme par exemple le blanc pour un yaourt nature) est irrecevable ici : le jaune n'est pas lié à la catégorie de produit. Il est en revanche la caractéristique bien connue des bouteilles de Schweppes. Patulus a la même couleur bleue que Lustucru, alors que le bleu n'a rien à voir avec l'univers des pâtes : le bleu est un des signes de reconnaissance de Lustucru. Peu de temps après la sortie de Yes, barre de gâteau chocolaté lancée par Nestlé, on a vu apparaître chez certains distributeurs « Take » dont l'emballage était d'un graphisme identique. Le déodorant Tahiti pour homme est contré par une marque de distributeur appelée « Bahia déodorant pour homme », avec un même emballage, un même graphisme, les mêmes couleurs. On trouve dans certaines enseignes, à côté du Ricard (dont l'étiquette mentionne « le vrai pastis de Marseille », 45), des bouteilles très proches de « Picaro », dont l'étiquette comporte les mentions : « Laurent Ricard Distribution, le vrai pastis de France, 45 ».

Tableau 3. Illustrations de la stratégie de ressemblance extérieure

Marque nationale de référence	**Marque exclusive de distributeur**
Kronenbourg (Bière)	Koenemberg
Banga (Boisson aux fruits)	Bengali
Lustucru (Pâtes alimentaires)	Patulus
Danette (Dessert frais)	Paturette
Skip Tous programmes (Lessive)	Whip Tous programmes
Pastis 51 (Apéritif)	Pastis 2001
Ricard (Apéritif)	Picaro
Timoteï (Shampooing)	Timodoux
Studio Line (Spray fixant)	Microline
Tahiti pour homme (Déodorant)	Bahia pour homme

Après le succès du shampooing « Timoteï » (de Lever) et d'« Ultradoux » de Garnier (L'Oréal), est apparue une marque de distributeur appelée « Timodoux »...

Ce type de comportement est érigé en système de gestion par certaines enseignes qui multiplient les marques exclusives, chacune ayant pour fonction de contrer une marque nationale particulière. Outre qu'il porte préjudice au concept général de marque de distributeur — qui recouvre d'autres réalités tout à fait légitimes — ce comportement soulève différents problèmes éthiques et économiques.

— Le décalage de qualité entre la copie et le modèle est plus important que la perception que le consommateur en aura, au vu de la ressemblance extérieure des produits. La recherche volontaire de la confusion est ici perverse.

— Cela porte atteinte au marché dans son ensemble : par amalgame, les acheteurs de la copie risquent de développer un bouche à oreille négatif sur l'ensemble de la catégorie de produit, ce qui sanctionne par extension la marque leader, par effet de halo négatif.

— La politique d'imitation sape la dynamique de l'innovation. Elle rend plus problématique la récupération des investissements et l'amortissement des frais de développement et de lancement. La copie est une expropriation des bénéfices de l'innovation. Ce point ne saurait être sous-estimé : plus les niveaux de qualité sont élevés, plus les progrès dans la performance des produits sont onéreux et demandent des investissements considérables : le risque financier de l'innovation ne cesse de croître. A titre d'exemple, la crème de soin du visage Plénitude de l'Oréal fut lancée en 1982 : son point mort ne fut atteint qu'en 1986.

Comme on le voit, la notion de marque de distributeur renvoie désormais à une réalité très diversifiée dans ses objectifs et dans ses pratiques. Il serait dommage que certaines de ces pratiques portent ombrage à l'ensemble de la démarche, dont la légitimité sociale consiste à élargir le champ de choix des consommateurs. La multiplication des contre-marques, marques de distributeur imitant l'extérieur de marques nationales, débouche sur une conception de la marque opposée aux fonctions d'une marque (chapitre 3). La marque de producteur est un signe d'appartenance, de caution, une garantie de la permanence et de l'ubiquité des qualités et performances du produit. Fondamentalement, la marque de fabricant est le signe par lequel le fabricant se démarque, fait remarquer son produit : la marque indique une différence. La marque de distributeur poursuit les fonctions inverses : ne pas se démarquer, suggérer une absence de différence, faire confondre les produits.

3. L'IMAGE DE MARQUE DE LA MARQUE

Le statut de la marque est variable selon les pays. La marque est une institution forte au Japon, comme le rappelle M. Yoshimori (chapitre 9). Fortes et incontestées au niveau national, les marques japonaises ont été le support de la production en très grandes séries et les étendards de la pénétration japonaise sur les marchés étrangers. Le statut de la marque est également fort aux Etats-Unis (Tordjman, 1987) : liées intimement au système économique et à la compétitivité des entreprises, les grandes marques ne font pas l'objet de contestation. En Allemagne aussi la marque est forte.

A titre d'illustration, par rapport aux autres pays européens, la République fédérale d'Allemagne se situe loin dans le classement des parts de marché des marques de distributeur, en 9e position (LSA, 1986).

En France, dans le secteur des biens de grande consommation, l'image de la marque n'est pas bonne. Il s'est développé dans une partie du public et chez maints leaders d'opinion l'idée suivant laquelle la marque serait un surcoût, de moins en moins légitime, fondé sur des valeurs ajoutées imaginaires créées et entretenues à coûts de millions par la publicité. De là à associer à tort marque et inflation, il n'y a qu'un pas, surtout si des imitations fleurissent, moins chères.

Nous l'avons vu dans la première partie, la face cachée de la marque est le produit, la recherche, l'innovation et la prise de risque. La marque tire le marché vers le haut, car elle cherche en permanence à se dépasser, à créer un produit plus performant, répondant mieux aux attentes des consommateurs. Elle ne le fait pas par philanthropie ou générosité : c'est la condition de sa survie. Une marque qui ne renouvelle pas son produit meurt : elle perd sa valeur ajoutée, son avantage différentiel, sa raison d'être.

Vendue en millions d'exemplaires, la marque vulgarise donc le progrès en le rendant accessible à prix modéré. Sa fonction sociale est de chercher l'amélioration permanente et de la produire au moindre coût : ceci explique les investissements considérables en recherche et production. Pour amortir ces investissements en amont, la marque n'a plus d'autre choix que de chercher à gagner une clientèle la plus large possible. Les budgets publicitaires en sont le moyen le plus visible, mais on le verra ci-après, pas forcément le plus onéreux : aujourd'hui, les coûts de commercialisation et de distribution, d'accès au linéaire, dépassent souvent les budgets de publicité.

La prime de prix de la marque est la rémunération de la valeur ajoutée du produit, des risques financiers et la condition des innovations futures (chapitre 8). Sans esprit d'initiative, sans risques, sans investissements dans la recherche et le développement, il n'y aurait pas tous les produits qui nous entourent. Aussi doit-on s'interroger sur les raisons qui ont altéré l'image de la marque, dans le domaine des produits de grande consommation.

3.1. Le visible et l'invisible

Personne ne conteste l'existence de R & D derrière le projet Ariane, l'Airbus ou la dernière automobile Peugeot. En revanche, parce qu'ils font partie de notre décor quotidien, qu'ils suscitent en nous une implication et un intérêt faibles, les produits de grande consommation ont perdu leur mystère. Nous trouvons normal d'avoir un café soluble qui conserve toutes les saveurs du café, des shampooings aux propriétés multiples ayant une innocuité totale, d'obtenir le même blanc à 40 ° qu'autrefois en faisant bouillir la lessive. Produit domestique est devenu synonyme de produit domestiqué : la prouesse technologique est occultée. Facile à acheter, il doit être facile à produire. On n'imagine plus les années de recherche qui l'ont rendu possible. Ce qui n'est pas visible est perçu comme inexistant.

Le dilemme de la marque est que, se renouvelant en permanence, elle doit communiquer pour avertir et convaincre de cette différence. Or le nombre des mots disponibles est réduit. Le regretté Coluche, dans un sketch célèbre, se moquait des publicités de lessives passant du blanc au plus que blanc, puis au plus plus que blanc. Sans le savoir, il identifiait une des sources des problèmes de la marque : la marque améliore la performance de ses produits mais ne dispose que des mêmes mots pour le signifier. La communication publicitaire semble alors piétiner, se répéter dans le temps : elle bute sur l'absence de vocabulaire, alors que la réalité-produit a, elle, bien évolué.

Troisième source de difficulté, au niveau des produits de grande consommation, le consommateur ne voit de la marque que la partie visible : la publicité et la différence de prix avec des produits apparemment similaires. Bien que corrélation ne signifie pas causalité, beaucoup sont prompts à considérer que la publicité cause cette différence. En réalité, nous l'avons vu, la publicité et la prime de prix sont deux conséquences des investissements industriels en amont.

On a dit de l'économie qu'elle était une des sciences les moins bien vulgarisées. De fait, souvent, on ne voit plus dans la chaîne économique que le dernier échelon. Tout se passe comme si la charpente économique du pays ne reposait que sur son secteur tertiaire et sa force marchande, et non sa capacité à inventer et à produire de façon industrielle des produits à forte valeur ajoutée. Ainsi, la France est passée d'un extrême à l'autre : après avoir pendant des décennies fait un complexe vis-à-vis de la vente et du commerce, nous ne considérons plus que ces deux étapes en aval de la chaîne économique.

D'une façon plus générale, il se développe une vision économique fragmentée, fondée sur la domination du visible : la publicité, le négoce, le prix. La préoccupation du seul indice des prix peut aboutir par exemple à considérer comme légitimes les imitations de marque. C'est oublier que la santé économique d'un pays se juge dans la durée et dans sa capacité à encourager et récompenser l'esprit d'invention, la créativité industrielle et le risque. C'est la poursuite permanente de la qualité sur une longue période qui justifie la prime de prix.

L'assimilation de la marque à un simple artifice publicitaire résulte également des critiques faites à certains grands noms du luxe. A l'origine, le produit de luxe était un luxe de détails, de qualité de finition, c'est-à-dire une valeur ajoutée fondée sur la réalité du produit. Celle-ci a nourri la valeur signe associée au luxe. Acheter certaines griffes, c'est montrer son pouvoir d'achat et se présenter comme détenteur de goût et de raffinement. Entre-temps, pour exploiter le capital-image ainsi accumulé au fil du temps dans leur nom prestigieux, certaines griffes ou marques de luxe ont pratiqué une politique de licences extensives. La marque signait alors des produits de qualité banale : par exemple, cigarettes, chaussettes, ceintures, lunettes ; on n'achetait plus que le nom. Par amalgame, cette critique a été récupérée pour mettre en doute la légitimité même des marques industrielles.

Un dernier facteur a facilité la détérioration de l'image de la marque : la méconnaissance des coûts de commercialisation des produits. Aujourd'hui, l'accès au linéaire, les coûts de distribution dépassent dans de nombreux secteurs le budget de publicité (Mc Kinsey, 1986). Les coûts de distribution sont multiples.

— Les coûts liés à l'obtention d'une mise en avant du produit en magasin, d'une tête de gondole. Ce sont alors des coûts productifs : ils rémunèrent un service rendu, engendrant une plus forte rotation du produit, donc un plus fort volume de vente.

— Les remises sur facture. Ce coût est en théorie productif si elles sont effectivement liées au volume des achats.

— Les coûts de référencement ou d'accès au linéaire. Avant même de savoir s'il sera un succès auprès des consommateurs, tout nouveau produit doit, pour être présent sur les rayons des magasins, payer à chaque enseigne un coût proportionnel au nombre de magasins de l'enseigne. Le budget de simple référencement d'une nouvelle lessive, par exemple, dépasse souvent six mois de dépenses publicitaires.

— Les remises de fin d'année : coût lié non systématiquement à un supplément de volume ou de rendement, mais à la mesure d'un rapport de force.

Ces coûts ont subi une forte croissance et dépassent même les budgets publicitaires de marques de grande consommation. Un débat s'est instauré (Tordjman, 1986) sur la légitimité de ces coûts — lorsqu'ils ne sont pas la rémunération d'un supplément de service de la part du distributeur (promotion, mise en avant). Ces coûts supplémentaires conduisent les marques à redoubler de productivité, pour pouvoir concéder ces remises sans se mettre en péril sur le plan financier. Ces gains de productivité réalisés par les fabricants sont-ils bien répercutés par les distributeurs aux consommateurs sur les étiquettes de prix ? Au contraire, y aurait-il confiscation de la productivité, par non-rétrocession au niveau des prix de vente au public ? Pour le savoir, il est nécessaire de connaître les prix de cession nets des producteurs aux distributeurs et de comparer leur évolution dans le temps, en francs constants, avec celle des prix payés par les consommateurs sur ces mêmes produits. Le caractère totalement confidentiel des conditions réelles d'achat obtenues par la distribution empêche toute recherche empirique et rend à ce jour ces questions sans réponse.

3.2. La bataille des mots

L'image de la marque ne s'est pas dégradée d'elle-même. D'une part, les fabricants n'ont pas pressenti les effets du déséquilibre entre le visible et l'invisible sur l'image qu'une partie du public et des leaders d'opinion ont de la marque et de sa légitimité économique et sociale. Bien plus paradoxal, l'institution « marque », collectivement, n'a pas su communiquer : elle a laissé le monopole de la parole aux publicitaires et à la distribution. La conjonction de ces deux discours a enfermé la marque dans une image non conforme à la réalité et qui lui coûte cher désormais.

Dans les pays traditionnellement réticents face à la publicité, celle-ci, pour se faire accepter, a changé sa façon d'être. D'information persuasive, elle cherche à devenir spectaculaire et séduisante. Dans la construction d'un spot télévisé, les considérations de forme l'emportent sur le message de fond à véhiculer, c'est-à-dire la différence apportée. Devenue un art, une production esthétique, on voit désormais la foule se presser dans les « Nuits de la Publicité » pour regarder des rétrospectives publicitaires, comme on regarde les tableaux d'une galerie d'art. Ce comportement de la publicité a même été théorisé : maints publicitaires assignent désormais pour seule mission à la marque de créer une valeur-spectacle. Pour d'autres, l'ère du produit étant révolue, tous les produits seraient désormais égaux : le rôle de la marque (à travers sa publicité) serait de créer une valeur ajoutée imaginaire, seul support de différence. Construisant la marque comme on fabrique des stars hollywoodiennes, ce discours a largement fragilisé la marque auprès des pouvoirs publics, des leaders d'opinion et d'une partie de l'opinion : pour mieux prouver l'utilité de la publicité, les publicitaires ont cantonné la marque dans l'image, l'imaginaire, c'est-à-dire ce qui n'est pas réel.

Or, rappelons-le, la marque se crée par des éléments de fond et de forme, et non de forme uniquement. Puisque la marque dure alors que le produit change, il est tout à fait normal de chercher à construire un territoire de communication, un code de marque, c'est-à-dire des constantes dans la forme d'expression de la marque. D'une publicité à l'autre, le public peut alors plus aisément reconnaître l'émetteur, la marque qui énonce le produit.

Il y a dérive lorsque, décrétant sans fondement que tous les produits sont égaux, la seule préoccupation de la publicité est de créer une personnalité de marque, et sa focalisation exclusive de porter sur l'imaginaire. En enterrant le produit, elle tue la marque. Largement médiatisée, cette philosophie publicitaire n'a fait que rendre plus crédible le discours que plusieurs grands distributeurs ont tenu depuis 1976.

En appelant ses produits-drapeaux « les produits-libres », Carrefour fut le premier à officialiser le discours anti-marque : le produit « libère », la marque « asservit » les consommateurs, elle le « trompe ». Depuis lors, le discours collectif de la distribution n'a cessé d'être « à l'assaut des grandes marques » (Les Echos, 26 août 1987). Les phrases-clés portent sur « le diktat des grandes marques », « l'hégémonie du marketing abusif », « les budgets marketing gigantesques », la nécessité de « revenir à la réalité du prix du produit » et « d'enlever l'excédent de marketing qu'ils contiennent, source d'une inflation non maîtrisable », argument ne résistant pourtant pas à l'analyse économétrique (chapitre 7).

Les producteurs — silencieux — ont perdu la bataille de l'image, la bataille des mots. Laissant le monopole de la parole aux deux autres groupes d'intérêt, les publicitaires et les distributeurs, ils ont laissé le piège des mots se refermer sur eux. La distribution s'est appropriée les mots-symboles positifs tels que « le vrai, le produit, la réalité, la liberté, la défense des consommateurs, la baisse des prix ».

Pour l'analyste extérieur, il est paradoxal de voir les marques, réputées pour leur savoir-communiquer, perdre la bataille de la communication et de l'image. On l'a vu, ce sont les marques qui découvrent et vulgarisent tous les produits nouveaux constituant désormais notre environnement domestique, qui apportent en permanence un progrès dans leurs performances. Or, par leur silence en tant qu'institution collective, économique et sociale, les marques se sont fait déposséder du « produit ». Des publicitaires l'avaient déjà réduit à la portion congrue, les distributeurs l'ont récupéré dans leur image. Par ces jeux de communication, l'image de la marque n'est plus celle d'une valeur ajoutée mais d'un coût ajouté factice.

Confinées dans le marketing privé auprès des consommateurs, les marques n'ont donc jamais fait leur marketing public, c'est-à-dire le rappel de leur légitimité collective, en tant que phénomène économique et social, auprès des citoyens, des pouvoirs publics, des associations de consommateurs, des leaders d'opinion. Tout le talent de la distribution est d'avoir porté le débat sur un plan institutionnel, celui des légitimités. D'autre part, le même discours émanant de plusieurs distributeurs, la distribution a été beaucoup plus forte pour gérer son marketing public, aidée en cela par le silence collectif des marques. Sur le plan de la stratégie, on ne peut qu'admirer le talent avec lequel la distribution a su tirer parti de l'arme-communication, tout en déclarant officiellement ne pas faire de communication et laisser celle-ci — associée à l'idée d'image, de factice, de faux — aux seules marques. Passant sous silence l'importance et la justification des coûts de rémunération de la distribution, devenus aujourd'hui considérables dans les budgets marketing des marques, le discours de la distribution a su tirer parti de la proximité psychologique entre l'invisible et l'inexistant. Assimilant les budgets marketing à leur seule partie visible, la publicité, et déconnectant celle-ci des investissements industriels et de recherche faits en amont sur le produit, on isole la marque du processus économique dans lequel elle s'insère et qu'elle rend possible. La finalité du discours est de présenter la marque comme une protubérance artificielle et coûteuse en aval.

La science politique nous rappelle que tout discours collectif s'inscrit dans une logique de conquête du pouvoir. Dans la recherche d'alliés, les groupes d'intérêt développent leur communication publique et développent des messages sur leur légitimité (Laufer et Paradeise, 1982).

Le rôle de l'analyste social n'est pas de juger mais de mettre à nu les processus et les mécanismes mis en œuvre par les uns ou les autres. Quelle est donc la fonction ultime de l'image suivant laquelle la marque ne serait qu'un paraître et un excédent de coût ? Cette image et les discours qui la construisent ont pour toile de fond le rapport de force opposant industriels et distributeurs, avec pour spectateurs-acteurs les consommateurs et les pouvoirs publics. Comme le dit M.E. Leclerc en parlant de ses rapports avec les industriels de la marque : « Nous ne sommes pas des partenaires » (LSA, N° 1001, 15 novembre 1985, p.29).

Jusqu'à présent l'avenir des marques était décidé par les consommateurs. Dans chaque marché, ceux-ci choisissent d'abandonner certaines marques — ayant un rapport performances-prix insatisfaisant — et d'acheter certaines autres. Dans une économie libérale, le marché est un système de liberté : les consommateurs votent chaque jour. Rappelons-le, la recherche permanente de l'amélioration des produits et de l'innovation ne relève pas de la philantropie des marques : elle est la condition de la survie d'une marque, face à la concurrence et à la hausse des exigences des consommateurs. La publicité est inscrite dans ce système : il faut avertir et convaincre les consommateurs des nouvelles différences et performances apportées périodiquement par les marques. Passant par dessus la distribution, la publicité s'adresse directement aux consommateurs, décideurs ultimes de la validité de chaque marque présente sur le marché, dans une économie libérale.

L'image réductrice de la marque, assimilée à un artifice publicitaire, vise à modifier le lieu où s'évalue la marque. Si, critiquées pour leur publicité, les marques réduisaient ou supprimaient celle-ci, elles pourraient moins s'adresser directement au marché. Elles dépendraient alors non plus du consommateur final décidant, mais des intermédiaires. Contrôlant le linéaire, le rayon, devenu alors le seul moyen d'accéder aux consommateurs, la distribution déciderait seule des marques qui seraient proposées au marché.

Au moment où certains distributeurs pratiquent une politique extensive d'imitation et proposent des dizaines de marques exclusives ressemblant extérieurement à des marques nationales bien connues, une autre finalité du discours anti-marque apparaît. Il s'agit de faire baisser la garde à la concurrence tout en restant soi-même offensif. Par le discours sur le caractère factice des grandes marques, soi-disant pur artifice publicitaire, on rend presque moral le droit à l'imitation.

Ainsi, derrière cette image de la marque se dessinent des enjeux d'un autre ordre. Contrôler l'accès des marques au linéaire, c'est en fait contrôler ce qui fait la marque : la production en amont. C'est substituer à un système libéral de choix direct par les consommateurs, un autre système où la sélection des marques est décidée par d'autres. La production devient alors sous-traitante au service de la distribution.

Suivant l'issue, le rôle de la marque par rapport à la fonction industrielle pourrait totalement changer. Pour l'instant, l'industriel est un créateur de produits et de services ayant fidélisé ses clients par des marques. Pour ce faire, l'industriel a dû devenir aussi un professionnel du marketing. Doit-il, face à la grande distribution et à la mondialisation de ses approvisionnements, revenir vers l'amont, c'est-à-dire vendre directement à des fabricants d'équipements d'origine ? La fonction de cet ouvrage n'est pas de juger, mais d'éclairer, en analysant derrière les mots, les discours et les images, quels sont les enjeux et les finalités poursuivies. Comme on le voit, le discours pro- ou anti-marque ne vise pas à conserver ou supprimer la marque. Ce qui est en jeu n'est pas l'existence de la marque, mais qui va la contrôler, c'est-à-dire son appropriation.

BIBLIOGRAPHIE

Brosselin C. (1979), *La Marque de distributeur*, Paris, Entreprise Moderne d'Edition.

Hirschman A.O. (1970), *Exit, Voice and Loyalty,* Cambridge, Mass., USA, Harvard University Press.

Jacoby J. and Chesnut R. (1978), *Brand Loyalty,* New-York, Ronald Press.

Jones J.P. (1986), *What's in a Name : Advertising and the Concept of Brands*, Lexington Lexington Books.

Kapferer J.N. et Laurent G. (1983), *Comment mesurer le degré d'implication des consommateurs*, Institut de Recherches et d'Etudes Publicitaires, Paris.

Laufer R. et Paradeise C. (1982), *Le Prince bureaucrate*, Paris, Flammarion.

Laurent G. et Kapferer J-N (1985), « Measuring Consumer Involvement Profiles », *Journal of Marketing Research*, Vol XXII, February, p. 41-53.

Les Echos (1987), « Les Distributeurs à l'assaut des grandes marques », 26 Août.

LSA (1986), « Les Marques de distributeur », N° 1014, 21 Février, p. 94-95.

Mc Kinsey (1986), « Manufacturer Retailer Partnership », Esomar Distribution Seminar Proceedings, June, Brussels.

Murphy J.M. (1987), *Branding : A Key Marketing Tool,* New-York, Mc Graw-Hill.

Thil E. (1986), « Ah ! Vos marques ... », *LSA*, 21 Février, N° 1014, p. 70-73.

Thil E. et Baroux C. (1983), *Un pavé dans la marque*, Paris, Flammarion.

Tordjman A. (1986), *Stratégie de concurrence dans le commerce*, Paris, les Editions d'Organisation.

Tordjman A. (1987), *Le Commerce de détail américain*, Paris, les Editions d'Organisation.

Chapitre 2

La marque à travers le droit

par Véronique de Chantérac

« Les lois, dans leur signification la plus étendue, sont les rapports nécessaires qui décident de la nature des choses. »

« De l'esprit des lois »
Montesquieu

Les systèmes juridiques sont d'exceptionnels révélateurs de la réalité sociale qu'ils organisent et contiennent. A cet égard, l'analyse des traits essentiels du droit de la marque tant sous l'angle des textes que des pratiques jurisprudentielles et administratives peut contribuer à cerner la représentation du concept lui-même. Sous le prisme juridique, plus peut-être encore que sous d'autres, une telle étude doit être menée dans une optique comparative et internationale. La mise en évidence des similitudes et divergences nationales est particulièrement riche d'enseignement tout comme l'est celle des efforts développés au plan international pour rationaliser et harmoniser les différents régimes.

Ce chapitre est articulé en trois parties. La première est centrée sur le concept même de marque. Les critères à partir desquels un vocable ou un signe est, n'est pas ou n'est plus qualifiable de marque constituent un premier éclairage. La seconde est consacrée à l'analyse des schémas de protection de la marque ; les systèmes d'acquisition et de conservation de ce droit tout autant que les actions conduites pour sa défense permettent plus finement de cerner les frontières de la marque. La troisième partie enfin s'attache au devenir de la marque. Les politiques des entreprises comme celles des états font sensiblement évoluer un droit qui apparaît aujourd'hui économiquement essentiel mais juridiquement mouvant.

1. LE CONCEPT DE MARQUE

On s'accorde généralement à reconnaître à la marque une fonction première : distinguer les objets ou les services qu'elle désigne par leur provenance. Très logiquement, la définition établie par l'Organisation mondiale de la propriété industrielle, transcrit au plan juridique cette réalité économique : « un signe servant à distinguer les produits ou les services d'une entreprise de ceux d'autres entreprises » [(1)].

L'analyse des différents systèmes législatifs confirme l'importance des deux éléments constitutifs du concept : le caractère distinctif d'une marque et l'indication de provenance qu'elle véhicule se retrouvent de façon universelle.

1.1. Marque et caractère distinctif

Les législateurs font du caractère distinctif d'une marque une condition nécessaire de son existence juridique. La position est de bon sens. La marque, on le sait, confère à son titulaire un droit exclusif. On ne saurait admettre que quiconque puisse disposer d'un monopole d'utilisation sur des termes d'une parfaite banalité, simple description par exemple du type de produit concerné. Cela signifierait en effet que nul autre ne peut commercialiser des biens ou services similaires ; comment pourrait-il les présenter si ce n'est en utilisant le vocabulaire interdit ? La conséquence serait alors l'instauration d'un monopole sur un type d'activité. Si la nécessité du caractère distinctif se conçoit donc aisément, la mise en œuvre du principe est moins simple à appréhender. Il faut, pour ce faire, d'abord cerner la notion elle-même, puis en mesurer la portée.

1.1.1. Aucun législateur ne s'est jamais risqué à une définition directe de la notion de caractère distinctif. Une telle approche serait d'ailleurs absurde puisque le concept n'a aucune existence absolue ; il n'est que relatif. La capacité distinctive n'est synonyme ni de nouveauté, ni d'originalité. Si le droit des brevets et le droit d'auteur, respectivement conditionnés par les deux critères précédents, sont des droits de création, le droit de la marque n'est en revanche qu'un droit d'occupation. Un terme courant peut fort bien revêtir dans une utilisation particulière un caractère distinctif[(2)]. Il constituera une marque valable pour celui qui le premier l'aura, de façon arbitraire, adopté, alors qu'il n'était pas pour la désignation de cet objet d'un emploi obligé ou habituel. C'est donc finalement la notion d'arbitraire qui est ici essentielle. L'analyse des différentes lois sur les marques le confirme, déniant toute validité aux signes génériques ou purement descriptifs.

La loi française du 31 décembre 1964 dispose dans son article 3 : « Ne peuvent être considérées comme marques : — celles qui sont constituées exclusivement de la désignation nécessaire ou générique du produit ou service... — celles qui sont composées exclusivement de termes indiquant la qualité essentielle du produit ou service ou la composition du produit. »

Les espèces dans lesquelles les tribunaux ont eu à statuer sur l'application de ce texte sont nombreuses. Certaines décisions semblent évidentes à un observateur de bon sens. Ainsi par exemple les dénominations « tickets restaurants » et « tickets repas » pour désigner des titres restaurants remis par des employeurs à leur personnel ont-elles été censurées[(3)], de même que le vocable « poids lourd » pour de gros véhicules automobiles[(4)], ou encore, exemple classique, la marque « crème de gruyère » pour un fromage de cette famille[(5)]. Plus subtiles, mais néanmoins compréhensibles, sont les motifs qui ont conduit les magistrats à reconnaître pour des publications économiques, la validité des marques « L'Expansion » ou « Fortune »[(6)]. Mais comment alors ne pas se sentir mal à l'aise face à une décision qui refuse de protéger « l'Actualité » comme titre de presse[(7)]. Est-il compréhensible que l'appellation « Teint léger »?[(8)] ait été rejetée pour des produits cosmétiques alors que « Bonne mine »[(9)] a été admise dans la même utilisation ? Les exemples de ce type pourraient être multipliés. De telles incohérences sont dues à l'essence même du système juridique français. Il nous faut pour le comprendre faire ici une parenthèse. Le droit français appartient à la famille des systèmes dits de « civil law ». Le droit y est un ensemble de règles codifiées, générales et abstraites, établies par le législateur et confiées pour application aux tribunaux. La jurisprudence n'a donc qu'un rôle second dans la mise en place du système de droit. Les magistrats ne peuvent, tout au plus, qu'interpréter des textes. Les juges du fond, c'est-à-dire ceux des tribunaux de première instance et des cours d'appel, le font à l'analyse des faits propres à chaque espèce, faits qu'il leur incombe d'établir et de qualifier au regard des concepts contenus dans la règle de droit. La Cour de cassation, organe suprême et unique de l'appareil judiciaire, ne peut quant à elle censurer l'analyse factuelle. Elle est « gardienne du droit », et sa mission se situe aux seuls niveaux conceptuels et formels. Elle rappelle la règle et sa portée, puis vérifie que la décision qui lui est déférée est, dans ce cadre, correctement motivée. De cette construction résulte un point essentiel pour notre démonstration : les décisions de justice n'ont qu'une « autorité relative ». Elles ne s'imposent qu'au regard des éléments de l'espèce et ne constituent jamais de véritables précédents. Or il est évident que l'appréciation des critères de validité d'une marque est une question de pur fait. A ce titre, elle échappe au contrôle final de la Cour de cassation ; dès lors que la décision des magistrats de la cour d'appel est juridiquement motivée, elle ne pourra être censurée. L'aléa est donc bien réel puisque tout dépend de l'appréciation par des instances multiples, d'éléments factuels au regard de critères dont aucune définition réelle n'existe.

Cette relative absence de sécurité juridique se retrouve à un moindre degré dans les autres droits. Il faut tout d'abord noter que l'exigence du caractère distinctif de la marque est partout affirmée. Elle découle le plus souvent, comme en droit français de la définition même de la marque. Ainsi par exemple l'art. 1 de la loi du Bénelux, comme celui de la loi allemande, la présente-t-elle comme destinée à « distinguer » des produits ou services ; la même approche apparaît aux Etats-Unis dans la définition que la loi fédérale de 1946, le Lanham Trademark Act, donne des marques déposables au registre principal : « trademark by which the goods of the applicant may be distinguished from the goods of others » (marque au travers de laquelle les produits du requérant peuvent être distingués des produits des autres)[10]. La Convention internationale d'Union de Paris, signée aujourd'hui par 92 pays, prend acte de cette constante internationale, puisque l'article 6 quinquies précise qu'une marque dépourvue de caractère distinctif, qu'elle soit usuelle ou descriptive, peut se voir refuser toute protection. Mais au-delà de cette apparente similitude, les nuances dans l'appréciation du pouvoir distinctif des marques sont importantes. Le droit américain en fournit un premier exemple. Le texte du Lanham Act n'est pas sensiblement éloigné de celui de la loi française de 1964 : les marques usuelles ou descriptives y sont rejetées sans que ces qualificatifs ne soient nettement définis. Toute la différence entre les deux droits provient du système juridique global. Les droits anglo-américains appartiennent à la famille dite de « common law ». La construction du droit ne s'y fait pas par normes a priori comme en « civil law », mais par approches casuelles successives. C'est par strates que les décisions de justice constituent progressivement un ensemble cohérent. La « règle du précédent » joue un rôle essentiel, puisque les magistrats sont tenus de se conformer aux décisions rendues par leurs pairs, anciens ou contemporains. Ils ne peuvent s'en distinguer qu'arguant des différences factuelles entre les espèces, différences qui sont ainsi mises en avant et en quelque sorte conceptualisées. Ce schéma inductif génère un droit coutumier d'une précision extrême. Les codifications qui parfois en sont faites, notamment en droit des affaires nord-américain, sont doublement secondes. Elles le sont tout d'abord parce que réalisées a posteriori sur des bases extrêmement fines ; elles le sont aussi car elles laissent généralement subsister parallèlement la « common law » et sa progression rythmée par la règle du précédent. Le droit des marques n'échappe pas à cette logique. Le Lanham Act de 1946 ne s'applique tout d'abord qu'au commerce fédéral et avec les pays étrangers. Il intervient en parallèle avec d'une part la « common law », d'autre part les réglementations propres à chaque état des Etats-Unis d'Amérique. En matière d'acquisition et donc de condition de validité des marques, la « common law » prime. Les tribunaux nord-américains ont peu à peu élaboré au travers des espèces qu'ils ont eu à connaître, une classification des marques au regard de leur caractère distinctif[11]. En ordre décroissant, on trouve les marques de fantaisie (fanciful), les marques arbitraires (arbitrary), les marques suggestives (suggestive), les marques descriptives (descriptive) et les marques génériques (generic). Les trois premières catégories sont sans conteste admises au registre principal. Les marques descriptives constituent une zone franche. Elles ne peuvent acquérir la protection absolue découlant de l'inscription au registre principal, qu'à condition d'avoir, par l'usage qui en a été fait, acquis un « secundary meaning » (sens dérivé). Dès lors que la marque s'est imposée au point de générer dans l'esprit du public une association entre un terme ou un signe somme toute banal, et un produit déterminé, elle a, en quelque sorte acquis ses lettres de noblesse et peut avoir accès au Registre. La formulation des magistrats américains est lapidaire : « The secundary meaning indicates the association between the mark and goods from a single source » (le sens dérivé révèle l'association entre la marque et les produits comme provenant d'une source unique)[(12)]. L'exigence est extrême puisque les preuves doivent être apportées au travers d'éléments concrets : volume publicitaire , distribution, part de marché, etc. Les enquêtes d'opinion auprès de consommateurs sont utilisées mais rarement suffisantes par elles-mêmes[(13)]. Cette sévérité extrême doit être relativisée par le fait que, comme nous le verrons ultérieurement, l'inscription au Registre principal n'est pas nécessaire. Si elle concède une protection exceptionnelle, d'autres moyens sont ouverts.

Le droit allemand, tout en appartenant à la famille de systèmes juridiques de « civil law », se rapproche par sa sévérité du droit américain ou de son voisin, le droit anglais. L'article 4-2 de la loi germanique dénie le caractère de marque valable aux signes descriptifs, à moins qu'ils ne se soient « imposés dans le commerce en tant que signe distinctif des produits du déposant ». Sans doute l'exception est-elle relativement théorique puisque la difficulté des preuves la rend difficile à mettre en œuvre. Néanmoins, cette brèche est à noter, car c'est à son travers qu'existe, comme nous le verrons, une protection spécifique des marques notoires.

La fonction distinctive de la marque est donc une réalité juridique. Si elle conditionne l'existence d'un droit privatif, elle en limite également indirectement la portée par *le principe de la spécialité de la marque*. Cette règle traditionnelle est générale dans tous les systèmes de droit. Aucun signe, aucune appellation n'est, sur la base du droit des marques, protégé en lui-même. Il ne l'est que dans la seule mesure de son utilisation pour un produit ou un service donné. C'est au titulaire de la marque qu'incombe de déterminer le territoire qu'il entend occuper. Nous évoquerons ultérieurement la distinction qui existe en droit comparé entre les systèmes d'acquisition de la marque par dépôt, où un enregistrement est nécessaire, et ceux où l'usage crée le droit par simple phénomène d'occupation. Dans l'une et l'autre hypothèses, le principe de spécialité est fondamental. Dès lors qu'une marque existe pour un ou des produits ou services, elle devient juridiquement indisponible. Celui qui se l'approprierait, à l'identique ou en l'imitant, pour des objets semblables ou tout au moins similaires, serait justiciable d'une action en contrefaçon. Une décision de la Cour de cassation française[(14)] constitue une parfaite illustration de ce point. La Cour suprême a cassé une décision d'appel motivant une condamnation à contrefaçon du seul fait de la reproduction de la marque : « En statuant ainsi, sans rechercher si les produits ou services auxquels s'appliquait la marque contrefaite étaient identiques à ceux que la marque protégée avait visés dans son dépôt, ou tout au moins similaires, l'arrêt n'a pas donné de base légale à sa décision. »

Si l'existence d'une marque antérieure rend un signe indisponible, il faut mesurer à quel point cette indisponibilité est relative. Elle l'est, nous l'avons vu, parce que l'antériorité ne s'entend que sur un secteur économique ou commercial donné ; elle l'est également parce qu'elle ne vaut que sur le territoire national où la marque est établie, sauf conventions internationales spécifiques ; elle ne subsiste enfin qu'aussi longtemps que le droit demeure, sans abandon ni déchéance. Les différents systèmes juridiques se retrouvent sur ce principe, mais sa mise en œuvre est variable. Elle dépend tout d'abord d'un élément technique : dans certaines législations, la nullité encourue du fait de l'indisponibilité du signe est une nullité absolue, c'est-à-dire que toute personne intéressée peut s'en prévaloir titulaire de la marque antérieure bien sûr, mais aussi tiers intéressé ou pouvoirs publics. Telle est la situation établie par la loi italienne (art. 19 et 47) ou par les tribunaux anglais. La nullité relative prévaut en revanche en France et, avec quelques nuances, au Bénélux et en Allemagne. Le deuxième facteur qui conditionne la portée du principe de spécialité est d'ordre administratif. L'enregistrement d'une marque, lorsqu'il est requis, est-il accompagné d'un véritable système de recherche d'antériorité ? On sait par exemple que les administrations anglaises ou espagnoles y procèdent avec une certaine rigueur. En France, par contre, l'examen effectué par l'Institut national de la propriété industrielle ne couvre pas la disponibilité juridique de la marque, laissée à la seule diligence du déposant. Le projet de marque communautaire adopte sur cette question, essentielle au regard de la sécurité des titulaires, une position médiane, inspirée du système allemand. Les titulaires de marques, informés par publication des projets de dépôt, disposent de 3 mois pour faire opposition à l'enregistrement. Le Patentamt ainsi alerté examine alors la validité des futurs titres au regard des éventuelles antériorités.

Mais la marque n'est pas le seul droit privatif qui puisse par son antériorité rendre indisponible un signe ou une appellation. Il est très généralement admis que la dénomination sociale, le nom commercial et l'enseigne sont protégés dans leur zone de rayonnement ; ils peuvent donc valablement s'opposer, surtout s'il y a risque de confusion, à l'établissement d'une marque. Mais ceci n'est guère qu'une hypothèse d'école puisque les appellations de ce type sont le plus souvent déposées elles-mêmes comme marque. On se retrouve alors dans le cas de figure analysé ci-dessus. Plus grave est la situation créée par l'existence d'un nom patronymique ou d'un droit d'auteur. Ceux-ci sont absolus ; ils ne connaissent aucune limite temporelle ou spatiale. Si la marque dont le dépôt est envisagé a été créée par un tiers, il est essentiel que le déposant s'assure préalablement, par cession, l'attribution des droits de reproduction et de représentation. Ainsi un annonceur devra-t-il veiller à s'assurer de la disposition des droits sur, par exemple, un logo type restylé. L'absurdité consisterait à ce qu'à défaut, il s'en voit interdire l'utilisation par le créateur. La simple remise des documents techniques n'entraîne pas théoriquement cession des droits, même si, lorsqu'il s'agit d'une œuvre à vocation manifeste de marque, les tribunaux français semblent enclins à présumer ladite cession. Le nom patronymique pose des problèmes plus complexes. Incessible dans son utilisation première de désignation d'une personne physique, il peut être cédé à titre de signe distinctif et notamment de marque. Encore faut-il que sa singularité et sa notoriété ne soient pas telles qu'une utilisation commerciale évoquant la personnalité d'un de ceux qui portent son nom lui porte préjudice. Une seconde difficulté réside dans l'existence des homonymes ; il est reconnu à chacun le droit de faire usage de son nom en tant que marque, sous réserve toutefois que ceci ne porte pas atteinte au droit du premier titulaire du patronyme qui l'aurait déposé comme marque. Les tribunaux l'apprécient et peuvent, selon la loi, réglementer voire interdire un tel usage. Une jurisprudence française en fournit un exemple récent ; la Cour de cassation a confirmé le 9 novembre 1987 l'interdiction faite à Michel Leclerc d'utiliser son nom au sein de marques complexes, sur demande de son frère Edouard, titulaire de marques antérieures composées également de son patronyme. La cour d'appel avait estimé que « le mot Leclerc, par sa notoriété constituait la partie attractive (de la marque complexe) et avait provoqué des confusions ». La Cour de cassation a refusé de censurer la décision qui, sur ces bases factuelles et conformément à la loi de 1964, interdit au frère cadet l'utilisation de son nom à titre de marque. Dans des espèces moins délicates que celle présentée ci-dessus, on retrouve des décisions similaires dans pratiquement tous les pays.

1.1.2. Ainsi, le caractère distinctif est-il juridiquement une composante essentielle de la marque. Mais il faut bien admettre que *les marques sont d'une valeur inégale*. Certaines sont dites fortes, d'autres faibles. Le pouvoir individualisant des premières est écrasant, celui des secondes vulnérable. Si le droit n'ignore pas une telle réalité, elle est prise en compte de façon extrêmement variable. Ici encore s'oppose la souplesse des systèmes de « common law » à une plus ou moins grande rigidité dans les droits romano-germaniques. Les évolutions sont toutefois sensibles dans ce dernier cas, du fait notamment du réalisme auquel oblige le développement du commerce international.

La cour d'appel de Paris, dans un arrêt relativement récent[(15)], rappelait qu'« une marque, même si elle est faiblement distinctive, bénéficie de la protection légale par le seul fait qu'elle est distinctive et indépendamment du degré de distinctivité qui la caractérise ; la loi ne permet pas d'établir une distinction entre les marques qui seraient fortement distinctives et les autres, le critère d'une telle distinction étant d'ailleurs en fait impossible ». Une chose est certaine : le caractère distinctif crée le droit ; dès lors qu'il existe à un instant donné, dans une zone géographique et de produit déterminé, il y a protection. Sur ce point donc, on ne peut qu'adhérer à l'affirmation de la Cour. Néanmoins, il est indéniable que les différents systèmes juridiques, y compris le système français, donnent en quelque sorte une prime aux marques dont le caractère distinctif apparaît comme exceptionnel, les marques dites notoires.

La première difficulté réside dans la définition de la *notion de notoriété*. Elle est éminemment délicate et de nombreuses espèces s'y sont heurtées. On peut l'approcher tout d'abord par les facteurs qui y concourent. Ainsi a-t-il été jugé par la cour d'appel de Paris[(16)] qu'une marque est notoire « lorsqu'elle a fait l'objet d'un usage de longue durée, d'une activité publicitaire, d'une exploitation constante, massive et prospère et lorsqu'elle est connue du public comme jouissant d'une réputation de premier plan ». Sans pour autant nier l'importance de ces différents éléments, il faut bien avouer qu'ils ne permettent qu'une approximation peu satisfaisante. Plus intéressante est la démarche qui se concentre sur la résultante. Elle est généralement adoptée Outre-Rhin, et nous emprunterons ici pour sa clarté la formulation adoptée par le Langengericht de Berlin dans l'affaire Kaffee Hag[17]. Il faut « que le signe se soit imposé à tel point dans le commerce qu'il soit considéré par de larges couches de la population, et non pas seulement par les acheteurs du produit ou par les milieux intéressés, comme une référence à une telle entreprise déterminée ». C'est donc par le biais du deuxième élément de la fonction de la marque, la garantie de provenance, que les tribunaux apprécient le renforcement du premier, le caractère distinctif. Il ne s'agit plus en fait de prévenir un risque de confusion sur le produit, mais bien sur la firme. Il apparaît que, formulée ainsi, la définition de marque notoire soit relativement universelle. Son appréciation au cas par cas n'en demeure pas moins délicate. Si dans la plupart des pays les magistrats statuent selon leur intime conviction, sans support véritablement scientifique, il est intéressant de noter la pratique judiciaire allemande de recours aux sondages d'opinion. Celle-ci s'est développée à partir de la reconnaissance législative en 1968 des règles posées par la jurisprudence que nous avons citée ci-dessus. Les critères de protection de la marque sont fondés essentiellement sur des phénomènes de perception et de comportement du marché. L'article 4 de la loi germanique du 9 mai 1961 évoque les « marques notoirement utilisées... au su des milieux intéressés », ou encore la marque qui « s'est imposée dans le commerce en tant que marque distinctive », pour leur reconnaître le droit à l'enregistrement. Dans l'article 25 qui instaure un système parallèle de protection sans dépôt de l'Ausstatungschutz, c'est-à-dire des éléments de présentation du produit (conditionnement, prospectus, etc.), sont visés ceux qui sont « considérés dans les milieux intéressés comme le signe distinctif des produits identiques ou semblables d'un tiers ». Sans que ce soit donc le seul paramètre pris en compte, les magistrats requièrent le plus souvent une enquête d'opinion. Les milieux intéressés sont définis en fonction de la nature du produit. Il est admis majoritairement que les produits de luxe, ou produits à haute valeur unitaire, peuvent valablement être étudiés sur leur seul segment de clientèle. Des études ont été faites[18] dont il ressort que le seuil de distinctivité apprécié comme normal se situerait entre 15 et 30 % d'opinions le percevant, il serait fort à 50 %, et exceptionnel à 60 %. Sans doute la marque « notoire » au sens juridique du terme ne serait-elle incontestable qu'à ce dernier niveau, mais la remarque est gratuite puisque ce type de données n'est disponible qu'en RFA.

La qualification de notoire, attachée à une marque, a un effet considérable puisqu'elle permet d'en élargir le champ de protection. Ceci est d'abord vrai au plan territorial. On sait que le principe de territorialité est un principe essentiel du droit des marques. La protection octroyée par un Etat ne saurait déborder les frontières. Si au plan européen, comme nous le verrons ultérieurement, certains amendements sont faits à cette règle, elle n'en demeure pas moins universellement en vigueur. La Convention internationale d'Union de Paris a tenté d'atténuer les inconvénients qui en résultent en matière de commerce international. Tout d'abord, un délai de priorité de 6 mois est accordé à tout ressortissant d'un pays de l'Union, à compter du premier dépôt, pour effectuer un dépôt dans un autre pays de l'Union. Cette protection est très sensiblement renforcée pour les marques notoires par l'article 6 bis de la Convention. Le texte prévoit que devra être refusé ou invalidé l'enregistrement d'une marque ou interdit son usage, lorsqu'elle constitue la reproduction, l'imitation ou la traduction pour des produits identiques ou similaires, d'une marque notoirement connue. Un délai de 5 ans est accordé à compter de l'enregistrement au titulaire de la marque notoire pour demander la radiation du signe litigieux. La transposition de cette règle a été faite dans les législations des pays ressortissants. Dans tous les pays où un dépôt est requis, l'antériorité d'une marque notoire constitue un motif de refus d'enregistrement ou d'annulation judiciaire du dépôt. Ainsi en est-il en Allemagne (art. 4 2-5°), en France (art. 4-2°), en Italie (article 17-2°) ou au Bénélux. L'Angleterre, où la marque peut s'acquérir par l'usage, a néanmoins tenu compte de la Convention, en permettant (loi du 13 avril 1938, article 28) au titulaire d'une marque notoire d'en effectuer un enregistrement préventif pour des produits différents de ceux pour lesquels le signe est effectivement utilisé. La disposition est intéressante car elle dépasse les bases posées par la Convention de Paris, élargissant à titre défensif le champ des marques notoires à la firme elle-même. Notons enfin que la législation danoise est la plus extrémiste, posant la notoriété comme véritable mode d'acquisition du droit, avec une valeur égale à celle de l'enregistrement (loi du 11 juin 1959, art. 2).

Plus significatif encore est l'impact que peut avoir la notoriété sur la délimitation des produits ou services couverts par la marque. Le principe de spécialité, retenu, on le sait, par la très grande majorité des législations, limite la protection de la marque aux produits identiques, ou similaires. Dès lors que l'on admet que la caractéristique d'une marque notoire est d'avoir un caractère distinctif qui dépasse très largement les objets ou activités qu'elle couvre, on est naturellement amené à élargir son cercle de protection. La première voie réside dans une interprétation extensive de la notion de similitude. Au sens étroit, elle se comprend comme associant des produits de grande proximité. Depuis longtemps, la jurisprudence française se prononce en ce sens « dès lors que les acheteurs ont pu croire que les produits malgré leur différence de nature, émanaient de la même entreprise »[(19)]. Un exemple est fourni par l'interdiction de la marque « Luc » pour des biscottes et pain d'épices, du fait de l'existence de la marque notoire de biscuits « Lu ». Cette définition a permis d'élargir le concept de similitude à des produits beaucoup moins proches, dès lors qu'une certaine vraisemblance s'attachait à une perception d'origine commune. Ainsi l'éditeur de la revue « Paris-Match » a-t-il pu faire interdire l'utilisation de cette marque à une agence de publicité[(20)]. Certaines décisions mentionnent expressément que le principe de spécialité « reçoit une exception » lorsque la marque jouit d'une réputation exceptionnelle. Il nous semble pourtant que, même en France où la position des tribunaux apparaît sur ce point d'un certain libéralisme, l'état du droit positif n'est pas aussi net. En réalité, ce n'est pas tant sur la base du droit des marques et d'une limitation donc au principe de spécialité que les entreprises élargissent la sphère de protection des marques notoires mais sur la base d'actions parallèles fondées sur l'idée d'agissements parasitaires. Comme nous le verrons ultérieurement, est alors sanctionnée l'usurpation du prestige d'une marque, certes parce qu'elle générerait une certaine confusion, mais surtout parce qu'il y aurait là une sorte d'immoralité commerciale à profiter des investissements d'autrui, et parallèlement de plus, à diminuer leur rentabilité par dilution de la marque. Ainsi Pontiac, célèbre marque d'automobile, a-t-elle pu faire interdire l'utilisation de cette dénomination pour des frigidaires par la cour d'appel de Paris, le 8 décembre 1962. Le fabricant des lampes Mazda n'a pu faire obstacle au lancement de véhicules sous sa marque, mais a obtenu de la cour d'appel de Paris le 19 octobre 1970, que l'entreprise japonaise soit obligée de la faire précéder de la mention Automobile. Seules à notre connaissance, la loi du Bénélux (art. 13A2) dans l'interprétation qui en a été donnée par la Cour de justice dans la célèbre affaire Colgate-Palmolive le 1 mars 1975 et la loi danoise (art. 16) éliminent expressément le principe de spécialité des marques au profit des marques notoires.

Ainsi, la notoriété d'une marque a-t-elle au plan juridique des implications significatives. La question qui alors vient spontanément à l'esprit a trait à l'excès de notoriété. Il est commun de constater *l'effet de dégénérescence* qu'il engendre. Celui-ci est pris en compte parfois de façon totalement objective, plus souvent lorsqu'il y a comportement complice et fautif du titulaire. Les marques sont octroyées lorsque leur protection résulte d'un dépôt pour une durée de plusieurs années . A chaque terme de cette échéance, il incombe au titulaire de renouveler l'enregistrement. Celui-ci n'est pas automatique. L'administration compétente procède le plus souvent aux examens préalables comme s'il s'agissait d'une première demande. A ce titre, le caractère distinctif est exigé et les marques devenues génériques devraient théoriquement être exclues. Lorsque seul l'usage fonde le droit, le caractère distinctif doit exister en continu. Parmi les systèmes européens, le droit britannique se distingue par sa sévérité. L'article 15 de la loi établit clairement la dégénérescence des marques comme un phénomène objectif ; dès lors que le signe est devenu une dénomination commune, il ne peut être protégé à titre privatif. L'article 41 de la loi italienne prévoit une disposition semblable évoquant la déchéance de la marque devenue générique, mais les magistrats latins semblent fort réticents à appliquer le texte en l'absence de comportement fautif du titulaire. Il n'est pas enfin étonnant, compte tenu de la proximité des deux systèmes, de découvrir aux Etats-Unis une position semblable à celle établie en Angleterre. La jurisprudence nord-américaine a progressivement affiné la définition du terme générique. Dans un premier temps, le titulaire de la marque devait pour combattre cette disqualification démontrer que « the primary significance of the term in the minds of the consuming public is not the product but the producer » (l'évocation première du terme dans l'esprit du public consommateur n'est pas celle du produit mais du producteur)[(21)]. L'approche récente est plus précise : le générique désigne une catégorie de produits (genus) sans considération de producteur, la marque identifie l'origine d'un produit spécifique (species) de cette catégorie. Cela implique clairement deux notions distinctes : l'une désignant le producteur, l'autre le produit devenu générique. Rares sont finalement les droits où une telle conséquence existe par une seule constatation objective, ce qui paraît pour le moins équitable envers ceux qui, par le succès de leur produit, ont créé un marché. Que d'un nom propre leur marque soit devenue un nom commun ne peut leur être reproché. Le minimum de prudence consiste néanmoins à ne pas participer à cette banalisation. En ce sens, il est intéressant de souligner les maladresses commises dans les opérations de communication, promotion des ventes ou publicité ; associer sa propre marque à un générique peut être dangereux. Un exemple est fourni par une jurisprudence américaine. La société Otis Elevator avait dans une annonce magazine utilisé en parallèle le terme générique Elevator et sa marque Escalator. Le slogan était ainsi redigé « the utmost in safe, efficient, economical elevator and escalator operation... ». Elle y a gagné la radiation d'une marque vieille de 50 ans ! Une utilisation grammaticale sous forme d'adjectif, ou plus simplement une typographie spéciale, lui aurait sans doute évité un tel désagrément.

La dégénérescence d'une marque est la résultante de multiples facteurs. L'un d'entre eux peut être la tolérance dont une entreprise fait preuve face à des utilisations manifestement contrefaisantes de sa marque. Ce type de comportement est en Allemagne gravement pénalisant. Selon une théorie dite de la distance[(22)], un contrefacteur peut, dans un procès, échapper à la condamnation en démontrant que le titulaire a laissé s'installer des marques concurrentes aussi proches de la sienne. Il y a là en quelque sorte renonciation tacite au droit de la marque. La loi du Bénélux est encore plus explicite, disposant que le droit s'éteint « dans la mesure où une marque, après son acquisition régulière, est devenue, par le fait du titulaire, dans le langage courant, la dénomination usuelle d'un produit » (art. 5-4).

La question est particulièrement difficile lorsque le vocable en question s'est imposé sur un produit entièrement nouveau et qu'il n'y a, de ce fait, pas encore de mot pour désigner le bien en question. On voit mal comment, malgré la réticence générale, droit anglo-saxon excepté, laisser subsister, du moins à son expiration décennale, un droit privatif. Il n'aurait aucun sens, battu en brèche de tous côtés ; le coût que représenterait un maintien, d'ailleurs illusoire, de sa protection serait immense... et peu productif au regard de la perte réelle du caractère distinctif et attractif de la marque. Les contre-exemples existent toutefois : Frigidaire en est un.

1.2. Marque et garantie de provenance

La question de la prise en compte dans les systèmes juridiques de la fonction que remplit la marque comme indicateur d'une certaine provenance, a déjà été indirectement abordée, tant elle est indissociable par certains égards de la notion de caractère distinctif. Néanmoins, il faut constater que le droit des marques va au-delà de cette première approche, par l'affirmation de mécanismes qui vont en quelque sorte établir des protections, plus d'ailleurs des consommateurs que des concurrents.

1.2.1. Il est un aspect du droit des marques où les systèmes les plus différents se retrouvent : *l'interdiction faite de recourir à des signes ou appellations trompeurs.* La règle se justifierait par le simple recours aux principes généraux du droit. L'utilisation d'une marque trompeuse constitue à l'évidence un détournement de droit : la marque a pour fonction d'identifier, donc d'informer le public. Si, loin de remplir ce rôle, la marque présente, volontairement ou non, peu importe, une vision déformée de la réalité, elle s'éloigne de son objet même et cesse d'être utile pour devenir nuisible.

Les jurisprudences les plus anciennes ont toujours sanctionné de tels choix. Peu à peu, le législateur est venu conforter cette approche des tribunaux, insérant dans les lois sur les marques, et d'une façon de plus en plus stricte, l'interdiction des marques qui induiraient le public en erreur. Ainsi en est-il en Allemagne, en Autriche, au Bénélux, en Grande-Bretagne et en Suisse. La France n'échappe pas à la règle puisque l'article 3 de la loi de 1964 interdit les marques « qui comportent des indications propres à tromper le public ». Au delà, l'article 28 assortit l'usage de telles appellations de sanctions pénales. La jurisprudence est riche en espèces où les tribunaux ont censuré avec une extrême rigueur d'appréciation des graphismes ou appellations jugés déceptifs.Il peut s'agir d'éléments qui induiraient une origine ou une qualité que le produit n'a pas : ainsi la marque « Sirop Evian »(23) utilisée pour une boisson ne comprenant pas d'eau minérale, ou encore « Carrefour produit-libres » laissant supposer que les produits visés ressortiraient totalement de marchés non réglementés(24). Les tribunaux ne sont pas liés par les avis émis par l'Administration, qui ne constituent donc pour le déposant qu'une protection illusoire ; ainsi la marque « Servifrais » a été censurée(25) dans son utilisation pour des produits surgelés, alors que l'entreprise avait obtenu du service de répression des fraudes, préalablement consulté, une position favorable moyennant certains aménagements du conditionnement et de la publicité envisagée.

Dans le même ordre d'idée doivent être bannies toutes appellations induisant une garantie fictive ; celle-ci peut découler du contrôle illusoire d'un expert, ainsi l'appellation « Dr X » retenue pour des produits fabriqués sans contrôle médical ; elle peut également laisser subodorer une homologation officielle. Mais encore faut-il que celle-ci soit plausible ; la marque « France-Golf » par exemple est aux yeux des juges parfaitement acceptable(26), ce sport ne faisant l'objet « d'aucune attention particulière des pouvoirs publics », alors que « France-Vin »(27) s'est vu interdit car un public d'attention moyenne aurait pu y déceler une garantie de qualité, compte tenu de la réputation française en ce domaine. C'est dans ce cadre que peut se situer, de notre point de vue, même si le caractère éventuellement trompeur n'est pas le seul en cause, l'impossibilité établie par la Convention d'Union de Paris et reproduite dans toutes les législations des Etats ressortissants d'utiliser comme marque un certain nombre de signes officiels, armoiries, drapeaux ou décorations de quelque pays qu'ils soient ; il en est de même d'emblèmes, de dénominations ou de devises protégées au plan international, tels la Croix-Rouge ou les anneaux olympiques.

Les nuances qui apparaissent entre les différents systèmes juridiques sont de nature factuelle et non fondamentale. Elles tiennent à l'appréciation qu'au cas par cas les juges font des éléments de l'espèce. Ainsi, le préfixe « Euro » a-t-il été jugé déceptif en Allemagne[(28)], car l'entreprise désignée n'avait aucune position réellement sérieuse en Europe, alors que les magistrats français ont admis la marque « Prestige d'Europe »[(29)] pour des produits de bijouterie, domaine dans lequel la zone géographique considérée ne disposait d'aucune image particulière et qu'à notre connaissance sur ce même registre, la marque Euromarché n'a jamais en France été contestée. Dans la même logique, se situait le rejet sous la loi du Bénélux de la marque « Paris »[(30)] pour des parfums belges... appellation dont on sait le succès postérieur pour des produits français.

Notons enfin l'interdiction faite universellement de recourir à des marques contraires à l'ordre public ou aux bonnes mœurs. Ces notions étant entendues au sens le plus large, sont appréhendées différemment selon les contextes culturels. Ainsi est-il intéressant de noter que la marque « Opium » déposée pour des parfums, a été refusée en Suisse, et acceptée en France[(31)]. Les magistrats français ont en effet considéré qu'il n'y avait aucun lien sérieux entre la dénomination, voire la présentation d'un parfum et les interdictions édictées au Code de la Santé publique en matière de stupéfiants.

Il existe, entre ces jurisprudences concernant les marques déceptives et celles mettant en œuvre l'interdiction des publicités trompeuses, un véritable parallélisme. Il est logique... et heureux. En tout état de cause, de telles marques si elles ne tombaient sur la seule base du droit des marques seraient délicates : le simple fait de les communiquer, ne serait-ce qu'en les mentionnant sur un conditionnement, constituerait une infraction aux lois qui partout sanctionnent la publicité trompeuse. L'abandon en France du qualificatif publicité « mensongère » au profit de celui de « trompeuse » n'est pas un hasard. Nos tribunaux ont évolué, suivant en cela tant les indications contenues dans la nouvelle rédaction de la loi en 1973, que les tendances qui, à partir des Etats-Unis, se dessinent partout. Une communication fallacieuse n'est condamnable que si elle est susceptible d'induire en erreur. Le risque est apprécié en fonction du degré de discernement attendu du destinataire du message, et donc du circuit de distribution du produit. Un professionnel est plus averti, donc moins abusable... et moins protégé[(32)]. Le « consommateur moyen »[(33)], plus vulnérable, a, dans un premier temps, été considéré comme dénué de tout discernement. La célèbre affaire Tang[(34)], où la boisson « au goût d'orange pressée » était présentée dans un verre aux côtés d'un fruit frais, se situait dans cette ligne. Les magistrats ont très sensiblement évolué, prenant en compte à la fois la fonction ludique de la publicité et l'éducation que son utilisation massive a fait des consommateurs. Les affaires Samsonite[35] et Wonder[36] sont là pour témoigner de ce refus de protéger outrancièrement un consommateur traité en « faible d'esprit »[37]. Ainsi, l'approche utilisée en matière de marque déceptive et de publicité trompeuse se rejoignent-elles aujourd'hui. Les outrances sont tout à fait possibles... parce que non crédibles ; les clins d'œil le sont moins. Le droit américain formalise très clairement le lien entre ces deux domaines : la section 43(a) du Lanham Trademark Act, condamne la publicité trompeuse. Celle-ci est définie par le Federal Trade Commission Act comme « pratique déloyale ou déceptive » (unfair or deceptive practice) et dans ce cadre ne peut être poursuivie que par les pouvoirs publics. La loi sur les marques a parallèlement prévu l'action des particuliers lésés par la publicité trompeuse. Ainsi, la société Coca-Cola a-t-elle pu faire interdire en 1983 une communication télévisuelle de Tropicana qui lui portait gravement préjudice. Aucune preuve résultant d'étude auprès du public par sondage de la perception de la communication n'a été exigée, car celle-ci était objectivement fausse et manifestement préjudiciable. Si la tromperie n'avait été qu'implicite, une enquête d'opinion aurait été requise afin de « thus more accurately reflect what the average consumer who heard and saw the ad, took the message to be » (faire ainsi apparaître plus précisément ce que le consommateur moyen qui a entendu et vu la publicité a perçu du message)[38]. On constate ici une approche très similaire à celle des magistrats français et plus largement européens. La différence ne réside ni dans les concepts, ni dans les interdits formulés par la loi et mis en œuvre par les tribunaux ; elle est d'ordre technique et procédurale... et sans doute avant tout culturelle. L'utilisation des outils de mesure scientifiques que sont les sondages a franchi le seuil des prétoires nord-américains, et parfois allemands, comme nous l'avons vu. Ils restent encore trop ignorés ailleurs. Ils constituent pourtant une réduction importante du paramètre subjectif des décisions, et donc une assise de la sécurité juridique des entreprises en matière de marque.

1.2.2. L'interdiction des marques déceptives au sens large du terme, constitue le plus petit dénominateur commun des droits des marques. Certaines réglementations vont au-delà de cette première assurance négative sur la provenance. Elles prévoient des *règles qui obligent à un lien étroit entre l'utilisateur de la marque et l'opérateur économique* que constitue le producteur du bien ou le prestataire du service concerné. L'objectif poursuivi est d'établir un schéma, cette fois positif, de garantie de provenance. La marque ne remplit plus seulement une fonction indicatrice d'origine ; elle devient alors le véhicule d'une garantie contractuelle.

La première question qu'il nous faut aborder ici concerne les *sociétés holding*. On sait leur importance économique et le rôle essentiel qu'elles jouent dans les stratégies de groupe. Les marques sont devenues des enjeux majeurs. Elles constituent l'élément principal de valorisation des entreprises dans de nombreux secteurs. Leur contrôle est fondamental pour les firmes. Il est difficilement imaginable dans un tel contexte de refuser aux sociétés holding le droit d'être titulaires de marques. Pourtant aujourd'hui, de nombreux pays, et non des moindres au plan européen, ont sur ce point une position très rigoureuse. La France et l'Allemagne constituent ici encore les deux extrêmes, la Grande-Bretagne, la Suisse et les Etats-Unis fournissant quant à eux d'excellents exemples de systèmes intermédiaires. Rien ne s'oppose en France à ce qu'une société holding soit très officiellement et directement titulaire des marques exploitées par des sociétés de son groupe. Elle leur en concédera des licences d'exploitation tout comme elle pourrait le faire à une entreprise tierce. La jurisprudence a, même dans des situations très spécifiques, toujours affirmé cette position. Ainsi par exemple, a-t-il été jugé qu'un non-pharmacien peut parfaitement effectuer l'enregistrement d'une marque destinée à des médicaments, alors que la fabrication et la vente des spécialités pharmaceutiques doivent être impérativement placées sous la responsabilité d'un pharmacien diplômé[(39)]. Une conception libérale sans doute, une conception surtout fondée sur une totale distinction entre marque et fonds de commerce. La marque n'est pas en droit français un élément constitutif indispensable du fonds de commerce, comme l'atteste deux faits : la loi du 17 mars 1909 ne la mentionne pas comme un des éléments obligatoires sur lesquels est assis le privilège du vendeur de fonds ; la marque peut être cédée indépendamment, dit l'article 13 de la loi, de tout contrat portant sur l'entreprise qui exploite ou fait exploiter la marque.

A l'opposé se situe le système allemand. Marque et fonds de commerce sont indissociables. L'un ne peut être cédé sans l'autre. L'article 8 de la loi de 1961 prévoit la nullité absolue de toute convention contraire. Ceci est très cohérent avec l'exigence posée à l'origine : ne peuvent être titulaires de marques que des opérateurs industriels ou commerciaux. La qualification requise dès l'origine, suit la vie juridique de la marque. Si cession il y a, elle ne peut être faite « qu'avec l'entreprise ou la partie de l'entreprise à laquelle appartient la marque ». Tout ce qui est indispensable à son exploitation doit ainsi être transféré et la jurisprudence interprète ceci avec une rigueur extrême. Les lois des pays du Bénélux étaient dans cette lignée jusqu'à l'établissement de la loi uniforme qui, entrée en vigueur en 1971, se rallie à la cession libre du système français. Le droit anglo-américain présente un intéressant compromis entre ces alternatives extrêmes par la formalité dite de « l'usager enregistré » (registered user). Au côté du titulaire de la marque, qui peut alors fort bien être une holding, sera mentionnée dans un enregistrement l'identité de celui qui, de fait, utilisera l'appellation ou le signe concerné. Ainsi est en quelque sorte affichée la dépendance de l'opérateur économique ; aux Etats-Unis, la cession est possible dès lors que le titulaire contrôle la production du licencié. Ceci ressort de l'article 5 du Lanham Trademark Act qui prévoit l'usage de la marque pour les sociétés affiliées ; en Angleterre la cession est libre (art. 22 de la loi de 1938) et peut donc être opérée, sous réserve de ne pas créer de confusion, sans transfert de l'activité correspondante. Le droit suisse enfin fournit une seconde illustration de position médiane. La jurisprudence[(40)] a apporté une nuance intéressante à un système quasisemblable à l'origine à celui du droit allemand. La marque d'une société holding est valable à condition que cette dernière soit véritablement une société de « contrôle » et non simplement une société financière. Face à des clivages aussi profonds il n'est pas étonnant que les organismes internationaux où joue la règle de l'unanimité, ne soient jamais arrivés à établir une position claire. La rédaction de l'article 6 quater de la Convention d'Union de Paris, adoptée en 1934 à Londres, est d'une ambiguïté toute diplomatique. Il est toutefois significatif car il lie les questions de la cession de marque... et de garantie de provenance qu'elle véhicule. Le vrai pas devrait être franchi lors de l'adoption de la marque communautaire où le principe de la cession libre est retenu. Le sens de l'histoire, sensible au travers des évolutions légales et jurisprudentielles, a sans doute été fortement accéléré par la prise de conscience de l'importance des marques dans la construction économique d'une Europe intégrée.

La même problématique se retrouve lorsqu'on se penche sur les contrats de *licence de marque*. Ils peuvent à l'évidence constituer un moyen simple de détourner les règles fixées pour les cessions. De ce fait, se retrouvent très logiquement dans les droits rigoureux où la marque est indissociable de l'opérateur économique, des mesures contraignantes. Paradoxalement, le droit allemand, sur ce point, n'est pas le plus sévère : des licences consenties par des sociétés holding restent suspectes, mais aucune exigence n'est expressément formulée. En Italie, la même obligation de transfert concommitant du fonds de commerce existe pour la cession et pour la licence de marque. Les jurisprudences établies sur ces dernières opérations sont motivées par la nécessité de ne pas tromper les consommateurs sur l'origine du produit[(41)]. La Grande-Bretagne est, dans le cadre du système du « registered user », libérale en matière de licence de marque. Le droit prévoit néanmoins, comme aux Etats-Unis d'ailleurs, que les contrats doivent comporter des clauses organisant un contrôle qualité. Il ne s'agit pas d'assurer au consommateur une qualité exceptionnelle, mais plus modestement une qualité homogène quel que soit le producteur effectif de tel ou tel objet portant la marque. Encore ne faut-il pas que les clauses requises aient pour objet ou pour effet d'entraver la concurrence. Aux Etats-Unis, le Sherman Act, base du droit anti-trust, s'applique aux contrats de licence de marque comme à tout autre accord entre entreprises. Il en est de même en Europe. Dans l'affaire Campari, où la Commission des Communautés[(42)] s'est pour la première fois penchée sur une analyse de validité d'un contrat de licence de marque au regard du droit de la concurrence européenne (art. 85 du Traité de Rome) on lit « en effet, le contrôle de la qualité des produits fabriqués sous licence et de leur identité au produit original italien... est lié... à l'intérêt du maintien de la qualité qui relève du droit de marque ». Les obligations imposées contractuellement au licencié en matière d'identification des produits sous licence sont de ce fait légitimes : elles constituent le seul réel moyen de vérification du respect des exigences de qualité. Les clauses qui en revanche obligeraient le licencié, sous prétexte de ces mêmes exigences, à des approvisionnements en matières premières auprès de fournisseurs déterminés, sont plus suspectes. Elles devront être très fortement étayées, faute de quoi elles constitueraient une entrave répréhensible à la concurrence. Ces mêmes règles anti-trust qui ici apparaissent comme protectrices de la marque et du maintien de sa fonction naturelle d'identification, ont apporté comme nous le verrons ultérieurement certaines limites à ce droit.

Une conclusion s'impose : le concept juridique de marque est en parfaite concordance avec ce que l'on s'accorde à considérer comme sa fonction première. Il est, dans tous les systèmes de droit, établi que ne peut être marque qu'un signe distinguant un produit de ses semblables par son origine. Soulignons ici que la multiplication, en France notamment, des marques dites de distributeur, pose de façon intéressante la question du rôle d'identification de provenance de la marque. Le fait que le plus souvent le producteur ne soit qu'un sous-traitant ignoré du consommateur implique tout d'abord que l'entière responsabilité du produit revient au titulaire de la marque. Si recours il y a, il ne pourra avoir pour base que le contrat, assorti d'un lourd cahier des charges qui lie le producteur. L'importance de ce dernier document est extrême puisqu'il permet d'assurer outre la qualité, une certaine permanence du produit ; par ce même fait il recrée en quelque sorte l'identification de provenance.. pesant sur le seul distributeur titulaire de la marque. Mais, si le droit reconnaît la marque, c'est afin d'en permettre la protection. La façon dont cette finalité est atteinte, permet d'approcher sous un autre angle la représentation de la notion de marque.

2. LA PROTECTION DE LA MARQUE

Les mécanismes de protection de la marque sont, d'un Etat à l'autre, très différents. Ce constat peut être fait pour les règles qui gouvernent l'acquisition et la conservation du droit, comme pour celles qui en permettent la défense. Il faut néanmoins reconnaître que les différents systèmes se rapprochent progressivement. Si aujourd'hui subsistent d'importantes nuances, la tendance est à l'établissement d'une protection globalement équivalente.

2.1. L'acquisition et la conservation de la marque

Deux conceptions s'opposent en matière d'acquisition de marque : le formalisme du dépôt et le pragmatisme de l'usage. Lier le droit à la marque à l'utilisation qui en est concrètement faite, paraît théoriquement l'approche la plus logique. Elle est conforme à la nature des choses : la fonction d'identification qui constitue juridiquement le fondement de la marque n'est assurée que si il y a usage.. et là où il y a usage. Mais si ce système a le mérite d'une totale cohérence conceptuelle, il présente de forts inconvénients pratiques, sa souplesse étant facteur d'incertitudes et donc d'insécurité. A l'autre extrême, le principe qui lie la marque à sa seule consignation sur un registre n'est pas plus satisfaisant. Au plan pratique, il favorise les marques de barrage, génère l'encombrement et progressivement le blocage d'un marché. Au plan théorique, il conduit à la déformation du concept de marque, par la reconnaissance comme telle de signes ou d'appellations qui, de fait inutilisés, ne peuvent en remplir la fonction. Telles sont les raisons qui expliquent qu'aucun des droits en vigueur aujourd'hui n'apparaît totalement pur. Enregistrement et usage coexistent, chacun de ces critères pouvant être, selon les cas, principal ou accessoire.

2.1.1. Le droit français fournit un excellent exemple des *systèmes dits de dépôt constitutif.* L'article 4 de la loi de 1964 stipule : « La propriété de la marque s'acquiert par le premier dépôt. Le seul usage à titre de marque de l'un des signes prévus... ne confère aucun droit à l'usager. » On ne peut être plus clair : la marque est à la fois la récompense de la diligence et le prix de la course. Elle appartient à celui qui, le premier, aura fait les démarches nécessaires auprès de l'administration compétente, c'est-à-dire l'INPI. Il ne faudrait pas en déduire que la notion d'usage perd tout intérêt. D'abord elle peut parfois permettre l'existence des exceptions au principe même de l'attribution par dépôt. Ainsi en est-il tout d'abord en application de la Convention d'Union de Paris. Le titulaire d'une marque dans un autre pays de l'Union dispose en France d'un délai de priorité de 6 mois. On ne peut en conclure qu'il primerait donc, éventuellement par son usage antérieur, s'il s'agit d'un état où la marque s'acquiert de ce seul fait, le déposant national : le délai des 6 mois ne court qu'à compter d'un dépôt dans le pays d'origine.. Un avantage similaire existe, pendant un délai de 5 ans à compter du dépôt, au profit des titulaires de marques notoires, même non déposées, qui peuvent demander à l'administration nationale concernée la radiation du titre leur portant préjudice. Enfin, s'il est prouvé que le déposant était de mauvaise foi, c'est-à-dire qu'il avait procédé à l'enregistrement dans le seul but d'entraver la concurrence et de tirer profit de la négligence de celui qui exploitait un signe sans l'avoir protégé, l'annulation de l'enregistrement frauduleux peut être requis indéfiniment. La preuve de la mauvaise foi du déposant sera délicate si la marque est confidentielle ; elle est, en revanche, aisée en cas de marque notoire. Cette dernière exception, qui ne ressort pas expressément de la loi, mais a été établie par la jurisprudence sur la base d'un principe général du droit romain « fraus omnia corrumpit », constitue en fait la sanction d'un abus de droit. La marque est détournée de sa fonction première[(43)]... encore faut-il le prouver ; à défaut, la marque déposée subsistera malgré les conséquences fâcheuses que cela entraîne pour son premier utilisateur[(44)]. Notons enfin que celui qui, dans ces différents cas de figure, se réfère à l'usage antérieur d'une marque pour faire annuler un dépôt, n'en devient pas titulaire de ce seul fait. Il doit à son tour faire procéder à l'enregistrement pour détenir, conformément au principe du droit français, une marque, au sens juridique du terme.

Mais si l'usage ne revêt donc qu'un intérêt mineur pour l'acquisition du droit, il est essentiel à sa conservation. Celui qui n'aurait pas « exploité ou fait exploiter de façon publique et non équivoque » sa marque pendant 5 ans, en risque la déchéance, sauf, dit l'article 11 de la loi, « excuse légitime ». La notion d'exploitation est, selon les magistrats, plus exigeante que celle d'usage. Que ce soit directement par le titulaire ou indirectement par un licencié, la marque doit en fait être « intégrée dans un circuit commercial français »[(45)]. Le concept n'est pas d'ordre quantitatif, il est qualitatif. Si l'exploitation retenue n'est pas nécessairement étendue à tout le territoire, elle doit être plus que ponctuelle ou anecdotique. Il nous semble que d'après la jurisprudence dominante, un lancement sur marché test devrait constituer une « exploitation publique et non équivoque » ; les insertions publicitaires, même répétées, en presse quotidienne régionale utilisées par certains pour consolider des marques de barrage, ne devraient en revanche pas être considérées comme suffisantes. Mais là encore, tout est fonction de l'interprétation que font les juges des faits qui leur sont présentés et l'aléa peut exister. Il y a, par contre, une réelle unanimité dans les décisions publiées en ce qui concerne les « excuses légitimes » qui pourraient justifier la non exploitation d'une marque. Le contexte économique, qu'il soit propre à l'entreprise ou plus large, n'a jamais été considéré comme suffisant. Il ne peut s'agir que d'un obstacle réellement insurmontable ; le meilleur exemple qu'on pourrait en donner, serait celui résultant de la non obtention d'une autorisation administrative nécessaire à l'exploitation. Par ailleurs, la loi prévoit une disposition spécifique pour les marques déposées sur plusieurs classes ; l'exploitation significative sur l'une des classes, voire sur un produit ou service de ladite classe, peut parfois permettre de conserver le titre même dans les domaines où il n'est pas exploité. Il faut alors prouver qu'une éventuelle déchéance et l'attribution de la marque au profit d'un tiers en résultant engendreraient une confusion préjudiciable à la marque exploitée[(46)]. Notons qu'en France, à la différence de ce qui se passe dans d'autres pays tels que l'Italie, la déchéance n'est pas automatique. Elle ne peut ressortir que d'une décision de justice et est souvent soulevée en réponse à une action en contrefaçon. Ainsi, même dans un système de « dépôt constitutif », l'usage fait d'une marque revêt une importance certaine, puisqu'il constitue une obligation légale qui, à défaut de pré-exister à la naissance de la marque, doit en suivre le dépôt.

Le droit allemand a rejoint cette même conception. Né en 1874 sur la base d'un très sévère et exclusif principe d'enregistrement, il s'est peu à peu rapproché du système français. Depuis 1968, il connaît une obligation légale d'usage calquée sur celle du système français. Une différence notable existe néanmoins, car parallèlement à cette réservation de la marque par dépôt, la loi permet une protection de « l'Ausstatung », c'est-à-dire de tous les éléments de présentation d'un produit, par son seul usage. Nous reviendrons ultérieurement sur cette action, mais elle est ici intéressante à noter puisqu'elle fait du droit allemand un système unique en son genre. Y coexistent, dans la même loi, celle du 9 mai 1961 sur la marque, deux systèmes théoriquement opposés : le formalisme de l'appropriation par l'enregistrement et le pragmatisme de la protection par l'usage.

2.1.2. Le droit anglais fait également place à ces deux fondements du droit, mais de façon différente. *La marque s'acquiert par l'usage, et le dépôt instauré* en 1875 puis repris dans le Trademark Act de 1938, *est simplement déclaratif*. L'enregistrement au Register est soumis à un sévère examen portant tant sur le caractère éventuellement trompeur de la marque que sur son pouvoir distinctif. Selon le degré de ce dernier, la marque est enregistrée au Register A, au Register B ou refusée. La force que confère une inscription au premier registre est de taille, puisque d'une part elle est présumée valable en cas d'action en contrefaçon, d'autre part et surtout, elle ne pourra être contestée au-delà d'un délai de 7 ans à compter de son enregistrement. Cette durée coïncide d'ailleurs avec celle retenue en Angleterre pour la validité du premier dépôt, les renouvellements étant, quant à eux, effectués pour 14 ans. Il n'est pas nécessaire que la marque soit en usage lors de l'enregistrement, une sérieuse intention de l'exploiter suffit. Néanmoins, à défaut d'une telle intention, ou si l'usage n'a pas été entrepris au cours des 5 années qui suivent, il est permis à toute personne intéressée de requérir la radiation de la marque. Ainsi trouve-t-on la même obligation légale d'usage qu'en droit français ou allemand.

Les Etats-Unis connaissent un système, on le sait, très proche du droit anglais. Néanmoins, en matière d'attribution de la marque, il en diffère sensiblement. Le droit américain constitue le plus pur exemple d'acquisition de la marque par l'usage. La raison peut en être trouvée dans le contexte constitutionnel particulier des Etats-Unis. Les autorités fédérales ne disposent d'aucune compétence expresse pour statuer en matière de marque, et ce à la différence de ce qui leur est reconnu pour les brevets ou les droits d'auteur. De ce fait, le Lanham Trademark Act de 1946 n'a pu s'appuyer que sur les pouvoirs reconnus au Congrès en matière de commerce inter-étatique. Le développement de ce dernier requérant une certaine sécurité juridique des marques, la possibilité a été ouverte d'inscrire sur un registre fédéral, les marques déjà existantes. Celles-ci naissent selon la « common law » de l'usage et du caractère distinctif qui en découle. Cette primauté de la « common law » sur la « statute law » a d'importantes conséquences. La première réside dans le fait qu'aucun enregistrement ne peut être requis sans apporter la preuve de l'usage préalable du signe ou de l'appellation en tant que marque. La seconde tient à la rigueur avec laquelle l'usage est requis, et ce, de façon constante. Si la marque n'est pas utilisée durant deux années consécutives, il est présumé que son titulaire y a renoncé ; le contrôle de cette condition d'usage n'est pas laissé à la seule initiative des tiers contestataires comme dans la plupart des autres systèmes juridiques. L'administration procède à des vérifications régulières. Le titulaire pour sa part doit dans la 6e année suivant l'enregistrement et lors de chaque renouvellement, c'est-à-dire à la 20e année, apporter la preuve de l'utilisation effective de la marque. Le risque est grand puisqu'à défaut d'une telle déclaration, la marque est radiée d'office. Il ne faudrait pas conclure de cette force exceptionnelle de l'usage que l'enregistrement est dénué de toute portée. Il est, aux Etats-Unis comme en Angleterre, précédé d'un examen très approfondi tant des antériorités ou proximités, que des caractéristiques propres à un signe qui ne peut être déceptif et doit revêtir un réel pouvoir distinctif. Le registre principal n'accueille que les marques qui, du fait de leur originalité, possèdent cette caractéristique dès l'origine ou l'ont acquise par l'adjonction d'un « secundary meaning ». Les autres marques ne peuvent être inscrites qu'au « supplementary register ». Ceci leur donne une certaine visibilité et peut faire obstacle à l'enregistrement au registre principal de marques par trop voisines. Elles ne bénéficient pas en revanche de la quasi-immunité accordée aux marques du registre principal, qui ne peuvent être contestées au delà des 5 ans qui suivent leur enregistrement.

Ainsi, même si usage et enregistrement ont toujours leur place, l'attribution et la conservation de la marque sont des questions très différemment traitées d'un système à l'autre.

2.2. La défense de la marque

La défense de la marque est à l'évidence une question cruciale. Pour les acteurs économiques, peu importe en fait les constructions conceptuelles sur la notion de marque, voire les modes d'acquisition. Ces éléments ne constituent que des fondements ou moyens, seconds au regard de l'objectif poursuivi : défendre le capital que représente la marque. La véritable mesure de la marque ressort donc de la surface de protection qui lui est accordée. Celle-ci est délimitée par les textes certes, mais aussi par la lecture qu'en font les magistrats et les modalités de leur mise en œuvre ; à cet égard, les délais nécessaires à l'obtention d'une décision exécutoire et la nature des mesures de contraintes jouent un rôle clef dans l'efficacité du dispositif.

Au-delà, ne méconnaissons pas l'impact des positions économiques des protagonistes. Il est évident que la défense d'une marque n'est qu'un des pans d'une stratégie concurrentielle globale. C'est dans ce cadre que sont pesés les bénéfices d'une telle action autant que les risques qui y sont attachés. Pour ne prendre qu'un exemple particulièrement frappant dans le contexte français où la grande distribution a un poids aujourd'hui important, il semblerait délicat qu'un producteur, dont un fort volume d'affaires dépend souvent de tels partenaires, puisse se permettre un conflit, du moins public, avec un distributeur à l'issue duquel il gagnerait sans doute... un déréférencement. L'analyse de tels rapports de force se situe dans une logique différente de celle du droit des marques : elle ressort du droit de la concurrence. Les règles mises en place récemment en France[(47)] ont instauré la notion « d'abus de dépendance économique ». Qu'elle puisse s'appliquer à ce type de situation est envisageable et sans doute plaidable... qu'elle soit opératoire est moins certain.

La contrefaçon peut être définie comme l'usurpation d'un droit privatif. La notion se retrouve dans les différents systèmes de propriété industrielle, commerciale ou intellectuelle. Elle est constituée lorsqu'il y a atteinte au brevet, à la marque, ou au droit d'auteur. En matière de marque, les atteintes peuvent être directes ou indirectes. Elles sont directes lorsqu'on se trouve face à une usurpation du signe constituant la marque, dans la fonction distinctive qui lui est donnée : reproduction servile ou approximative de tout ou partie des éléments constitutifs du droit, soit sur des objets identiques ou similaires mais ne provenant pas du titulaire de la marque, soit sur des objets authentiques mais détenus indûment par le contrefacteur. Ces atteintes ne sont qu'indirectes lorsque le signe constitutif de la marque est confectionné ou utilisé en dehors de l'objet même du droit. Il peut s'agir par exemple de son affectation à des produits ou services différents de ceux pour lesquels la protection est accordée, telle l'utilisation pour des articles de sport d'une marque protégée pour des parfums. Rien ne peut être théoriquement redit à de telles pratiques, puisqu'il n'existe pas de propriété dans l'absolu d'une dénomination ou d'un signe, mais seulement une réservation de ces derniers dans une utilisation précise. Il n'en demeure pas moins que ces comportements peuvent s'avérer préjudiciables ; ils ne détournent pas une clientèle mais conduisent à compromettre la valeur de la marque, en la détériorant ou au moins en la diluant. Ce sont alors les règles classiques de responsabilité civile qui permettent au titulaire de la marque d'obtenir réparation et de faire cesser l'agissement qui lui nuit. De telles situations seront qualifiées de contrefaçon dans le vocabulaire courant ; elles n'en constituent pas juridiquement, le vocable n'étant approprié que lorsque le droit privatif de la marque est atteint, ce qui n'est pas le cas en l'occurrence.

Les actions qui permettent de lutter contre les atteintes faites à une marque, sont donc de deux natures. Les actions en contrefaçon confèrent une protection de type objectif. Présentes dans les lois sur les marques avec des variantes au civil et au pénal, elles sanctionnent le seul fait de la violation d'un droit privatif. Plus subtiles sont les approches parallèles fondées sur une certaine éthique de concurrence et que l'on retrouve dans les différents systèmes juridiques ; l'action en concurrence déloyale des droits latins, ou « l'unfair competition » anglo-saxon sont complétées par le « passing-off » anglo-saxon voire dans « l'ausstatungchtz » germanique, même si les logiques sont ici assez distinctes.

2.2.1. Le droit français des marques opère une distinction entre la *contrefaçon* au sens strict et l'*imitation*. Il y a là, à première vue, une différence de degré plus qu'une différence de nature. Le délit de contrefaçon établi par l'article 27 de la loi de 1964 vise des comportements brutaux, serviles ou quasi-serviles : reproduction partielle mais portant sur la partie essentielle et caractéristique de la marque. Leur seule existence est condamnable sur le plan pénal où des amendes et/ou des peines de prison sont encourues ; sur le plan civil, elles génèrent droit à indemnité. Peu importe la bonne foi éventuelle du contrefacteur, peu importe même l'existence effective ou potentielle d'une confusion. Il s'agit là d'un délit totalement objectif. L'imitation incriminée par l'article 28 de la loi, n'est en revanche constituée que si elle est « de nature à tromper l'acheteur ». La preuve de la confusion générée, réellement ou potentiellement, dans l'esprit du consommateur doit donc ici être impérativement rapportée. Si l'action est portée devant les juridictions répressives, on doit de plus faire la preuve de la mauvaise foi du prévenu, c'est-à-dire de la conscience qu'il avait de la réelle portée de son comportement. A défaut, la relaxe est prononcée sans qu'aucune compensation bien évidemment ne puisse être obtenue. Si en revanche l'action est intentée par le titulaire de la marque devant les tribunaux civils, la question de l'intention ne se pose pas. Cette différence qui conduit certains auteurs à distinguer imitation frauduleuse et imitation illicite, n'est en fait que de peu d'usage. La mauvaise foi ressort le plus souvent de la relative grossièreté de l'imitation, même si elle est parfois renforcée par des circonstances telles que le choix d'un même imprimeur, ou le refus de montrer la marque à l'huissier chargé d'opérer une saisie.

Cette différenciation entre contrefaçon et imitation a toujours existé en France. On la retrouve formellement aux Etats-Unis dans le Lanham Act, et dans les pays africains membres de l'OAPI (Organisation africaine de la propriété intellectuelle) dont les droits, pour des raisons historiques évidentes sont extrêmement proches du système français. La loi du Bénélux, bien que ce ne soit pas très net, paraît rejoindre la même tradition. En revanche, les droits anglais (article 4 du Trademark Act de 1938), italiens et même japonais, l'ignorent. La loi allemande se situe à mi-chemin de ces deux extrêmes, le risque de confusion n'étant une preuve exigée qu'en cas de différence dans la forme des marques.

La question réellement délicate est, et ce dans tout système, celle de la frontière entre ce qui est licite et ce qui ne l'est pas. Lorsque la contrefaçon est totalement servile, il n'y a aucune difficulté d'appréciation. Le simple fait de rapprocher les deux signes fait apparaître la preuve. Dès lors qu'en revanche, une différence existe entre la marque et le signe présenté comme contrefaisant, tout est fonction de l'évaluation que feront les magistrats. On s'accorde universellement sur deux principes fondamentaux : l'appréciation se fait au regard des ressemblances d'ensemble et non des différences de détail ; il faut, pour ce faire, se référer à la perception d'un consommateur de culture et d'attention moyennes, qui ne visualiserait pas simultanément les deux marques.

La première de ces considérations est essentielle à la protection des marques. Les contrefacteurs sont habiles et prudemment insèrent quelques différences propres à leurs yeux à les mettre à l'abri des poursuites. C'est dans cette logique que peut se comprendre l'approche française où les modifications qui apparaissent très marginales, sont neutralisées. La reproduction quasi servile constitue une « contrefaçon » au sens strict, donc sans preuve de confusion à apporter. Ainsi en est-il lorsqu'il y a adjonction ou suppression d'une lettre, d'un chiffre, d'un préfixe ou d'un suffixe. Des exemples simples sont fournis par la comparaison des marques et signes contrefaisants tels que : Byrrh et Byrh[(48)], SVP et SVP flash[(49)], Beef et Royal Beef[(50)], Jag et Mag[(51)], etc. Encore faut-il que les magistrats ne considèrent pas que l'adjonction ait fait perdre son individualité à la marque première. Si tel est le cas, ils réfutent la contrefaçon, comme ils l'ont fait par exemple en France pour Eau de Roche admis à coexister avec la marque première Roche, déposée pour des mêmes produits de parfumerie[(52)]. Il faut avouer qu'ici les nuances sont subtiles et bien peu rationalisables. La personnalité du juge joue un rôle déterminant dans l'évaluation et les actions apparaissent souvent bien aléatoires. L'affaire précitée fut conduite en contrefaçon. Sans doute constituait-elle davantage une imitation. Le fait qu'il s'agisse d'un nom commun et non d'une appellation de fantaisie, ajouté à la circonstance où en l'occurrence le titulaire de la marque première n'en faisait encore pas usage pour la catégorie de produit visée, n'ont peut-être pas été sans influence sur la conviction que s'est faite le magistrat.

La ressemblance d'ensemble qui conduit à la condamnation peut ressortir de similitudes verbales, mais également figuratives ou intellectuelles. Parce qu'aux yeux des juges, il y avait risque de confusion, ont été condamnés Neocafé au regard de Nescafé(53), ou encore Thermax pour Thermor(54) et Actilane pour Orlane et Babylane(55). En revanche on a admis la coexistence de Rhonelec et Radielec(56), de Therma et Thermor(57) de Triscuit et Triscotte(58). Il faut à nouveau constater combien il serait périlleux d'anticiper l'issue de tels contentieux. Les ressemblances figuratives n'échappent pas à la même incertitude. Un logo type, une enseigne, une couleur dans certains pays peuvent fort bien être déposés en marque. Les conditionnements constituent également, s'ils en présentent les caractéristiques, une marque potentielle. Rien ne s'oppose en France, par exemple, à ce que l'ensemble soit enregistré comme marque complexe, charge au déposant d'appuyer dans l'acte de dépôt sur les éléments essentiels parce que caractéristiques, voire d'en renforcer l'importance en procédant parallèlement au dépôt en marque simple cette fois, de tel ou tel élément. L'analyse de la jurisprudence, difficile à illustrer ici, démontre à quel point la condamnation sur ce registre est difficile à anticiper. La démarche est plus aisée, comme nous le verrons ultérieurement, par l'action en concurrence déloyale. L'imitation peut enfin ressortir plus subtilement du jeu intellectuel d'association d'idée. La volonté malicieuse de confusion est, dans ces cas d'espèce, évidente. Sans doute est-ce la raison pour laquelle l'aléa semble ici moins grand. Les condamnations sont généralement prononcées, ainsi qu'en atteste celle de « La Vache sérieuse » au regard de « La Vache qui rit »(59) ou de « Mini-taille » au profit de « Taille fine »(60). Le facteur de notoriété qui permet précisément le clin d'œil, constitue, nous semble-t-il, une explication au caractère de sévérité assez homogène de cette jurisprudence. N'est-ce pas d'ailleurs un bon exemple de la reconnaissance évoquée précédemment des marques fortes par le droit ? La confusion s'opérant plus aisément, il est logique que la protection contre les imitations de marques notoires soit rigoureuse. L'essentiel des principes qui conduisent l'appréciation du magistrat français se retrouve dans les autres systèmes de droit. Le critère de ressemblance d'ensemble ressort des jurisprudences allemandes, américaines ou anglaises. Les nuances qui apparaissent ici ou là sont difficiles à cerner, tant il est vrai que partout, les décisions de justice présentent le même relatif aléa. Chacun de ces systèmes a néanmoins quelques spécificités intéressantes à noter. L'approche germanique a, nous semble-t-il, deux caractéristiques. La distinction des marques fortes et faibles y est plus clairement affirmée qu'ailleurs. Les magistrats sont d'autre part très sensibles à la phonétique : les mots très brefs, considérés comme plus mémorisables et donc moins générateurs de confusion, sont plus difficilement protégeables ; l'appréciation de la ressemblance des marques verbales longues, tient largement compte de la sonorité. Il faut enfin noter que les imitations par association d'idée sont, comme en France, retenues. Les juges s'appuyent alors sur le concept de « begriffliche verwechslungsgefahr », ou contenu intellectuel du signe. Les magistrats nord-américains, fort soucieux d'instaurer dans ces affaires délicates une certaine sécurité juridique, établissent un principe souverain en cas de doute. La règle de « l'ultima ratio » conduit à évincer les nouveaux venus qui n'ont « rien à perdre et tout à gagner » d'une confusion, au profit de ceux qui ont déjà investi loyalement pour conquérir la faveur du public. Les juges anglais ont adopté une notion d'une réelle originalité dans l'ensemble international. Ils tiennent compte du degré de présence de la marque dans la mémoire des consommateurs. La marque qui s'est quelque peu estompée, laissant donc un « souvenir imparfait » (imperfect recollection), voit sa protection renforcée ; ce qui, entre deux signes très présents dans l'esprit du public n'aurait pu engendrer la confusion, peut ici provoquer une méprise. L'approche, on le voit est paradoxale, car elle bénéficie aux marques peu mémorisées... donc faibles.

Cette analyse de la ressemblance d'ensemble est menée par les juges dans un contexte qu'ils souhaitent le plus proche possible de la réalité. Ce n'est donc pas la *perception* d'un expert qui compare côte à côte deux marques, mais celle *de l'acheteur en situation.* Cette approche est totalement justifiée dès lors qu'il est admis que la contrefaçon suppose confusion. La nature du produit autant que celle du réseau de distribution ne sont donc pas sans conséquence dans l'appréciation globale. La jurisprudence dominante dans la plupart des pays se réfère au degré d'attention de l'acheteur. On ne prête pas au consommateur une attention forte, sauf parfois pour certains achats tels ceux de produits pharmaceutiques ou de produits de luxe (consommés par « plaisir » dit le « genusmittel » allemand). On retrouve dans les jugements des expressions telles que « l'acheteur de perspicacité ou d'observation moyenne », « non prévenu et moyennement attentif », « d'attention ordinaire », « d'intelligence moyenne », etc. Le degré d'éducation du consommateur est également pris en compte, et l'on peut noter la sévérité de décisions se rapportant à des produits destinés à l'exportation, notamment dans les pays connaissant un fort taux d'analphabétisme. Ce même souci d'authenticité des situations conduit les magistrats à supposer que les deux marques ne sont pas simultanément sous les yeux de l'acheteur. La confusion potentielle naît du rapprochement de la marque seconde avec le souvenir que le consommateur a des caractéristiques de dénomination et de présentation de la marque authentique.

Il ne semble pas ici que la jurisprudence puisse se modifier. Pourtant, il faut constater que le concept de consommateur moyen a subi au cours des dernières années, en France notamment, une réelle évolution. Mais cette reconnaissance progressive d'une certaine maturité d'un consommateur peu à peu éduqué dans ce rôle par la croissance du volume de la communication qui lui est adressée, nous paraît devoir se cantonner à un domaine limité. Rien de plus normal que de la prendre en compte pour mesurer la tromperie que peut exercer une marque déceptive ou encore plus une publicité fallacieuse. Nous avons d'ailleurs noté que cette évolution conduisait à ce que soient aujourd'hui tolérés les « mensonges » dont l'outrance était telle qu'ils n'étaient pas raisonnablement crédibles. Ce sont donc, l'emphase propre au style publicitaire et le clin d'œil ludique adressé au consommateur qui sont admis. En aucun cas la tromperie ne l'est. Dès lors que la cible peut être abusée, le droit réagit. En matière de contrefaçon, c'est bien la méprise de l'acheteur confondant deux marques qui est inacceptable, car elle fait perdre à l'authentique son caractère distinctif. Ainsi semblerait-il sage de rester dans la ligne adoptée par les différentes jurisprudences aujourd'hui : mesurer la confusion potentielle d'un consommateur peu vigilant dans un processus d'achat courant. Il est évident que le recours à des sondages d'opinion est de nature à considérablement éclairer le juge dans son appréciation. Les magistrats allemands et américains s'y réfèrent de façon extrêmement fréquente. Devant les tribunaux français, ils sont peu utilisés. Un exemple particulièrement probant de leur intérêt doit ici être rapporté. Le litige opposait le lessivier titulaire de la marque Skip à un producteur ayant, pour le même type de produits, retenu la dénomination « Keep ». L'argument de ce dernier se fondait sur une prétendue prononciation en « kaip ». Le sondage, mené par un huissier sur un public de ménagères sortant de magasins à grande surface, a clairement fait apparaître que la moitié des personnes interrogées prononçaient kip. La confusion potentielle fut ainsi prouvée et le procès gagné par le titulaire de la marque qui avait su prendre l'initiative d'une telle enquête[(61)]. On ne saurait donc trop recommander d'y recourir. Ces études peuvent de plus fournir une aide précieuse au diagnostic ; entamer une action sans grande chance de succès est non seulement coûteux mais peut conduire indirectement à renforcer la légitimité du signe contrefaisant. Les bilans, nous l'avons vu, sont délicats à établir. Certains répugnent de ce fait à agir et leur inaction peut être lourde de conséquences. Tout d'abord le fait d'avoir toléré la présence de marques similaires sur le marché pendant une certaine période, souvent parce que le danger potentiel que représentait le producteur concurrent semblait faible, n'est pas sans risque. Certes en droit français on ne pourra en tirer argument pour plaider un abandon de droit. En revanche, le fait même que les deux marques aient pu coexister peut induire que la confusion n'est pas à craindre. Tel fut le point de vue adopté notamment dans l'affaire Rhonelec/Radialec citée précédemment, où le prétendu contrefacteur a convaincu les magistrats de son bon droit, les deux marques ayant cohabité paisiblement 23 ans ![(62)]. Mais ne pas réagir peut avoir une autre conséquence. Les marques fortes bénéficient, on le sait, d'une protection plus sûre, du fait de la relative bienveillance avec laquelle les magistrats apprécient le risque de confusion. Le caractère notoire d'une marque a plus d'une fois été mis en avant par les juges dans les procès en contrefaçon. Il est apparu déterminant, par exemple, dans l'affaire Orlane/Actilane précitée[(63)]. Tolérer des proximités d'appellation ou de présentation aboutit graduellement à affaiblir la marque première.

2.2.2. Il faut donc, autant que possible, agir et, si le droit des marques ne le permet pas, se tourner vers les schémas parallèles présents dans la plupart des législations.

L'action en concurrence déloyale ressort dans les droits latins d'une simple application des principes généraux de la responsabilité civile aux rapports entre agents économiques concurrents. Celui dont la faute, qu'elle soit intentionnelle ou de grave négligence, engendre un préjudice pour un tiers clairement identifié, lui en doit réparation. Le principe est large et ses applications potentiellement infinies. Il serait néanmoins choquant qu'une règle de droit permette d'en détourner une autre. L'action en concurrence déloyale est autonome et ce point est constamment réaffirmé par les tribunaux[(64)]. Cela signifie que, lorsque le comportement qui justifie la réaction peut être poursuivi sur la base du droit des marques, l'action ne peut être menée que sur ce terrain. Si l'atteinte à la marque apparaît trop mineure pour être censurée dans ce cadre, elle ne le sera pas plus en concurrence déloyale. L'action est subsidiaire ; elle comble les lacunes éventuelles du droit des marques comme celles d'ailleurs des autres droits de propriété industrielle ou intellectuelle, brevets, dessins et modèles ou droits d'auteur[(65)]. Elle constitue une autre chance mais jamais une seconde chance.

Concrètement, l'action en concurrence déloyale permet tout d'abord de protéger les éléments distinctifs qui n'auraient pas été déposés comme marque. Qu'il s'agisse d'une négligence ou d'une difficulté à obtenir l'enregistrement, peu importe ; dès lors qu'il n'y a pas marque, l'action est ouverte. C'est en fait la défense de la marque d'usage dans un système où, on le sait, elle n'est théoriquement pas reconnue. Elle permet d'obtenir des indemnités, mais également et surtout de faire cesser l'agissement nuisible. Les condamnations sont souvent, à la demande du requérant, assorties d'astreintes, sanctionnant chaque manquement à l'exécution de la décision du tribunal. On peut même, lorsqu'existe une faute particulièrement flagrante dont le prolongement générerait un dommage quasiment irréparable, obtenir une décision extrêmement rapide par la voie du référé. Celui-ci fige la situation jusqu'au jugement. Enfin, l'exécution provisoire de ce dernier peut être requise, nonobstant les délais d'appel qui, on le sait, sont théoriquement suspensifs. Ainsi, les armes ne manquent pas sur ce terrain pour obtenir une décision rapide et efficace. Une affaire récente permet d'illustrer ces propos. La compagnie Saupiquet lance une gamme de quatre salades en conserve. Ses responsables voient ultérieurement apparaître sur le marché des produits concurrents dont la dénomination et le conditionnement rappellent très fortement leurs propres produits : identité des recettes, appellations proches (salades paysannes, campagnardes, américaines et mexicaines), imitation quasi servile des conditionnements dans tout ce qu'ils avaient d'original (décoration de la partie supérieure de la boîte par la représentation du produit comme si celle-ci était ouverte — liseré blanc d'encadrement — distribution graphique identique des mentions). Un échange de courrier recommandé s'étant avéré infructueux, la compagnie Saupiquet assigne son concurrent le 24 mars 1986. Le jugement rendu le 15 décembre 1986 par le tribunal de commerce de Paris lui donne gain de cause. Les magistrats s'appuyant sur la jurisprudence constante en matière de concurrence déloyale rappellent « qu'il existe entre les commerçants concurrents des règles du jeu qui doivent être respectées par tous ceux qui participent à la compétition économique ». Ce n'est donc pas « l'activité concurrentielle en tant que telle » qui est condamnable, mais son « excès... la forme abusive qu'elle revêt et les conséquences dommageables qu'elle entraîne ». La faute nécessaire consiste précisément en ce comportement que nous pourrions qualifier d'économiquement asocial. Le préjudice, base essentielle d'une action dont l'objectif est la réparation, n'a pas à être prouvé comme actuel. Il suffit qu'il soit potentiel. En l'occurrence, sans avoir à établir le détournement de clientèle, l'entreprise devait donc convaincre les juges de la confusion engendrée par cette imitation dans la perception des acheteurs, confusion source vraisemblable du préjudice. Elément par élément, l'analyse menée par le tribunal conduit à établir ce risque de confusion, ce d'autant qu'aucun des choix faits par Saupiquet pour ces conditionnements n'était banaux ni nécessaires. Le premier point est évident. La banalité excluant le caractère distinctif, il n'y a pas lieu à protection. Le second l'est moins ; il est constant pourtant en droit français, inclus dans la législation des dessins et modèles issue en France d'un texte de 1909, confirmé maintes fois par les tribunaux tant de ce domaine(66) que dans celui de la concurrence déloyale(67). La justification se comprend aisément ; elle ressort de la même logique que celle qui conduit à refuser les marques génériques ou descriptives. Si la nature même du produit ou des contraintes techniques conduit nécessairement à l'utilisation d'un mot, d'un signe, d'une forme ou de tout autre élément, il n'est pas raisonnable d'en opérer quelque protection que ce soit. Elle générerait de facto une interdiction absolue de concurrence, ce que le droit ne saurait admettre. La décision rendue par le tribunal de commerce de Paris dans cette affaire est exemplaire, puisqu'elle fait droit à l'intégralité des demandes présentées par la compagnie Saupiquet : indemnité, astreinte, condamnation aux dépens mais également aux frais connexes (avocats, etc.), publication du jugement et exécution provisoire. Ce dernier élément n'empêcha pas le concurrent malheureux d'interjeter appel. La cour de Paris a, le 21 mai 1987, confirmé en tout point la décision précédente, augmentant, en toute logique, la condamnation aux frais engagés par Saupiquet pour sa défense dans cette seconde instance. Deux remarques s'imposent ici. L'efficacité de l'action est exemplaire puisque dans un délai somme toute rapide (8 mois d'une assignation à une décision exécutoire), la société a obtenu gain de cause sur l'intégralité de ses démarches. Au-delà, il est intéressant de noter à quel point l'analyse menée par les magistrats, notamment en appel, est semblable à celle qui préside à l'analyse d'une contrefaçon-imitation. Le critère de « confusion », l'évaluation des « ressemblances d'ensemble », la référence à la « vigilance de l'acheteur d'attention moyenne » et à sa « perception » pourraient faire croire à une action menée sur la base du droit des marques. Il n'en était pourtant rien, aucun dépôt n'ayant été effectué ; l'action en concurrence déloyale a ici bien permis de combler une carence.

Le deuxième lieu d'utilisation de l'action en concurrence déloyale concerne les licenciés ou concessionnaires d'une marque. Seul le titulaire dispose en droit français du droit d'agir pour la défendre puisque lui seul en est propriétaire. Il en est de même au Bénélux et en Allemagne. L'Italie, en revanche, de façon générale, et les pays anglo-saxons pour le « registered user » permettent au licencié d'agir en contrefaçon. Comment donc, là où cette possibilité n'est pas ouverte, protéger le licencié ? Deux voies parallèles lui sont généralement offertes. Tout d'abord, il dispose d'un recours contre le titulaire de la marque qui contractuellement lui doit garantie « de paisible possession ». C'est à ce dernier d'agir contre les contrefacteurs, mais le contraindre n'est pas évident. C'est pourquoi il est reconnu au licencié le droit d'opérer sa propre défense. Il utilise alors l'action en concurrence déloyale, puisque lui-même n'a pas de droit réel sur la marque. La jurisprudence constante est en ce sens[(68)] : l'atteinte à la marque est en elle-même fautive, et le détournement de clientèle qu'elle génère potentiellement, préjudiciable à celui qui l'exploite.

Plus intéressante encore est l'application qui s'est dégagée récemment de l'action en concurrence déloyale comme parade aux comportements parasitaires. La définition de tels agissements ressort clairement d'une décision rendue par la cour d'appel de Paris le 21 janvier 1982 : « Constituent une concurrence parasitaire, les actes d'un commerçant qui tire, ou s'efforce de tirer, profit du renom acquis légitimement par un tiers même s'il n'a pas l'intention de nuire à ce dernier. » Il faut néanmoins rester prudent dans l'appréciation de ce type de situation. Le « parasitisme » doit manifestement et précisément concerner la communication d'une entreprise déterminée. Il n'est en revanche nullement condamnable « d'emboîter le pas » à un concurrent sur un marché que, judicieusement, il aurait créé. La formulation finale retenue par la cour d'appel de Paris dans l'affaire Saupiquet précédemment citée, se réfère bien à cette analyse, en l'occurrence d'ailleurs superfétatoire, puisque son fondement en concurrence déloyale classique était suffisant. Il est reproché à l'entreprise « la captation déloyale de la clientèle mobilisée autour de l'innovation Saupiquet grâce à des investissements qui ne sont pas les siens et dont elle recueille les fruits sans en avoir assumé les frais ». On retrouve ici, formulée différemment, une vieille conception du droit romain : l'enrichissement sans cause. Celui qui, indûment, tire profit d'une situation alors que parallèlement il y a appauvrissement, en doit réparation. Cette utilisation condamnable du sillage d'autrui est nouvelle par rapport aux cas classiques de concurrence déloyale établis par la jurisprudence comme étant la confusion, le dénigrement et le débauchage. Le parasitisme peut jouer de la confusion, mais ne le fait pas nécessairement et pas suffisamment pour que celle-ci puisse abuser même un « acheteur de vigilance moyenne ». Le courant a été amorçé, sur la base de suggestions doctrinales, en Europe au début des années 1960. Il semble aujourd'hui bien installé en Italie, en Belgique et en Allemagne.

Les droits anglo-saxons, du fait de la primauté de la « common law » sur la « statute law », et notamment donc sur le droit des marques, ont une logique inversée par rapport à celle que nous venons de présenter. L'*action en « passing off »* est première et non subsidiaire. Née au début du siècle dernier en Grande-Bretagne, elle sanctionne l'interdiction de « présenter ses propres marchandises comme étant celles d'autrui ». Son domaine est vaste puisqu'au delà de la marque non enregistrée, il s'applique à tous les éléments de présentation du produit, au nom commercial, au slogan publicitaire, et ce d'ailleurs comme l'action en concurrence déloyale du droit français. Il couvre au-delà les titres de livres, de revues et les indications géographiques de provenance, régies dans les autres systèmes par des dispositifs spécifiques. Ayant pour but d'empêcher les tromperies sur la provenance du bien ou du service, l'action en « passing-off » ne protège pas en fait l'élément distinctif lui-même, mais son « good will », c'est-à-dire le pouvoir attractif qu'il exerce sur l'acheteur potentiel. Ceci suppose donc à l'évidence que le signe en question, à défaut d'avoir été enregistré, ait été utilisé et ait de ce fait acquis une réelle capacité distinctive. Ainsi la frontière de cette action est-elle bien tracée : elle concerne en fait des signes qui disposent dès l'origine ou ont accédé par « secundary meaning » à des caractéristiques telles qu'ils pourraient être déposés en marque. L'acquisition du « good will » sera présumée par le tribunal s'il y a eu enregistrement, et donc action en contrefaçon ; il sera à prouver dans l'action en « passing-off ». Au-delà, l'acte qui lui-même constitue l'atteinte à la marque sera analysé et qualifié par les magistrats selon la même démarche dans l'une ou l'autre des situations.

Le fait qu'aux Etats-Unis la « common law » ait un rôle beaucoup plus important qu'en Angleterre en matière de marque, ne peut que renforcer l'importance pratique de l'action en « passing-off ». Celle-ci est, à tous égards, très largement inspirée de celle établie par les tribunaux britanniques ; mais on le sait, le Lanham Act fédéral n'a vocation qu'à régir les rapports inter-étatiques, laissant subsister les droits des Etats eux-mêmes très divers et souvent incomplets. On comprend aisément que l'action en « passing-off » couvre un domaine considérable. Au-delà, la Grande-Bretagne comme les Etats-Unis connaissent et répriment la concurrence déloyale. Il existe en Angleterre un texte législatif particulier sanctionnant, sur la base des usages et coutumes, les pratiques d'« unfair competition ». Les tribunaux américains, quant à eux, l'ont dégagé empiriquement à partir de la notion de bonnes mœurs appliquée au commerce. L'une et l'autre de ces approches peuvent constituer une ultime parade au cas où les lois spécifiques et l'action en « passing-off » seraient inapplicables.

L'Allemagne connaît également une réglementation générale de la concurrence déloyale. Elle ressort d'une loi de 1909, modifiée quelque peu depuis, et peut être mise en œuvre en sollicitant des mesures provisionnelles, garanties de l'efficacité du dispositif. Mais là n'est pas le point spécifique du système germanique. Il réside en la protection des présentations des produits ou « *ausstatungschutz* ». Cette action est fondée, comme le « passing off » anglo-saxon, sur l'usage et le caractère distinctif des éléments considérés. Elle cerne l'indication d'origine que transmet la présentation et de ce fait là, protège les consommateurs avant les concurrents. Mais l'originalité du système est totale, malgré les apparences, car cette action est parfaitement parallèle à celle en contrefaçon. Elle n'est ni première comme en régime anglo-saxon, ni subsidiaire à l'image des droits romains. Elle confère très exactement la même protection pour une marque enregistrée et une présentation qui ne l'est pas ; qui plus est, elle figure, et ce depuis le premier texte qui date en Allemagne de 1874, dans la loi sur les marques.

Ainsi peut-on affirmer qu'avec des mécanismes multiples et extrêmement variés d'un pays à l'autre, les différents systèmes conduisent à une protection globalement équivalente de la marque. Il tentent, parfois avec maladresse, parfois magistralement, de concilier le nécessaire maintien de la liberté du commerce et de l'industrie, et donc de la concurrence, avec la protection des marques indispensable au sain exercice de ladite concurrence. Mais c'est à la lumière des développements récents de la pratique et des réponses juridiques qui sont apportées aux questions posées, que peut se mesurer l'avenir de la marque.

3. L'AVENIR DE LA MARQUE

La prise de conscience du phénomène marque est un fait majeur des dernières décennies. Le développement des politiques marketing des entreprises et l'essor du commerce international ont progressivement fait émerger la marque comme une arme considérable dans la compétition économique. Son caractère absolu, perçu parfois comme une entrave abusive à l'intérêt général, a conduit les autorités tant législatives que judiciaires à réagir. Par ailleurs, elles ont été amenées à faciliter son utilisation internationale. Ainsi, les frontières de la notion juridique de marque se dessinent aujourd'hui plus nettement à la lumière des limites et des encouragements qui sont parallèlement donnés à son utilisation.

3.1. Marque, distribution et communication

Les atteintes à la marque sont de nature très diverse. On pense spontanément, lorsque la question est posée, à la reproduction à l'identique ou imitée de la marque : il s'agit alors de la contrefaçon proprement dite ou, dans la nuance qu'apporte le droit français, de l'imitation frauduleuse. Ce n'est pas, tant s'en faut, le seul comportement anti-marque répréhensible. Le sont également, l'apposition frauduleuse de la marque d'autrui, la substitution de produits ou services, la détention illégitime de produits, la mise en vente de produits revêtus d'une marque contrefaite, la suppression ou l'altération de la marque d'autrui et l'usage d'une marque sans autorisation. Ces actes sont condamnés dans les différents systèmes juridiques. En droit français, chacun d'entre eux constitue un délit distinct prévu par les articles 27 et 28 de la loi de 1964, constituant l'article 422 du Code pénal. Cette panoplie impressionnante permet, à l'évidence, par une maîtrise parfaite du signe auquel il est normalement lié, la maîtrise d'un produit et plus globalement de la distribution et de la communication.

3.1.1. Rien de plus naturel que de permettre au titulaire d'une marque de s'opposer à la *commercialisation* sous l'appellation ou le signe protégé de produits non authentiques. Il y a là atteinte à la fonction première de la marque qui est, on le sait, de distinguer par la provenance les produits concernés. Le consommateur est abusé et l'image de la marque compromise puisque la constance de qualité n'est plus assurée. La jurisprudence est sur ce point bien établie et ce, dans les différents systèmes juridiques. Un exemple peut être fourni par une espèce française. Une société avait chargé un industriel de fabriquer pour son compte des articles en polychlorure de vynil et d'y apposer la marque « isovinyl ». Les contrôles exercés sur le fournisseur firent apparaître que celui-ci commercialisait, sous l'appellation protégée, des produits non exclusivement composés de ce matériau. Les tribunaux ont condamné cette pratique(69). De la même façon, font l'objet depuis longtemps de sanctions régulières, les actes dits de remplissage. Utiliser un récipient marqué tel qu'une bouteille d'apéritif(70), un flacon d'encre(71) ou encore une pompe à essence(72) pour distribuer un produit non fabriqué par le titulaire de la marque, constitue une violation caractérisée du droit privatif. La loi de 1964, reprenant la jurisprudence antérieure, va même au delà puisqu'elle condamne « ceux qui auront sciemment livré un produit ou fourni un service autre que celui qui leur aura été demandé sous une marque déposée ». Plusieurs décisions ont appliqué ce texte. Le commerçant qui, pour quelque raison que ce soit, ne dispose pas du produit en question, ne peut que faire état clairement de cette situation à son client, lui proposant une alternative qui peut fort bien être un produit concurrent(73). Il sera en revanche condamné pour délit de substitution si, sans explication, il fournit un produit autre(74). Ce type de situation, courant en pratique, vient rarement devant les tribunaux car elles ne sont évidentes ni à déceler ni à prouver. La marque enfin, pour remplir sa fonction, doit rester attachée à l'objet qu'elle identifie et dont elle garantit l'origine. La supprimer, la masquer ou l'altérer porte préjudice à son titulaire et est donc condamnable. La jurisprudence française abonde en espèces sur cette question. Citons-en une dont la connotation européenne n'est pas inintéressante. Un distributeur de polos importés d'Italie avait fait supprimer la marque originale arguant de l'obligation qui lui incombait, du fait du décret du 14 mars 1973, d'étiqueter en langue française. Le tribunal a considéré que cette disposition impliquait d'adjoindre une étiquette reprenant les mentions initiales et non d'enlever l'original(75). Cette décision, si rigoureuse soit-elle dans sa conception de la marque, nous semble quelque peu contestable en droit européen. L'objectif de création d'un marché unique s'accommode mal des contraintes nationales de ce type. Les autorités législatives, réglementaires ou judiciaires des différents Etats de la CEE doivent, en application du Traité de Rome et de l'interprétation qui en est faite par la Cour de justice des Communautés, limiter les entraves dites « techniques » au seul domaine où elles sont nécessaires pour la protection de la santé et de la sécurité du consommateur. Le sur-coût que représente un double étiquetage n'est, tant s'en faut, pas toujours justifié.

La question la plus délicate dans les dernières années en France a été celle de l'utilisation, par les producteurs, du droit des marques comme véritable

« verrou » des circuits de distribution. Il ne s'agit plus ici des marques déformées ni de produits pirates. Est-il possible d'interdire la distribution d'un produit authentique sous sa marque originale ? Autrement dit, les systèmes de *distribution exclusive ou sélective* peuvent-ils être confortés par l'exercice du droit privatif du titulaire de la marque ? Les réseaux de distribution sélective font l'objet de réelles polémiques dans tous les systèmes juridiques. Leur validité est universellement analysée au regard du droit de la concurrence(76). Qu'ils constituent une entrave à cette dernière est incontestable ; il faudra donc qu'elle soit totalement justifiée. Ainsi, avec certaines nuances, cette politique est-elle admise dès lors qu'elle génère un progrès économique, la nature même du produit impliquant par exemple une compétence particulière du distributeur. Cette question déborderait largement le cadre de cette étude, si le droit français n'était venu la compliquer par une rédaction sans doute maladroite de l'article 422-2° du Code pénal. Sont condamnables « ceux qui auront fait usage d'une marque sans autorisation de l'intéressé ». Deux interprétations en ont été proposées par la doctrine. La première, extensive, englobe dans le délit, tout usage d'une marque, même authentique, dès lors que celui-ci s'effectue sans accord du titulaire. Jusqu'à une date récente, les tribunaux, validant le plus souvent une telle approche(77), donnaient là une arme absolue aux producteurs. Nonobstant la validité du réseau de distribution sélective concerné, ils pouvaient totalement interdire à un commerçant non agréé de commercialiser leur produit, le seul fait de le mettre en vente supposant l'utilisation de la marque(78). Les décisions récentes de la Cour de cassation semblent opérer un véritable revirement de jurisprudence. Les magistrats de la Cour suprême, sans se référer expressément au courant doctrinal qui interprétait restrictivement l'article 422-2°, en adoptent les conclusions. Le délit d'usage n'est constitué que si la marque est contrefaisante. Le droit des marques ne permet donc pas de faire obstacle à la commercialisation d'un produit authentique. La formulation adoptée par les juges est intéressante(79) : « En l'absence de droit de suite du titulaire de la marque, le droit sur celle-ci s'épuise par la première mise en circulation du produit ; ...il en résulte que, hors le cas de fraude ou de parasitisme contraire aux usages loyaux du commerce, le sous-acquéreur ne commet pas le délit d'usage de marque en revendant les produits sans l'autorisation du titulaire de la marque. » Cet attendu appelle plusieurs remarques. Il consacre pour la première fois en droit français la théorie de l'épuisement du droit qui, inspiré du système germanique, avait été affirmé de longue date par la Cour de justice des Communautés. Le droit privatif du propriétaire de la marque se distingue en cela de celui du titulaire du droit d'auteur. Dans ce dernier cas, l'œuvre, parce qu'elle est l'expression de son auteur et, en quelque sorte, une émanation de sa personnalité, peut être contrôlée et suivie de façon permanente. Cette prérogative est inacessible. Elle reste attachée au créateur, quels que soient les schémas de cession de droit mis en place pour la reproduction, la diffusion ou la représentation de l'œuvre. Si donc celui-ci estime, par exemple, que les conditions dans lesquelles sa création est exploitée ne lui conviennent pas, il peut y faire mettre fin. Si son œuvre a été dénaturée, il invoquera son droit moral au respect de sa création ; mais, même si ce n'est pas le cas, son droit de repentir lui permettra, sans avoir à se justifier, d'exiger le retrait de l'œuvre. Il devra bien sûr une indemnité à celui qui n'aurait là que respecté ses engagements. La nature de la marque étant fondamentalement différente , un tel principe ne se justifie pas. Dès lors que le produit est authentique et la marque respectée, le titulaire ne peut contrôler sur la base de son droit privatif « les conditions de commercialisation et les formes de revente »[(80)]. Il aura bien sûr, s'il le découvre, un recours contre celui de ses distributeurs qui aurait permis un tel trafic. Mais ceci ressort purement du contrat qui les lie et n'est pas opposable au tiers revendeur parallèle. La Cour de cassation a, dans sa décision du 5 octobre 1987, clairement affirmé que « l'article 422-2° n'a pas pour objet de sanctionner pénalement les acquéreurs et revendeurs de produits proposés dans un circuit de distribution sélective »[(81)]. En tout état de cause, que le droit des marques ne s'applique pas ne signifie pas que le producteur soit sans défense. Le commerçant qui se présenterait comme distributeur agréé, alors qu'il ne pouvait ignorer l'existence d'un réseau sélectif par ailleurs validé, serait condamnable pour concurrence déloyale. Un arrêt[(82)] vient de rappeler cette évidence.

3.1.2. *La communication et la marque* ont une relation à double sens. Si le respect de la marque s'oppose à certains types de communication, à l'inverse, le droit des marques peut constituer une base de protection pour certains des éléments de la communication.

La référence à la marque d'autrui, sans son autorisation, était jusqu'à très récemment difficile en droit français. Dès lors qu'il y avait, par ce fait même, délit d'usage de marque, dans l'interprétation extensive qu'avaient les tribunaux de cette infraction, on ne pouvait raisonner que par exception.

La première est posée par le texte même de la loi de 1964, qui prévoit que les fabricants d'accessoires peuvent se référer à une marque « pour indiquer la destination du produit ». Cette règle de bon sens est interprétée très restrictivement par les magistrats. Elle est limitée aux seules pièces détachées pour lesquelles la citation de la marque est manifestement indispensable. Les produits d'accompagnement ne sont pas considérés comme des accessoires ; ainsi a-t-il été jugé[(83)] que la référence à la marque Skai était condamnable dans la présentation d'un produit d'entretien destiné à des matériaux de simili-cuir ; cette dernière mention aurait suffit ; la réaction du propriétaire de la marque luttant contre la banalisation de son appellation était, à notre sens, tout à fait prudente et justifiée. Encore faut-il lorsque la citation de la marque est requise, que la formulation soit telle qu'il n'y ait dans l'esprit du consommateur aucune ambiguïté[(84)].

Les distributeurs doivent à l'évidence, pour commercialiser un produit, pouvoir le désigner. Ainsi est-il établi qu'il y a, à leur profit, cession tacite du droit d'utilisation de la marque. Néanmoins, cette référence doit être honnête et ne pas tirer profit indûment du capital d'une marque. La pratique de marque d'appel est donc censurée par les tribunaux. On considère que la faute est constituée lorsque manifestement la marque mise en avant est utilisée comme appât ; le commerçant qui ne disposerait pas pour satisfaire la clientèle ainsi attirée de suffisamment d'articles de la marque, proposera à défaut des produits concurrents. Il y a là un comportement parasitaire type qui ressort d'une application des règles de concurrence déloyale. Ainsi en a-t-il été jugé à propos d'un opticien qui, sur 156 montures de lunettes, n'avait que 5 modèles Christian Dior, marque qu'il mettait en avant[(85)]. Si en revanche le stock est suffisant pour répondre à la demande que l'on peut raisonnablement attendre, compte tenu tant de la diffusion de la communication en question que de la notoriété de la marque, il n'y a rien de répréhensible. La Cour de cassation l'a confirmé dans une affaire opposant la société Lego aux supermarchés Auchan et à leur agence de publicité[(86)]. Peu importe que l'affiche visée en l'occurrence ne comporte que la marque Lego, à l'exclusion de toutes les concurrentes distribuées dans le même rayon, puisque les réserves étaient suffisantes pour satisfaire la clientèle.

La *publicité comparative* est une pratique qui, depuis fort longtemps, agite les milieux concernés en France. On sait qu'elle est, dans la plupart des systèmes juridiques, possible dès lors qu'il n'y a pas malhonnêteté, et qu'elle n'est ni fausse, ni déceptive. Aucun texte ne la prohibe ni ne la réglemente en droit français. La question a été à plusieurs reprises abordée par les pouvoirs publics ; après analyse et consultation des professionnels, les différentes velléités de législation ont été abandonnées considérant qu'à ce stade, l'arsenal juridique français et les jurisprudences récentes semblaient suffisants[(87)]. Les textes applicables sont au nombre de trois ; l'action en concurrence déloyale (article 1382 du Code civil), le délit d'usage de marque (article 422-2° du Code pénal) et la publicité trompeuse (article 44 de la loi du 27 décembre 1973). Appliqués à la lettre, ils bloquent effectivement toute possibilité. Une publicité ne peut que valoriser le produit qu'elle présente et, dans un style comparatif, ne retenir qu'un minimum de critères pour pouvoir être perçue et mémorisée. Donc, même si le délit d'usage de marque n'est plus constitué dans la nouvelle jurisprudence, la publicité comparative est de fait impossible. Il y a indirectement dénigrement du concurrent... donc concurrence déloyale, et communication incomplète... donc publicité trompeuse. Les situations où la comparaison est possible ne constituent pas de réelles exceptions aux principes. La première tolérance est celle qui bénéficie aux enquêtes de consommateurs. Dès lors qu'elles sont effectuées correctement et par un organisme extérieur[(88)], elles peuvent être publiées. Mais il est clair qu'elles constituent une information et ne peuvent être utilisées à titre commercial. Le fabricant qu'une telle étude placerait en excellente position, ne pourrait s'en prévaloir qu'à titre interne pour stimuler son réseau par exemple[(89)]. Il ne pourrait en revanche la reprendre dans une communication tournée vers le public, quelqu'en soit le support[(90)]. Vraies ou fausses peu importe, les comparaisons publiques sont impossibles dès lors que le concurrent de référence est identifié ou identifiable, sauf bien sûr à ce qu'il ait donné son accord[(91)]. Quant aux distributeurs, ils ne pourront reprendre ces éléments éclairants pour leur clientèle que de façon exhaustive et non tronquée[92]. Les tableaux de concordance sont de la même façon prohibés dans l'utilisation commerciale qui peut en être faite. Le secteur de la parfumerie en connaît une forte pratique. Très régulièrement, et avec une sévérité constante, les producteurs ou commerçants, qu'ils soient auteurs ou non de ce tableau, sont condamnés lorsqu'ils le présentent pour vendre des parfums ou eaux de toilette en les raccrochant au produit d'une marque[93]. Peu importe d'ailleurs les précautions qu'ils peuvent prendre. La loi de 1964 interdit l'utilisation comme référence de la marque d'autrui, « même avec l'adjonction de mots tels que : formule, façon, système, imitation, genre ». Il y a là un parasitisme évident que le droit des marques lui-même sanctionne ; les tribunaux l'appliquent avec d'autant plus de rigueur qu'il s'agit de marques notoires[94] et que leur utilisation est superflue. Si des éléments, telle une compétence technique peuvent la justifier, les magistrats tolèrent l'usage de la marque dès lors qu'il n'y a aucune ambiguïté. Ainsi un garagiste a-t-il pu mentionner sur la vitrine « spécialiste Rolls Royce », car son expertise en matière de réparations le justifiait sans confusion possible avec un statut de concessionnaire[95].

Une évolution récente de la jurisprudence valide les annonces comparatives sur les prix effectuées par la distribution. La Cour de cassation en juillet 1986 affirmait : n'est « pas illicite une publicité qui se borne à la comparaison des prix auxquels des produits identiques sont vendus dans les mêmes conditions par des commerçants différents... une telle publicité contribue à assurer la transparence du marché ». L'information du consommateur sur les prix a toujours été perçue comme prioritaire et fortement réglementée voire encouragée. Rien de surprenant donc à cette évolution des tribunaux. Il ne s'agit pas réellement de publicité comparative mais d'information comparée ; encore faut-il qu'il n'y ait aucune malhonnêteté. Le fait de ne comparer le niveau de prix que sur certains produits est bien évidemment inacceptable. Il y a là à la fois publicité trompeuse et concurrence déloyale[96]. Il est intéressant à noter que le droit des marques est absent dans ces affaires, les producteurs n'ayant pas estimé pouvoir, et à juste titre, nous semble-t-il, réagir.

Il serait inexact de ne considérer le droit des marques que comme une entrave à la communication. Il peut s'en constituer le défenseur, dès lors que *certaines créations peuvent être protégées comme marque*. A quelques nuances d'interprétation près, les éléments rédactionnels et visuels de la communciation sont protégeables dans tous les systèmes juridiques. Seuls à ce jour, les Etats-Unis permettent en revanche de considérer les thèmes musicaux comme « marques radiophoniques ». Notons toutefois que le projet de réforme du droit français qui devrait voir le jour en 1989, reconnaîtrait la marque sonore.

Dès lors qu'ils satisfont aux conditions de validité des marques, les éléments visuels d'une communication peuvent bénéficier de ce statut. La notion même de visuel est large ; peuvent y être englobés le conditionnement, les couleurs, les emblèmes et logotypes. En droit français, la loi de 1964 prévoit expressément la protection du conditionnement, citant parmi les signes susceptibles de constituer des marques : « la forme caractéristique du produit ou de son conditionnement, les étiquettes et les enveloppes ». Les tribunaux en ont maintes fois fait application, soit en tant que marque simple pour telle forme de bouteille[(97)] ou tel dessin d'étiquette[(98)], soit en tant que marque complexe, le dépôt étant opéré sur un tout. Ce système présente deux avantages : la combinaison des différents éléments permet beaucoup plus facilement d'accéder à une certaine originalité ; de plus, il n'y a qu'une marque donc qu'une taxe à acquitter. Soulignons toutefois qu'un tel calcul peut aboutir à un résultat relativement illusoire ; chacun des éléments d'une marque complexe n'est protégé que s'il occupe une place importante dans l'ensemble. L'appréciation de ce critère revient au juge en cas de litige. Le seul moyen d'éviter un aléa, est de déposer parallèlement à titre de marque simple certaines des composantes de l'ensemble... ! Ce qui réduirait à néant les avantages précités. Les professionnels néanmoins recourent très fréquemment au droit des marques pour protéger leur conditionnement et il s'avère que la protection en résultant est globalement satisfaisante. Dans la plupart des systèmes juridiques non latins où l'exigence sur le caractère distinctif lors du dépôt est plus importante qu'en France, les conditionnements ne sont guère admis que si la forme première est ornée d'une décoration identifiant la marque. Ainsi en est-il notamment en Allemagne, en Grande-Bretagne et aux Etats-Unis. En droit germanique c'est la protection de « l'ausstatung » qui ici s'applique.

Si les couleurs sont souvent englobées dans l'approche globale d'une marque complexe, la question se pose de leur dépôt à titre isolé. On connaît en matière de publicité, l'importance des couleurs. Simples ou combinées, elles constituent un code repris systématiquement dans toutes les communications. Le législateur a, en 1964, sur ce point, fait rebondir les discussions doctrinales et les hésitations de la jurisprudence antérieure. Si l'article 1 vise expressément « les combinaisons ou dispositions de couleurs », il reste muet sur le caractère protégeable des couleurs plates ou de leurs nuances. Certains auteurs se prononcent pour l'interprétation la plus large du texte, alors que d'autres souhaitent voir les tribunaux s'en tenir aux termes de la loi, estimant que l'appropriation d'une couleur, même nuancée, constituerait un « blocage » trop important de la concurrence. La jurisprudence est encore relativement hésitante, admettant dans sa très grande majorité le dépôt de nuances de couleurs et refusant le plus souvent le dépôt d'une couleur plate. Ainsi ont été admises les marques « Jaune Kodak » ou « Bière rousse »[(99)]. Parmi les nombreuses décisions sur cette question, relevons celle du Conseil d'Etat qui, en date du 8 février 1984, admettait la validité d'une marque constituée d'une nuance de couleur, le « rouge congo » de la société Esso. Quant aux combinaisons de couleurs, dès lors qu'elles ne sont pas « banales et naturelles », mais suffisamment caractéristiques, donc distinctives, elles sont admises sans contestation à titre de marque. Ainsi la Cour d'appel de Paris[(100)], dans une espèce concernant des bâtonnets ouatés dont la tige était de couleur bleue ou rose et l'extrémité ouatée blanche, devait considérer que « la combinaison de la couleur simple, bleue ou rose de la tige, avec la couleur blanche, banale et naturelle des extrémités ouatées, combinaison au surplus fonctionnelle, n'est pas distinctive... ». Le droit français est par cette approche en complète harmonie avec les autres systèmes juridiques. Seules les lois suisses et du Bénélux se montrent relativement libérales dans un paysage sur ce point très rigoriste.

Les emblèmes et logotypes sont universellement reconnus comme marque potentielle dès lors que leur relative originalité leur décerne un caractère distinctif. A défaut de l'avoir a priori, ils l'acquièrent a postériori ; en droit anglo-saxon, du fait de ce « secundary meaning », ils sont enregistrables au premier registre.

Les éléments rédactionnels d'une communication doivent être envisagés avec une approche distincte selon qu'il s'agit de protéger un nom isolé, ou un groupe de mots constituant un slogan. Le premier de ces cas pose peu de problèmes. Le caractère distinctif de la dénomination sera apprécié selon les pays avec plus ou moins d'aléas. L'utilisation en tant que marque d'un nom patronymique requiert, dans pratiquement tous les systèmes, à l'exception de la France, l'autorisation préalable de ceux qui le portent. Les noms géographiques sont généralement admis, sauf s'il est établi qu'ils constituent une appellation protégée ou seraient déceptifs. Les initiales et les chiffres, acceptés en droit français[(101)], le sont en revanche difficilement dans les autres droits. Dans les systèmes germaniques, ils devront avoir acquis une notoriété préalable à l'enregistrement et constituer un nom prononçable.

Plus délicate est la question de la protection comme marque des slogans publicitaires. Ils désignent un produit, le distinguent de ses concurrents et peuvent correspondre à la notion de devise qui figure dans l'article 1 de la loi française de 1964. Toute la difficulté en la matière réside en l'exigence d'originalité posée par le législateur. Peut-on en effet attribuer ce caractère à une juxtaposition de termes usuels et le plus souvent descriptifs ? L'analyse de la jurisprudence, peu abondante en l'occurrence, révèle que les tribunaux l'ont parfois admis, estimant alors que l'innovation réside dans l'ensemble constitué par la tournure de phrase ou le mode d'agencement des mots. Citons les cas de « Allo SOS Dépannage » ou « Le bien-être de votre linge est la santé de votre machine »[(102)]. Mais il faut bien admettre que la réticence des magistrats est d'autant plus grande que le droit des marques ne constitue pas l'unique mode de protection. Les entreprises disposent d'un autre moyen pour se protéger d'une utilisation parasitaire de leur slogan : l'action en concurrence déloyale. Cette attitude transparaît notamment lorsque le slogan associe des termes usuels à un terme original, souvent constitué par la dénomination du produit ; seul ce dernier élément sera protégé, le restant pouvant faire l'objet d'une utilisation par un tiers. Tel a été le cas pour « Avec baby-trotte, bébé trotte » ou encore « Plus Timwear que jamais »[(103)]. Là encore, le droit français n'est pas éloigné des conceptions étrangères. Si la loi du Bénélux apparaît relativement libérale, les systèmes anglo-saxons le sont moins, n'admettant l'enregistrement qu'avec réserve et le plus souvent au registre supplémentaire. Les droits germanistes rigoureux ne se prêtent guère à ce type d'approche et le droit suisse la refuse dès lors que le slogan comporte plusieurs mots c'est-à-dire pratiquement toujours.

Ainsi, les politiques des entreprises, politique de distribution et politique de communication, ont-elles fortement contribué, par l'important recours aux marques qu'elles impliquent, à cerner de plus près le concept lui-même et ce, pays par pays. Parallèlement, l'essor des affaires internationales a conduit les autorités publiques à faire évoluer les systèmes en vigueur.

3.2. Gestion internationale de la marque

L'importance de la marque est évidente en matière de commerce international. Les Etats ont tout intérêt à permettre aux marques fortes à l'intérieur de leur propre pays d'obtenir reconnaissance et protection sur les marchés qu'ils tentent de conquérir.

3.2.1. Le caractère strictement territorial du droit des marques constitue une entrave forte et naturelle au développement des affaires internationales, par la complexité et le coût de multiples dépôts. Des *traités variés* tentent d'y remédier.

Dès la fin du siècle dernier, a été signé entre les pays industrialisés un traité dénommé « *L'Union de Paris* ». La dernière révision de ce texte, maintes fois remanié, a été faite à Stockholm en 1967. Il s'agit de dispositions destinées à faciliter aux ressortissants des différents Etats membres de l'Union, l'enregistrement et la protection de leurs marques dans les autres états. Après un premier dépôt de la marque dans un des pays de l'Union, les bénéficiaires disposent d'un délai de 6 mois pour l'enregistrer ailleurs, délai durant lequel ils sont prioritaires puisque tous les dépôts prendront rétroactivement date au jour du premier dépôt. Il est par ailleurs prévu qu'une marque, régulièrement déposée dans un pays d'origine, sera protégée « telle quelle » dans tous les autres pays, après respect des formalités administratives exigées par ces derniers pour la protection des marques.

Restait la contrainte que constituaient les démarches auprès de chacune des administrations nationales. C'est pourquoi a été créée à Genève en 1970 l'OMPI, Organisation mondiale de la propriété industrielle. Il s'agit en réalité d'un organisme centralisateur. La marque déposée dans un des Etats signataires de l'*arrangement de Madrid*, puis enregistrée à Genève, est automatiquement, par l'intermédiaire de l'OMPI, transmise aux administrations des autres pays. Celles-ci, saisies du dossier, restent en droit de réaliser tous les examens préalables que requièrent leurs législations nationales (recherche d'antériorité, etc.). Notons enfin que le dépôt international, valable pour 20 ans, est indéfiniment renouvelable. Ce système pourtant intéressant puisqu'il permet d'une part l'existence d'un fichier international, d'autre part une économie de procédure, n'a recueilli l'adhésion que d'une vingtaine d'Etats, alors que les membres de l'Union de Paris sont à ce jour 88.

Tout ceci ne constitue pourtant que des améliorations procédurales qui n'ont en rien touché au fond de la question. Les législations étatiques restent très sensiblement différentes quant aux caractéristiques que doivent revêtir les marques pour être protégeables, au niveau d'instruction des dossiers par l'Administration, notamment des recherches d'antériorité, à l'étendue et à la durée des protections accordées au déposant. Un premier pas vers une plus réelle internationalisation a été franchi par l'*Arrangement de Nice*. Ce dernier a mis au point une nomenclature internationale composée de 42 classes : 34 classes de produits et 8 classes de services. Une liste de 20 000 produits et services renvoyant aux différentes classes est annexée. Le projet le plus audacieux serait de concevoir une marque véritablement internationale. Le Bénélux y est déjà parvenu en 197[illegible]. La CEE le tente.

3.2.2. Un avant-projet de convention, portant sur *une marque communautaire* a été mis au point dès 1964. Abandonné au profit d'autres questions, et notamment du brevet communautaire, il fut repris à l'initiative de la France en 1973 et, après de longues discussions, semble aujourd'hui sur le point d'aboutir. Aux difficultés techniques non négligeables du fait de la coexistence dans la Communauté de droits anglo-saxons, germaniques et latins, se sont ajoutées de délicates questions politiques ; le siège de l'office des marques communautaires, le choix de la ou des langues de travail ne semblent pas encore des points totalement réglés. 1989 devrait voir la signature de cette convention qui créera une marque communautaire, fort inspirée du système français. Elle coexistera avec les droits nationaux, comme le Lanham Act, texte fédéral, coexiste aux Etats-Unis avec les réglementations étatiques. Les marques nationales subsisteront donc à condition toutefois de ne pas être en contradiction avec le texte européen.

Ce titre unique aura d'autant plus d'intérêt dans le cadre de la CEE, que la *coexistence des marques*, titres nationaux d'application territoriale, et du *principe fondamental de libre circulation* qu'édicte le Traité de Rome, n'a pas été sans poser de sérieuses difficultés. Les rédacteurs du traité les avaient quelque peu éludées, citant la propriété industrielle et commerciale parmi les motifs pouvant éventuellement justifier des restrictions à la libre circulation. La Cour de justice, saisie à plusieurs reprises, a précisé la question du maintien des marques, « dès lors qu'elle ne constituent ni un moyen de discrimination arbitraire ni une restriction déguisée dans le commerce entre Etats membres » (article 36). Sans analyser une jurisprudence fort complexe, il est intéressant d'en retenir l'essentiel. Dès l'affaire Grundig en 1966[(104)], une distinction a été établie entre l'existence du droit de marque et son exercice. Le Traité de Rome n'affecte pas l'existence des droits de propriété industrielle telle qu'elle résulte des différents systèmes. En revanche, dès lors que l'exercice du droit a un impact sur le commerce intra-communautaire, les règles européennes doivent s'appliquer, qu'il s'agisse des articles 85 et 86 du Traité sur le droit des ententes et positions dominantes ou de l'article 30 établissant le principe de libre circulation. Jusqu'à la décision rendue le 22 juin 1976[(105)], la jurisprudence communautaire était extrêmement sévère, et ses décisions privilégiant très fortement l'intégration du marché européen, semblaient fort éloignées de l'affirmation première de respect des marques. Trop entraver les modalités d'exercice du droit des marques conduit inéluctablement à remettre en cause les prérogatives du titulaire de la marque et de ce fait l'existence même du droit. La décision précitée a constitué l'amorce d'un équilibre retrouvé. Dans cette affaire, il a été admis qu'une entreprise titulaire d'une marque dans un Etat de la CEE pouvait valablement s'opposer à la circulation sur ce marché de produits revêtus d'une marque semblable ou trop proche déposée dans un autre pays membre. Un arrêt du 10 octobre 1978[(106)] vient renforcer cette première approche : même si le produit importé par un tiers avait fait l'objet d'une première commercialisation dans son pays d'origine par le titulaire de la marque, ce dernier peut s'opposer à la circulation sur son propre territoire[(107)], à moins que ne soit prouvée une politique systématique d'utilisation de marques différentes sur chacun des pays, dans un but évident de cloisonnement des marchés. Il est néanmoins évident que l'intégration européenne ne peut que générer une augmentation du nombre des conflits potentiels entre titulaires de marques semblables. Nombreux sont ceux qui tentent de les prévenir par la signature de conventions dites de délimitation. Pour permettre une coexistence et éviter un risque de confusion dans l'esprit du public, ces accords répartissent les territoires[(108)], les produits, les canaux de distribution, modifient les couleurs, logotypes ou conditionnements[(109)], ou plus radicalement procèdent à des cessions de marque[(110)]. La jurisprudence communautaire a sur ce point également beaucoup évolué. D'une position rigoriste condamnant ce type d'alliance comme ententes prohibées, elle s'est progressivement acheminée vers une plus grande compréhension.

L'enjeu que représente *la future marque communautaire* justifie amplement qu'on en évoque les grandes lignes avec la prudence qu'implique toutefois l'attente de l'adoption du texte définitif. La marque communautaire sera un titre unique, valable pour l'ensemble du territoire des Etats membres, délivré par un Office autonome et régi par une réglementation unique. Les droits nationaux qui, parallèlement mais en cohérence, subsisteront, constitueront une alternative pour les déposants : selon le nombre d'Etats où ils entendront faire protéger leurs marques, ils auront ou non intérêt à recourir à ce titre global, plutôt qu'à des titres nationaux isolés ou cumulés. La marque communautaire sera accessible au delà des ressortissants de la CEE, à ceux des autres pays signataires de la Convention d'Union de Paris. Les modalités d'acquisition de la marque seront rigoureuses : un enregistrement avec examen préalable permettant la détection systématique des antériorités nationales et communautaires auquel s'adjoindra vraisemblablement une procédure d'opposition ouverte aux titulaires de marques antérieures. L'obligation d'usage sera systématisée, puisqu'une déchéance sera encourue au delà d'un délai de 5 ans consécutifs lorsqu'il n'y aura pas eu « usage sérieux » du titre dans la Communauté. La marque communautaire sera attribuée pour 10 ans et renouvelable pour la même durée, sans autre exigence qu'un simple versement de taxes. La marque communautaire pourra être la propriété de sociétés holding et son transfert sera autorisé indépendamment de tout transfert d'entreprise. Des licences pourront en être concédées, exclusives ou non ; le titulaire devra, mais sans qu'aucune sanction ne soit prévue, prendre les mesures adéquates pour s'assurer que la qualité des produits ou services diffusés sous sa marque soit conforme à ses instructions et donc à l'attente du consommateur. L'insouciance est punie puisque le titulaire d'une marque qui aurait pendant 3 ans consécutifs toléré l'usage d'une marque communautaire postérieure contrefaisante, ne pourrait en demander la nullité, ni s'opposer à son usage pour les produits ou services pour lesquels elle aurait été utilisée, sauf à prouver son ignorance des faits ou la mauvaise foi du second déposant. Il faut souligner que le principe de l'épuisement des droits par la première mise en circulation sur le marché communautaire est affirmé ; ainsi est reprise la jurisprudence de la Cour de justice des Communautés, avec quelques réserves toutefois si l'état des produits modifiés ou altérés justifiait que la commercialisation en soit arrêtée. Notons enfin que les droits antérieurs seraient protégés, leur existence constituant la seule limite au caractère unitaire de la marque communautaire dont l'usage pourrait ponctuellement être restreint, voire interdit par un ou plus états membres s'il violait des droits acquis.

Faire coexister sur un marché unique le titre communautaire et les différents titres nationaux qui subsistent comme alternative pour une protection locale, était une nécessité. La difficulté résidait dans les contradictions existantes entre les différents éléments de l'ensemble ainsi créé. Leur maintien aurait constitué indirectement une entrave à la fluidité voulue sur le grand marché. C'est la raison pour laquelle, dès 1980, la commission a mené parallèlement au dossier de la marque communautaire, celui du *rapprochement des législations nationales*. Si le premier projet ressort d'un réglement émanant de la CEE et directement applicable dans les états membres, le second en revanche implique l'intervention des législateurs nationaux. Ceux-ci modifiant leurs lois pour atteindre les normes édictées par une directive communautaire, gommeront les points les plus saillants d'incompatibilité. Le 22 juin 1988, le conseil adopta le projet proposé par la commission le 25 novembre 1980 et approuvé tant par le Parlement européen que par le Comité économique et social en 1983 et 1981. Une définition uniforme du droit conféré par la marque y est posée ; une liste exhaustive des motifs de refus ou de nullité du titre est établie qui reprend, autour du concept de caractère distinctif, l'exclusion des signes génériques, usuels et nécessaires ; le texte réaffirme la fonction de garantie de provenance tant par l'interdiction des appellations ou présentations déceptives que par la reconnaissance du respect renforcé dû aux marques notoires. L'obligation d'un usage continu et réel est, tout comme en droit français et dans le projet communautaire, fixé à 5 ans. Ainsi les risques de conflits gratuits sont-ils diminués. Dans le même esprit retrouve-t-on la limitation des droits du titulaire d'une marque qui en aurait, en toute connaissance, toléré l'usage par un tiers non autorisé. Il est intéressant de noter ici que la directive est moins exigeante que ne l'est le texte sur la marque communautaire, puisque cette impuissance de titulaire pourra, dans les réglementations nationales modifiées, n'apparaître qu'à 5 ans, alors que le délai est fixé à 3 ans pour la marque unique. Il est notable par ailleurs de voir réaffirmé le principe d'épuisement du droit conféré par la marque après la première mise sur le marché dans la Communauté. Ainsi la jurisprudence, difficilement établie par la Cour de justice, triomphe-t-elle puisque chacun des droits nationaux devra en faire explicitement mention.

Les organes communautaires sont, dans cette première démarche d'harmonisation, prudents. Ont été laissées à la liberté des Etats membres les différentes procédures d'enregistrement, de nullité ou de déchéance. Notons toutefois que la protection des titulaires de marques antérieures doit être garantie soit par une recherche d'antériorité menée d'office par l'administration, soit par une procédure d'opposition, soit par les deux procédés conjointement. Il est enfin important de souligner que le champ de la directive est limité au seul droit des marques. Les systèmes parallèles issus de la concurrence déloyale, de la responsabilité civile ou de la protection du consommateur restent à ce jour de l'entière souveraineté des Etats membres. Il est néanmoins vraisemblable qu'en ces domaines également, des mesures de rapprochement devront intervenir à l'aube du grand marché. Ainsi, au 31 décembre 1992, date ultime prévue pour la mise en conformité des textes nationaux, la Communauté économique européenne disposera-t-elle d'un arsenal juridique permettant aux marques de jouer le rôle essentiel qui doit être le leur dans l'intégration des marchés.

3.2.3. L'analyse des comportements récents des puissances publiques serait incomplète si l'on omettait de mentionner les efforts entrepris pour lutter contre *les importations de produits contrefaisants.* Le mouvement a été amorçé lors d'une conférence du GATT en 1982, constatant les désastres économiques générés par la contrefaçon de marque qui représente à ce jour 3 à 5 % du commerce mondial. Les Etats-Unis ont été les premiers à réagir par l'établissement d'une législation spécifique en 1984. Le Trademark Counterfeiting Act pénalise la contrefaçon de marque, alors que l'Omnibus Tariff and Trade Act introduit une politique active de lutte internationale. Les douanes américaines jouent un rôle efficace pour interdire l'accès du marché des Etats-Unis aux produits de contrefaçon et ce, sur plainte du titulaire de la marque. La CEE a suivi cette même démarche puisqu'un réglement du Conseil en date du 1er décembre 1986, fixe un certain nombre de dispositifs en vue d'interdire l'accès au marché communautaire des marchandises de contrefaçon. La France a mis en œuvre ce réglement en confiant la responsabilité à l'administration des douanes. La procédure prévue par une décision administrative du 20 janvier 1988 est en vigueur depuis cette date. Les autres états membres de la CEE disposent de dispositifs semblables afin qu'en aucun point de la communauté les produits contrefaisants une marque puissent être importés. Les autorités douanières agissent sur demande motivée et informée du titulaire de la marque. L'efficacité de tels mécanismes suppose donc une politique systématique de détection préventive des contrefacteurs. Les pays du Sud-Est asiatique sont parmi les premiers marchés à surveiller.

CONCLUSION

La politique de marque ne peut être que systématique, ou elle n'est pas. Elle suppose l'enregistrement mais aussi « l'entretien » du droit par la mise en place de systèmes de surveillance sur le marché international, puis par des actions immédiates contre les contrefacteurs. Pour ce faire, les alliances peuvent être utiles et de grands industriels européens l'ont compris, créant en mars 1988 le COLC, Comité pour la lutte anti-contrefaçon, qui fédère pour cette action les associations européennes de défense de marque. Les investissements importants que suppose une politique de marque, sont parmi les plus rentables. La marque constitue aujourd'hui un élément essentiel dans l'évaluation d'une entreprise. Dans certains secteurs où les produits sont d'une relative banalité, les marques sont l'arme absolue de compétitivité. Elles seront sans doute l'un des plus grands vecteurs de l'intégration des économies européennes. Comment le droit aurait-il pu méconnaître un tel phénomène ? Maintenir la protection d'un concept universellement accepté, tout en sauvegardant la liberté de la concurrence, reste pour les autorités législatives et judiciaires, tant nationales qu'internationales, un réel objectif et un sérieux défi.

RÉFÉRENCES

(1) Loi type sur les marques, BIPI, 1967
(2) Ainsi par exemple la Cour de Cassation française a-t-elle admis la validité du titre « Mademoiselle » pour une revue périodique, Cassation Ch. commerciale 5 déc. 1967, Ann 1968, p.124.
(3) Cour Appel Paris 9 juillet 1980, Ann. 1981, p. 52.
(4) Cour Appel Paris 9 juin 1975, Ann. 1976, p. 148 et 30 avril 1971 Ann. 1971, p. 178.
(5) Cour Appel Paris 13 juillet 1971, Ann. 1972, p.68
(6) Cour de Cassation, Ch. civile 13 fév. 1937, Dalloz-Sirey 1937, p.256.
(7) Cour Appel Paris 24 janv. 1978, Ann. 1979, p.126.
(8) Cour Appel Paris 27 janv. 1978, Ann. 1979, p.143.
(9) Cour Appel Paris 27 avril 1981, Ann. 1981, p.19.
(10) Lanham Act Sec 2 (15 USC 1052).
(11) Melton Case, 1979.
(12) Schuman Case, 1982.
(13) Palladino Case, 1983.
(14) Cour de Cassation, Ch. commerciale 11 mars 1981, Ann. 1981, p.237.
(15) Cour Appel Paris 27 janvier 1981, Gazette du Palais, 2 juin 1981, p. 18.
(16) Cour Appel Paris 19 oct. 1970, Ann. 1971, p.1.
(17) 14 mai 1952, GRUR 1953, p.93.
(18) E. Noelle-Neuman, C. Schramm, Höheder Verkerhrsgeltung, GRUR février 1966, Heft 2, p.70-80.
(19) Cour Appel Paris, 3 novembre 1958.
(20) Cour Appel Paris, 29 mars 1968, RIPIA 1969, p. 83.
(21) Kellog v. National Biscuit, 1938.
(22) Voir Seeling in RIPIA 1965 N° 2, p.389.
(23) Cour Appel Paris 14 octobre 1981, Cour de Cassation Ch. commerciale 17 janvier 1984, RIPIA 1985, p.110.

(24) Cour Appel Paris 3 mai 1978, PIBD 1978 II 229.
(25) Cour Appel Paris 12 février 1981, Ann. 1981, p.32.
(26) Cour Appel Paris 22 avril 1981, PIBD 1981 III 130.
(27) Cour Appel Paris 11 octobre 1982, Ann. 1983, p.1.
(28) B.G.H. 16 janv. 1969, PIBD 1969 II 782.
(29) Cour Appel Paris 19 juin 1980, Ann. 1981, p.14.
(30) Cour Bruxelles 17 novembre 1961, RIPIA 1962, p.24.
(31) Cour Appel Paris 7 mai 1979, PIBD 1979 III 318.
(32) Cour Appel Paris 4 octobre 1977, JCP 1979 II 19164 à propos d'équipements médicaux et paramédicaux.
(33) Terme utilisé par la Circulaire du 1er octobre 1974 et repris constamment par les tribunaux.
(34) Cour de Cassation Ch. criminelle 13 mars 1979.
(35) Cour Appel Paris 12 avril 1983.
(36) Tribunal correctionnel de Paris 13 avril 1983.
(37) Sic. décision Samsonite sus citée.
(38) American home v/Johnson and Johnson 1978.
(39) Cour de Cassation 16 juin 1964, Ann. 1964, p.264.
(40) Tribunal fédéral 29 novembre 1949 affaire Suchard, RIPIA 1950, p.40.
(41) Cour de Cassation 4 juillet 1956 Affaire Nestlé et 6 nov. 1967 Affaire Palmolive.
(42) Décision du 23 déc. 1977, JOCE N° L 70/69/1978.
(43) Cour de Cassation Ch. commerciale 7 mars 1984 Affaire « Intervilles » inédit.
(44) Affaire « Folie douce » Cour Appel Paris 11 février 1975.
(45) Tribunal de Grande Instance Paris 21 décembre 1974, PIBD 1975 III 288.
(46) En ce sens au profit de la marque Coca-Cola. Tribunal de Grande Instance Paris 7 janv. 1983, PIBD 1983 III 158.
(47) Ordonnance N° 86-1243 du 1er décembre 1986.
(48) Cour de Cassation Ch. criminelle 25 juillet.
(49) Cour Appel Paris 25 janvier 1971.
(50) Cour de Cassation Ch. criminelle 20 janvier 1975.
(51) Cour Appel Aix-en-Provence 1er mars 1974.
(52) Cour de Cassation 2 décembre 1974.
(53) Cour Appel Paris 9 octobre 1965.
(54) Cour Appel Paris 20 décembre 1937.
(55) Cour Appel Paris 22 décembre 1971.
(56) Cour de Cassation 27 novembre 1972.
(57) Cour Appel Orléans 8 juillet 1929.
(58) Cour Appel Paris 1er juillet 1967.
(59) Cour Appel Paris 4 mars 1959.
(60) Cour Appel Chambéry 3 janvier 1972.
(61) Cour Appel Paris 28 juin 1978.
(62) Cour Appel Lyon 11 mars 1971, Cour de Cassation 27 novembre 1972.
(63) Cour Appel Paris 22 décembre 1971.
(64) Cour de Cassation Ch. civile 7 mai 1980.
(65) Cassation Ch. commerciale 3 octobre 1978.
(66) Cour Appel de Paris 2 mars 1970 à propos d'une pochette-présentoir de joints automobiles.
(67) Voir à propos des mots utilisés dans un slogan publicitaire, la célèbre affaire Procter et Gamble c/Sté Lever, Cour Appel Paris 22 avril 1979.
(68) Cour de Cassation Ch. commerciale 20 janvier 1973, Ann. 1977, p.206.
(69) Cour Appel Paris 26 juin 1969, Cour de Cassation 21 novembre 1970.
(70) Affaire Suze, Cour Appel Amiens 30 mai 1922.
(71) Affaire Waterman, Tribunal de Bordeaux 9 décembre 1946.
(72) Affaire Azur, Cour de Cassation Ch. criminelle 15 février 1940.

(73) Affaire Teamwear/Team Club, Cour Appel Paris 23 octobre 1974.
(74) Cour de Cassation 22 février 1976.
(75) Tribunal correctionnel de Belfort 25 mars 1982.
(76) En droit français s'applique l'art. 10-2° de l'ordonnance du 1er décembre 1986 ; en droit européen les articles 85 et 86 du Traité de Rome ; en droit américain le Sherman Act, etc.
(77) Cour Appel Lyon 6 février 1985.
(78) Cour de Cassation 18 mai 1987, 5 octobre 1987.
(79) Arrêt du 5 octobre 1987.
(80) Tribunal de Grande Instance Nîmes 25 avril 1988.
(81) Notons toutefois que la tendance n'est pas encore nette puisqu'une décision de la Cour de Cassation rendue le 19 janvier 1988 semble à contre-courant ; l'espèce toutefois était particulière puisqu'elle visait un réseau parallèle de produits destinés à l'exportation et sur lesquels de plus il y avait eu modification du signe protégé.
(82) Cour Appel Paris 17 février 1988.
(83) Cour Appel Orléans-audience solennelle 25 janvier 1979.
(84) Cour Appel Paris 3 mars 1981 à propos de selles destinées à des motos Suzuki.
(85) Cour Appel Paris 22 septembre 1982.
(86) Cour de Cassation 1er décembre 1987.
(87) Cf. réponse de M. le Secrétaire d'Etat 8 juin 1987 (N° 26127).
(88) Tribunal de Commerce de Paris 23 mai 1979, Affaire FNAC.
(89) Cour Appel Paris 21 janvier 1959.
(90) Cour Appel Paris 20 juin 1983 à propos d'un mailing.
(91) On se souvient de la publicité « Murena/Lamboghini Countach ».
(92) Cour de Cassation 19 janvier 1988.
(93) Cour Appel Paris 6 avril 1987, Cour de Cassation 2 février 1988.
(94) Cour Appel Paris 1er décembre 1980.
(95) Cour Appel Paris 8 janvier 1974.
(96) Tribunal de Commerce de Lille 25 mars 1988.
(97) Cour Appel Paris 17 décembre 1951 à propos de la bouteille Perrier.
(98) Cour de Cassation 11 juin 1956 pour l'Alsacienne ornant des sachets de levure.
(99) Tribunal administratif Paris 18 février 1977, Cour Appel Paris 27 octobre 1978.
(100) Cour Appel Paris 17 avril 1975.
(101) Paris 13 janvier 1980 pour Pastis 51.
(102) Cour Appel Paris 1er avril 1966, Tribunal de Grande Instance Paris 12 mars 1970.
(103) Tribunal de Grande Instance Paris 10 avril 1972, Cour Appel Paris 23 octobre 1974.
(104) Cour de Justice des Communautés européennes 13 juillet 1966.
(105) Affaire Terrapin c/Terranova.
(106) Affaire Hofmann Laroche c/Centrofarma.
(107) Ceci n'était pas le cas précédemment. La jurisprudence café Hag du 3 juillet 1974 ayant consacré le principe de l'épuisement du droit.
(108) Affaire Persil entre la France et la Grande-Bretagne 1978.
(109) Affaire Bayer/Tanabe.
(110) Décision Penneys Commission des CE 23 décembre 1977.

DEUXIÈME PARTIE

Les comportements face à la marque

Chapitre 3

La sensibilité aux marques

par Jean-Noël Kapferer et Gilles Laurent

Pour parvenir à un choix entre plusieurs produits concurrents, l'acheteur peut utiliser plusieurs informations : le prix, le format, les caractéristiques fonctionnelles indiquées, l'allure extérieure, l'existence d'une garantie pour un produit durable, et la marque. Cela est vrai qu'il s'agisse de choisir un micro-ordinateur, un shampooing, un magnétoscope, une paire de collants, un champagne, un hôtel pour les vacances, ou un fonds commun de placement. Il y a *sensibilité aux marques* si l'acheteur tient à consulter l'information *quelle est la marque*, s'il prend en compte la marque dans son processus de décision. Suivant les pays, les secteurs et les acheteurs, on constate de grandes variations de sensibilité aux marques : certains acheteurs se décident essentiellement sur le prix et les caractéristiques fonctionnelles, d'autres sont prêts à acheter à condition que ce soit une grande marque, d'autres enfin sont très attachés à une seule marque. Dans certains secteurs, les produits sans marque — appelés aussi produits génériques — acquièrent des parts de marché significatives ; dans d'autres secteurs les produits d'enseigne, aussi appelés produits-drapeaux, ont empiété sur les marques ; dans d'autres secteurs, enfin, les produits de marque tiennent 95 % du marché, témoignant de l'importance de la marque dans le processus de choix des acheteurs potentiels.

L'objectif de ce chapitre est d'expliquer ces variations de sensibilité aux marques. Chaque année, les données de panel ou les études de marché montrent, pays par pays, secteur par secteur, comment évoluent la part relative des achats de produits de marques et celle des produits sans marque ou d'enseigne. Pour utiles qu'elles soient, ces statistiques sont descriptives. Elles fournissent une mesure annuelle et changeante dans le temps. Elles ne fournissent pas l'explication structurelle permettant de comprendre le pourquoi de la sensibilité aux marques, et par voie de conséquence d'expliquer ses fluctuations d'un secteur à un autre, d'une année à l'autre. Dans la mesure où la vocation générale de l'ouvrage est de fournir une compréhension durable du phénomène de marque, ce chapitre a moins pour but de décrire l'état actuel de la sensibilité aux marques que d'expliquer ce qui cause la sensibilité aux marques.

La plupart des résultats sont issus des recherches quantitatives menées par les deux auteurs depuis 1983, tant en France qu'en Europe. A ce jour, leurs études sur la sensibilité aux marques ont porté sur plus de trente marchés et plus de 15 000 interviews, pour mieux comprendre la relation des acheteurs aux marques.

1. QU'EST-CE QUE LA SENSIBILITÉ AUX MARQUES ? COMMENT LA MESURER ?

Le terme de *sensibilité aux marques* se rencontre rarement dans les publications tant européennes qu'américaines. En revanche le concept de sensibilité au prix est bien connu : un acheteur est dit sensible au prix si une légère variation du prix des produits le conduit à modifier ses choix. Par analogie, on dira qu'un acheteur est sensible aux marques si, toutes choses étant égales par ailleurs, son choix change suivant la nature de la marque, suivant que le produit est un produit de marque ou non. Par *produit de marque*, l'étude des perceptions spontanées des consommateurs révèle que ceux-ci font référence aux *grandes marques, marques nationales, marques connues, marques que l'on trouve dans des magasins d'enseignes différentes* (Kapferer et Laurent, 1983 ; Grelot et Zeyl, 1984). En effet, les consommateurs ne s'en tiennent pas à une définition juridique de la marque où tout nom fait en droit office de singularisation et de différenciation donc de marque. Pour eux, les marques que l'on ne trouve que dans une seule enseigne sont d'une nature qualitative différente de celle des marques ayant vocation à se mesurer à la concurrence quelle que soit l'enseigne. Les consommateurs les décrivent souvent comme étant la *marque du magasin*. Bien qu'elles aient parfois l'allure extérieure d'une marque de producteur, sans aucune référence à l'enseigne, le fait qu'on ne les voie et qu'on n'entende parler d'elles qu'en un seul magasin, chez une seule enseigne, en change le statut aux yeux des consommateurs.

Pour ceux-ci néanmoins, la notion de *grande marque* n'englobe pas toutes les marques de producteurs. Pour mériter ce statut de marque à leurs yeux, il faut qu'elles en aient le comportement : être actives, faire parler de soi, se présenter face à la concurrence chez différentes enseignes. La marque locale qu'on ne trouverait que chez un distributeur par exemple ne relève pas de cette catégorie. Il est significatif d'ailleurs que la langue anglaise appelle les grandes marques *national brands* et ces marques privées des *private labels*, introduisant une différence là où la langue française n'en fait pas. Notons pour être complet que les consommateurs incluent parfois sous le vocable de *grande marque* certaines enseignes spécialisées. Ainsi, en matière de vin de table, les enquêtes sur la notoriété spontanée des marques voient ressortir en région parisienne le nom Nicolas, spécialiste de la distribution des vins. Les interviews en profondeur révèlent que cela tient au fait que Nicolas agit comme une vraie marque : il est connu et on lui attribue un réel métier, un savoir-faire, une expertise en amont de la distribution elle-même : dès la sélection des cépages et des crus, dans l'assortiment, dans la mise en bouteille, etc... Nicolas est presque perçu comme un fabricant qui distribuerait en direct. Il en va de même de Hédiard ou Fauchon pour l'alimentaire. Dans le textile, en Grande-Bretagne, les consommateurs considèrent aussi que Saint-Michael a le statut de grande marque : certes, on ne la trouve que chez la seule enseigne Marks et Spencer, mais elle innove en permanence et a de hauts standards de qualité malgré son prix très abordable (Thil et Baroux, 1983).

Si le concept de *sensibilité aux marques* est nouveau, on connaît depuis longtemps celui de *fidélité à une marque*. Bien que les définitions varient d'un auteur à l'autre, ainsi que les mesures (Jacoby et Chestnut ont identifié 33 mesures de la fidélité à la marque), la fidélité à la marque est essentiellement un concept comportemental : on le mesure en examinant la nature des achats répétés dans le temps. Lorsqu'un consommateur a tendance à racheter souvent une même marque on parlera de fidélité. La fidélité est donc une variable qui décrit le comportement objectif d'un acheteur dans le temps : rachète-t-il régulièrement la même marque ? Mais cette mesure est muette sur les raisons de cette fidélité : il y a des fidélités intentionnelles résultant d'un réel attachement, et des fidélités mécaniques, faute de choix. Certains magasins proposent en effet un assortiment réduit, voire une seule marque.

La sensibilité, à l'inverse de la fidélité, est une variable psychologique. Elle se réfère au processus de décision de l'acheteur. Dire qu'une personne est sensible aux marques, c'est dire que la marque joue un rôle dans le processus psychologique qui précède l'achat.

La sensibilité aux marques se mesure. Pour parvenir à un indicateur fiable et valide, on ne peut se contenter d'une simple question sur l'importance de la marque dans le processus de décision avant l'achat. Kapferer et Laurent (1983) ont testé et validé un indicateur synthétique de la sensibilité aux marques, résultant de la moyenne de huit mesures cernant :

— soit l'attachement à une marque ou à un petit groupe de marques ;

— soit l'intérêt que l'on porte à l'information « quelle est la marque », par rapport aux autres informations relatives au prix, aux caractéristiques fonctionnelles, à l'allure extérieure, aux services joints ;

— soit le poids de la marque comparé à celui des autres caractéristiques du produit dans la formation d'une préférence et d'un choix.

Cet indicateur mesure la relation à la marque des consommateurs pour un marché donné. En comparant les réponses de ceux-ci d'un marché à l'autre, on peut donc comparer les marchés en termes de sensibilité aux marques.

1.1. Quels sont les produits à forte ou faible sensibilité aux marques ?

Le tableau 1 présente 20 catégories de produits par ordre décroissant de sensibilité aux marques. Un score de 100 représente une sensibilité moyenne. Comme on le constate, sur un plan purement descriptif, les produits dits communément *banalisés* sont loin d'être concentrés au bas de l'échelle : ils couvrent l'ensemble de l'échelle. De même, les biens d'équipement étudiés dans cette enquête (Kapferer et Laurent, 1983) ont des sensibilités aux marques très différentes les unes des autres. On notera en particulier que, en moyenne, le téléviseur ne jouit plus d'une forte sensibilité aux marques. La technique s'est banalisée et les distributeurs ont largement supprimé le risque en offrant des conditions de garantie très intéressantes : les acheteurs sont prêts à acheter des téléviseurs de marque totalement inconnue comme en témoigne le succès des téléviseurs couleur importés d'Extrême-Orient par Carrefour.

Tableau 1. La sensibilité aux marques

Scores moyens par produit[1]		
		Liquide Vaisselle Type 3 (154)
Automobile	144	Liquide Vaisselle Type 2 (127)
Champagne	115	
Eau Minérale	112	
Eau de Toilette	111	
Café	110	
Savon de Toilette	109	
Shampooing	108	
Machine à laver	104	
Soutien-Gorge	104	
Liquide-vaisselle	102	
Chocolat (tablette)	101	
Lessive	101	
Téléviseur	100	
Pâtes alimentaires	96	
Confiture	92	
Yaourt	90	
Pile électrique	86	
Matelas	86	
Aspirateur	81	
Collant	78	
Robe	48	Liquide Vaisselle Type 1 (52)

[1] Base : 100. Scores normalisés (moyenne : 100, écart-type : 50)
Source : Kapferer et Laurent, 1983.

Néanmoins, la première colonne du tableau 1 donne une impression fallacieuse. Elle pourrait faire croire que tous les acheteurs de champagne ont une forte sensibilité aux marques, alors que toutes les consommatrices de collants ont une faible sensibilité aux marques et que toutes les consommatrices de liquide vaisselle ont une sensibilité moyenne. Le score moyen cache en réalité une profonde disparité entre consommateurs au sein de la catégorie de produit. Par exemple, il n'y a pas de consommateur moyen dont la sensibilité vis-à-vis du liquide vaisselle serait de 102. En fait, ce chiffre est la moyenne de trois groupes aux sensibilités aux marques très différentes, représentant 81 % des consommatrices interviewées. Comme on le voit, lorsqu'elles doivent choisir un liquide-vaisselle, certaines consommatrices sont totalement insensibles à la marque, et d'autres au contraire, très sensibles aux marques. De même, le score élevé du champagne est le résultat d'une moyenne entre un groupe à très forte sensibilité (139) et des consommateurs beaucoup moins sensibles aux marques. De telles variations existent pour presque tous les produits. D'une façon générale, les variations de sensibilité entre personnes dans une catégorie de produit sont beaucoup plus fortes que les variations (moyennes) d'une catégorie à l'autre.

Ainsi, même si par commodité de langage, il est fréquent de raisonner par produit, il ne faut jamais perdre de vue l'importance des contrastes au sein de chaque catégorie de produit.

1.2. Ne pas confondre sensibilité et fidélité à la marque

Quelle est la relation entre la sensibilité aux marques d'une personne et son comportement d'achat ? Sensibilité et fidélité vont-ils de pair ? Ne peut-on imaginer que quelqu'un soit fidèle à une marque, en l'absence de sensibilité, pour des raisons matérielles (par exemple, ce serait la moins chère ou la seule toujours disponible sur le linéaire) ?

Le tableau 2 (page suivante) présente la répartition des réponses dans chacune des 22 catégories de produit. Certaines conclusions peuvent en être tirées.

— Le réachat systématique d'une seule marque caractérise aussi bien des produits d'implication modérée (le liquide vaisselle) que des produits d'implication plus forte (le café, le savon de toilette).

— Certains produits sont concentrés dans une des modalités de réponse. Ainsi les deux tiers des acheteurs de champagne manifestent une fidélité divisée : ils tournent entre quelques grandes marques. Le liquide vaisselle manifeste une forte tendance à l'achat répété, avec le café.

Il existe bien une corrélation entre la sensibilité aux marques et le comportement de fidélité. Quand la sensibilité croît, le comportement de réachat à l'identique est d'autant plus probable. Mais cette corrélation souffre des exceptions comme en témoigne la figure 1 (page 99).

Le premier quadrant (forte sensibilité et forte fidélité) est celui de consommateurs dont la fidélité est une vraie fidélité, intentionnelle et fondée sur une forte sensibilité aux marques. Ceci concerne le café, l'eau minérale, le shampooing, le savon de toilette, le soutien-gorge.

Tableau 2. La fidélité à une marque par catégorie de produit

	Je change souvent de marque (%)	Je me tiens à un petit nombre de marques pour faire un choix (%)	En principe j'achète toujours la même marque (%)
Cigarettes[(1)]	2	32	66
Liquide vaisselle	7	39	54
Café	7	41	52
Savon de toilette	13	39	48
Soutien-gorge	17	35	48
Collant	23	29	48
Lessive	15	40	45
Eau minérale	19	37	44
Shampooing	15	43	42
Eau de toilette	10	50	40
Automobile[(1)]	13	50	37
Pâtes alimentaires	16	47	37
Confiture	17	51	32
Chocolat en tablette	14	56	30
Aspirateur	31	40	29
Champagne	8	68	24
Piles électriques	33	43	24
Yaourt	28	49	23
Matelas	25	52	23
Machines à laver	19	61	20
Téléviseurs	16	66	18
Robes	63	33	4

(1) Base de données de l'Agence FCB/autres produits : Kapferer et Laurent, 1983.

Le deuxième quadrant (fidélité forte, sensibilité faible) est celui d'un réachat à l'identique, sans sensibilité aux marques. Le produit-type en est le collant. Compte tenu de la popularité des campagnes publicitaires de la marque Dim, il peut paraître étonnant que ce produit émerge dans un quadrant de faible sensibilité aux marques. Certes, Dim est leader du marché (en France), mais cela ne signifie pas que l'acheteuse est attachée à Dim. La femme cherchant un collant sait exactement ce qu'elle cherche : telle couleur, tel denier, avec gousset, tel dessin. Elle a un modèle en tête et ne cherche pas uniquement « un collant ». Il se trouve que Dim est la marque qui a le plus large assortiment et qui jouit de la plus large distribution : on trouve Dim presque partout. Dans la majorité des points de vente il y a au moins Dim. Ainsi, de facto, la consommatrice trouve le collant précis recherché chez Dim (un quart du marché). Aussi, pour aller plus vite la deuxième fois, elle retourne directement au rayon Dim.

Ceci ne suppose pas nécessairement un attachement à la marque elle-même, ni de façon plus générale une sensibilité aux marques, comme en témoigne la

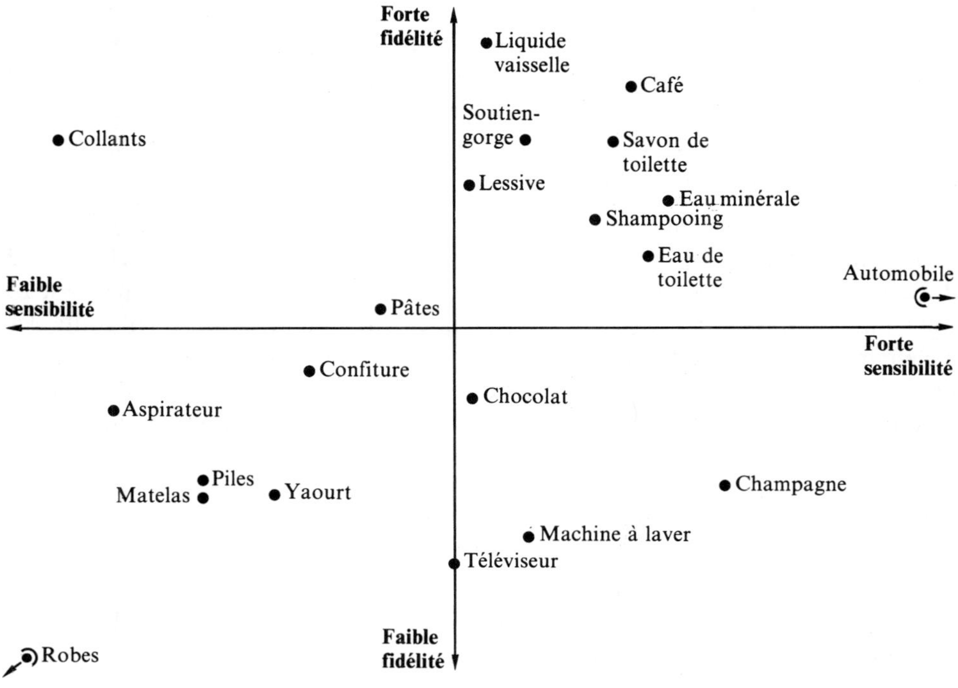

Figure 1. Fidélité et sensibilité moyennes par produit

part importante des marques de distributeurs, des petites marques et des collants sans marque (plus du tiers du marché). Il s'agit donc de ce que l'on pourrait appeler la pseudo-fidélité. Mais il serait faux de croire que ce comportement concerne toutes les acheteuses de la catégorie de produit. Rappelons-le, pour chaque produit, on doit distinguer différents segments : il existe des acheteuses de Dim qui ne jurent que par Dim !

Le troisième quadrant (faible fidélité, faible sensibilité) est celui de la non-fidélité. Le consommateur ne réachète pas systématiquement la même marque et a peu de sensibilité aux marques. On y trouve les piles électriques, les yaourts nature, mais aussi les matelas et les aspirateurs.

Le quatrième quadrant (sensibilité forte, faible fidélité) est celui de la sensibilité non exclusive ou du panachage sélectif : peu de fidélité à une marque, mais le consommateur regarde la marque, lui attache de l'importance.

Ainsi pour maints consommateurs de champagne, seules certaines marques sont acceptables. Ces marques varient d'ailleurs d'un milieu social à un autre. Pour les foyers de classe moyenne supérieure, certaines marques seront considérées comme trop bon marché pour être présentées à des invités. Pour des foyers populaires ou de classe moyenne, au contraire, on trouvera un rejet de marques situées aux deux extrémités de l'échelle des champagnes. D'un côté, il est exclu d'acheter un champagne de cinquante francs (pas à la hauteur de l'événement, pour ce prix, autant acheter un mousseux). Mais il ne faudrait pas non plus acheter une marque trop coûteuse, trop prestigieuse, qui donnerait l'impression qu'on cherche à « en mettre plein la vue ». Pour chaque type de foyer donc, seules certaines marques seront « socialement acceptables ». Mais on peut passer de l'une à l'autre de ces marques acceptables en fonction de leur visibilité au linéaire, de leur mise en avant, d'une promotion temporaire.

La situation des produits durables (machine à laver, téléviseur) dans ce quadrant s'explique différemment. L'intervalle de temps entre deux achats rend difficile la fidélité à la marque. En cinq ans, certaines marques disparaissent. Leur implantation sur le marché a pu grandement changer. Enfin, les goûts des acheteurs évoluent : au moment du renouvellement de son téléviseur, un ménage peut désirer un poste aux caractéristiques précises, que l'on ne trouve que chez certaines marques et non dans les gammes de la marque de l'appareil actuel.

1.3. Les différents types de sensibilité aux marques

Par commodité de langage, il est fréquent de dire que dans tel ou tel marché, la marque compte beaucoup ou peu. Ainsi, selon la rumeur, le marché des lessives serait un marché où la marque ne compte plus. Or, nous l'avons déjà signalé, les chiffres moyens cachent souvent une grande diversité au sein d'une même catégorie de produit. En fait, tout marché peut être segmenté (divisé) en sous-groupes de personnes ayant des types de sensibilité aux marques très différents.

Pour détecter ces types de relation aux marques, Kapferer et Laurent (1983) ont analysé le comportement d'achat de 1600 ménagères, à propos de 20 catégories de produits différents. Chaque interviewée répondait sur deux catégories parmi ces vingt. Trois variables étaient mesurées pour définir la relation de l'interviewée aux marques :

— la sensibilité aux marques de l'interviewée dans chacune des deux catégories de produit sur laquelle portait son interview ;

— la fidélité aux marques pour ces mêmes catégories de produit (on distinguait la fidélité à une marque, le panachage entre quelques marques et la versatilité) ;

— et le caractère approfondi du processus de décision d'achat. Cette troisième variable est nécessaire car l'intérêt porté à l'information « marque » ne peut être exclu de son contexte : un processus de décision d'achat, plus ou moins extensif, plus ou moins important, où beaucoup d'autres informations peuvent être jugées déterminantes hors la marque. A importance de marque égale, on ne saurait considérer comme équivalents le cas d'un consommateur examinant sept ou huit autres informations (comme pour l'achat d'une machine à laver) et celui d'un consommateur n'en examinant qu'une seule autre (le prix par exemple).

L'examen conjoint de ces trois variables permet de catégoriser les acheteurs dans leur relation aux marques. En procédant à une analyse typologique des 1600 observations, les auteurs ont identifié neuf styles de sensibilité, neuf scénarios de rapport aux marques (tableau 3 et annexe 1).

Tableau 3. Les neuf scénarios de sensibilité aux marques

		Pourcentage des observations
Scénarios de réachat d'une seule marque	La fidélité réfléchie	18 %
	La fixation	12 %
	La pseudo-fidélité	5 %
Scénarios de panachage entre quelques marques	L'attachement partagé	11 %
	Le panachage réfléchi	15 %
	L'insensibilité réfléchie	13 %
	Le détachement partiel	19 %
Scénarios de versatilité	Le safari au modèle	8 %
	Le détachement total	8 %

Examinons à titre d'exemple les trois scénarios de réachat d'une seule marque.

a) La « fidélité réfléchie » est un scénario d'exigence exclusive, d'insistance intransigeante : une seule marque est achetée, après un processus de décision long et approfondi. La sensibilité aux marques est maximale. Ce scénario est important dans le marché du soutien-gorge (un tiers des interviewées), du shampooing (un quart) et même du liquide-vaisselle (20 % des interviewées sur ce produit se situent dans ce scénario : elles ne jurent que par la marque leader, Paic).

b) La « fixation » résulte aussi d'une forte sensibilité aux marques, mais d'un processus de décision moyennement approfondi. Suite à un essai, une marque a plu à l'acheteuse, cela lui suffit pour l'avenir. Elle s'est fixée sur ce choix et restera sourde aux appels des autres marques. C'est un scénario important chez les acheteurs de café moulu ou en grains, d'eau minérale et de lessive par exemple.

c) Dans la « pseudo-fidélité », la consommatrice a un processus de décision sommaire : elle est non-sensible aux marques et se simplifie la vie en achetant toujours la même marque. Ce peut être celle de son magasin habituel, ou celle que l'on retrouve quel que soit le magasin du fait de sa forte distribution numérique. Ce scénario concerne une partie importante des acheteuses de liquide-vaisselle et de collants et des acheteurs de vin de table. Une illustration est apportée par le remplacement du vin Préfontaine par la nouvelle marque Bienvenu, de la Société des Vins de France. Compte tenu de la très mauvaise image de la marque Préfontaine, la SVF a décidé en 1981 de la remplacer par la marque Bienvenu et de profiter de l'occasion pour améliorer la qualité de ce vin de table, tout en maintenant son prix bas. Du jour au lendemain, les acheteurs ont trouvé à la place exacte de Préfontaine, le Bienvenu. On pouvait craindre que, ne trouvant plus leur marque habituelle, ils cherchent une autre marque ailleurs. Il n'en fut rien. Les acheteurs se reportèrent tous sur le Bienvenu. Leur achat de Préfontaine tenait donc de la pseudo-fidélité et ne résultait pas d'un attachement à la marque.

Pour un marché donné, il est possible d'identifier quels sont les scénarios prévalents et de mesurer le pourcentage des consommateurs qui adoptent ces scénarios. Si l'on prend l'exemple classique des lessives (tableau 4), les analyses montrent que les acheteurs se répartissent essentiellement dans cinq scénarios de sensibilité, allant du détachement le plus total (caractérisé par une variation systématique, aucune sensibilité aux marques et un processus de décision très sommaire, imputables à une absence d'intérêt dans le produit) à la fidélité réfléchie. Par rapport aux stéréotypes habituels qui voudraient que, pour toutes les consommatrices, toutes les lessives se valent, la segmentation par scénario de sensibilité offre un flagrant démenti. La consommatrice qui n'échangerait pas son baril d'Ariel contre deux autres barils d'une marque inconnue n'est pas un fantasme *procterien*. Elle provient des deux scénarios de fixation et de fidélité réfléchie (qui représentent ensemble le tiers des acheteuses de lessive).

Tableau 4. Segmentation du marché des lessives selon la sensibilité aux marques

Scénario	Détachement total	Détachement partiel	Attachement partagé	Fixation réfléchie	Fidélité
Comportement	Versatile	Panachage	Panachage	1 marque	1 marque
Sensibilité[(1)] aux marques	37	50	115	127	154
Processus de décision[(1)]	28	38	72	80	143
% des acheteurs dans chaque scénario	13 %	11 %	17 %	19 %	17 %

(1) 100 représente la moyenne calculée sur 20 catégories de produit contrastées.

Le marché des machines à laver le linge se répartit quant à lui essentiellement en trois segments de sensibilité aux marques.

Comme on peut le constater, un quart des acheteurs de machines à laver sont peu sensibles aux marques dans ce marché. Cela tient à la diminution du risque perçu : les distributeurs ont pris à leur charge le risque. Ainsi Darty, par son contrat de confiance, assure l'acheteur d'un dépannage dans les trois jours, quelle que soit la marque. L'acheteur peut alors entrer dans le magasin, sans marque en tête, muni des seules caractéristiques désirées (encombrement, type d'ouverture, niveau de prix acceptable,...) et se laisser guider par les étiquettes informatives et le vendeur. De même, la FNAC s'est créé une image de découvreur et d'expert désintéressé en publiant les résultats comparatifs de ses laboratoires d'essai. Les acheteurs consultent ces résultats même si la marque suggérée est inconnue.

Tableau 5. Segmentation du marché des machines à laver selon la sensibilité aux marques

Scénario	**Insensibilité réfléchie**	**Panachage réfléchi**	**Fidélité réfléchie**
Comportement	Panachage	Panachage	Une seule marque
Sensibilité[(1)] aux marques	Faible (67)	Elevée (139)	Très élevée (154)
Processus de décision[(1)]	Approfondi et extensif (133)	Très approfondi et extensif (143)	Très approfondi et extensif (143)
% des acheteurs dans le scénario	23 %	38 %	14 %

[(1)] 100 représente la moyenne calculée sur 20 catégories de produit contrastées.

Au terme de cette première partie, il ressort donc une grande variété de sensibilités aux marques, de rapport à la marque. Il nous faut comprendre à présent les sources de cette variété, les causes de la sensibilité aux marques.

2. POURQUOI UN ACHETEUR EST-IL SENSIBLE AUX MARQUES ?

Quels sont les facteurs expliquant les différences de sensibilité aux marques entre consommateurs ? La première démarche des chercheurs en marketing fut de déterminer le profil des acheteurs de marques et celui des acheteurs de marques de distributeur ou de non-marques. Ces investigations visaient à identifier des caractéristiques socio-démographiques, socio-culturelles ou de style de vie, per-

2.1. L'impasse des profils

Sur la base de données de panel, Frank et Boyd (1965) examinèrent 400 000 achats de 491 ménages dans 44 catégories de produits. Analysant en quoi les acheteurs de grandes marques différaient des acheteurs des marques exclusives de distributeur, l'analyse statistique révéla très peu de différences significatives en termes socio-démographiques : même le niveau de revenu n'était pas différent d'un segment à l'autre. Les seules caractéristiques différenciant (mais de façon très faible) les acheteurs de marques exclusives étaient un nombre plus élevé de personnes au foyer, un niveau d'instruction plus élevé et un plus fort volume de consommation de ces produits.

Examinant 13 études sur le profil spécifique des acheteurs de produits génériques, Mc Enally et Hawes (1984) décèlent une tendance à être de plus gros foyers (mais il est vrai que les produits génériques sont en général disponibles surtout en gros formats ou gros volumes), à avoir un niveau de revenu moyen et à être de niveau d'instruction plus élevé, être plutôt publiphobes et plus sensibles au prix que les non-acheteurs de produits génériques. Leur propre analyse portant sur les achats de 1 442 ménages panelisés dans quatre catégories de produits, montra que les seules différences significatives entre non-acheteurs et acheteurs de produits génériques étaient que ceux-ci :

- faisaient plus souvent les courses,
- étaient plus gros consommateurs de la catégorie de produit,
- achetaient en général déjà des produits bon marché,
- étaient plus fidèles à un seul magasin.

Analysant si les variables socio-démographiques permettaient de prédire le niveau de sensibilité aux marques des consommateurs, Kapferer et Laurent (1983) trouvèrent que ces variables ne prédisaient que 7,5 % de la variance, tous produits confondus. En revanche, une analyse à l'intérieur de certaines catégories de produit pouvait se révéler plus explicative. Ainsi cinq variables socio-démographiques permettaient d'expliquer à elles-seules près de 22 % des variations de sensibilité aux marques d'une consommatrice à l'autre, en ce qui concerne les soutien-gorge.

Le fait que l'analyse statistique ne révèle pas un profil très net des consommateurs sensibles en général aux marques ou de ceux insensibles aux marques n'a rien de surprenant (Secodip, 1986). En effet, un même consommateur peut être très sensible aux marques en ce qui concerne l'achat de cigarettes ou de bière blonde et insensible aux marques en ce qui concerne le liquide-vaisselle. De fait, Kapferer et Laurent (1983) interrogèrent 800 personnes sur deux produits, au sein d'un ensemble de 20 produits. La corrélation entre les sensibilités aux marques des deux produits de l'interview avoisine 0,30 en moyenne. La sensibilité aux marques d'une personne dans une catégorie de produit est un médiocre prédicteur de sa sensibilité dans une autre catégorie de produit, le premier score ne prédisant qu'un peu plus de 9 % de la variance du second.

En réalité, un consommateur varie grandement en sensibilité suivant les situations d'achat : cela implique que ce qui est stable en lui (son profil socio-démographique ou socio-culturel) a peu d'influence générale sur cette sensibilité. Il n'est donc pas étonnant que les variables socio-démographiques ne prédisent que 7,5 % de la variance de la sensibilité aux marques, tous produits confondus. Il en va de même des variables de style de vie (Kapferer et Laurent, 1981).

2.2. Sensibilité aux marques et vécu de la situation d'achat

Si un consommateur porte attention à la marque lorsqu'il doit choisir, c'est que, pour le produit considéré, il en a besoin. La marque a une utilité à ses yeux. Cette utilité est donc contingente : elle naît de la situation d'achat elle-même. Certains paramètres de cette situation conduisent à se tourner davantage vers la marque, d'autres conduisent à s'en passer. Quels sont alors ces éléments structurels du vécu de la situation d'achat qui amènent un consommateur à porter attention à la marque, à lui accorder du poids dans le processus de décision d'achat ? Pourquoi peut-on penser, a priori, qu'ils influencent la sensibilité aux marques ?

Plusieurs études suggèrent que les motivations d'achat du consommateur influent sur la sensibilité aux marques. Ainsi Cunningham, Hardy et Imperia (1982) comparèrent les critères de choix des acheteurs réguliers de grandes marques et ceux des acheteurs de marques exclusives de distributeurs ou de produits génériques (tableau 6). Plus ils privilégient la qualité, plus les consommateurs sont sensibles aux marques. Plus ils privilégient le prix par rapport à la qualité, plus ils se détournent de la marque et préfèrent les marques de distributeurs ou encore plus les produits génériques.

Tableau 6. Critères de choix des produits alimentaires selon le type d'acheteur

	Acheteurs de marques nationales	Acheteurs de marques de distributeurs	Acheteurs de produits génériques
Le prix	35,3 %	67,0 %	80,9 %
La qualité	50,7 %	18,3 %	11,9 %
Autres critères	14,0 %	14,7 %	7,2 %
	100,0 %	100,0 %	100,0 %

Source : Cunningham et al., 1982.

Ce résultat est confirmé par l'étude française de Grelot et Zeyl (1984) : trois cent cinquante consommateurs de la région dijonnaise furent interrogés sur leurs achats de riz, huile, margarine, chocolat à croquer, café et whisky. Les acheteurs de marques de producteurs ont clairement des critères de choix différents de ceux des acheteurs de marques de distributeurs (tableau 7).

Tableau 7. Raisons de choix des acheteurs selon le type de marque achetée

	Raisons des acheteurs de marque de producteur	**%**	**Raisons des acheteurs de marque de distributeur**	**%**
Riz	Qualité, origine	60	Prix	68
	Aspect culinaire	46	Qualité, origine	48
	Habitude personnelle	24	Aspect culinaire	25
	Prix	10	Habitude personnelle	15
Chocolat à croquer	Qualité/Goût	76	Prix	100
	Tradition/Habitude	23	Qualité/Goût	77
	Prix	19	Tradition/Habitude	14
Whisky	Goût	59	Prix	69
	Prix	29	Goût	35

Source : Grelot et Zeyl, 1984.

Les seconds privilégient le prix, les premiers la qualité. Les acheteurs de marque de distributeurs sont d'ailleurs réalistes : comme le révèle l'enquête (p. 59), « ils estiment que ce sont des produits économiques, et d'un bon rapport qualité/prix. Par contre, ils ne sont pas d'accord avec les discours affichés par les distributeurs concernant l'équivalence de qualité des produits vendus sous marque de distributeurs avec les marques leaders. »

Ainsi, la sensibilité aux marques dépend des critères de choix utilisés lors de l'achat. D'autres paramètres du vécu de l'acheteur en situation d'achat influencent aussi la sensibilité aux marques :

1. La croyance aux différences entre marques est la variable la plus liée à la sensibilité aux marques. Szymaroski et Busch (1987) réexaminèrent statistiquement 24 études portant sur les acheteurs de produits sans marques (signe d'une non-sensibilité aux marques). Comme prévu, ils ne trouvèrent que de faibles relations entre la propension à acheter des produits génériques et les caractéristiques socio-démographiques ou le style de vie des acheteurs. La seule variable expliquant l'achat de produits génériques est le fait de les percevoir de qualité proche des marques nationales et de

prix très inférieur. Ce résultat est confirmé par les analyses de régression de Kapferer et Laurent (1983) : la variable la plus explicative de la sensibilité d'un consommateur aux marques est la perception qu'il existe des différences entre marques dans la catégorie de produit concernée. Le message est on ne peut plus clair. Le marketing est avant tout le marketing de la différence. Toute l'activité de la marque vise à se doter de différences significatives en performance et à largement communiquer dessus (par l'emballage, le packaging, la publicité).

2. Le sentiment de savoir choisir ou la compétence perçue sont des déterminants de la sensibilité aux marques. Les analyses de corrélations révèlent que moins on se déclare compétent dans une catégorie de produit, moins on est sensible aux marques (Kapferer et Laurent, 1983). Cela est normal : ayant de vagues noms de marques en tête, mais sans contenu d'image précis, ces consommateurs ne peuvent tirer aucune information de ces mots. Aussi, ils ne prêtent pas attention aux marques, mais reposent sur le conseil d'amis, de leaders d'opinion ou du vendeur, ou encore se déterminent en fonction du prix et des caractéristiques observables du produit, quand ils peuvent les comprendre.

3. L'implication du consommateur est aussi très liée à la sensibilité aux marques. Comme l'ont montré Kapferer et Laurent (1983, 1985, 1986), l'implication n'est pas une variable unique, qui serait soit faible, soit forte. En réalité, elle a plusieurs dimensions, plusieurs facettes permettant de préciser à la fois le niveau général et surtout la source de cette implication. L'analyse statistique a montré que trois de ces facettes en particulier étaient liées à la sensibilité aux marques.

   • Plus on perçoit du risque dans l'achat, plus on porte attention à la marque. Ce risque peut être financier (si le produit coûte cher), physique (pour un médicament s'il n'est pas efficace ou pour un soin du visage ou un shampooing), temporel (s'il faut ramener l'objet au magasin).... Ceci explique pourquoi le domaine des services est très favorable aux marques : on peut donner un échantillon d'un produit pour essayer (un sachet de café par exemple), on ne peut en revanche « essayer » une assurance-maladie, une banque, un séjour de vacances au bord de la mer, ou un service informatique de gestion de la paye des employés. Le risque perçu et l'impossibilité de pouvoir visualiser le produit conduisent à reposer sur des « grands noms », des marques connues.

   • Plus le consommateur se projette dans ses achats, plus il estime donner une certaine image de lui-même, plus il porte attention à la marque pour l'aider à se situer, à contrôler cette image de soi. D'où la forte sensibilité aux marques des champagnes, des cigarettes, des parfums, des jeans chez les adolescents...

   • Plus le consommateur s'intéresse à la catégorie de produit, plus il est sensible aux marques.

Face à ces variables expliquant la sensibilité aux marques telles que la croyance aux différences, le sentiment d'être compétent pour choisir, la perception d'un risque, la perception de la valeur-signe du produit et le degré d'intérêt dans la catégorie de produit, on comprend pourquoi un même consommateur peut être sensible aux marques dans une catégorie de produit et insensible dans une autre. Son vécu des situations d'achat n'est pas le même pour tous les produits.

Comme on le voit, l'approche situationnelle éclaire totalement l'attitude vis-à-vis des marques. S'il y a prise en compte de la marque dans le processus de décision de l'acheteur, c'est que cette prise en compte est fonctionnelle dans l'économie psychologique du décideur. Les raisons de cette utilité ne se trouvent pas dans le produit ou dans le profil du consommateur mais dans la façon dont celui-ci vit sa situation d'achat.

Ainsi, examinons une situation-type des consommateurs, issue de la typologie des situations d'achat (Kapferer et Laurent, 1983).

Tableau 8. Une situation d'achat et ses conséquences

Paramètres de la situation du consommateur	Différence perçue :	Forte
	Compétence perçue :	Très faible
	Importance du risque :	Forte
	Valeur de signe :	Très forte
	Degré d'intérêt :	Moyen
Produits représentatifs de cette situation	% d'acheteurs du produit se déclarant dans cette situation	Champagne (48 %) Téléviseurs-couleur (25 %) Eau de toilette (25 %)
Conséquences sur le comportement	Difficulté ressentie à choisir :	Forte
	Processus de décision :	Moyen
	Sensibilité aux marques :	Moyen-Fort
	Comportement de fidélité :	Panachage

Source : Kapferer et Laurent, 1983.

Quel est le vécu par le décideur dans cette situation d'achat ? Le cas du champagne, typique de cette situation servira d'illustration. L'analyse statistique des questions mesurant le vécu de cette situation d'achat montre que le consommateur croit aux différences entre marques, mais se déclare peu compétent dans la catégorie de produit : il n'a pas les critères, les clés pour expertiser si un champagne est meilleur qu'un autre. Or, le consommateur perçoit un risque dans l'achat : pas tant du fait du prix que de la « valeur-signe » du champagne. On est en effet un peu jugé sur le champagne que l'on offre à ses invités. Pour sortir de ce problème, l'acheteur va chercher une marque qui le sécurise socialement, lui garantisse qu'il s'agit d'un bon choix. C'est donc forcément une marque connue, car il faut que les invités aussi sachent que cette marque est « signe de bon goût ».

Néanmoins, faute d'un intérêt suffisant et d'une compétence dans la catégorie de produit, l'acheteur va hésiter entre deux ou trois marques. Il n'a aucune raison de n'en prendre qu'une seule. D'où un comportement de panachage entre un petit nombre de grandes marques. C'est le comportement majoritaire des achats de champagne (48 %), tel qu'il est révélé par les enquêtes sur l'implication et la sensibilité aux marques. Mais c'est aussi le cas d'une fraction importante des acheteurs de téléviseurs (25 %) ou d'eau de toilette, et de micro-ordinateurs.

2.3. Implication, différence perçue et sensibilité aux marques

On l'a vu ci-dessus, plusieurs recherches montrent que la variable expliquant le mieux la propension d'un consommateur à acheter une marque est la croyance à l'existence de différences entre marque et non-marque. A contrario, la variable permettant le mieux de prédire si une personne va acheter des marques de distributeur est sa croyance à l'absence de différence significative avec les marques (en dehors du prix). D'autres études ont mis en évidence le lien existant entre l'implication de l'acheteur, son intérêt pour la catégorie de produit et la sensibilité aux marques de cette catégorie.

Examinant ces trois variables de façon simultanée, sensibilité aux marques, différence perçue et implication, peut-on établir des relations causales entre celles-ci ? Laurent et Kapferer (1986) ont analysé les réponses de 762 consommatrices de 18 ans et plus, interrogées sur l'un des 4 produits suivants : café (191), shampooing (195), soutien-gorge (195), machine à laver (181). L'enquête mesurait pour chacune d'elles :

— leur propension à acheter une marque de distributeur plutôt qu'une marque connue et cela à travers plusieurs types de mesures orales et comportementales ;

— leur degré de croyance à une différence de qualité entre marques de distributeurs et marques nationales ;

— leur profil d'implication dans la catégorie de produit. Chacune des facettes du profil était mesurée : le degré d'intérêt pour la catégorie, la valeur-signe attribuée à la catégorie de produit, la valeur-plaisir de celle-ci, et l'importance du risque perçu dans l'achat.

L'analyse statistique avait pour but de tester plusieurs modèles de relation entre les trois variables : intérêt pour les marques de distributeurs/producteurs, degré de croyance à une différence entre ces deux types de marque et degré d'implication dans la catégorie de produit. L'analyse causale (test statistique de Chow) révéla que les données supportaient le modèle suivant (tableau 9).

Tableau 9. Implication et type de marque choisie

Forte implication de l'acheteur dans la catégorie de produit	Faible implication de l'acheteur dans la catégorie de produit
↓	↓
Perception de différences de qualité entre marque nationale et marque de distributeur	Pas de perception de différences de qualité entre marque nationale et marque de distributeur
↓	↓
Préférence pour l'achat de marques nationales	Préférence pour l'achat de marques de distributeur

La perception de différences entre les deux types de marques dépend de l'implication du consommateur. Moins le consommateur s'intéresse à une catégorie de produit, moins il perçoit les différences de qualité, et, par voie de conséquence, plus il déclare que la qualité des marques de distributeurs équivaut à celle des marques de producteur et préfère donc acheter celles-là.

3. LES FONCTIONS DE LA MARQUE POUR L'ACHETEUR

L'analyse des nombreuses études présentées ci-dessus, menées sur la sensibilité aux marques, débouche sur un modèle explicatif général. La sensibilité aux marques naît de la perception de différences par l'acheteur. Celle-ci dépend du degré et type d'implication de l'acheteur dans la catégorie de produit. Les acheteurs indifférents à la catégorie de produit ont tendance à considérer que toutes les marques et les non-marques se valent et sont donc non-sensibles aux marques. La réalité est inverse pour les acheteurs qui s'intéressent à la catégorie de produit.

Ainsi, loin du vocabulaire traditionnel *d'influence de la marque, de pouvoir de la marque,* la recherche amène à une inversion de perspective, à une vision fonctionnaliste de la marque. Les acheteurs ne prêtent pas attention aux marques par suite de l'influence des marques, mais parce que leur vécu de la situation d'achat engendre chez eux un certain niveau et profil d'implication qui à leur tour engendrent une demande d'un certain profil de marque. Selon le type d'implication, les acheteurs attendent des types de marques différents, car les fonctions à remplir par ces marques sont différentes voire parfois incompatibles.

Le marché du soutien-gorge fournit une illustration de ce processus. Le vécu de la situation d'achat est dominé par un fait : pour l'acheteuse il s'agit d'un achat compliqué. Il est très difficile de choisir. En effet, il est difficile de reconnaître, a priori, la qualité aux vu et toucher des produits. La largeur de l'offre et le nombre de produits et marques rend l'acte d'achat proche du safari. Le risque fonctionnel est élevé : en effet, il s'agit d'un achat devant durer un certain temps. Or certaines formes de poitrine exigent certaines formes de soutien-gorge. Si l'on n'essaye pas en magasin, on risque souvent, une fois rentrée chez soi, d'être déçue et de constater que l'on est physiquement pas à son aise, sans pouvoir le ramener au magasin.

C'est aussi un produit-signe, pour soi-même. La mise en valeur de son corps place le produit au cœur de la relation que chaque consommatrice entretient avec son corps, son « paraître », c'est-à-dire le type de femme qu'elle souhaite projeter, tout en tenant compte des pressions de l'environnement social (pressions à la retenue et à la réserve, ou pressions à la séduction). Dans ce marché, les interviews des acheteuses en situation de choisir révèlent les fonctions de marque suivantes et répondant à la question : à quoi sert la marque ?

— La marque aide à se repérer. Face au caractère multiforme et très large de l'offre, la marque structure l'offre, la rend plus simple d'accès. En effet, on sait que certaines marques sont plutôt associées à tels types de produits, de formes, de femmes.
— La marque est une garantie. Elle fournit une réassurance nécessaire, compte tenu de la difficulté d'évaluer les qualités du produit au point de vente.
— La marque permet de se situer. En effet, par les photos de sa publicité, la marque indique non seulement comment le produit est porté, son maintien, mais aussi le type de femme qui le porte, l'état d'esprit de la marque. Ainsi, Rosy est très féminin, jeune, pour toutes les femmes, Aubade est dans une logique de séduction, et Playtex de réserve vis-à-vis de son corps. Suivant la psychologie, la classe sociale de la consommatrice, mais aussi son humeur du moment, ou l'occasion d'utilisation à laquelle elle pense en achetant, elle se tournera vers certaines marques et non d'autres.

Ainsi, c'est parce qu'il existe différents types de vécu de l'achat, d'implication, que peuvent coexister plusieurs marques, chacune prenant plus en charge certaines fonctions attendues, et moins d'autres. En effet, le rôle de la communication en magasin, sur le produit et dans la publicité, est de véhiculer ce profil particulier de marque, cette identité de la marque (Kapferer et Variot, 1984).

L'analyse de marchés aussi divers que la micro-informatique, la confiserie, la menuiserie-aluminium, le parfum, l'automobile, la location de voiture, l'hôtellerie, etc. permet de repérer les six fonctions de base de la marque. Ces fonctions permettent de comprendre pourquoi la marque est utile à un acheteur, ce qu'elle lui apporte[1].

Tableau 10. Les six fonctions de la marque

LES FONCTIONS DE LA MARQUE POUR L'ACHETEUR
— Fonction d'IDENTIFICATION
— Fonction de REPÉRAGE
— Fonction de GARANTIE
— Fonction de PERSONNALISATION
— Fonction LUDIQUE
— Fonction de PRATICITÉ

La fonction d'IDENTIFICATION tient à ce que la marque identifie le produit du point de vue de ses principales caractéristiques. La marque renvoie à une configuration spécifique d'attributs. La marque est donc un concentré d'information, une mémoire sur les caractéristiques de l'offre, du produit.

Par exemple en matière d'hôtellerie, la marque « Pullman », présente dans une ville, annonce l'existence d'un hôtel caractérisé par un assortiment spécifique d'attributs tels que le niveau de standing, de confort, la zone de prix, le type de localisation, le niveau des prestations, etc... et sa clientèle type. La marque « Pullman » identifie des hôtels « situés dans les grandes métropoles nationales ou internationales, hôtels de haut de gamme qui offrent l'accueil personnalisé et les services très complets qu'attendent les hommes d'affaires comme les voyageurs à titre privé. Chaque hôtel a son caractère, son style, inspirés de la ville dans laquelle il se trouve ». Chaque marque de réseau hôtelier identifie ainsi un panier spécifique de caractéristiques. Qu'il s'agisse d'Holiday Inn, de Marriott de Méridien ou d'Arcade, chaque marque signale la nature de l'offre. Aussi le choix du nom de la marque est-il vital : il faut s'assurer que le nom choisi évoque bien les caractéristiques objectives et subjectives du produit (Kapferer, 1985).

La fonction de REPÉRAGE est une conséquence de la fonction précédente. La marque aide l'acheteur à se repérer : elle structure l'offre.

Par exemple, face aux dizaines de produits du rayon shampooing, l'acheteur sait que telles marques de shampooing sont faites pour tels types de cheveux ou de besoins, telles autres marques sont conçues pour d'autres types de besoins et

[1] Ces fonctions sont un développement des 3 aspects idéologiques de la marque (chapitre 10) sur le plan psychologique et social. La fonction d'identification est de l'ordre de la « Souveraineté ». Les fonctions ludiques et de praticité sont de l'ordre de la « Production ». Enfin, repérage, garantie et personnalisation renvoient à la facette « guerrière », au sens de G. Dumézil.

de cheveux. Au lieu d'avoir à envisager l'ensemble complexe fait des dizaines de produits ou références, l'acheteur peut opérer une pré-classification, une présélection. La marque l'aide ainsi à se concentrer sur l'offre qui correspond à son besoin spécifique : il peut exercer son énergie à comparer entre eux une sous-partie des produits, et non, ce qui était impossible, l'ensemble des produits.

Ainsi, la marque réduit le coût de la recherche pour les consommateurs, car ceux-ci, grâce aux marques, perçoivent immédiatement l'éventail des solutions qui leur sont présentées. La marque, parce qu'elle distingue les sous-parties de l'offre, joue donc un rôle fondamental dans la transparence du marché. Elle réduit l'opacité de l'offre. Grâce aux marques d'hôtellerie par exemple, la lecture de la liste de tous les hôtels d'Istanbul ou de Frankfurt perd son caractère totalement opaque : l'acheteur ou le tour-operator peut enfin se repérer dans l'offre. La marque structure et organise le marché.

La fonction de GARANTIE renvoie au fait que la marque est un engagement public de qualité et de performance. Le fabricant est tenu par sa marque de garantir, quel que soit le lieu d'achat ou le moment, le même niveau de qualité. La marque est une promesse faite aux acheteurs : assurer la permanence de la qualité que celle-ci fait espérer.

Cette fonction est d'autant plus attendue que le risque perçu est élevé : dans le domaine alimentaire, et particulièrement celui destiné aux enfants, la marque Danone est devenue une référence mondiale en termes de qualité et de garantie. Quel que soit le pays, la signature Danone ne s'appose que sur des produits ayant franchi avec succès les normes les plus élevées en matière de qualité (organoleptique, diététique, hygiénique...) que cette marque s'est donnée.

La fonction de garantie pèse lourd lorsque les produits se ressemblent extérieurement et comportent un risque (la micro-informatique, l'électro-ménager, la hi-fi). On comprend aussi pourquoi la marque est si importante dans le domaine des services. Le service, à la différence du produit, est immatériel, invisible : on ne peut le montrer dans une publicité. Comment savoir, par exemple, si l'assurance-vie que l'on va acheter sera performante, dans plusieurs années, lorsqu'on l'utilisera. Ce jour-là, il sera trop tard pour revenir sur son choix.

De même, lorsqu'il a à faire un déplacement d'affaires, le cadre d'entreprise a besoin de la sécurité psychologique d'être certain de trouver le niveau de prestations attendu lorsqu'il choisit un hôtel de marque. De grandes marques d'hôtellerie ont vu leur capital de confiance disparaître parce qu'elles n'ont pas mis assez de moyens financiers, humains et techniques pour assurer la fonction de garantie. D'un pays à l'autre, les hôtels d'une même marque ne parvenaient pas tous à fournir le niveau de prestation que l'on attendait de cette marque. A l'inverse, la réputation de marques telles que Holiday Inn est d'assurer la régularité du service que ce soit à Paris, Lhassa ou Chicago. Parce que le service met surtout en jeu des facteurs humains, il est plus difficile à standardiser qu'un produit. C'est précisément ce qui explique le succès de marques telles que Avis ou Hertz. Elles ont su, elles, faire de la location de voiture non une loterie mais une sécurité, partout dans le monde.

La fonction de PERSONNALISATION tient à ce que le choix de certaines marques permet à un acheteur de se situer par rapport à son environnement social : par ce choix, il manifeste son désir de se différencier, ou au contraire de s'intégrer. La marque est un des éléments par lesquels le consommateur communique qui il est ou qui il veut être aux yeux des autres. En achetant des marques étrangères, l'acheteur d'automobiles signale son souci de ne pas s'intégrer (même si son discours est rationalisé par une liste d'arguments techniques). Dans les voyages d'affaires, la marque de l'hôtel où l'on est descendu est importante pour gérer l'impression que l'on veut donner à ses interlocuteurs : elle situe le cadre d'entreprise.

Chez les enfants, l'émergence du phénomène de marque (par exemple dans le choix des vêtements), de plus en plus jeune, traduit le souci des enfants de s'intégrer à leur groupe de référence, à leur bande, à leur classe d'âge et de valeurs : ne pas s'habiller comme les autres, c'est se marginaliser, se mettre en retrait du groupe (Kapferer, 1985). D'où les phénomènes de mimétisme et de mode qui se sont portés sur des marques comme Benneton ou Levi's. La marque est donc un signe extérieur, un reflet de soi, fonction sur laquelle se sont déjà penchées les analyses des sociologues (Riesman, Veblen, Bourdieu) ou des sémiologues (Barthes, Baudrillard).

Outre ce miroir extérieur, la marque est aussi un miroir intérieur, une façon pour l'acheteur de se construire, de se définir à ses propres yeux, de se mentaliser. Ce rôle de la marque est important pour les produits privés ou intimes, lorsque seul l'acheteur sait ce qu'il a acheté, comme par exemple dans le choix d'un soutien-gorge.

La fonction LUDIQUE correspond au plaisir qu'un consommateur peut tirer lors de ses achats. Elle s'exprime par cette phrase typique des consommateurs : « s'il n'y avait plus qu'une seule marque, ce serait triste, il n'y aurait plus le plaisir de faire ses achats ».

Le choix, né de la présence de multiples marques, crée pour certains acheteurs une véritable animation, une source de stimulation, d'excitation. Il s'agit ici d'une fonction réalisée par l'ensemble des marques, collectivement. La fonction ludique peut aussi être prise en charge par une marque. Ainsi, certains produits sont perçus comme des achats obligatoires, presque une corvée. Par exemple, les enfants vivent de plus en plus mal l'achat de pain d'épices, produit « imposé » par les parents, donc enfermé dans une relation parent-enfant très normative. Pour désenclaver son produit de cette relation, la marque Vandamme a créé un personnage sympathique, gourmand et permissif : l'ours Prosper. La fonction de ce personnage est de créer une relation de connivence et de sympathie dans une catégorie de produit vécue de plus en plus par les enfants sous le mode de la contrainte. Ce personnage symbolique a tellement réussi que Prosper est désormais considéré comme le nom de marque de ce pain d'épices.

Dans un tout autre marché, la force de la marque Apple est d'avoir su apporter une touche ludique à un univers jusqu'alors dominé par l'uniformité et le sérieux. Le choix-même du nom de marque témoigne de la volonté de clin d'œil et de connivence entre l'entreprise et sa clientèle.

Enfin, ***la fonction de PRATICITÉ*** renvoie au caractère pratique de la marque. Plutôt que de recommencer à chaque occasion un processus de décision complet, la marque permet de mémoriser facilement le résultat des processus de choix antérieurs et les leçons de l'expérience de consommation. La marque est ainsi une mémoire, un concentré d'informations passées (ce que l'on appelle l'image de la marque). Parce qu'elle est mémorisable et facile à reconnaître, la marque permet à l'acheteur de suivre un processus d'achat répétitif, un des scénarios de fidélité ou de panachage abordés ci-dessus, dans ce chapitre.

Ainsi, la recherche identifie six fonctions essentielles de la marque pour l'acheteur. Naturellement aucune marque ne peut prendre en charge de façon égale l'ensemble de ces fonctions. Dans un même marché, certaines marques accentuent essentiellement la fonction « garantie » : elles ne cherchent qu'à opérer une fonction de réassurance ; d'autres accentuent la fonction de « personnalisation », etc. De plus, certaines des fonctions de la marque sont difficilement conciliables au sein de la même marque. C'est pourquoi on assiste, dans de nombreux marchés, à un double étage de marques : une marque « ombrelle » ou marque « mère » servant de caution et des marques-produits plus personnalisées, à l'instar du nom de famille (signe d'appartenance) et des prénoms (signes de différenciation). Dans le marché de l'ultra-frais, Danone sert de marque-caution : par sa maîtrise de ce métier, elle garantit le plus haut niveau d'exigence et de qualité sur tous les produits sur lesquels elle appose sa marque. Ces produits reçoivent en plus un nom propre, une marque spécifique car chacun a besoin de se différencier dans son sous-marché. Un nom unique pour tous aurait nui aux fonctions d'identification, de repérage, de personnalisation et parfois aussi à la fonction ludique. C'est pourquoi on trouve à côté du yaourt nature de Danone (le produit culte, source du métier et de légitimité de la marque-mère), les produits suivants : Dan'up (yaourt à boire de Danone), Folies (le liégeois de Danone), Flandise, Bio, Danette, Dany, etc. Grâce à la caution de Danone, chaque marque-prénom peut optimiser les autres fonctions attendues d'une marque, n'ayant plus à prouver l'excellence de leur qualité. De même dans l'hôtellerie, les attentes se faisant de plus en plus personnalisées, les groupes hôteliers multiplient les concepts d'hôtels, pour coller à chacun des types d'attentes. D'où la naissance d'un grand nombre de marques d'hôtellerie. Les fonctions de ces marques sont essentiellement celles d'identification, de repérage, de garantie et de personnalisation.

Pour cautionner la fonction de garantie, ces marques peuvent en plus se reposer sur le nom du groupe, signal de sérieux, de fiabilité, d'exigence et d'une certaine conception du service hôtelier. C'est pourquoi la référence à Accor accompagne toutes les communications des marques Mercure, Novotel, Sofitel, Ibis, etc.

4. LES ENJEUX DE LA SENSIBILITÉ AUX MARQUES

Jusqu'à présent, nous avons démonté les mécanismes psychologiques de la sensibilité aux marques. Partant des différents paramètres caractérisant la situation de l'acheteur (risque perçu, différence perçue, compétences, etc.), nous avons montré comment ceux-ci suscitaient une sensibilité aux marques, dans la mesure où les marques savaient prendre en charge certaines fonctions attendues par l'acheteur. L'accent mis sur la psychologie de l'acheteur ne signifie pas, loin de là, que la sensibilité aux marques est une donnée exogène, devant laquelle les acteurs économiques doivent s'adapter. En fait, comme nous allons le démontrer dans cette dernière section, les agents économiques tentent en permanence de peser sur la sensibilité aux marques, en agissant directement sur la situation de l'acheteur.

En effet, la sensibilité aux marques est devenue un enjeu de pouvoir dans les rapports entre producteurs et distributeurs. Plus la sensibilité aux marques est forte, moins le distributeur a la possibilité de fidéliser sa clientèle et inversement. Dans la concurrence que se livrent les grands distributeurs, l'enjeu est bien la fidélisation du consommateur. Cela passe donc par une désensibilisation aux marques de producteur pour récupérer leur clientèle au profit exclusif de telle ou telle enseigne. Notre propos n'est pas ici de porter des jugements de valeur, mais en tant qu'analystes, de démonter des mécanismes et de mettre en lumière des stratégies.

L'examen comparatif de la situation relative des marques de distributeurs et de producteurs selon les pays démontre bien le caractère volontariste de cette situation : c'est l'offre des distributeurs et celle des producteurs combinées qui déterminent la part de marché de ces marques. La sensibilité aux marques est donc aussi largement influencée par l'offre des acteurs économiques. Comme le montre le tableau 11 (Salimans, 1986), la part des marques propres (private labels) est très variable selon les pays, faible en Allemagne et en Suisse et forte en France ou en Grande-Bretagne. Compte tenu des études montrant que l'implication des consommateurs suivant les catégories de produit est assez proche d'un pays à l'autre, du moins en Europe et aux Etats-Unis (Ratchford, 1987), on doit en déduire que cette part de marché résulte avant tout des effets d'offre plus que des effets de demande. De fait, la concentration élevée de la distribution dans certains pays (Grande-Bretagne, France), rend aiguë la concurrence entre enseignes et la nécessité de se fidéliser une clientèle : la politique de marques propres (aussi appelées marques exclusives) s'inscrit dans cette stratégie. En outre, elle est source de rentabilité alors que les marques nationales conduisent les grandes enseignes à pratiquer la guerre des prix.

La désensibilisation aux marques observée dans certains pays s'est portée en premier lieu sur les catégories de produit d'implication minimale, où, par manque d'intérêt, le consommateur perçoit peu et valorise peu les différences entre produits. Mais elle ne s'est pas limitée à ces secteurs : en effet, dans certains secteurs d'implication élevée (l'électro-ménager par exemple), les grandes ensei-

Tableau 11. Poids des marques de distributeurs selon les pays

Pays	Catégories de produits	Part de marché moyenne des marques propres dans un ensemble de catégories de produit (1985)	Indice de concentration de la distribution (% des ventes du secteur réalisés par 10 % des magasins)
France	9	18,4 %	83 %
Grande-Bretagne	12	22,1 %	78 %
Suisse	9	10,1 %	57 %
Allemagne	15	9,7 %	55 %
Italie	11	5,3 %	51 %

Source : Nielsen (Congrès Esomar, 1986), Salimans.

gnes spécialisées ont su récupérer certaines des fonctions jusqu'alors attribuées aux marques. D'autre part, par leurs actions collectives, les producteurs ont aussi créé des conditions propices à la désensibilisation. Examinons par quels processus les acteurs économiques, producteurs et distributeurs, agissent sur la sensibilité aux marques.

4.1. Les producteurs et la désensibilisation aux marques

L'identification des facteurs liés à la sensibilité aux marques permet d'expliquer pourquoi dans certains secteurs les marques sont fortes et pourquoi dans d'autres elles sont faibles. Elle fournit aussi les axes de la débanalisation des marchés.

La règle d'or de la débanalisation est d'installer et de communiquer de la différence là où il y avait uniformité. Francine a imposé sa marque dans le marché de la farine qui était jusque-là un marché de commodité. Cela se fit par une intense politique d'innovation, en multipliant les produits nouveaux et spécifiques « Farine Spéciale Gâteaux », « Farine Spéciale Sauces » et en communiquant dessus. Le marché du vin de table est encore peu un marché de marque : il y a trop de mini-références offrant une qualité non suivie et que l'on ne parvient pas à trouver en permanence en magasin. Les quelques marques ayant réussi sont celles qui ont su créer un mélange spécifique, dont le goût plaît aux consommateurs, à un prix abordable, et à produire ce vin de façon durable en lui conservant tout au long de l'année son goût et ses caractéristiques. Ces marques dotées d'une différence stable sont Vieux Papes, le Malesan, Sidi Brahim, etc.

Chaque fois que l'on oublie que le marketing doit toujours être le marketing de la différence, on fait soi-même son propre malheur. Ainsi, il existe une dérive dans la publicité française tendant à privilégier le style, la forme, le spectacle sur le fond. De nombreuses communications publicitaires n'affirment plus une différence, mais se contentent de mettre en scène la marque : ceci fragilise à long terme la marque. En effet, la sympathie entraînée par cette publicité pèsera-t-elle lourd au linéaire face à une différence de prix avantageant un concurrent même moins connu ? A titre de comparaison, on ne peut qu'être frappé par l'emphase permanente des publicités américaines sur les différences significatives apportées par la marque. Dans le même ordre d'idée, on a coutume de fustiger le soi-disant « manque de créativité » des publicités de lessive : c'est oublier que la fonction de la publicité des marques n'est pas de plaire mais de communiquer une différence, un bénéfice, un avantage. On a constaté, au début de ce chapitre, que contrairement aux on-dit, le marché des lessives jouit encore d'une sensibilité aux marques : c'est le résultat de l'innovation permanente au niveau des produits et de la communication publicitaire cherchant à diffuser cette innovation. Le jour où la publicité lessivielle cessera de prendre ses produits au sérieux, pourquoi les consommateurs devraient-ils eux continuer à le faire et à croire aux différences entre marques ?

Dans le domaine des téléviseurs, on ne saurait être surpris par la faible sensibilité aux marques révélée au début de ce chapitre. En effet, les fabricants ont largement communiqué le fait que les parties centrales n'émanaient que de quelques constructeurs dans le monde, les marques se contentant d'ajouter un look extérieur spécifique. Cette communication aboutit à réduire la différence perçue entre marques et à favoriser l'insensibilité. On ne saurait alors s'étonner du succès des téléviseurs sans marque vendus en hypermarché. Lorsque la marque n'est qu'une différenciation artificielle, due uniquement à la communication, elle se fragilise.

D'une façon générale, la multiplication des marques aux différences de plus en plus ténues est un facteur de désensibilisation. La croissance des marques offrant un produit identique égare le consommateur et le conduit à une certaine indifférence aux marques. Si elle est inéluctable lorsque le marché atteint une phase de maturité et la technique est partagée par tous, l'imitation est répréhensible lorsqu'elle vise à induire une confusion dans l'esprit des acheteurs afin de détourner une clientèle à son profit. Il peut en effet être tentant pour un producteur, constatant le succès d'un nouveau produit de marque concurrente, d'en diffuser très tôt une copie conforme en imitant jusqu'aux décors de la boîte et aux couleurs. En se mettant dans le sillage d'une innovation à succès, l'entreprise fait l'économie du risque financier lié aux investissements de recherche et de publicité.

Outre le préjudice porté à l'entreprise innovante, cette pratique produit des effets pervers sur tout le secteur lorsque l'imitation n'est que de façade, portant essentiellement sur la reproduction des signes extérieurs de la marque. En cas de contrefaçon, la déception causée par une qualité de produit inférieure aux attentes nourrit un bouche à oreille négatif et peut rejaillir sur l'ensemble de la catégorie de produit, dont on dira alors qu'elle est de mauvaise qualité.

L'imitation entre producteurs n'est pas une pratique nouvelle. Les tribunaux de commerce, dans un souci de protéger le consommateur face au risque de confusion et le fabricant ayant innové, ont en général condamné les concurrents qui, par abus de copie, cherchent à dériver à leur profit l'engouement suscité par la marque innovante grâce à des investissements qui ne sont pas les leurs et dont ils recueillent les fruits sans en avoir assumé les frais.

Ce qui est nouveau est l'usage de ce procédé par certains distributeurs et leurs marques propres. En effet, en ce cas, le fabricant hésitera à ester en justice pour faire valoir ses droits. Les risques d'un dé-référencement des rayons du distributeur pratiquant l'imitation sont trop considérables. Dans un pays où la distribution est très concentrée, il existe une asymétrie dans le rapport producteur-distributeur. Une marque particulière ne représente qu'une part infime du chiffre d'affaires d'un distributeur. En revanche, la perte de référencement dans une chaîne de grandes surfaces est un risque mortel pour la marque : elle l'ampute d'une fraction trop significative de ses ventes.

4.2. Les distributeurs et la désensibilisation aux marques

Parce que la marque est un pouvoir, la marque est devenue enjeu de pouvoir. En effet, l'évolution du contexte économique du commerce moderne a conduit la distribution à passer d'une bataille sur les marques à une bataille contre les marques. Comme on le verra, pour améliorer sa rentabilité et sa profitabilité, la distribution moderne poursuit une stratégie de désensibilisation aux marques.

Entre 1983 et 1987, les surfaces de vente (en supermarchés ou hypermarchés) ont crû, en France, de 27 % passant de 7 239 000 m^2 à 9 241 000 m^2. Pendant la même période, la consommation des ménages n'a pas augmenté. Comme la part du commerce traditionnel n'est plus que de 5 %, les grandes enseignes n'ont plus l'espoir de se développer au détriment du petit commerce. La concurrence entre grands du commerce est désormais nécessairement frontale et impitoyable. Plusieurs enseignes en ont pâti : Coop, Radar, Aseco, Primistères.

L'importance des « hard discounters » dans le commerce de détail français (25 % des ventes de produits de biens de grande consommation) exerce une considérable pression à la baisse sur les marges du secteur distributif. Face à la lente érosion des marges et à l'absence de croissance de la demande intérieure, la recherche de la rentabilité est devenue la préoccupation majeure de la distribution. Ceci l'a conduit entre autres à :

— concentrer ses achats (d'où l'apparition des super centrales) ;

— améliorer la gestion (efforts sur la logistique, le scanner...) ;

— étendre son assortiment (produits frais, biens durables, services associés : crédit, banque, voyages) ;

— affiner son marketing et sa communication ;

— et enfin, limiter volontairement la part des marques nationales, à travers le développement de marques de distributeurs, sources de bien meilleure rentabilité que les marques nationales.

En effet, dans un pays où les « discounters » occupent une part importante du commerce de détail, la bataille des prix bas s'est naturellement portée sur les marques nationales. Etant présentes dans tous les points de vente, elles autorisent des comparaisons de prix, d'une enseigne à l'autre. Aussi les marques nationales font-elles l'objet de promotions sauvages de la part des fabricants eux-mêmes et des distributeurs, qui en rajoutent pour justifier de leur positionnement à bas prix. La conséquence de cet état de fait est que, selon Thil, ancien directeur du marketing de Carrefour, en France, près de 20 % des ventes de l'alimentaire et de l'entretien se font à perte, dans les grandes et moyennes surfaces. Les grandes marques à forte notoriété sont vendues à perte : même en tenant compte des remises de fin d'année et autres sources de marge arrière, on estime que ces marques sont vendues avec une marge négative de l'ordre de − 8 %.

L'amélioration de la rentabilité du linéaire passe nécessairement par l'introduction de produits plus générateurs de profit pour la distribution. Plutôt que d'acheter une marque nationale 100 et de la revendre 110 quand ce n'est pas 100, voire 90, les distributeurs ont cherché des produits achetés 60 et revendus 80, donc source de marge positive. La politique des marques propres et des produits drapeaux s'inscrit en droite ligne dans cette logique structurelle.

Pour que cette stratégie réussisse, il fallait parvenir à désensibiliser le consommateur aux marques. Nous avons vu précédemment quels facteurs étaient producteurs de sensibilité aux marques : utilisés de façon inverse, ils engendrent une désensibilisation. La règle d'or de la désensibilisation est d'installer une ressemblance là où il y avait différence. La tactique essentielle consiste à viser des catégories de produit d'implication faible et à minimiser la différence perçue entre le produit de marque nationale et le produit de marque de distributeur. Ceci s'est fait de deux façons : par la communication publicitaire et par l'emballage. Il est significatif que la campagne de lancement des « produits libres » de Carrefour déclarait ouvertement « aussi bons, moins chers », sur les ondes, les affiches, dans la presse et sur tous les murs de France, jetant un doute sur la valeur des « grandes marques ». Mais c'est par l'emballage que les enseignes essaient le plus de gommer toute impression de différence, c'est-à-dire au moment même de l'achat, sur le linéaire (chapitre 1).

En effet, certaines enseignes ont pour politique d'accoler une marque privée (aussi appelée marque exclusive ou private-label) à une marque nationale qui se vend bien. Dès qu'une marque nationale crée un nouveau segment de marché, on place une marque privée à côté d'elle sur le linéaire, marque privée dont le positionnement est rigoureusement identique à la marque nationale prise pour cible. Cette tactique passe par la construction d'un emballage rigoureusement similaire à la marque nationale, d'un nom, d'une apparence, d'un style visant à maximiser la ressemblance extérieure aux yeux des consommateurs, à l'instar de la contrefaçon. Ainsi, Danone voit ses produits innovants Dany et Danette, désormais accolés à une marque propre aux produits nommés Patury et Paturette, imitations des premiers.

Le droit français considère que la similitude d'étiquette et d'enveloppe peut ressortir de la concurrence déloyale (chapitre 2). Ainsi, Pouillet, dans son traité juridique, rappelle que « les commerçants loyaux trouvent cent façons différentes de distinguer leur marchandise de celle des concurrents, et que la ressemblance en cette matière, quand elle n'est commandée ni par un usage ancien, ni par la nature du produit, est toujours une faute, si elle n'est pas un calcul ».

La fonction d'une marque, rappelons-le, est de faciliter le repérage : la marque doit rester claire pour assurer la transparence du marché. La marque désigne, contraste et distingue. C'était bien le cas des produits génériques ou des marques d'enseignes (par exemple les « produits libres » de Carrefour, à l'emballage sobre et tout blanc). L'imitation d'emballage, de nom et d'allure pratiquée par les marques exclusives des distributeurs poursuit de facto un but inverse : créer une assimilation, une confusion.

Selon la jurisprudence, on ne saurait profiter du fait que, pour maints produits d'implication faible, la vigilance de l'acheteur d'attention moyenne est réduite. La recherche d'une similitude externe, d'une ressemblance d'ensemble maximise les risques de méprise. Elle produit à dessein de la confusion dans la perception des consommateurs et est donc assimilable à une captation déloyale de clientèle.

Les risques d'un déréférencement sont suffisamment importants pour amener maints producteurs à ne pas entreprendre de poursuites légales. Aussi cette situation est-elle largement méconnue des pouvoirs publics, et du public.

La deuxième tactique de désensibilisation aux grandes marques consiste à donner une place prééminente sur le linéaire à la marque propre du distributeur par rapport à celle de la marque nationale, et à maximiser l'écart de prix, soit en plaçant cette marque nationale à un prix élevé, soit en jouant sur les différences de contenant (la marque nationale à 29,95 F pour 300 ml, et la marque privée à 15,50 F pour 200 ml).

Cette politique de « japonisation » des marques nationales, en leur créant une copie, extérieurement très ressemblante, moins chère, placée côte à côte sur le linéaire, passe donc par des marques exclusives, ayant l'apparence de vraies marques de producteurs, sans référence à l'enseigne. En France, compte tenu de la tension concurrentielle entre les grands de la distribution, la plupart des enseignes se sont lancées dans une politique de marques propres : elles ont pour stratégie de créer une marque exclusive par famille de produit et même de différencier les marques propres selon le segment (haut ou bas de gamme) de la famille de produit. Ainsi, chez certaines, il n'y a pas une marque leader qui ne soit pas contrée : une enseigne dispose même de plus de 450 marques propres. En Allemagne, pour faire face à l'extension de ces pratiques, le gouvernement a décidé de lancer une grande offensive en procédant à des modifications du droit des marques, ainsi que du droit de la concurrence. Le Bundestag a eu à examiner un projet de loi visant à limiter l'extension de la contrefaçon avant la fin de 1988.

La troisième tactique de désensibilisation réside dans l'utilisation de la publicité de l'enseigne. Ainsi, la politique de marques exclusives chez Auchan s'accompagne d'une politique publicitaire remarquable dans la mesure où elle occulte le phénomène décrit ci-dessous. En effet, Carrefour avait lancé ses produits drapeaux (produits-libres) dont il attendait une revalorisation de l'image d'enseigne et des profits avec une campagne publicitaire visant à donner à la démarche une allure consumériste fondée sur un discours anti-marque, anti-marketing, anti-publicité. Pour se différencier de Carrefour, Auchan, lui, se présente comme l'allié des consommateurs et des marques nationales : en fustigeant la vie austère (symbolisée par un linéaire où n'existe qu'un seul produit, de type produit générique ou produit drapeau) et en lui opposant la Vie Auchan, faite de liberté de choix et de largeur de choix. La réalité est pourtant autre : parce qu'ils sont clairement identifiés, le produit générique ou le produit drapeau sont bien moins des menaces pour la grande marque que ne le sont les marques privées. Utilisées comme clones par la ressemblance de leur allure extérieure avec la marque-cible, leur but est d'amener le consommateur à les assimiler. Puis, en leur conférant une large visibilité en rayon (une part importante du linéaire) et une différence de prix significative, le but est de conduire l'acheteur à transférer insensiblement ses choix vers la marque privée.

Du point de vue de la communication, ces deux campagnes sont remarquables en ce sens que toutes deux ont réussi à présenter comme une contribution à la libération du consommateur une activité dont l'objectif réel est, en fait, d'améliorer la profitabilité des magasins en limitant la part des marques nationales, voire en s'appropriant leur pouvoir. Tout le talent de la distribution est d'avoir acquis une maîtrise totale de l'arme publicitaire et de la construction d'une image, tout en se déclarant consumériste et anti-publicité.

En conclusion, le développement de marques propres, imitations fidèles de marques nationales s'inscrit dans une logique de captation de certaines fonctions de la marque : fonction de personnalisation, fonction ludique, fonction de praticité. On peut se demander si l'accent porté à imiter extérieurement des marques nationales ne traduit pas les difficultés concrètes à prendre en charge les autres fonctions de la marque que sont la fonction d'identification et de garantie. Ces deux fonctions, en effet, supposent la mise en place d'une organisation industrielle et humaine tournée vers la production de marques réellement innovantes et différentes des marques nationales. Il s'agit certainement d'une démarche plus coûteuse, plus longue et plus hasardeuse, voire d'un autre métier.

BIBLIOGRAPHIE

Cunningham I., Hardy A. and Imperia G. (1982), « Generic Brands versus National Brands and Store Brands », *Journal of Advertising Research*, Oct/Nov., vol. 22, n° 5, p. 25-34.

Franck R. and Boyd H.W. (1965), « Are Private-Brand-Prone Grocery Customers Really Different ? », *Journal of Advertising Research*, December, vol. 5, n° 4, p. 27-36.

Grelot P. et Zeyl A. (1984), *Les Marques en question*, Fondation pour la Recherche en Distribution, le Bord'Haut de Vigny, 95450.

Jacoby J. and Chestnut R. (1978), *Brand Loyalty : Measurement and Management*, New York, Ronald Press.

Kapferer J.N. (1985), *L'Enfant et la publicité*, Paris, Dunod.

Kapferer J.N. (1985), « Refléchissez au nom de votre entreprise », *Harvard-Expansion*, Automne, p. 104-118.

Kapferer J.N. et Laurent G. (1981), « Une analyse des relations entre les classifications de style de vie et l'achat des produits courants », 21e journée d'études de l'Institut de Recherches et d'Etudes Publicitaires, Mai, p. 205-223.

Kapferer J.N. et Laurent G. (1983), *Comment mesurer le degré d'implication des consommateurs*, Institut de Recherches et d'Etudes Publicitaires, Paris.

Kapferer J.N. et Laurent G. (1983), *La Sensibilité aux marques*, Paris, Fondation Jours de France pour la Recherche en Publicité.

Kapferer J.N. and Laurent G. (1984), « Marketing Analysis on the Basis of Consumers'Degree of Involvement », ESOMAR Congress, Proceedings, Rome, September, p. 223-246.

Kapferer J.N. et Variot J.F. (1984), « L'Identité de marque », 4e journée d'Etudes du C.R.C.S., Paris, Centre de Recherches sur la Communication Spécialisée.

Laurent G. and Kapferer J.N. (1985), « Measuring Consumer Involvement Profiles », *Journal of Marketing Research,* Vol. XXII, February, p. 41-53.

Laurent G. and Kapferer J.N. (1986), « Conflict in the Channel : The Case of European Store Brands », Brussels, October 28. Annual Conference, European Institute for Advanced Studies in Management.

McEnally M. and Hawes J.M. (1984), « The Market for Generic Brand Grocery Products : a Review and Extension », *Journal of Marketing*, vol. 48, n° 1, p. 75-83.

Ratchford B.T. (1987), « New Insights about the FCB Grid », *Journal of Advertising Research*, August/September, vol. 27, n° 4, p. 24-38.

Salimans R.C. (1986), « Brands and own Brands in Europe », ESOMAR Conference on Retail Strategies and Growth, Proceedings, p. 125-151.

Secodip (1986), « Qui achète les marques des distributeurs ? » *Libre Service Actualités,* 21 Février, n° 1014, p. 85-88.

Thil E. et Baroux C. (1983), *Un pavé dans la marque*, Paris, Flammarion.

Szymaroski D. and Busch P. (1987), « Identifying the Generics-Prone Consumer : A Meta-Analysis », *Journal of Marketing Research*, vol. XXIV (November), p. 425-431.

ANNEXE 1

Les neuf scénarios de sensibilité aux marques

Description des scénarios		Détachement total	Safari au Modèle	Détachement partiel	Insensibilité réfléchie	Attachement partagé	Panachage réfléchi	Pseudo-Fidélité	Fixation	Fidélité réfléchie
• Comportement		Versatile	Versatile	Panachage	Panachage	Panachage	Panachage	1 Marque	1 Marque	1 Marque
• Sensibilité aux marques (base 100)		37	47	50	67	115	139	53	127	154
• Processus de décision (base 100) (caractère approfondi et extensif)		28	122	38	133	72	143	36	80	143
Pourcentage des cas	100 %	8 %	8 %	9 %	13 %	11 %	15 %	5 %	12 %	18 %
VENTILATION DES PRODUITS(1)										
Robes	Textile	—	54	—	23	—	—	—	—	—
Collants	Textile	10	12	—	—	15	—	17	15	17
Soutien-Gorge	Textile	—	11	—	21	—	—	—	—	36
Aspirateur	Durables	—	15	—	36	—	16	—	—	13
Matelas	Durables	—	18	—	26	—	20	—	—	16
Téléviseur	Durables	—	—	—	20	—	32	—	—	12
Machine à laver	Durables	—	—	—	23	—	38	—	—	14
Liquide vaisselle	Entretien	—	—	26	—	—	—	17	17	21
Piles électriques	Entretien	28	—	19	—	22	—	—	13	—
Lessive	Entretien	13	—	11	—	17	—	—	19	17
Eau minérale	Alimentation	13	—	14	—	14	—	—	21	19
Pâtes alimentaires	Alimentation	12	—	26	—	—	—	—	18	12
Yaourts	Alimentation	22	—	—	12	14	17	—	—	12
Chocolat	Alimentation	10	—	14	—	21	16	—	—	14
Confiture	Alimentation	—	—	17	—	15	15	—	13	—
Café	Alimentation	—	—	—	—	20	—	—	21	20
Champagne	Alimentation	—	—	—	—	18	38	—	14	—
Savon de toilette	Hygiène santé	11	—	17	—	19	—	—	21	21
Shampooing	Hygiène santé	—	—	—	12	17	—	—	13	23
Eau de toilette	Hygiène santé	—	—	—	19	—	30	—	15	19

(1) Pourcentages en ligne. Les pourcentages inférieurs à 10 % sont omis.

Chapitre 4

La marque et le comportement de choix de l'acheteur

par Jean-Jacques Lambin

L'objectif de ce chapitre est d'analyser la place qu'occupe la marque dans le processus de décision des acheteurs, qu'il s'agisse de consommateurs ou d'acheteurs organisationnels. On examinera également la manière dont le producteur peut influencer l'acheteur et les modalités de réponse du marché. Trois questions seront donc examinées dans ce chapitre : (a) comment l'acheteur perçoit-il la marque et quelle est son utilité pour lui ? ; (b) comment l'acheteur réagit-il aux incitants marketing mis en œuvre par le producteur ; (c) dans quelle mesure l'acheteur est-il effectivement influencé par ces incitants marketing, et en particulier par la publicité de marque ?

Ce qui est proposé dans ce chapitre est donc un essai d'explication du comportement d'achat des marques. Toute tentative d'explication s'appuie nécessairement sur un certain nombre d'hypothèses implicites qui gagnent à être explicitées. Nous commencerons donc par rappeler brièvement les fondements idéologiques de la démarche marketing.

1. LES FONDEMENTS IDÉOLOGIQUES DU MARKETING

Le marketing est un système de pensée et un système d'action. L'opinion publique a souvent tendance à ne retenir du marketing que la dimension « action » et à assimiler marketing à vente et publicité. Quant au système de pensée que l'on prête habituellement au marketing, il s'agit d'une idéologie qui consisterait à plier la demande aux exigences du producteur et à promouvoir en définitive un système marchand, dans lequel les individus font l'objet d'une exploitation commerciale des vendeurs.

Implicite dans cette vision du rôle du marketing se trouve l'idée de l'omnipotence du marketing et de la publicité qui seraient capables de faire tout accepter par le marché, grâce à des actions puissantes de communication qui se résument au « faire-savoir » et au « faire-valoir », et qui seraient conçues indépendamment de tout souci de satisfaction des besoins réels des acheteurs. Ce mythe de la toute puissance du marketing est une rumeur persistante, en dépit du fait que les preuves du contraire abondent comme, par exemple, les taux d'échecs très élevés de produits et marques nouvelles (plus de 50 %) qui témoignent de la capacité de résistance du marché aux entreprises de séduction des producteurs.

En réalité, le malentendu est profond, et la « théorie » ou l'idéologie à la base de la démarche du marketing est toute autre.

Le système de pensée à la base du marketing — ce que l'on appelle le concept ou l'optique marketing — s'appuie en fait sur une *théorie des choix individuels fondée sur le principe de la souveraineté de l'acheteur*. Vu dans cette perspective, le marketing n'est que l'expression sociale et la traduction en règles opérationnelles de gestion des principes énoncés par les économistes classiques à la fin du 18e siècle, qui sont à la base de l'économie de marché et qui, suivant Adam Smith (1776), peuvent se résumer comme suit :

> « ... le bien-être social ne dépend pas en définitive des intentions altruistes, mais résulte davantage de la conjonction, par l'échange volontaire et concurrentiel, des mobiles intéressés des producteurs et des consommateurs. »

Partant du principe que la poursuite de l'intérêt personnel est une tendance indéfectible chez la plupart des êtres humains — ce que l'on peut déplorer sur le plan moral mais qui reste un fait —, Adam Smith suggère de laisser les gens être ce qu'ils sont, mais de développer un système qui fasse en sorte que les individus égocentriques contribuent, sans le vouloir, au bien commun. Ce système est alors celui de l'échange concurrentiel et volontaire géré par la « main invisible », celle de la poursuite égoïste d'intérêts personnels qui sert en fin de compte l'intérêt général.

Ce principe de base a certes été amendé, dans les économies modernes, de considérations sociales (solidarité) et sociétales (effets externes, biens collectifs, Etat-arbitre, etc.), mais il reste néanmoins le principe directeur qui oriente l'activité économique d'une entreprise performante opérant dans un marché de libre concurrence. En outre, il est devenu plus clair que jamais que les pays qui ont nié les idées d'Adam Smith découvrent aujourd'hui à leurs dépens qu'ils ont regressé sur le plan économique. Le livre récent de Gorbatchev apporte un témoignage éclairant à cet égard (Gorbatchev, 1987, pp. 21-22).

A la base de l'économie de marché, on retrouve donc quatre idées centrales, innocentes en apparence, mais lourdes d'implications au plan de la philosophie d'approche des marchés.

— Ce que les individus recherchent, ce sont des *expériences gratifiantes pour eux ;* c'est la poursuite d'un intérêt personnel qui incite les individus à produire et à travailler. Cette recherche est le moteur de la croissance, du développement individuel et, en définitive, détermine le bien-être général.

— Ce qui est gratifiant relève des *choix individuels*, lesquels varient selon les goûts, les cultures, les systèmes de valeur, etc. Sous réserve du respect des règles éthiques, morales, sociales qu'une société se donne, aucun jugement ne doit être porté sur la valeur ou la frivolité des choix ou sur ce qui pourrait être considéré comme de « vrais » ou de « faux » besoins. Le système est *pluraliste* et respectueux de la diversité des goûts et préférences.

— C'est par l'*échange volontaire et concurrentiel* que les individus, et les organisations qui s'adressent à eux, réaliseront le mieux leurs objectifs. Si l'échange est volontaire, il n'aura réellement lieu que si les termes de l'échange sont générateurs d'utilité pour les deux partenaires ; si l'échange est concurrentiel, les risques d'abus de pouvoir de marché des producteurs seront limités.

— Les mécanismes de l'économie de marché s'appuient sur le *principe de la liberté individuelle* et, plus particulièrement, sur le principe de la souveraineté de l'acheteur. Le fondement moral du système réside dans la reconnaissance du fait que les individus sont responsables de leurs actes et capables de décider ce qui est bon et mauvais pour eux.

La démarche marketing trouve ses fondements dans ces quatre principes qui débouchent sur une philosophie d'action valable pour toute organisation au service d'un public d'usagers, et selon laquelle la satisfaction des besoins de la clientèle doit être l'objectif principal de toute son activité, non pas par altruisme, mais par intérêt bien compris, parce que c'est là le meilleur moyen d'atteindre ses propres objectifs de croissance et de rentabilité.

Dans l'optique du marketing, le comportement d'achat est donc vu comme un processus de résolution d'un problème dans lequel l'individu — et a fortiori l'organisation — intervient activement en vue d'effectuer des choix en connaissance de cause. Cette vision de l'acheteur actif s'oppose complètement à celle de l'acheteur passif, dominé par son inconscient et désarmé face aux actions de l'entreprise et des publicitaires. Pour le marketing, les comportements d'achat ne sont pas erratiques, ni conditionnés par l'environnement, mais sont rationnels au sens du principe de la rationalité limitée, c'est-à-dire rationnels dans les limites des capacités cognitives et d'apprentissage des individus.

L'individu qui attache de l'importance à l'effet d'ostentation et qui est prêt à payer plus cher pour une marque de qualité équivalente mais qui apporte l'effet recherché, sera considéré comme rationnel parce que, dans les démarches et choix effectués par cet individu, il y a cohérence par rapport aux objectifs préétablis par lui, quels que soient ces objectifs.

Telle est l'idéologie à la base de la démarche marketing. On conçoit que l'écart peut être grand entre ce que le marketing prétend être « en théorie » et ce qu'il pratique en réalité. Les bavures sont présentes à l'esprit de chacun. Il n'en reste pas moins que le concept marketing est l'idéal à rechercher par l'entreprise performante. C'est peut-être un mythe, mais c'est un *mythe directeur* qui doit orienter en permanence les actions de l'entreprise.

La mise en œuvre de cette philosophie d'action suppose alors une double démarche de la part de l'entreprise :

— une analyse systématique et permanente des besoins du marché et le développement de concepts de produits performants destinés à des groupes d'acheteurs spécifiques, présentant des qualités distinctives qui les différencient des concurrents immédiats, assurant ainsi au producteur un avantage concurrentiel durable et défendable ; ce sont les objectifs assignés au *marketing stratégique* ;

— l'organisation de stratégies de vente et de communication dont l'objectif est de faire connaître et de valoriser auprès des acheteurs potentiels les qualités distinctives revendiquées pour les produits offerts, en réduisant ainsi les coûts de prospection des acheteurs ; c'est bien là le rôle du *marketing opérationnel.*

Ces deux démarches sont étroitement complémentaires et se concrétisent dans l'entreprise par l'*élaboration de politiques de marques* qui apparaissent comme étant l'instrument de mise en application opérationnelle du concept marketing.

C'est en gardant à l'esprit ces fondements idéologiques qui président à l'action de l'entreprise, qu'il faut analyser le rôle de la marque et son impact sur l'acheteur. La question à examiner maintenant est de savoir dans quelle mesure les politiques de marques atteignent effectivement les objectifs qui leur sont assignés.

2. LA PERCEPTION DE LA MARQUE PAR L'ACHETEUR

Dans son comportement d'achat, l'acheteur recherche des expériences gratifiantes, des satisfactions lui permettant de rencontrer des besoins de confort, de plaisir et de stimulation (Lambin 1986, pp. 48-50). Quel est le rôle de la marque dans le processus de choix de l'acheteur ? On s'attachera à répondre à cette question en analysant la manière dont la marque est perçue et utilisée par l'acheteur.

2.1. La marque comme « panier d'attributs »

Une marque, vue sous l'angle de l'acheteur, peut se définir comme un panier spécifique d'attributs qui apporte à l'acheteur, non seulement le service de base propre à la classe de produit, mais également un ensemble de services supplémentaires, nécessaires ou ajoutés, qui constituent des éléments distinctifs entre marques et qui peuvent influencer les préférences des acheteurs. L'ensemble de ces services apportés constitue un panier ou une combinaison d'attributs.

Les développements qui suivent s'appuient sur les travaux originaux de Lancaster (1966) et également sur des idées de Levitt (1969) et d'Eiglier et Langeard (1985).

2.1.1. Le service de base

Le service de base apporté par une marque correspond à l'utilité fonctionnelle de la classe de produit ; c'est l'avantage basique ou générique apporté par chacune des marques faisant partie de la catégorie de produit.

Pour un compresseur, le service de base est la production d'air comprimé ; pour un dentifrice, l'hygiène dentaire ; pour une montre, ce sera la mesure du temps ; pour une compagnie aérienne, le transport de Paris à New York ; pour du papier peint, la décoration intérieure de l'habitat, etc.

Cette notion est importante parce qu'elle incite l'entreprise à étudier son marché avec le regard de l'acheteur, et non pas sous l'angle de l'expert ou du technicien avec le risque de myopie que cette optique implique (Levitt, 1960).

En réalité, le service de base définit le marché de référence auquel l'entreprise s'adresse, et cela en raison des faits suivants :

— ce que l'acheteur recherche, ce n'est pas le produit en tant que tel, mais le service de base procuré par le bien ;
— des produits technologiquement très différents peuvent apporter le même service de base à l'acheteur ;
— les technologies sont mouvantes et en changements rapides et profonds, alors que les besoins auxquels répond le service de base restent stables.

L'entreprise a donc intérêt à définir son marché de référence par rapport au service de base apporté, plutôt que par rapport à une technologie particulière, de manière à cerner avec précision l'ensemble des solutions évoquées par les acheteurs lorsqu'ils sont confrontés à un problème de choix.

Toutes les marques appartenant au même marché de référence apportent à l'acheteur le service de base recherché d'une manière qui tend à s'uniformiser dans la mesure où les performances techniques s'équilibrent sous l'effet de la concurrence et de la diffusion du progrès technique. De ce fait, dans un nombre important de marchés, le service de base est souvent en soi un critère de choix peu déterminant ; plus discriminante sera la manière dont est produit ce service de base.

2.1.2. Les services supplémentaires

En plus de l'utilité fonctionnelle de base, une marque apporte un ensemble d'autres *utilités ou services supplémentaires*, secondaires par rapport au service de base, mais dont l'importance peut être décisive lorsque les performances s'équilibrent entre marques concurrentes.

Ces services supplémentaires peuvent être de deux types : des services « nécessaires » et des services « ajoutés ».

Les *services nécessaires* s'identifient aux modalités de production du service de base (confort, économie, absence de bruit, etc.) et à tout ce qui accompagne normalement le service de base (emballage, livraison, modalités de paiement, service après vente,..).

Les compresseurs Atlas-Copco « oil-free » produisent de l'air comprimé, dégagé de toute particule d'huile ; les imprimantes Epson ont comme caractéristique d'être particulièrement silencieuses ; les marques de voitures japonaises sont connues pour leur haute fiabilité ; la convivialité des micro-ordinateurs Apple est très grande ; le modèle des produits de Bang et Olufsen est remarquable ; les montres Swatch par la variété de leurs modèles créent un attribut nouveau, la montre objet de mode, etc.

Les *services ajoutés* sont des utilités non liées au service de base, offertes en plus par la marque et qui, de ce fait, représentent un élément distinctif important. Il est à noter que ces services ajoutés, peuvent être de nature très différente : fonctionnelle, esthétique, sociale,...

Singapore Airlines offre la gratuité du cinéma et des boissons à bord en classe « Economy » ; certaines marques de voitures incluent l'équipement radio dans leurs prix de base ; des cartes de crédit donnent droit à des conditions de faveur dans des hôtels ; etc.

Ces services supplémentaires, nécessaires ou ajoutés, constituent des attributs qui, *générateurs de satisfactions pour l'acheteur,* peuvent être très différents selon les marques et donc être utilisés comme critères de choix. On conçoit, en outre, que différents acheteurs peuvent attribuer des degrés d'importance différents à la présence de certains attributs.

Une marque peut donc se définir comme étant un panier ou une combinaison d'attributs qui génèrent, de manière spécifique, le service de base et des services supplémentaires, nécessaires ou ajoutés, dont l'importance et le degré de présence peuvent être perçus de manière différenciée par les acheteurs.

Il est à noter que toute marque détient au moins une caractéristique unique (généralement plus d'une) et qui est alors simplement le nom de la marque. La perception globale d'une marque par l'acheteur constitue alors ce qu'on appelle communément *« l'image de marque »* que l'on peut définir comme suit :

« l'ensemble des représentations mentales, tant affectives que cognitives, qu'un individu ou un groupe d'individus associe à une marque ou à une organisation ».

La connaissance par l'entreprise de ces représentations mentales est un élément clé de toute politique de marque.

2.2. Modélisation de la marque, panier d'attributs

Sur la base des considérations générales qui précèdent, on peut modéliser cette notion de marque, panier d'attributs, de manière à pouvoir mesurer empiriquement une image de marque et à identifier ainsi les perceptions des acheteurs. Cette connaissance permet non seulement d'évaluer l'impact d'une politique de marque, mais également d'identifier les actions à entreprendre pour mieux rencontrer les attentes du marché.

Les différents éléments constitutifs du modèle de perception d'une marque sont repris au tableau 1. L'intégration de ces éléments débouche sur une mesure de l'utilité globale perçue d'une marque pour un acheteur déterminé. Cette utilité globale peut s'interpréter comme étant un déterminant de la probabilitité d'achat de la marque pour l'acheteur.

Tableau 1. Modélisation de la marque vue comme un panier d'attributs

Caractéristiques objectives	**Attributs**	**Evaluation des attributs**		**Utilité partielle**	**Utilité totale**
		Importance	**Présence**		
... C_{li}... ... C_{2i}... ... ... C_{ki}... ... ... C_{ni}...	A_1 A_2 ... A_k ... A_n	W_1 W_2 ... W_k ... W_n	X_1 X_2 ... X_k ... X_n	u_1 u_2 ... u_k ... u_n	U
Réalité	Panier d'attributs	Priorités	Perceptions	Valeurs	
Fiche technique	Etude exploratoire	Echelle proportion	Echelle intervalle		Modèle d'intégration

Reprenons systématiquement les différents éléments constitutifs de la perception globale d'une marque par un individu. Les développements qui suivent s'appuient essentiellement sur les travaux théoriques de Rosenberg (1956) et de Fishbein (1967).

2.2.1. La notion d'attribut

Par « attribut », on entend l'avantage recherché par l'acheteur ; c'est l'attribut qui « génère » le service, la satisfaction et comme tel il est utilisé comme un des critères de choix.

En se référant aux exemples précédents, ce seraient donc le « design » d'une montre, la « fiabilité » d'une voiture, le « caractère silencieux » d'une imprimante, « l'effet de prestige » d'un produit de confection, la « pureté de l'air comprimé » produit par un compresseur, etc.

Comme on l'a souligné plus haut, les attributs pris en compte par l'acheteur sont généralement multiples. L'évaluation globale de la marque s'appuie nécessairement sur un processus d'intégration des évaluations de chaque attribut. Ces attributs peuvent être des attributs fonctionnels (puissance, confort, etc.), mais également des attributs perceptuels, affectifs, esthétiques, etc ;

On appelle *attributs « déterminants »* les attributs qui permettent de discriminer les marques. Un attribut également présent dans les marques comparées ne permet pas de les différencier et dès lors ne peut être déterminant dans le choix (Myers et Alpert, 1976).

Le prix est toujours un critère important mais pas nécessairement déterminant lorsque, par exemple, toutes les marques se vendent exactement au même prix.

Il faut éviter de définir des attributs d'une manière trop générale, l'avantage recherché pouvant avoir plusieurs dimensions. L'attribut « économie », par exemple, est souvent cité par les acheteurs potentiels, mais ce terme est trop vague et peut recouvrir en fait d'autres attributs.

Pour une voiture, l'avantage « économie » peut résulter d'au moins trois *micro-attributs :* le prix d'achat faible, l'économie d'usage et l'économie d'entretien.

Les marques pouvant être évaluées différemment sur chacun de ces micro-attributs, il importe donc de les considérer séparément.

C'est également le cas de l'attribut « qualité », un *macro-attribut* qui recouvre un grand nombre de dimensions. A titre d'illustration, on a présenté au tableau 2 la liste des attributs retenus dans deux études d'image, l'une sur le marché des pneus de voiture, l'autre dans un marché industriel, celui des gants de protection.

Tableau 2. Exemples de paniers d'attributs
Les marchés des pneus de voiture et des gants industriels

Les marques de pneus de voiture	Les sociétés distributrices de gants industriels
• Résistance à l'usure	• Délai d'approvisionnement
• Prix avantageux	• Conditionnement
• Adhérence	• Informations techniques
• Confort	• Conditions de paiement
• Tenue sous la pluie	• Prix compétitifs
• Look-esthétique	• Qualité des produits
• Résistance à l'éclatement	• Réputation
• Sculpture du pneu	• Service
	• Variété d'articles

Un attribut est en fait une variable discrète, c'est-à-dire qu'il est susceptible de prendre différentes valeurs reflétant le degré de présence de l'attribut dans la marque évaluée. On parle alors du *niveau d'un attribut.* Chaque marque constitue un panier spécifique d'attributs, dont la spécificité tient au fait que les attributs y sont présents à des niveaux déterminés.

2.2.2. *Les caractéristiques objectives*

Ce sont les caractéristiques, le plus souvent techniques, qui produisent l'attribut ou l'avantage recherché. Elles constituent la fiche technique d'une marque. Généralement, plusieurs caractéristiques objectives interviennent pour produire l'avantage ou l'attribut.

L'attribut « confort » d'une voiture résulte de la présence de plusieurs caractéristiques : la suspension indépendante « quatre roues », la grandeur de l'habitacle, la structure des sièges, etc. De même, ce qui constitue la « convenance » d'un supermarché, c'est non seulement sa localisation mais également sa facilité d'accès, la grandeur du parking, le temps d'attente aux caisses, etc.

Si l'évaluation porte sur les caractérisitiques objectives, il importe d'éviter les redondances, certaines caractéristiques étant liées entre elles.

La « puissance » d'une voiture est due à sa cylindrée, ce qui contribue à augmenter son poids et sa grandeur ; ces caractéristiques sont donc intercorrélées et un jugement donné sur une caractéristique permet d'évaluer l'autre.

D'une manière générale, l'acheteur potentiel s'intéressera plus aux avantages apportés qu'aux caractéristiques objectives, sauf lorsque celles-ci contribuent directement à renforcer la performance de la marque dans la production d'un des avantages recherchés ou à augmenter la crédibilité de la réalisation de cette performance.

L'écran plasma d'un micro-ordinateur portable est une caractéristique technique qui contribue au confort de l'utilisateur ; la présence du fluor dans un dentifrice contribue à renforcer la crédibilité de la fonction « prévention des caries » ; la présence du logo d'un grand couturier suffit à créer l'effet de prestige ou d'ostentation recherché par un certain groupe d'acheteurs.

Selon la méthode utilisée, les évaluations des répondants peuvent toutefois porter sur les attributs ou sur les caractéristiques.

La connaissance des besoins des acheteurs est alors un incitant important pour la recherche et développement. Son rôle est de rechercher les caractéristiques techniques permettant de rencontrer des attentes du marché encore non satisfaites ou d'améliorer la performance des produits existants, donnant ainsi un avantage concurrentiel à la marque innovatrice.

Les progrès réalisés dans les circuits intégrés permettent la réalisation de micro-ordinateurs dont les attributs « performance » et « maniabilité » se sont considérablement améliorés ; la présence de nouveaux matériaux dans les voitures réduit leur poids et accroît l'économie d'usage.

C'est principalement au stade de la conception du produit et dans la recherche de qualités distinctives pour la marque que cette interface entre la R & D et le marketing stratégique sera importante.

L'évaluation par les acheteurs des attributs ou des caractéristiques s'appuie sur deux types de considérations : l'importance ressentie des attributs et leur degré de présence perçu dans la marque évaluée.

2.2.3. L'importance des attributs

Tous les attributs n'ont pas la même importance aux yeux de l'acheteur. L'*importance d'un attribut* pour un individu reflète les valeurs ou les priorités que cet individu réserve à chacun des avantages apportés par la marque, étant donné qu'il est nécessairement amené à effectuer des arbitrages entre avantages recherchés.

Toute personne raisonnable souhaite obtenir le plus en contrepartie du moins : le meilleur service, la meilleure performance, mais aussi le prix le plus avantageux, le minimum de déplacement, une information complète, etc. Etant donné que ces objectifs sont généralement inconciliables, l'individu est amené à devoir faire des choix et à décider ce qui, en définitive, est le plus important pour lui, et cela en tenant compte du fait que l'information détenue est toujours imparfaite. Il est clair, en effet, que dans de nombreuses situations d'achat, l'acheteur n'a pas intérêt à prolonger sa recherche d'information au delà d'un certain niveau, étant donné le coût (exprimé en temps mobilisé ou en perte d'opportunité) d'une information complémentaire.

La connaissance des priorités de certains groupes d'acheteurs permet aux entreprises de développer des marques qui constituent des paniers d'attributs conçus pour rencontrer les attentes spécifiques de ces acheteurs.

— Bang et Olufsen offre des produits destinés à des acheteurs particulièrement sensibles à l'esthétique et disposés à y mettre le prix.

— La marque de dentifrice Fluocaril met l'accent sur la fonction de prévention des caries et s'adresse à des consommateurs sensibles aux arguments de la prévention médicale.

— Les compresseurs Atlas-Copco « oil-free » sont particulièrement bien adaptés aux activités de production pour lesquelles la pureté de l'air produit est importante (produits pharmaceutiques, textiles fins, etc.).

— Le « design » des montres Swatch est apprécié par les acheteurs sensibles à l'effet de mode.

Les mesures d'importance des attributs permettent donc aux entreprises de pratiquer des *stratégies de segmentation*, dont l'objectif est de coller le mieux possible à la diversité des besoins et d'éviter ainsi aux acheteurs de devoir se contenter de produits de performance moyenne sur chacun des attributs.

Les acheteurs sont capables de conceptualiser l'importance qu'ils accordent aux attributs et de communiquer cette conviction dans des enquêtes. Idéalement, le degré d'importance d'un attribut se mesure sur une échelle de proportion (un nombre compris entre 0 et 10) ; lorsque le nombre d'attributs est très élevé, la tâche devient difficile pour le répondant et l'on recourra plutôt à une échelle d'importance (échelle intervalle).

2.2.4. Le degré de présence perçu d'un attribut

Un attribut peut être ressenti comme très important par un acheteur, mais aussi ne pas être perçu comme très bien représenté dans une marque déterminée. Les mesures d'importance doivent donc être complétées de mesures portant sur le degré de présence perçu des attributs.

Les perceptions des individus sont sélectives et relatives. Sélectives, parce que l'attention est sélective, les individus ayant tendance à filtrer les informations auxquelles ils sont exposés ; certains éléments sont retenus parce qu'ils répondent bien aux convictions du moment ; d'autres sont déformés lorsqu'ils sont en contradiction avec le cadre de référence établi ; d'autres, enfin, sont rejetés parce que inquiétants ou simplement dérangeants (Pinson, 1978). Les perceptions sont relatives, en outre, parce que les expériences et les attentes des individus sont variées et que, dès lors, le degré de présence des attributs est perçu différemment.

Les individus ont donc des perceptions sur la présence des attributs dans les marques. Ces perceptions peuvent s'appuyer sur l'expérience, les informations recueillies, les avis d'amis ou de voisins, la publicité, des impressions purement personnelles, etc. Peu importe, en définitive. Ces perceptions, qui peuvent ne pas correspondre à la réalité de la marque, sont néanmoins les composantes de l'image de marque et donc une réalité pour l'entreprise. Les études de marché montrent que les répondants sont capables de s'exprimer sur les marques qu'ils connaissent et que leurs « impressions » sont mesurables.

Pour « reconnaître » une marque, le consommateur utilise non seulement le nom de la marque, mais également ses autres caractéristiques observables, telles que l'emballage, le design, le logo, les codes couleurs, etc. Ces caractéristiques externes visibles font donc intégralement partie du capital d'une marque puisqu'elles sont utilisées par les acheteurs pour identifier le degré de présence d'un attribut et pour classer les marques en fonction du type de promesse qu'elles représentent.

Tout politique d'imitation systématique de ces caractéristiques observables qui chercherait à maximiser les ressemblances des caractéristiques externes pour « faire croire » que le panier d'attributs et d'avantages apportés est identique à celui de la marque imitée, est une forme d'intoxication du marché aussi répréhensible, d'un point de vue sociétal, que la publicité fallacieuse ou que la contrefaçon. Ces pratiques, parfois adoptées par des marques privées, engendrent la confusion dans le marché et rendent plus complexe le processus de choix informé souhaité par les acheteurs.

2.2.5. *Valeur ou utilité partielle d'un attribut*

La valeur d'un attribut pour un individu dépend de la conjonction des deux dimensions évaluatives : l'importance de l'attribut et son degré de présence perçu. On appelle cette valeur l'*utilité partielle* de l'attribut ; ce sont les valeurs subjectives associées à chacun des attributs. Ces valeurs sont donc le produit du degré de présence perçu d'un attribut et de son importance.

L'*utilité totale* d'une marque pour un acheteur déterminé est alors considérée comme égale, soit à la somme, soit au produit, des utilités partielles associées par l'acheteur à chaque attribut. Soit,

$$U = u_1(x_1) + u_2(x_2) + \ldots u_i(x_i) + \ldots u_n(x_n)$$

où,

U = utilité totale de la marque pour l'acheteur
u = utilité partielle de l'attribut i pour l'acheteur
x = niveau perçu par l'acheteur de l'attribut i

La détermination de l'utilité totale suppose le recours à un modèle d'intégration des utilités partielles. Le plus souvent, on a recours à un modèle d'intégration compensatoire et additif :

— compensatoire, parce qu'une note très faible sur un attribut peut être compensée par une note élevée sur un autre attribut ;

— additif, parce que l'on suppose l'absence d'interaction entre les attributs.

D'autres modèles d'intégration des utilités partielles peuvent être adoptés. C'est le cas notamment des modèles non compensatoires qui sont susceptibles d'application lorsque l'acheteur tend à privilégier un ou plusieurs attributs (modèle disjonctif) ou encore lorsqu'il fixe des valeurs minimales sur le degré de présence des attributs (modèle conjonctif). La valeur prédictive de ces différents modèles a été analysée par Pras et Tarondeau (1981, pp. 122-144).

2.3. Méthodes de mesure des images de marque

Pour mesurer l'utilité totale d'une marque, on peut procéder de deux manières, par une approche de « composition » ou de « décomposition ».

Dans l'approche de « *composition* », on construit le score de l'utilité totale, comme montré au tableau 3, à partir des mesures d'importance et de degré de présence perçu des attributs déterminants du choix. En combinant ces mesures dans un modèle d'intégration compensatoire, on obtient un score d'utilité totale qui synthétise les évaluations partielles des individus et qui est de ce fait révélateur de ses préférences. Ainsi dans l'exemple du tableau 3, l'individu préférera la marque A qui est « globalement » supérieure à la marque B, même si celle-ci est mieux évaluée que la marque A sur trois attributs.

Tableau 3. La marque comme panier d'attributs
Approche de composition

Attributs	**Importance**[1] **(max = 10)**	**Marque A**		**Marque B**	
		Degré de présence[2]	**Utilité partielle**	**Degré de présence**	**Utilité partielle**
Dimension	8	7	58	1	8
Consommation	9	8	72	2	18
Ligne	2	2	4	9	18
Performance	3	2	6	9	27
Confort	2	3	6	10	20
Utilité totale	—	—	$\Sigma = 144$	—	$\Sigma = 91$

[1] L'importance se mesure sur une échelle de proportion : le répondant doit répartir 100 points entre les 5 attributs déterminants ou, lorsque le nombre d'attributs est trop élevé, noter chaque attribut sur 10 points, sachant que 0 veut dire aucune importance, que la note 8 implique une importance deux fois plus grande que la note 4, etc.
[2] Le degré de présence perçu se mesure sur une échelle intervalle à 5, 7 ou 10 positions accompagnées éventuellement de supports sémantiques.

Dans l'approche de « *décomposition* », les répondants réagissent face à un ensemble de concepts globaux de produits, décrits habituellement en termes de caractéristiques et non pas d'attributs. L'information à recueillir se limite à un classement des préférences pour les différents concepts de produits proposés. C'est à l'analyste qu'il incombe ensuite de dériver les utilités partielles de chaque niveau des caractéristiques, en recourant aux méthodes de l'analyse conjointe (Green et Srinivasan, 1978) ou de l'analyse trade-off (Johnson, 1974). Partant du classement préférentiel des différents paniers, on recherche par inférence statistique les utilités partielles sous-jacentes permettant de reconstituer au mieux le classement global du répondant.

> Dans l'exemple du tableau 4, les répondants doivent classer les 16 paniers qui leur sont proposés et qui constituent chacun une combinaison différentes des trois caractéristiques : marque, prix et teneur en goudron et nicotine. Ainsi le panier 6 (C-62-9/0,7) est composé comme suit : la marque Camel, au prix de 62 FB, avec une teneur en goudron de 9 mg et en nicotine de 0,7 mg.

Sur la base des classements obtenus, on estime directement, et pour chaque répondant, les utilités partielles qui combinent importance de la caractéristique et degré de présence perçu, sans que l'on puisse les identifier séparément. Une utilité élevée peut donc résulter soit d'une importance très élevée et d'un degré de présence perçu faible, soit d'une importance faible compensée par un degré de présence perçu élevé. Différentes méthodes d'estimation existent. La plus courante et la plus fiable est l'estimation économétrique avec variables binaires (0,1) comme montré dans l'exemple du tableau 4.

Tableau 4. Exemple de modélisation des préférences par l'approche de décomposition Le segment des cigarettes « blended » en Belgique

- La société Philip Morris souhaite obtenir des informations sur l'élasticité au prix de sa marque Marlboro et de ses trois principales marques concurrentes : Barclay, Camel et Gauloise blonde.
- Une marque de cigarette peut se définir comme un panier de sept caractéristiques : la marque, le contenu du paquet, la rigidité du paquet, la longueur de la cigarette, la teneur en goudron et nicotine, le diamètre de la cigarette et le prix.
- Les quatre marques étudiées se différencient uniquement sur trois caractéristiques : la marque, la teneur en goudron et nicotine et le prix : seules ces caractéristiques sont donc déterminantes du choix.
- Pour chacune des caractéristiques, on retient les niveaux suivants.
  Marque : Marlboro, Barclay, Camel, Gauloise blonde.
  Teneur : G : 1 mg, N : 0,2 mg − G : 4 mg, N : 0,4 mg − G : 9 mg, N : 0,7 mg − G : 15 mg, N : 1 mg.
  Prix : 57 F, 62 F, 67 F, 72 F.
- On a donc au total (4 × 4 × 4) 64 paniers distincts de caractéristiques. En adoptant un plan d'expérience du type carré-latin, dans lequel on néglige les interactions entre trois facteurs à la fois, le nombre de paniers à évaluer est réduit à 16. Ces 16 paniers distincts ont été évalués par un échantillon de fumeurs.
- Chaque panier de k variables peut être décrit par un ensemble de k-1 variables binaires (0,1), dénotant la présence ou l'absence des niveaux de chaque caractéristique, qui interviendront comme variables explicatives des préférences dans un modèle de régression linéaire.

Paniers de caractéristiques	Marque			Prix			Teneur			Classement du répondant
	C	B	G	62 F	67 F	72 F	4/0,4	9/0,7	15/1	
1. M-57-1/0,2	0	0	0	0	0	0	0	0	0	—
2. M-62-4/0,4	0	0	0	1	0	0	1	0	0	—
3. M-67-9/0,7	0	0	0	0	1	0	0	1	0	—
4. M-72-15/1	0	0	0	0	0	1	0	0	1	—
5. C-57-4/0,4	1	0	0	0	0	0	1	0	0	—
6. C-62-9/0,7	1	0	0	1	0	0	0	1	0	—
7. C-67-15/1	1	0	0	0	1	0	0	0	1	—
8. C-72-1/0,2	1	0	0	0	0	1	0	0	0	—
9. B-57-9/0,7	0	1	0	0	0	0	0	1	0	—
10. B-62-15/1	0	1	0	1	0	0	1	0	0	—
11. B-67-1/0,2	0	1	0	0	1	0	0	0	0	—
12. B-72-4/0,4	0	1	0	0	0	1	0	0	1	—
13. G-57-15/1	0	0	1	0	0	0	0	0	1	—
14. G-62-1/0,2	0	0	1	1	0	0	0	0	0	—
15. G-67-4/0,4	0	0	1	0	1	0	1	0	0	—
16. G-72-9/0,7	0	0	1	0	0	1	0	1	0	—

M = Marlboro, C = Camel, B = Barclay, G = Gauloise blonde.
Source : Herwats B., « Etude de l'élasticité de la demande au prix de la cigarette Malboro en comparaison avec trois marques concurrentes », IAG, Louvain-la-Neure, 1988.

Ces résultats permettent de formuler des prévisions sur les choix effectués par les individus lorsque ceux-ci sont confrontés à des marques, qui constituent des paniers d'attributs différents. Quelle que soit l'approche adoptée, il est important de souligner le fait que les préférences des acheteurs sont observables et mesurables et que les tests de leurs valeurs prédictives se sont dans l'ensemble révélés concluants (Assael et Day, 1968 et Wittink et Walsh, 1988).

A titre d'illustration, on examinera les données du tableau 5, où l'on compare les préférences globales d'un échantillon de répondants sur le marché du café en grain en Belgique, aux perceptions explicitées du même échantillon de répondants. On vérifie que les évaluations sur les attributs « expliquent » à plus de 85 % les préférences globales des répondants.

Tableau 5. Exemple de modélisation des préférences par l'approche de composition
Le marché du café en Belgique

- On dispose d'un classement des préférences globales pour 9 marques de café, exprimées par un échantillon de 811 répondants.
- Ces 9 marques ont été ensuite évaluées par ces mêmes répondants sur 11 micro-attributs, sur une échelle d'évaluation à 5 positions.
- Ces données ont été traitées dans une analyse en composantes principales (ACP) qui a identifié deux macro-attributs qui rendent compte à eux seuls de 89,6 % de la variance totale.
- Les coordonnées des 9 marques sur ces deux dimensions factorielles ont été introduites comme variables explicatives des préférences globales dans un modèle de régression linéaire, dont les résultats sont les suivants :

$$\text{Préférences} = 8{,}6 + \underset{(5,1)}{8{,}3}\ \text{Attribut 1} + \underset{(2,9)}{10{,}3}\ \text{Attribut 2}$$

$$R^2 = 0{,}851 \qquad F-\text{test} = 17{,}1\ (2{,}6)$$

- La relation observée est statistiquement significative et les coefficients ont le signe attendu. Ce résultat suggère donc que les attributs retenus expliquent adéquatement les préférences globales exprimées.
- On obtient ainsi un modèle explicatif des préférences construit par composition correspondant au modèle étendu de Fishbein (Bass et Tarlarzyk, 1969 et 1972).

Source : Lambin, 1988, Bruxelles.

2.4. Les fonctions de la marque

La modélisation de la marque, comme panier d'attributs, aide à comprendre le rôle exercé par la marque dans le processus de formation du choix de l'acheteur. En partant de la typologie proposée par Kapferer et Laurent dans le chapitre de cet ouvrage consacré à la sensibilité aux marques (voir également

1983, pp. 14-24), on peut identifier cinq fonctions exercées par les marques utiles pour l'acheteur et deux fonctions d'importance stratégique pour le fabricant. Ces fonctions contribuent toutes au bon fonctionnement d'un marché.

Fonction de repérage

La marque annonce l'existence d'un assortiment spécifique d'attributs et l'acheteur utilise cette information pour orienter ses choix en fonction de ses besoins ou des situations de consommation auxquelles il est confronté. En ce sens, la marque est un signal envoyé aux acheteurs qui ont ainsi la possibilité de connaître, à faible coût pour eux, l'éventail des solutions qui leur sont offertes. En structurant l'offre, cette fonction de repérage apporte une contribution importante à la transparence d'un marché, en particulier au vu de la prolifération de produits dans les économies industrialisées.

Fonction de praticité

La marque est un moyen commode et pratique pour l'acheteur de mémoriser les caractéristiques des produits et d'y associer un nom. Facilement mémorisable et reconnaissable, la marque permet à l'acheteur d'adopter un processus d'achat répétitif ou routinier (fidélité paresseuse) et de réduire ainsi le temps à consacrer à l'activité d'achat, de plus en plus souvent ressentie comme une corvée par l'acheteur sollicité par des activités plus stimulantes. Il en est de même pour l'annonceur qui, ayant fait connaître au marché la « promesse » que représente son produit, peut se contenter d'en rappeler le nom, voire même simplement le logo.

Fonction de garantie

Une marque est une signature qui identifie et responsabilise le fabricant d'une manière durable dans le temps, en ce sens que celui-ci s'engage à apporter à l'acheteur un niveau spécifique et constant de qualité. Plus une marque est connue, plus cette garantie est importante, le fabricant ne pouvant se permettre de décevoir son marché et de perdre le capital de notoriété accumulée par sa marque. La fiction des produits dits « sans marque » a d'ailleurs suscité de vives oppositions de la part des différents mouvements de protection de consommateurs qui, à juste titre, revendiquent des produits signés. A cet égard, le « look » (logo, code couleur, emballage, etc.) d'une marque est un signal communiqué par le fabricant qui permet aux acheteurs de reconnaître le produit et d'identifier ainsi la promesse d'un assortiment spécifique d'attributs et d'un niveau déterminé de qualité. Ces éléments favorisent donc l'information des consommateurs.

Fonction de personnalisation

La diversité des goûts et des préférences est une donnée essentielle des économies industrialisées. Pour répondre à cette diversité, les entreprises mettent de plus en plus sur le marché des produits susceptibles de rencontrer ces besoins différenciés. La marque permet donc aux acheteurs d'exprimer leur différence, de faire connaître leur originalité, leur personnalité au travers des choix qu'ils effectuent. En un sens, la marque est un moyen de communication sociale qui permet aux acheteurs, en privilégiant certains attributs dans leur choix, de faire savoir qui ils sont et quel est leur système de valeurs.

Fonction ludique

Dans les sociétés opulentes, où les besoins de base des consommateurs sont bien satisfaits, les besoins de nouveauté, de surprise, de complexité, de risque, etc. deviennent des nécessités vitales. Le besoin de tenter des expériences variées, de vivre des modes de vie différents, la possibilité d'essayer de nouveaux produits et de connaître de nouvelles sources de satisfactions, constituent dans ce type de société un sujet d'importance, et la marque participe à ce processus (Lambin, 1986, p. 50). Pour l'acheteur, le processus de découverte et de choix d'une marque qui lui permet de prendre en compte ses besoins de plaisir et de stimulation est une source de satisfaction non négligeable. Cette fonction ludique peut paraître vaine à certains. Rappelons ce qui a été dit plus haut : le marketing est une démarche qui se veut pluraliste et respectueuse de la diversité des choix individuels.

A ces cinq fonctions, utiles essentiellement pour l'acheteur, s'ajoutent deux autres fonctions de la marque qui permettent à l'entreprise de se défendre sur le plan concurrentiel et d'adopter une stratégie à long terme.

Fonction de positionnement

C'est la fonction de repérage décrite plus haut, mais du point de vue du fabricant (effet miroir). La marque donne à l'entreprise la possibilité de se positionner par rapport à ses concurrents et de faire connaître au marché les qualités distinctives qu'elle revendique pour son produit. Cette fonction de positionnement est particulièrement évidente dans les marchés où la publicité comparative existe. Vue dans cette perspective, la marque est un instrument de la lutte concurrentielle qui contribue à réduire l'opacité de l'offre. Faut-il rappeler que ce processus d'émulation entre concurrents reste la meilleure protection de l'acheteur ?

Fonction de capitalisation

C'est sur l'image de marque que se cristallisent les retombées des actions publicitaires et promotionnelles organisées par l'entreprise au cours des années. Certaines marques ont parfois plus de cent ans d'âge (Trends, 13 août 1987, pp. 10-13) ; pour le fabricant, elles constituent donc un « avoir » que l'on peut comparer à un fonds de commerce ou à un capital intangible, résultat de plusieurs années d'investissement. La marque donne ainsi au fabricant la possibilité de pratiquer une politique à long terme, d'investir sur un marché et de ne pas se contenter d'adopter une stratégie au coup par coup, suivie de désengagement rapide.

Les fonctions exercées par la marque sont utiles à la fois pour l'acheteur et pour le fabricant. D'une manière générale, elles contribuent à une meilleure efficacité économique et au fonctionnement efficient d'un marché.

3. EFFICACITÉ DE LA POLITIQUE DE MARQUE

L'objectif de cette troisième section est d'examiner dans quelle mesure les acheteurs répondent aux actions de communication et de persuasion des entreprises. Après avoir décrit le processus de réponse des acheteurs, on tentera de mesurer le pouvoir détenu par les entreprises et leur capacité d'influencer les perceptions et les comportements d'achat.

3.1. Le processus de réponse des acheteurs

Par « réponse » des acheteurs, on entend ici toute activité mentale ou physique de l'acheteur suscitée par un incitant, ou stimulus marketing actionné par l'entreprise dans le cadre de sa politique de marque. Une réponse n'est donc pas nécessairement observable de l'extérieur, puisqu'elle peut être uniquement mentale. Elle ne se limite pas au comportement d'achat, qui est une observation « a posteriori », mais porte sur l'ensemble du processus qui conduit au comportement d'achat. La connaissance de ce processus permet à l'analyste de marché de retracer et de comprendre le cheminement suivi par l'acheteur et dès lors d'agir en meilleure connaissance de cause pour l'influencer et pour mesurer l'efficacité de ses interventions.

Tableau 6. Les mesures de la réponse des acheteurs

- **La réponse cognitive**

Saillance - Notoriété (assistée, qualifiée) - Reconnaissance - Attribution - Mémorisation - Similarité perçue

- **La réponse affective**

Ensemble évoqué - Importance - Déterminance - Evaluation - Préférence (globale et explicitée) - Intention

- **La réponse comportementale**

Essai - Achat - Part de marché - Occupation - Fidélité - Exclusivité - Pénétration

Les différents niveaux de réponse de l'acheteur peuvent être regroupés en trois catégories : la *réponse cognitive* qui renvoie aux informations détenues par les acheteurs, à la connaissance des marques, de leurs attributs et de la promesse qu'elles constituent ; la *réponse affective* qui correspond aux évaluations, aux préférences et attitudes des acheteurs vis-à-vis des marques ; la *réponse comportementale* qui correspond au comportement d'achat et au comportement après achat. Les principales mesures de chaque niveau de réponse sont décrites au tableau 6.

On considère habituellement que ces trois niveaux de réponse sont hiérarchisés et que l'individu, comme l'organisation, franchit successivement et dans cet ordre ces trois stades : cognitif — affectif — comportemental. On parle alors de processus d'apprentissage, lequel s'observerait principalement lorsque l'acheteur est fortement impliqué par sa décision d'achat, par exemple en cas de forte sensibilité à la marque (Kapferer et Laurent, 1983), ou en cas de risque perçu élevé (Bauer, 1960).

Le processus d'apprentissage implique chez l'acheteur un processus d'achat réfléchi qui n'est pas toujours observé, et d'autres cheminements existent qui s'observeront là où l'implication est minimale (Krugman, 1965), ou encore là où il y a dissonance cognitive (Festinger, 1957). L'hypothèse du processus d'apprentissage n'est donc pas d'application générale et d'autres modèles explicatifs de portée plus générale peuvent être retenus (Vaughn, 1986). Le modèle des effets hiérarchisés reste précieux néanmoins pour structurer l'information recueillie sur les comportements de réponse et pour mesurer l'efficacité des politiques de marques.

Dans ce qui suit, on examinera dans quelle mesure l'entreprise réussit à susciter des réponses des acheteurs et cela à chacune des étapes du processus conduisant au comportement d'achat.

3.2. La mesure de la réponse cognitive

Ce qui est en cause à ce premier stade du processus de réponse, c'est essentiellement l'information des acheteurs, leur degré de connaissance des marques et des qualités distinctives revendiquées, indépendamment de toute évaluation sur la pertinence ou sur le degré de présence perçu de ces qualités.

Il s'agit là, bien sûr, de l'objectif prioritaire de toute entreprise qui s'adresse à un marché : faire connaître l'existence de sa marque et de la composition du panier d'attributs ou de caractéristiques qu'elle constitue. C'est le rôle par excellence de la publicité média qui permet d'atteindre un grand nombre d'acheteurs potentiels à un coût par contact faible.

> Une étude réalisée par McGraw-Hill Research a établi que le coût moyen d'un contact réalisé par l'intermédiaire d'une annonce bien ciblée dans un revue destinée à des clients industriels était de 17 cents, alors que le coût moyen d'une visite d'un vendeur technico-commercial est estimé à 252 dollars (McGraw-Hill Research, 1987).

Cette différence de coût entre communication personnelle (l'équipe de vente) et communication impersonnelle (publicité) explique le recours accru à la publicité dans les économies industrialisées, même si l'efficacité du contact peut être très différente entre ces deux moyens de communication.

C'est incontestablement au stade de la réponse cognitive que l'efficacité de la politique de marque est la plus grande, en ce sens que la publicité média peut réussir à faire connaître le nom d'une marque par une cible vaste dans un délai court, encore que les mesures de l'efficacité communicationnelle de la publicité font apparaître d'énormes fluctuations entre campagnes de même intensité.

Selon une étude réalisée sur 832 annonces dans la presse quotidienne et plus de 13 000 interviews, le score utile d'une annonce, c'est-à-dire le pourcentage de personnes qui, exposées pour la première fois à un message nouveau, mémorisent la marque et au moins un des éléments textuels ou visuels de l'annonce (facteur Bêta), est en moyenne de 27 % pour 1/4 de page, au minimum 0 % et au maximum 75 % (Delta 2000, mai 1988, p. 38).

La dispersion des scores d'impact s'explique, indépendamment du facteur créatif, par la notoriété et la pénétration de la marque, par le format, l'usage de la couleur et la visualisation du produit dans l'annonce.

On observe le même type de variation pour les autres moyens de communication, avec toutefois un score moyen sensiblement plus élevé pour le cinéma, comme montré au tableau 7.

Tableau 7. Comparaison des valeurs d'impact de la publicité par média

Média	Score utile : facteur Bêta		
	Valeur moyenne	Minimum observé	Maximum observé
Quotidiens (1/4, NB)	29 %	0 %	75 %
Magazines (1/1, Q)	20 %	6 %	46 %
Télévision (30 s)	27 %	9 %	70 %
Affichage (20 m^2)	0,85 %	0,03 %	12,6 %
Abribus (2 m^2)	0,84 %	0,03 %	7,6 %
Cinéma (30 s)	75 %	n.d.	n.d.
More O'Ferrall (36 m^2)	15 %	0,35 %	60,9 %
More O'Ferrall (16 m^2)	7,7 %	0,35 %	34,8 %

Source : « L'impact de la presse quotidienne en Belgique », *Delta 2000,* Mai 1988, p. 38.

En outre, comme l'ont montré Zielske (1958 et 1980) et Morgensztern (1983), les mécanismes d'oubli sont très puissants et la déperdition mémorielle est très rapide, ce qui demande un nombre suffisant de répétitions du message.

Une campagne télévisée avec 6 répétitions au cours de la première vague et qui a engendré 60 % de mémorisation, ne doit pas être interrompue plus de trois mois si l'on ne souhaite pas se trouver en dessous de 20 % de mémorisation (Morgensztern, 1983, p. 210).

Il ne s'agit là que d'un score moyen ; ici également, de fortes fluctuations s'observent d'une campagne à l'autre selon la pertinence et la valeur créative du message. Le même phénomène de démémorisation rapide a été observé pour les autres média, particulièrement dans la presse quotidienne.

Cette déperdition rapide du souvenir implique la nécessité de répétitions pour l'annonceur ; l'effet cumulatif, c'est-à-dire la mémorisation observée après plusieurs expositions au message, reste également modeste et extrêmement variable.

En affichage, le score utile « cumulatif » observé après 60 ou 90 expositions est en moyenne de 14 %, le minimum étant de 4 % et le maximum 25 % (Etude Cobra, 1988).

Les taux de démémorisation fluctuent également selon le contenu à mémoriser.

Watts et McGuire ont montré que le souvenir du thème général d'un message chute brutalement après une semaine (de 95 % à 60 %), mais se maintient ensuite à ce niveau ; par contre, le souvenir des arguments évoqués dans le message connaît une chute beaucoup plus forte la première semaine (de 72 % à 28 %) et continue à décroître ensuite pour atteindre à peu près 10 % en sixième semaine (Watts and McGuire, 1964).

L'entreprise dispose donc de peu de temps pour valoriser l'investissement en communication qu'elle a consenti.

Vaincre le mur d'indifférence ou de défense perceptuelle des acheteurs potentiels n'est donc pas une affaire évidente. Or, si cette condition n'est pas remplie, il est clair que rien ne peut se passer sur le plan de l'attitude ou du comportement. Une information n'existe pas pour l'acheteur tant qu'elle n'a pas été perçue par lui. Cette évidence explique pourquoi la publicité se doit d'être attrayante. Si un message publicitaire doit être perçu, compris et mémorisé, dans un milieu où l'individu est exposé à des informations multiples et est constamment bombardé de messages publicitaires variés et souvent contradictoires, on comprend que le publicitaire fasse appel à des moyens de plus en plus agressifs, à l'imagination, à l'humour, au rêve,... qu'il utilise des slogans ou des images à fort contenu psychologique, ou encore qu'il ait recours à des vedettes de spectacles ou du sport pour diffuser son message. Tous ces moyens, qui souvent heurtent l'observateur extérieur, ont pour objectif de faire passer le message, de percer le mur d'indifférence du public et de rendre ainsi l'information plus performante.

La qualité ou la créativité publicitaire est donc un facteur déterminant de la productivité de la communication ; elle est également utile pour l'acheteur dans la mesure où elle est source d'économie de temps personnel en réduisant les coûts de perception des « promesses » et des opportunités disponibles sur le marché.

L'ensemble des efforts de communication consentis sur une marque se cristallise sur la notion de « capital de notoriété » d'une marque. Il existe différentes mesures de la notoriété ; la plus parlante est la « saillance », ou encore la notoriété spontanée qui se définit comme suit :

> « Le pourcentage d'individus qui citent spontanément la marque X, lorsqu'on les interroge sur les marques connues dans une classe de produits déterminée. »

Un taux élevé de notoriété constitue pour l'entreprise un avoir important qui demande souvent des années à se constituer et qui exige de toute manière des investissements publicitaires importants et continus. La notoriété est le point de départ du processus d'apprentissage décrit plus haut et est un préalable au développement de la préférence. La relation entre notoriété spontanée et préférence pour un ensemble de 10 marques de café est décrite à la figure 1. On constate que certaines marques réussissent mieux que d'autres à transformer la notoriété en préférence.

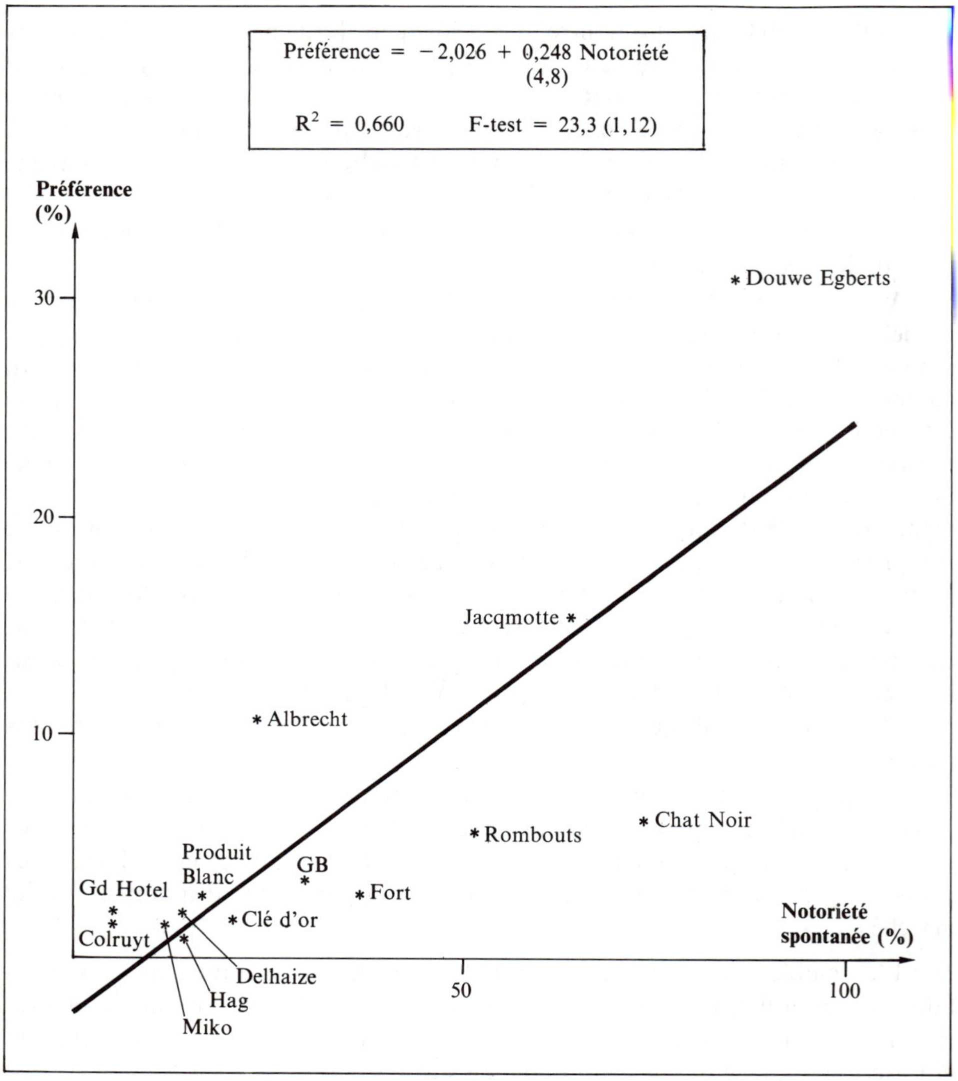

Source : Lambin, 1988, Bruxelles.

Figure 1. Relation observée entre préférence et notoriété spontanée
Le marché du café en Belgique

3.3. La mesure de la réponse affective

La réponse affective est essentiellement évaluative, en ce sens qu'elle renvoie au domaine, non plus de la seule connaissance, mais de l'attitude, des sentiments, des préférences, des jugements favorables ou défavorables vis-à-vis d'une marque ou d'une organisation.

La manière dont les acheteurs perçoivent et évaluent une marque a été décrite plus haut (tableau 1) : un assortiment d'attributs, dont le degré de présence et l'importance sont ressenties différemment selon les individus. Un des objectifs de la politique de marque est de modifier et d'influencer ces perceptions dans un sens favorable à la marque. L'entreprise peut envisager différentes stratégies de produit et de communication (Boyd, Ray and Strong, 1972).

1) Modifier le produit : ajouter les attributs demandés par le marché ou renforcer leur niveau de présence.

2) Modifier l'importance des attributs : convaincre la cible que davantage d'importance devrait être attribuée à tel attribut ou à telle caractéristique pour laquelle la marque est bien placée.

3) Modifier les croyances à propos de la marque : le marché peut être mal informé ou peut sous-estimer certaines qualités distinctives effectivement détenues par la marque.

4) Modifier les croyances à propos des concurrents, là où la publicité comparative existe ; la cible peut surestimer certaines qualités des marques concurrentes.

5) Valoriser des attributs non considérés par le marché ; mettre en valeur certains attributs dont l'importance est mal perçue par les acheteurs potentiels.

6) Modifier les exigences du marché quant au niveau attendu d'un attribut ; les acheteurs peuvent demander un niveau de performance qui n'est pas toujours nécessaire compte tenu de l'usage fait du produit.

Les études d'image de marque permettent de mesurer les perceptions des acheteurs et de vérifier ensuite la réalisation des objectifs de communication. Les deux exemples qui suivent permettent d'illustrer les stratégies 1) et 3).

L'étude d'image est un instrument permettant de découvrir les attentes du marché. La carte perceptuelle de la figure 2 (page suivante) est instructive à cet égard. Il s'agit ici des perceptions d'acheteurs industriels vis-à-vis des marques distributeurs de produits d'entretien et de prévention, en l'occurence de gants industriels de protection.

Le premier axe définit la « qualité globale », telle que perçue par les répondants et regroupe les micro-attributs suivants : réputation, étendue de la gamme, services, informations techniques, qualité technique des produits ; à l'autre extrémité de l'axe, on trouve l'attribut « délai d'approvisionnement » ; la deuxième dimension est économique et est très corrélée avec l'attribut « prix avantageux ».

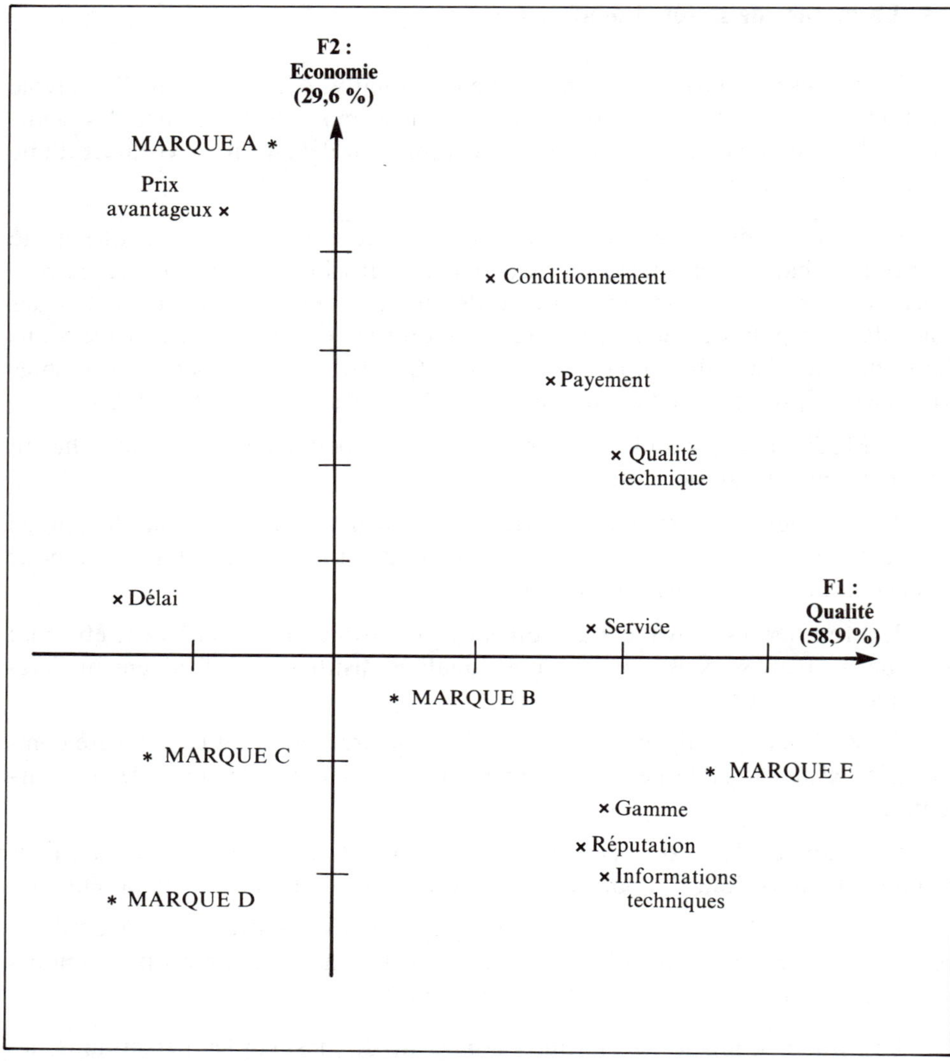

Figure 2. Exemple de carte perceptuelle explicitée
Le marché du gant de protection industriel

Source : Servais M. (1988), « Le Marché du gant industriel de protection en Belgique », IAG, Louvain-la-Neuve.

Dans cette carte perceptuelle, la marque étudiée (A) est bien positionnée sur l'axe économique, mais médiocrement sur l'axe de la qualité globale, en raison notamment de sa faiblesse au plan de l'assistance technique (informations et services), un service « ajouté » par les concurrents les mieux placés. Cette analyse conduit donc à suggérer une modification du produit offert par la firme et un renforcement de l'attribut « assistance » qui, pour l'acheteur, fait partie du panier d'attributs.

**Tableau 8. Evaluation des marques sur les attributs
Le marché des pneus de voiture**

Micro-attributs	Marques				
	Michelin	Goodyear	Pirelli	Uniroyal	Continental
1. Résistance usure	3,34	2,46	2,21	2,73	2,55
2. Prix avantageux	2,27	2,06	1,59	2,53	2,52
3. Adhérence	3,00	2,87	**3,50**	2,90	2,23
4. Confort	2,41	2,47	3,07	2,43	1,66
5. Tenue sous la pluie	2,88	2,57	2,64	**3,25**	2,18
6. Esthétique	2,15	2,86	3,39	2,29	1,53
7. Résistance à l'éclatement	2,91	2,62	2,81	2,73	2,95
8. Sculpture du pneu	2,56	2,69	3,21	2,72	1,57

Source : Paci B., « Etude de l'image de marque de la société Pirelli auprès des automobilistes », IAG, Louvain-la-Neuve, 1988.

Les données du tableau 8 décrivent les perceptions d'un échantillon de 100 automobilistes portant sur les cinq principales marques de pneu qui représentent plus de 70 % du marché belge. Ces marques ont été évaluées sur les huit micro-attributs présentés au tableau 2. Une analyse en composantes principales (ACP) a permis d'identifier les trois macro-attributs qui expliquent à eux-seuls 90 % de la variance commune et qui réflètent donc valablement les perceptions du marché. Les corrélations des micro-attributs avec les trois composantes principales identifiées sont présentées au tableau 9.

**Tableau 9. Résultats de l'analyse factorielle
Le marché des pneus de voiture**

Micro-attributs	Facteur 1	Facteur 2	Facteur 3
1. Résistance usure	0,4132	0,8423	0,3462
2. Prix avantageux	**0,8499**	0,4218	0,3158
3. Adhérence	−0,9475	0,1693	0,2712
4. Confort	−0,9839	0,1035	0,1459
5. Tenue sous la pluie	−0,3926	**0,8982**	−0,1979
6. Esthétique	−0,9820	−0,1866	−0,0284
7. Résistance éclatement	0,5843	−0,0352	**0,8108**
8. Sculpture du pneu	−0,9726	0,2319	0,0138
Taux d'inertie	59,3 %	19,7 %	11,2 %
Macro-attribut	Economie	Performance technique	Sécurité

Source : Paci B., « Etude de l'image de marque de la société Pirelli auprès des automobilistes », IAG, Louvain-la-Neuve, 1988.

Le premier axe est une dimension économique qui met en contraste « prix avantageux » d'une part et les attributs « confort », « look-esthétique », « sculpture » et « adhérence » d'autre part ; le deuxième axe, celui de la « performance technique », est fortement corrélé avec les attributs « tenue de route sous la pluie » et « résistance à l'usure » ; quant au troisième axe, il est fortement associé avec l'attribut « résistance à l'éclatement » et peut donc s'interpréter en termes de « sécurité ».

En plus de l'analyse du positionnement occupé par chaque marque dans le mental des répondants, il est intéressant de constater que le marché tend à percevoir l'attribut « sculpture du pneu » comme un facteur esthétique alors qu'en réalité c'est une caractéristique technique qui contribue à la bonne tenue de route. La marque Pirelli qui est particulièrement bien évaluée sur l'attribut « sculpture », est par contre moins bien perçue sur la dimension « tenue de route ». Il est clair qu'il y a là un objectif de communication à poursuivre par Pirelli.

Les données du tableau 8 sont également précieuses pour évaluer l'efficacité des actions publicitaires passées, dans la mesure où une marque a mis l'accent dans ses campagnes sur un attribut particulier, comme c'est le cas pour Uniroyal et pour Pirelli.

> Depuis plusieurs années le pneu Uniroyal est présenté dans la publicité comme le « pneu pluie » ; on vérifie dans les évaluations du tableau 8 que cette marque a effectivement un score supérieur aux autres marques sur l'attribut « tenue de route sous la pluie ». Pour Pirelli, c'est le thème de l'« adhérence » qui a été utilisé dans la publicité des deux dernières années. Là également, on vérifie que Pirelli est la marque la mieux perçue sur cet attribut.

La publicité réussit donc à influencer les perceptions et à créer des positionnements des marques dans l'esprit des acheteurs.

Les mesures de la réponse cognitive et affective recueillies dans les études d'image suggèrent donc que la publicité parvient effectivement à influencer les attitudes et à créer des images dans l'univers mental des acheteurs. Est-ce à dire pour autant que la publicité est capable de manipuler les attitudes et de faire accepter n'importe quel message par le marché ?

Une limite importante au risque d'intoxication par la publicité existe dans les économies de marché : la présence d'autres sources d'information non dominées par le vendeur et faisant contre poids à l'information publicitaire. Parmi celles-ci, les sources d'informations dominées par les consommateurs (amis, voisins, leaders d'opinion, etc.), les rumeurs (Kapferer, 1987) ou le bouche à oreille ; les sources d'information neutres telles que les articles dans des revues ou journaux spécialisés, les tests comparatifs des associations de consommateurs, les banques de données directement accessibles par exemple sur Minitel, etc. La révolution en cours dans le domaine des télécommunications tend à multiplier ces sources d'information et en tous cas à en réduire le coût d'accès pour les consommateurs.

La publicité n'est donc qu'une source d'information parmi d'autres qui contribue à former les attitudes et les préférences des individus. Cette information est utilisée par les acheteurs, même si ceux-ci répugnent souvent à l'admettre.

Dans une enquête portant sur 250 propriétaires de voitures du type GTI, on a demandé quelles avaient été les sources d'information consultées au moment de leur décision d'achat : 13,4 % seulement ont cité la publicité. A une autre question portant sur les raisons les plus fréquentes chez les « autres » conducteurs d'acquérir une GTI, 30,9 % citent l'influence de la publicité (Bogaert A., 1988, p. 144).

L'image de marque créée se traduit donc en préférence ou en intention positive d'achat qui, au niveau du comportement d'achat, va se manifester par une moindre résistance à un prix élevé, ou autrement dit, par une propension à accepter un prix supérieur à celui de la marque concurrente la plus proche de la marque préférée. L'exemple des voitures GTI est également illustratif à cet égard.

En Belgique, les voitures allemandes ont en général une réputation de fiabilité supérieure aux voitures françaises. Toutefois, deux « referendums des propriétaires » organisés par le Moniteur de l'Automobile (mars 1988) n'ont pas relevé de différences notables entre une VW GOLF GTI et une Peugeot 309 GTI. Ces voitures sont identiques en termes de puissance, habitabilité et performance. A équipement identique, la différence de prix est plus de 179 544 francs belges, soit un prix supérieur de 31 % pour la Golf GTI. En dépit de cette différence de prix, en 1987, les ventes de la Golf GTI ont été de 1812 unités contre 521 seulement pour la Peugeot 309 GTI (Bogaert 1988, p. 33 et p. 76).

Certains tireront argument de cette observation pour dire que le consommateur est irrationnel. En réalité, il s'agit là simplement de l'expression d'un système spécifique de valeurs, propre à un groupe particulier d'acheteurs : ils échangent une certaine utilité (plus de performance...), importante pour eux, contre une désutilité (un prix supérieur), acceptable par eux.

3.4. La mesure de la réponse comportementale

La réponse comportementale met en cause essentiellement les comportements d'achat et après achat, et non plus les perceptions et les préférences. La question à examiner ici est de savoir dans quelle mesure l'entreprise parvient à transformer en actes d'achat et de réachat les attitudes et images favorables créées par la publicité dans le cadre de sa politique de marque.

Il est important de rappeler tout d'abord que la réponse comportementale des acheteurs est l'aboutissement d'un processus de réponse complexe dans lequel intervient un grand nombre de facteurs explicatifs : perception du besoin, disponibilité de la marque, prix acceptable, campagne publicitaire, présence d'offre promotionnelle, etc. Au contraire de ce qui se passe pour la réponse cognitive et également, mais dans une moindre mesure, pour la réponse affective, la publicité n'est donc qu'un déterminant de l'acte d'achat parmi beaucoup d'autres. Mesurer la réponse comportementale implique donc une méthodologie d'analyse suffisamment fine pour pouvoir tenir compte de cette multiplicité de facteurs explicatifs, souvent liés entre eux. Ceci suppose le recours à des méthodes d'analyse multivariée capables d'appréhender cette complexité et la dynamique du processus de réponse (Lambin et Dor, 1989).

On appelle « fonction de réponse comportementale » la relation qui lie la réponse des acheteurs (exprimée en volume, en chiffre d'affaires ou en parts de marché) et les moyens marketing mis en œuvre en faveur d'une marque.

L'estimation quantitative des fonctions de réponse débouche sur des coefficients d'élasticité qui mesurent la sensibilité de la demande des acheteurs à une variation de l'intensité d'intervention des efforts de marketing : par exemple une baisse de prix, une campagne publicitaire, une action promotionnelle, etc. Rappelons que l'élasticité exprime le pourçentage de variation des ventes ou de la part de marché attendu pour 1 % de variation de la variable marketing.

Les études d'élasticité permettent donc d'apprécier l'efficacité des efforts de marketing passés ; en outre, les paramètres estimés constituent de bons points de départ pour des exercices de simulation destinés à analyser les implications de programmes marketing alternatifs.

La synthèse des travaux réalisés dans ce domaine, en Europe comme aux Etats-Unis, permet de dégager quelques observations générales qui apportent un éclairage intéressant sur l'efficacité des politiques de marque et sur l'étendue du pouvoir de marché détenu par l'entreprise. Les données des tableaux 10 et 11 sont éclairantes à cet égard.

— La comparaison des élasticités moyennes du tableau 10 montre que la marque est beaucoup moins sensible (élastique) à la publicité qu'aux variables non-publicitaires, prix et distribution. Ainsi, on observe que les ventes ou la part de marché d'une marque augmente en moyenne de moins de 1 % (de 0,81 %) pour 10 % d'augmentation de l'intensité publicitaire ; ...augmente en moyenne de 17,35 %, pour 10 % de baisse de prix ; ...augmente en moyenne de 13,95 %, pour 10 % d'augmentation du taux de distribution.

— Les élasticités de la publicité de marque observées en Europe comme aux Etats-Unis sont toujours inférieures à 0,5 (tableau 11, p. 155) ; les valeurs moyennes calculées diffèrent largement : 0,221 pour Asmus, Farley et Lehmann (1984), 0,003 pour Hagerty, Carman et Russel (1988), 0,081 pour Lambin (1976 et 1988). Quoiqu'il en soit, l'ordre de grandeur des élasticités observées suggère que, si la publicité a effectivement un impact sur les comportements d'achat, cet effet est très modéré et toujours inférieur à l'impact observé pour les autres variables marketing : qualité, distribution et prix.

Tableau 10. La sensibilité de la réponse comportementale du marché à la politique de marque (Etudes Lambin de 1976 et de 1988)

Classes de produits	Nombre de marques	Elasticités[1] publicité	Elasticités[1] prix	Elasticités[1] distribution[2]
Soft-drinks	5	0,070	− 1,419	1,181
Yaourts	2	0,031	− 1,100	—
Confiserie	2	0,034	− 1,982	2,319
Téléviseurs	4	0,122	N.S.	—
Cigarettes	1	0,154	− 1,224	—
Banques	5	0,003	—	0,251
Train-auto	1	0,184	− 1,533	—
Cafés	1	0,036	− 2,933	1,868
Fruits	1	0,095	− 1,229	—
Rasoirs élect.	18	0,219	− 2,460	0,909
Essence	19	0,024	− 0,600	0,923
Shampooings	11	0,036	− 1,762	—
Insecticides	9	0,058	—	—
Déodorants	11	0,054	—	—
Détergents	6	0,084	—	—
Lotions solaires	11	0,300	N.S.	—
Moyenne : étude 1976[3]	**(n = 107)**	**0,094**	**− 1,624**	**1,243**
Hygiène féminine	6	0,010	− 1,405	0,958
Lave-vaisselle	2	0,029	− 1,692	—
Détergents	1	0,049	− 2,009	—
Confitures	3	0,022	− 2,672	2,757
Automobiles	8	0,093	− 2,004	—
Moyenne : étude 1988[4]	**(n = 20)**	**0,041**	**− 1,956**	**—**
Moyenne : 1976 et 1988	**(n = 127)**	**0,081**	**− 1,735**	**1,395**

[1] Ces élasticités sont des élasticités moyennes calculées sur base des seules élasticités statistiquement significatives.
[2] Il s'agit d'indices de distribution du type distribution-valeur utilisés dans les panels Nielsen.
[3] La base d'observation est la marque/pays ; les pays couverts sont : Belgique, France, Hollande, RFA, Danemark, Italie, Norvège, Suède.
[4] La base d'observation est la Belgique.

Sources : Lambin J.J. (1976), *Advertising Competition and Market Conduct in Oligopoly over Time*, Amsterdam, North Holland Publishing Cy. Voir tableaux 6.2 et 6.3. ; Lambin J.J. (1988), Synthèse des études récentes sur l'efficacité économique de la publicité, CESAM Working Paper, juillet, IAG, Louvain-la-Neuve.

Il est intéressant d'observer au tableau 10 que les estimations les plus récentes de l'élasticité de la publicité sont sensiblement plus faibles que celles observées en 1976 ; par contre, les élasticités prix sont plus élevées (en valeur absolue) en 1988 qu'en 1976. Ces observations suggèrent une baisse de l'efficacité comportementale de la publicité et une plus grande sensibilité au prix. Compte tenu du petit nombre d'observations disponibles, il ne s'agit là encore que d'une hypothèse qui devrait faire l'objet de vérifications empiriques plus étendues.

— La publicité a bien sûr des effets différés qui s'ajoutent à la réponse observée à court terme. La valeur moyenne de l'élasticité publicité à long terme est estimée à 0,228 par Lambin (1976) et à 0,415 par Asmus, Farley et Lehmann (1984). En outre, Clarke (1976) a établi que 90 % de l'effet total de la publicité pour des produits de grande consommation était atteint entre 3 et 6 mois. Cette observation a été confirmée par Lambin et Peeters (1984) qui ont comparé les effets différés de la publicité selon les média utilisés (quotidiens, hebdomadaires et affichage) sur le marché automobile en Belgique. L'effet publicitaire s'estompe donc rapidement, ce qui implique la nécessité de la répétition des messages.

— Les différences observées entre marques opérant dans le même marché sont souvent très importantes et imputables aux différences dans la qualité publicitaire (impact, créativité et message). Sur le marché automobile en Belgique, par exemple, les valeurs extrêmes observées pour les élasticités de la publicité presse quotidienne étaient 0,033 et 0,170, un rapport de 1 à 5 (Lambin et Peeters, 1984). L'analyse des thèmes publicitaires de ces deux marques a mis en évidence le caractère plus vendeur et accrocheur du contenu publicitaire de la marque ayant la réponse la plus forte.

— Dans tous les marchés étudiés, et en dépit de l'intensité publicitaire, on observe néanmoins des élasticités au prix élevées, ce qui contredit l'affirmation selon laquelle la publicité élimine toute sensibilité au prix. Sur un échantillon de 127 marques, Lambin (1976 et 1988), a observé une élasticité prix moyenne de − 1,735 ; Neslin et Shoemaker (1983), s'appuyant sur diverses sources américaines, ont retenu une élasticité moyenne de − 1,8 et Tellis (1988) une élasticité moyenne de − 1,76.

— On observe toutefois une sensibilité au prix plus faible là où les images de marque sont très fortes. Dans l'analyse du marché automobile en Belgique, on a observé que l'élasticité au prix des marques européennes (− 1,067) était très inférieure à l'élasticité prix observée pour les marques japonaises (− 2,941), ce qui implique donc une meilleure capacité de résistance à la hausse de prix pour les marques européennes et inversément une plus grande volatilité pour les marques japonaises (Lambin et Dor, 1988).

Le fait que les ventes et parts de marché des marques soient peu sensibles à la publicité n'implique pas pour autant que la publicité est un investissement non rentable pour l'entreprise. Les données du tableau 11 suggèrent le contraire. Dorfman et Steiner (1954) ont montré que le pourcentage publicité sur chiffre d'affaires qui rend le profit optimum est donné par le rapport des élasticités publicité et prix. En utilisant les estimations moyennes du tableau 11, on aurait donc ici un pourcentage publicité sur chiffre d'affaires de 4,7 % (0,081/1,735 = 0,0467), un ordre de grandeur vraisemblable dans les marchés étudiés.

Tableau 11. Comparaison des élasticités moyennes des variables marketing

Sources publiées	Nombre de données	Valeur moyenne des élasticités			
		Publicité	**Prix**	**Qualité**	**Distribution**
Lambin (1976 et 1988)	127	0,081	– 1,735	0,521	1,395
Leone et Shultz (1980)	25	0,003-0,230	—	—	—
Asmus, Farley et Lehmann (1984)	22	0,221 (0,264)	—	—	—
Hagerty, Carman et Russel (1988)	203	0,003 (0,105)	– 0,985 (1,969)	0,344 (0,528)	0,304 (0,255)
Neslin et Shoemaker (1983)	25	—	– 1,800	—	—
Tellis (1988)	220	—	– 1,760	—	—

Sources : Lambin J.J. (1976), *Advertising, Competition and Market Conduct in Oligopoly over Time*, Amsterdam, North Holland Publishing Cy.

Leone R.P. and Shultz R. (1980), « A Study of Marketing Generalizations », *Journal of Marketing*, (vol. 44, n° 1), pp. 10-18.

Assmus G., Farley J.U. and Lehmann D.R. (1984) « How Advertising Affect Sales : Meta-Analysis of Econometric Results », *Journal of Marketing Research*, vol. 21, February, pp. 65-74.

Hagerty M.R., Carman J.M. and Russel G.J. (1988), « Estimating Elasticities with PIMS Data : Methodological Issues and Substantive Implications », *Journal of Marketing Research*, vol. 25, February, pp. 1-9.

Neslin S.A. and Shoemaker R.W. (1983), « Using a Natural Experiment to Estimate Price Elasticity », *Journal of Marketing*, vol. 47, pp. 44-57.

Tellis G.J. (1988) « The Price Elasticity of Selective Demand : A Meta-Analysis of Econometric Models of Sales », *Journal of Marketing Research*, vol. 25, November, p. 331-341.

CONCLUSION

L'objectif de ce chapitre était d'analyser le rôle exercé par la marque dans le processus d'achat des consommateurs. Les travaux théoriques et empiriques réalisés dans ce domaine montrent que la marque, son nom comme ses caractéristiques externes, sont des signaux, des repères utilisés par les acheteurs pour identifier, à faible coût de temps personnel, le type de panier d'attributs que chaque marque représente et pour effectuer ainsi des choix informés, c'est-à-dire conformes à leur système individuel de valeurs. La marque joue donc un rôle social important et contribue au fonctionnement harmonieux du marché.

Nous avons vu également que la réponse des acheteurs aux incitants de l'entreprise est une réponse hiérarchisée qui permet de retracer le cheminement suivi par l'acheteur dans son processus de choix. Ces différents niveaux de réponse (cognitif, affectif et comportemental) sont mesurables, ce qui permet au fabricant de mieux comprendre le processus de choix et de préférence des acheteurs et d'adapter son offre en conséquence.

Enfin, les mesures disponibles sur l'efficacité des actions d'information et de séduction menées par les entreprises dans le cadre de leur politique de marque montrent que, si effectivement la politique de marque réussit à influencer les comportements d'achat, on est loin d'observer le puissant pouvoir de manipulation et de persuasion que, paradoxalement, adversaires et partisans de la publicité s'accordent à accorder au marketing et à la communication publicitaire. L'impact de la publicité sur les comportements d'achat est réel mais modeste. La comparaison des élasticités moyennes observées pour les différents moyens d'action à la disposition des entreprises dans le cadre de leur politique de marque montre toute l'importance des variables non-publicitaires, et en particulier des variables « prix » et « distribution ».

Ce qui ressort, en définitive, de l'analyse des observations disponibles sur l'efficacité économique des politiques de marques est très simple : une politique de marque est performante là où l'entreprise propose un produit ou un service qui constitue un assortiment d'attributs et de caractéristiques particulièrement bien adapté aux attentes d'un groupe spécifique d'acheteurs et qui se différencie des offres des concurrrents immédiats sur des attributs perçus comme déterminants par les acheteurs.

BIBLIOGRAPHIE

Assmus G., Farley J.U. and Lehmann D.R. (1984), « How Advertising Affect Sales : Meta-Analysis of Econometric Results », *Journal of Marketing Research*, Vol. 21, February, pp. 65-74.

Assael H. and Day G.S. (1968), « Attitudes and Awareness, Predictors of Market Shares », *Journal of Advertising Research*, Vol. 8, December, pp. 10-17.

Axelrod J.N. (1968), « Attitude Measures that Predict Purchase », *Journal of Advertising Research*, Vol. 8, March, pp. 3-7.

Bauer R.A. (1960), « Consumer Behavior as Risk Taking » in Hancock A.S. (ed.), Proceedings Fall Conference of the American Marketing Association, pp. 389-398.

Bogaert A. (1988), *Un phénomène marketing : les GTI*, Louvain-la-Neuve, Institut d'Administration et de Gestion.

Boyd H.W., Ray M.L. and Strong E.C. (1972), « An Attitudinal Framework for Advertising Strategy », *Journal of Marketing*, Vol. 35, April, pp. 27-33.

Clarke Darra G. (1976), « Econometric Measurement of the Duration of Advertising Effect on Sales », *Journal of Marketing Research*, Vol. 13, November, pp. 345-357.

Delta 2000, (1988), « L'impact de la presse quotidienne en Belgique », Mai.

Dorfman R. and Steiner P.O.(1954), « Optimal Advertising and Optimal Quality », *American Economic Review*, December, pp. 826-833.

Eiglier P. et Langeard E. (1987), *Servuction*, Paris, McGraw-Hill.

Fishbein M.(1967), « Attitudes and Prediction of Behavior » in Fishbein M. (Ed.) *Readings in Attitude Theory and Measurement*, New York, John Wiley and Sons.

Festinger L. (1957), *A Theory of Cognitive Dissonance*, New York, Harper and Row.

Festinger L. (1957), *A Theory of Cognitive Dissonance*, New York, Harper and Row.

Green P.E. and Srinivasan V. (1978), « Conjoint Analysis in Consumer Research : Issues and Outlook », *Journal of Consumer Research*, Vol. 5, September pp. 103-123.

Gorbatchev M. (1987), *Perestroïka*, Paris, Flammarion.

Hagerty M.R., Carman J.M. and Russel G.J. (1988), « Estimating Elasticities with PIMS Data : Methodological Issues and Substantive Implications », *Journal of Marketing Research*, Vol. 25, February, pp. 1-9.

Kapferer J.N. et Laurent G., *La Sensibilité aux marques*, Paris, Fondation Jours de France, 1983.

Kapferer J.N. (1987), *Rumeurs*, Paris, Editions du Seuil.

Krugman H.E. (1965), « The Impact of Television Advertising : Learning without Involvement », *Public Opinion Quarterly*, Fall, pp. 349-356.

Johnson R.M. (1974), « Trade-off Analysis of Consumer Values », *Journal of Marketing Research*, Vol. 11, pp. 121-127.

Lambin J.J. (1976), *Advertising, Competition and Market Conduct in Oligopoly over Time*, Amsterdam, North Holland Publishing Cy.

Lambin J.J. (1986), *Le Marketing stratégique*, Paris, McGraw-Hill.

Lambin J.J. et Peeters R. (1987), « Anticipating Dynamic Response to Brand Advertising CESAM Working paper, Louvain-la-Neuve.

Lambin J.J. et Dor E. (1988), « Pression marketing et part de marché : vers une stratégie de modélisation », CESAM Working Paper, Louvain-la-Neuve.

Lambin J.J. (1988), « Synthèse des études récentes sur l'efficacité économique de la publicité », CESAM Working Paper, Louvain-la-Neuve.

Lancaster K.J. (1966), « A New Approach to Consumer Theory », *The Journal of Political Economy*, Vol. 74, April, pp. 132-157.

Leone R.P. and Shultz R. (1980), « A Study of Marketing Generalizations », *Journal of Marketing*, Vol. 44, N° 1, pp. 10-18.

Levitt Th. (1960), « Marketing Myopia », *Harvard Business Review*, July-August, pp. 45-56.

Levitt Th. (1969), *The Marketing Mode*, New York, McGraw-Hill.

Morgensztern A. (1983), « Une synthèse des travaux sur la mémorisation des messages publicitaires » dans : Piquet S., *La publicité, nerf de la communication*, Paris, Les Editions d'Organisation.

Myers J.H. and Alpert M.L. (1976), « Semantic Confusions in Attitude Research : Salience versus Importance versus Determinance », in *Advances in Consumer Research*, W.D. Perreault Jr.(ed), Proceedings 7th Annual Conference of the Association of Consumer Research, October, pp. 106-110.

Neslin S.A. and Shoemaker R.W. (1983), « Using a Natural Experiment to Estimate Price Elasticity », *Journal of Marketing*, Vol. 47, pp. 44-57.

Paci B. (1988), *Etude de l'image de marque de la société Pirelli auprès des automobilistes*, Louvain-la-Neuve, Institut d'Administration et de Gestion.

Pinson C. (1978), « Consumer Cognitive Style : Review and Implications for Marketers », in *Marketing*, Topritzhofer (éd.), Wiesbaden, The Gabler, pp. 163-184.

Pras B. et Tarondeau J.C. (1981) , *Comportement de l'acheteur*, Paris, Sirey.

Rosenberg M.J. (1956), « Cognitive Structure and Attitudinal Affect », *Journal of Abnormal and Social Psychology*, Vol. 53, pp. 367-372.

Smith A. (1776), *Recherches sur la nature et les causes de la richesse des nations*, Edition française Gallimard, 1976.

Tellis G.J. (1988), « The Price Elasticity of Selective Demand : A Meta-Analysis of Econometric Models of Sales », *Journal of Marketing Research,* vol. 25, November, p. 331-341.

Trends (1987), « Ces produits qui font cent ans », Bruxelles 13 août, pp. 10-13.

Vaughn R. (1986), « How Advertising Works : A Planning Model Revisited », *Journal of Advertising Research*, Feb./March, pp. 57-66.

Watts W.A. and McGuire W.J. (1964), « Persistence of Induced Opinion Change and Retention of Inducing Message Content », *Journal of Abnormal and Social Psychology*, Vol. 68, pp. 233-241.

Wittink D.R. and Walsh J.W. (1988) , « Conjoint Analysis : Its Reliability, Validity and Usefulness », Unpublished Paper, The Johnson Graduate School of Management, Cornell University, March.

Zielske H.A. (1959), « The Remembering and the Forgetting of Advertising », Journal of Marketing, Vol. 24, January, pp. 239-243.

Chapitre 5

La marque et l'échange

par François Dupuy et Jean-Claude Thoenig

Lorsque l'opinion publique évoque le rôle des marques, elle se réfère en général au point de vue qui est celui du consommateur. Le concept de marque est, dans cette perspective, associé à des attributs distinctifs dont sont investis des produits mais aussi des services : la qualité, le prestige, la fiabilité, etc. Par l'influence que les marques exercent sur les comportements d'achat et sur les modes de vie, elles transforment la manière dont une société consomme.

Or l'arbre du consommateur cache la forêt de l'économie. Les marques transforment aussi la manière dont une société échange. Car elles constituent aujourd'hui un phénomène majeur qui affecte les comportements et les modes relationnels bien en amont du panier de la ménagère : la fonction (et les techniques des distributeurs), l'organisation des usines, les stratégies industrielles et commerciales des producteurs, voire même les modes d'intervention des pouvoirs publics dans les affaires économiques et dans les transactions commerciales.

Ce chapitre est consacré à la marque comme enjeu de pouvoir et d'influence dans les échanges au sein des sociétés modernes. L'émergence d'une logique des marques s'y accompagne d'une transformation profonde des rapports de force, des modes de comportements dans ce qu'il est habituellement convenu d'appeler un marché : l'accès au consommateur en constitue la clé. En même temps, cette logique de marques se traduit selon des formes très variables, solides ici, précaires là-bas, notamment du fait des stratégies qu'adoptent les grands distributeurs, mais aussi de l'état des réglementations publiques en matière de commerce et d'industrie. D'où le constat que dans la concurrence économique telle qu'elle évolue aujourd'hui, localement et internationalement, le fait pour une collectivité ou une nation de disposer de marques fortes et établies est un atout capital de la réussite, face à des pays ou à des marchés où le statut des marques est faible, sans cesse attaqué ou déstabilisé.

1. LA MARQUE, UN ENJEU DE POUVOIR DANS LES MARCHÉS

La marque est désormais partout. Il suffit de se rendre dans un magasin d'alimentation : tout y est marqué, ou presque, et les marques disponibles au consommateur sont innombrables. En même temps, la marque s'aventure hors de ces bastions traditionnels que sont les produits de grande consommation, et elle s'installe en force dans des secteurs où n'existent ni magasins ni ménages d'acheteurs : les équipements militaires, les produits chimiques pour l'industrie, etc.

Le nombre de marques ne constitue pas l'indicateur significatif d'un changement. Si évolution, voire même rupture, il y a dans les économies modernes, elle se mesure par l'usage que les acteurs font de la marque. Car il y a belle lurette qu'existent des marques, même dans les secteurs non alimentaires ou non orientés vers le grand public. La marque en revanche induit des sauts qualitatifs ou structurels lorsqu'elle est utilisée comme un levier stratégique par des acteurs pour modifier durablement les conditions de l'échange et de la concurrence sur un marché. C'est ce que nous appelons la logique de marques.

1.1. La logique de marques

Un marché à logique de marques est un marché dans lequel l'échange entre les acteurs se structure autour de l'existence et de la création de marques. En d'autres termes, la marque, le fait de la maîtriser ou de la subir, détermine le pouvoir respectif dont dispose chaque acteur face aux autres dans le jeu. Et la marque est activée, appropriée par les acteurs, comme un facteur de réussite au moins aussi crucial que le prix ou la quantité. Bref, la marque gouverne le marché.

Or dans les situations concrètes que l'on peut observer, deux ou trois faits sont constatables, qui ne coïncident pas toujours avec le sens commun. D'une part, le pouvoir n'est pas nécessairement toujours du côté de celui qui a établi la marque, par exemple le producteur. D'autre part, le consommateur n'est pas démuni de ressources ou de cartes dans le jeu. Enfin, la logique des marques fait disparaître, là où elle émerge, des pratiques de cloisonnement et de cartellisation, par exemple, en substituant à une filière producteur → commerçant → consommateur des modes de relation plus complexes permettant au producteur d'avoir un accès plus direct au consommateur : ce faisant, elle induit des marchés plus concurrentiels et des jeux d'échanges plus riches.

Le secteur des produits chimiques illustre le passage d'un marché à une logique de marques (Chevreau, 1988).

Jusqu'au début des années quatre-vingts, des produits tels que le chlore, le brome, la soude, l'eau oxygénée étaient vendus sans attributs distinctifs. Ces commodités ou banalités s'adressaient à des particuliers mais surtout à des utilisateurs industriels tels que des garages, des laveries, des papeteries, des laboratoires. Existaient quelques marques, peu nombreuses et traitées à part, comme des spécialités sur des créneaux étroits.

Or, depuis quelques années, le nombre de marques disponibles sur le marché a au moins quintuplé : le concept de marque décline un nom spécifique, un emballage, un logo, des spécifications, une communication, un service à la vente. Le nombre de spécialités nouvellement lancées, complexes à produire, et protégées par des brevets se multiplie. Le concept de marque s'étend également à des produits banals, appelés « commodités », anciennement établis, que tous les industriels fabriquent et dont le prix est bas. La mutation n'est pas une affaire de nombre ni de grandeur de la marque. Il n'y a pas de seuil chiffrable à partir duquel, étant donné tant de marques proposées aux clients finaux, le marché à logique de marques se substitue à un marché sans logique de marques. Le changement est lié au fait que les acteurs économiques, industriels, distributeurs et consommateurs, intègrent la marque dans leurs comportements et dans leurs échanges. Un pouvoir fort se dessine autour de la marque et devient central pour ceux qui le contrôlent, mais aussi pour ceux qui ne le contrôlent pas.

Les industriels nationaux les plus puissants que sont Rhône-Poulenc, Solvay et Atochem se mettent à utiliser leurs marques et le concept de marque comme un véhicule de communication directe vers le client final. Chose relativement nouvelle, ils court-circuitent ainsi le rôle traditionnel que jouaient les distributeurs et ils espèrent même obliger, la pression du client aidant, les détaillants à offrir des produits dont a priori ceux-ci ne veulent pas. De leur côté, des concurrents étrangers tels ICI ou Dow essaient de pénétrer en force sur le marché français, en liant la vente de leurs marques les plus pointues au fait que les distributeurs leur achètent aussi des produits non marqués ou des commodités : attitude assez nouvelle dans un marché jusque là cartellisé.

L'état d'esprit, les pratiques des distributeurs s'appuient aujourd'hui également sur le recours à la marque. Certains créent leurs propres marques, en concurrence avec celles de leurs fournisseurs chimistes. D'autres cherchent à attirer leurs clients en leur offrant des prix sur les commodités achetées non plus chez leurs fournisseurs réguliers, mais sur le marché mondial, dans l'espoir de les fidéliser ensuite en leur offrant des marques grâce auxquelles ils réaliseront, eux détaillants, de la marge.

Bref, la logique de marques pénètre le milieu de la chimie et déstabilise les habitudes. Les marques et les non-marques, les commodités et les spécialités, sont utilisées par les acteurs économiques dans une conception active de portefeuille, pratique commerciale tout à fait nouvelle. Les acteurs économiques ne sont plus ceux d'avant. C'est ainsi que monte en flèche la grande distribution. Jusque-là, le commerce de détail était assuré par de petits négoces. Ils bénéficiaient de l'aide matérielle des gros producteurs qui les utilisaient comme leurs alliés naturels, en contrepartie d'un monopole sur leur territoire local de chalandise. Aujourd'hui, de puissants réseaux et groupes tels que Lambert-Rivière se sont implantés sur l'ensemble du territoire. Ils contrôlent déjà la majorité du commerce de détail et concurrencent les petits négociants traditionnels. Même les clients finaux changent. Jusque-là, l'achat était engagé par l'usager réel, par l'atelier, lorsque le besoin s'en faisait sentir et auprès de son détaillant habituel.

Dorénavant, certains s'équipent de services d'achats et de tests de laboratoire qui viennent s'interposer entre l'usager et le commerce, et édictent une politique d'achat en liaison directe avec le producteur, ou avec plusieurs détaillants.

Les mœurs ont aussi évolué. Il existait par exemple une règle bien respectée qui partageait le marché entre producteurs et détaillants. Au-dessous d'une livraison de 20 tonnes vrac, la commande relevait du négoce local. Au-dessus, elle était traitée en direct depuis le siège par le producteur. Aujourd'hui, la frontière n'existe plus. Le 20 tonnes vrac est devenu le seuil de concurrence entre la grande distribution et les producteurs, chacun cherchant à empiéter la part du voisin. Socialement, mentalement, la logique de marque a remis en cause des pratiques anciennes de loyauté, de confiance réciproque, de devoirs et choix implicites. Elle les a remplacés par d'autres règles, mais aussi par un climat ressenti comme relevant de la « loi de la jungle ». Pourtant, à première vue, les paramètres classiques utilisés pour comprendre ce marché, n'indiquent guère de conséquences. Les prix restent gouvernés par des amplitudes d'origine mondiale, la demande stagne dans l'ensemble, et l'offre essaie d'absorber les cycles dont le marché est familier. Est-ce pour autant le signe que le marché a continué à fonctionner selon les bonnes vieilles lois, relativement imperméable à la logique de marques qui s'empare des échanges et des acteurs ?

1.2. Le marché comme système d'action

A ce stade, avant de passer plus concrètement à l'étude des conditions et des conséquences de la logique de marques dans les économies contemporaines, un arrêt s'impose qui est d'ordre méthodologique. Au fond, qu'est-ce qu'un marché ? La question n'est pas abstraite au sens de futile. Car la réponse qui lui est donnée n'est en général pas satisfaisante. Il en va en matière de marché comme en matière de marque : la définition la plus courante n'est pas la seule, ni même la meilleure. Qui plus est, mal analyser le marché risque de conduire à mal saisir l'enjeu que représente la marque pour les systèmes économiques.

Du marché, il existe une approche couramment utilisée, qui est en même temps présumée être concrète. Elle peut se résumer ainsi : le marché est un « état de nature ». Se trouvent face à face deux populations, des offreurs et des demandeurs. L'action sur un marché naît de la rencontre entre leurs utilités respectives, par agrégation d'ajustements bilatéraux. La règle du jeu est transparente, identique pour tous, impersonnelle. Si des contraintes juridiques ou techniques existent, elles forment des invariants, elles ne sont rien d'autre qu'une donnée extérieure parmi d'autres.

Comment, dans une telle approche, arrive-t-on à expliquer sinon à anticiper le fonctionnement du marché ? Pour l'essentiel, par la collecte de séries quantitatives sur chaque segment : la variation des prix d'échange sur un laps de temps suffisamment long, l'enregistrement des volumes échangés par chaque opérateur, les coûts et les besoins, dont les divers opérateurs, pris séparément les uns des autres, sont les porteurs. Cet assemblage disparate de données désagrégées sera alors traité pour qu'on infère une loi présumée collective, dénominateur commun des échanges éclatés. Appliqué à la chimie, ce mode de raisonnement explique la fonction des prix de la manière suivante. La chimie ne forme pas un seul marché. Bien au contraire, cet espace économique doit être vu comme morcelé de deux façons : par produits — la soude, le chlore, etc. — et par interfaces — le marché qui relie les commerçants aux clients finaux, celui qui met en rapport les commerçants et les producteurs, et enfin un troisième cas de figure, entre les producteurs et leurs fournisseurs (pétroliers, etc.). Aucun de ces micro-marchés n'est vraiment transparent tel qu'il est vécu par les acteurs ou même tel qu'il apparaît à l'observateur extérieur. L'opacité des transactions et de l'information est forte. Néanmoins, pour chaque micro-marché un mécanisme se développe qui, de proche en proche, harmonise le coût des transactions, fixe le prix. Le point essentiel du raisonnement réside dans le postulat que chaque micro-marché (segmenté par produit et par interfaces bilatéraux) forme un cas spécifique, relativement immunisé contre les autres. Le cloisonnement des jeux est efficient. Certes, un opérateur peut intervenir sur plusieurs marchés à la fois, jouer de phénomènes de péréquations entre produits ou émettre des marges avant et arrière dans une filière. Mais sa présence multiple ne modifie pas le processus de la segmentation (Cotta, 1985). A la rigueur, cette représentation des échanges économiques basée sur la segmentation peut éclairer la situation de la chimie d'il y a 15 ou 20 ans. En revanche, parce qu'elle est réductrice, elle ne permet pas du tout de comprendre les transformations liées à l'émergence de la logique de marque et à la montée en puissance de la grande distribution.

Le marché des produits chimiques n'est en réalité pas autant cloisonné que cette approche l'imagine, tant verticalement — dans une filière — qu'horizontalement — par produits. Les prix s'y fixent à partir de la capacité des acteurs d'intervenir sur plusieurs tableaux à la fois. C'est le cas de quelques grands producteurs, mais c'est surtout celui des grands distributeurs. Ils jouent des spécialités sur les commodités, et vice versa. Ils concurrencent les marques de producteurs grâce à leurs propres marques. Ils vendent aux détaillants en même temps qu'ils livrent aux clients finaux. Ils utilisent un portefeuille diversifié. Ils capitalisent de façon cumulative et coordonnée leur présence dans plusieurs segments à la fois. Dans un segment ils font jouer les avantages qu'ils dégagent des autres. Leur force est double : les grands distributeurs sont les seuls à pouvoir le faire — la possibilité est refusée aux petits détaillants — et ils pèsent lourd en volume. Bref, les grands distributeurs deviennent des intégrateurs actifs entre les micro-marchés dont le devenir particulier est désormais conditionné par un ensemble plus vaste, ensemble que quelques acteurs structurent autour de leur logique d'action. Les prix reflètent ce mécanisme collectif.

Ce qui pose problème pour expliquer la formation des prix, pose également problème pour considérer la logique de marques dans les échanges économiques. La métaphore transactionnelle du marché mérite d'être revue, quitte à regretter l'élégance de la simplicité dont elle se revêtait. Il faut raisonner autrement.

La rupture du raisonnement en termes de marché consiste à passer du concept de transaction à celui de régulation. Qui dit transaction évoque aussitôt une relation dont le contenu et les modalités peuvent être compris indépendamment de toutes les autres transactions. Il suffit d'observer les deux parties en présence, leurs utilités et leurs contraintes. Le marché se déroule comme une somme de rencontres, comme une suite de face-à-face disjoints.

Le concept de régulation renvoie à tout à fait autre chose, à une vision plus systémique ou organisationnelle de l'action. A sa manière, le marché forme un système social (Burns, 1987). Dans leurs relations, les opérateurs — ou acteurs, c'est-à-dire des inducteurs d'action — gèrent deux problèmes à la fois : l'échange qu'ils établissent dans l'instant avec leur contrepartie du moment, mais aussi leur appartenance plus permanente à un milieu. Ils tiennent donc compte dans leurs comportements de deux ordres de choses. D'une part, l'utilité qu'ils éprouvent à réaliser un coup commercial, d'autre part, leur capacité à terme de continuer à jouer avec d'autres ou avec les mêmes partenaires des coups ultérieurs. Car sur un marché, on ne gagne pas contre les autres, on gagne aussi avec eux, sous peine d'être rejeté ou de n'avoir plus de contrepartie à la prochaine occasion d'échange.

Pour le dire autrement, le jeu économique — notamment la logique de marques — implique du conflit et de la concurrence, mais aussi de la coopération et de la solidarité entre les acteurs des échanges. A sa manière, un marché forme un système, c'est-à-dire un milieu collectivement construit et relativement organisé. L'organisation dans ce cas s'y traduit pour l'acteur par l'existence de règles en matière d'arrangement collectif, règles qu'il sait transformer à son avantage, mais dont il ne peut pas s'affranchir totalement, sauf à être placé hors jeu par tous les autres. La régulation se situe là, dans la marge dont chacun dispose pour négocier à la fois son intérêt propre et sa participation au milieu collectif.

La méthodologie passe donc par une question cruciale : quels sont les contours exacts du marché, qui en fait partie, qui n'en fait pas partie ? La réponse dépend des situations concrètes. Ici, les acteurs sont au nombre de deux ; là au contraire, ils sont plus nombreux, par exemple, le grand distributeur, le petit détaillant, le client final, le producteur. Le marché n'est pas un univers homogène, répétitif, stable, ne serait-ce que parce que les acteurs sur la scène varient dans leur comportement et dans leur nombre.

Reprenons un instant l'exemple de la chimie. Il y a aujourd'hui plus de solidarité, plus de convergences d'intérêts, plus d'intégration pourrait-on dire, entre les détaillants traditionnels et les agences commerciales des producteurs présentes sur le terrain, qu'il n'en existe entre celles-ci et les directions industrielles de leur entreprise à Paris. Le grand distributeur est leur concurrent local commun. En revanche, pour les industriels, habitués à considérer le marché mondial, le grand distributeur représente un client parmi tant d'autres sinon un client intéressant. L'entreprise, structure juridique unifiée, n'est pas nécessairement un acteur intégré et monolithique dans l'action concrète. Les coalitions d'intérêts traversent et brouillent les catégories institutionnelles. L'exemple est quotidien de certains acheteurs spécialisés de grandes surfaces qui se comportent comme des alliés objectifs de leurs fournisseurs de grandes marques ; car, même s'ils cherchent à obtenir d'eux les meilleures conditions tarifaires, ils pèsent d'autant plus dans leur propre entreprise, face notamment aux directeurs de magasins, qu'ils contrôlent l'accès aux fournisseurs.

Chaque acteur, à son niveau, cherche à trouver un arrangement dans le système d'échange. Or les règles de ces arrangements que l'on appellera des règles de jeu sur le jeu ou des modes de régulation, restent largement implicites. A sa façon, la marque est pour certains acteurs une solution, pour d'autres une contrainte.

La logique de marques, de ce point de vue, remet en cause les modes traditionnels de régulation entre les acteurs d'une manière d'autant plus décisive qu'elle est le plus souvent silencieuse. D'où ce paradoxe parfois constaté que, tout en attribuant en aval des distinctions aux consommateurs, la logique de marque redistribue en amont les cartes entre les acteurs dans ces systèmes complexes que sont devenus les marchés.

2. L'APPROPRIATION SOCIALE DE LA MARQUE

Comment l'existence de marques conditionne-t-elle une situation telle qu'un acte d'achat ? Le mieux est de partir d'un cas concret. Ainsi, en matière d'appareils électroménagers, l'acheteur trouve dans le commerce de nombreuses marques pour le lave-vaisselle, le réfrigérateur ou la machine à laver le linge qu'il veut acquérir : Vedette, Zanussi, Philips, Brandt, Faure, Thomson, Miele, etc. L'acte d'achat recouvre une situation relativement simple où l'échange va s'effectuer entre deux acteurs : le consommateur et le commerçant. Le raisonnement en termes de transaction paraît parfaitement adapté pour rendre compte du contexte et de l'issue du jeu. En fait, le raisonnement en termes systémiques permet d'élargir la compréhension de la manière dont les acteurs, ceux visibles au moment de l'échange mais aussi d'autres qui n'apparaissent sur le moment pas sur la scène, s'approprient l'existence des marques. De ce point de vue, l'observation des faits suggère qu'il n'existe pas un mais trois types de jeux relationnels autour de la marque et qui sont tout à fait différents l'un de l'autre, y compris pour le consommateur : celui caractérisant le commerce de proximité, celui induit par les pratiques du discount, celui enfin structuré autour de la grande distribution consumériste (Dupuy et Thoenig, 1986).

2.1. Le commerce de proximité

Un peu plus de 37 % des ventes d'appareils électroménagers reste effectué en France par environ 18 000 magasins de détail. Ceux-ci se situent à proximité des consommateurs. Ils offrent, sur une surface de 60 à 200 m^2, et sous la houlette d'un commerçant propriétaire de son fonds, 2 à 3 marques par type d'appareil. Or, c'est dans ce type de distribution que la marque apparaît le plus comme une donnée exogène aux partenaires de l'échange. En fait, elle constitue la ressource essentielle grâce à laquelle un troisième acteur, le producteur qui possède la marque, se réinsère dans le jeu à deux entre le vendeur et le consommateur et s'avère même capable, tout en étant physiquement absent et en apparence silencieux, de dicter certaines des conditions essentielles de l'échange au vendeur, voire même, en le court-circuitant, au consommateur.

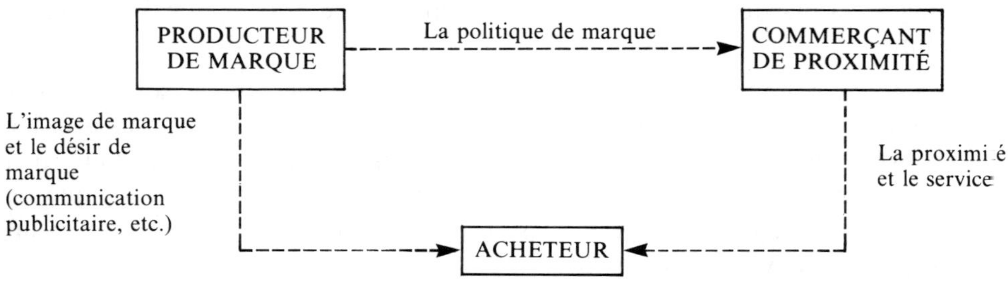

Figure 1. Le jeu relationnel dans la distribution de détail

Le cas pur est représenté par la concession exclusive. Le producteur contrôle la politique de marque du commerçant, la gamme de produits que celui-ci présente à la vente, voire même sa publicité et le service après-vente (dépannage) qu'il peut offrir au consommateur. En contrepartie, il accorde au commerçant une protection plus ou moins étendue, une assistance commerciale et financière. En même temps, le producteur communique de manière directe avec le consommateur grâce à la marque. La publicité lui permet d'exercer une action sur l'acheteur, qui n'est pas celle du point de vente. Le commerçant de détail, dans son quartier et avec l'enseigne qui est celle de la marque, possède quant à lui un atout face au consommateur : sa proximité géographique, éventuellement des remises sur les prix sinon du service. Pour le consommateur, les termes de la négociation restent étroits : il achète la marque ou bien il se rend dans un autre magasin. Bref, la marque permet au producteur d'être l'acteur le plus libre dans le jeu.

Là où la concession exclusive n'existe pas (et ce cas de figure s'étend), la donne se rééquilibre quelque peu sans toutefois bouleverser les cartes des joueurs. Le détaillant élargit sa gamme en lui ajoutant d'autres marques. Il n'empêche qu'il a intérêt à disposer au minimum d'une marque de producteur qui soit forte et notoire, qui lui procure de l'image pour attirer le consommateur pré-influencé par le producteur, et des marges confortables stables pour survivre. Collectivement, le jeu autour de la marque ressemble à un jeu à somme positive : chacun gagne, même le consommateur qui peut grâce à la marque établir des repères de choix.

La marque n'occupe donc pas du tout le même statut, elle n'a pas le même sens pour tous les partenaires du jeu relationnel. Selon que l'on soit acheteur, détaillant ou producteur, elle est appropriée de façon différente. En utilisant les concepts de l'analyse stratégique des comportements relationnels telle que l'a développée la sociologie des organisations, on peut ainsi construire une grille qui synthétise la manière dont chaque acteur de la situation approprie la marque dans son propre comportement face aux autres partenaires (Crozier, 1977).

Dans le commerce de proximité, la marque ne constitue un problème stratégique pour personne : aucun acteur ne joue l'essentiel de sa réussite ou de sa survie autour de la seule marque, d'autres atouts comptent. En revanche, elle est une solution ou une stratégie majeure sinon prioritaire pour le producteur à l'égard des acheteurs. L'expression « ressource » désigne le fait que la marque est un atout pour celui qui la détient. Il arrive grâce à la marque à rendre dépendant à son égard d'autres acteurs. Celle de « contrainte » désigne le fait que, au contraire, pour celui qui subit la marque comme une contrainte, son comportement se trouve rendu dépendant de celui d'autres acteurs.

Tableau 1. L'appropriation de la marque dans le commerce de proximité

	Problème	Ressource	Contrainte	Solution/Stratégie
Producteur	—	A l'égard du détaillant	—	A l'égard des consommateurs
Détaillant	—	Face au client	Face au producteur	—
Acheteur	—	—	Face au détaillant et au producteur	—

2.2. Le discount à dérive de rayon

Bien qu'ils ne possèdent pas de rayon permanent offrant des appareils électroménagers, certains hypermarchés alimentaires vendent néanmoins des machines à laver ou des réfrigérateurs une ou deux fois par an, lors de campagnes spéciales de « promotion ». Ils présentent pendant 8 à 15 jours, en général sur un stand spécial, quelques appareils d'une ou deux marques très connues par le grand public (par exemple Vedette ou Philips) et dont ils « cassent » de façon spectaculaire le prix public (jusqu'à 35 % de moins que le prix le plus bas pratiqué dans la zone de chalandise).

Ce mode de vente n'a jamais été important en volume global de marché français. Néanmoins ses conséquences sont décisives du point de vue des marques vendues par l'hypermarché. En effet, le discounter occasionnel offre de l'électroménager pour attirer le client dans son magasin.

Le mécanisme fonctionne à condition que la marque « promue » soit très connue et que le prix annoncé par appareil soit très bas. Attiré par l'offre intéressante sur le lieu, le consommateur est alors guidé par l'hypermarché de manière à ce qu'il soit dissuadé d'acheter l'appareil affiché, mais dérivé vers d'autres rayons qui sont les rayons habituels, essentiellement alimentaires, de l'hypermarché. Venu pour acheter un lave-vaisselle Brandt dernier modèle à 2 500 francs, il repartira avec des yaourts. C'est très précisément ce que souhaite l'hypermarché alimentaire pratiquant le discount sur l'électroménager. Il ne veut surtout pas vendre de l'électroménager de façon régulière, ni investir dans le SAV et dans des stocks.

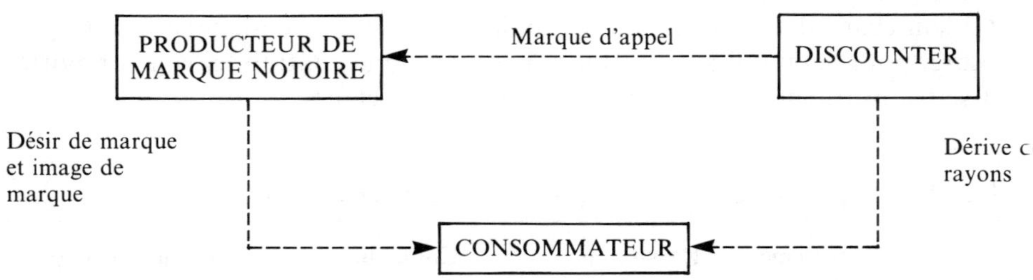

Figure 2. Le jeu relationnel dans le discount

Dans ce jeu, sa marque notoire n'est pas une ressource pour le producteur mais, au contraire, une contrainte forte que le discounter utilise contre lui. En fait, celui-ci prend la marque en otage. Il détourne à son usage propre le capital de notoriété acquis par la marque auprès du consommateur. Or cet usage aboutit à tuer la marque mise en otage. Car l'intérêt du discounter est de ne pas vendre les appareils affichés à des prix trop bas et par rapport auxquels il ne dispose ni de stocks suffisants ni de service. Il refuse donc sur son point de vente l'accès du consommateur à la marque. Elle sert à vendre d'autres produits. Qui plus est, la marque disparaît de la zone de chalandise également chez les concurrents du discounter (détaillants, etc.). Ceux-ci préfèrent retirer pendant quelques mois la marque de leurs rayons, plutôt que d'avoir à subir la comparaison désavantageuse de la part des clients en matière de prix. Le paradoxe est que pour mener sa guérilla, le discounter qui tue la marque a besoin de marques fortes et notoires. Le discounter est un acteur libre dans un jeu que ses partenaires subissent comme contraint. Son comportement ressemble à celui d'un passager clandestin en ce sens qu'il bénéficie pleinement d'un avantage tout en laissant à d'autres, c'est-à-dire au producteur, la charge de payer le coût, c'est-à-dire la construction et la consolidation de la marque auprès du public. Le producteur fournit au discounter la seule ressource dont il dispose dans l'électroménager : la marque. Le jeu est à somme nulle : ce que le discounter gagne est perdu par le producteur et accessoirement par le consommateur.

L'appropriation de la marque se résume, dans ce jeu relationnel, de la manière suivante :

Tableau 2. L'appropriation de la marque dans le discount à dérive de rayon

	Problème	Ressource	Contrainte	Solution/Stratégie
Producteur	L'appropriation de la marque par le discounter (prix d'appel) et ses conséquences	—	L'image de la marque	Le refus de vente
Discounter	—	La marque notoire (prix d'appel)	L'accès à des marques notoires	La dérive de rayon
Consommateur	—	—	La marque notoire au prix cassé	—

2.3. Le grand spécialiste consumériste

Le circuit de distribution des grands spécialistes représente aujourd'hui environ 42 % du marché national, sa part ne cessant de croître depuis sa création dans les années soixante. Le grand spécialiste se concentre, à travers un réseau régional ou national, et dans des points de vente de grande surface, sur les appareils électroménagers et sur les produits dits bruns (téléviseurs, hi-fi, etc.), éventuellement sur l'ameublement. Il se caractérise par une technique de vente plus élaborée dont la disponibilité de marques, de toutes les marques présentes sur le marché, est le pivot.

Le grand spécialiste ressemble à première vue au discounter, car il pratique à travers sa communication une politique agressive de prix bas. En fait, il en représente l'envers. Son enjeu est de vendre ses appareils électroménagers, non pas de les refuser à l'achat. Il fait alliance avec le consommateur. Il capte son désir profond de comparer les marques et les appareils entre eux avant de faire un choix d'achat. D'où le recours à la trilogie consumériste du choix (offrir toute la gamme des marques), du prix (par comparaison au plus bas), et du service (conseil à l'achat et SAV). Cela dit, une fois le consommateur attiré sur le point de vente, il devient particulièrement réceptif aux arguments du vendeur. Le processus consiste alors à pratiquer de la dérive de marque. Il est essentiel que le consommateur reparte avec un appareil, mais avec celui qui laisse la meilleure marge au négociant. D'où un processus consistant, pour le vendeur, à détourner le consommateur de son attrait pour des marques notoires offertes à des prix avantageux, et à poser son dévolu sur des marques moins connues, vendues moins chères que les appareils de la marque notoire, mais laissant une plus forte marge. Pour motiver le vendeur, le commerce utilise la guelte, soit une prime de rendement par appareil vendu indexée sur la marge.

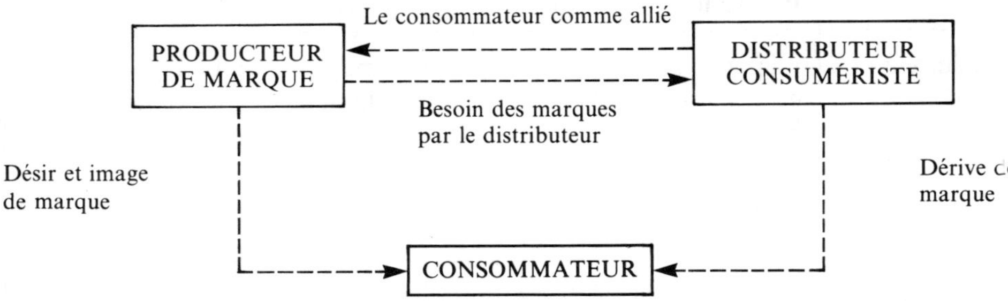

Figure 3. Le jeu relationnel chez les grands spécialistes

Le jeu, on le voit, est complexe. L'alliance qui se dessine est celle entre deux partenaires, le grand spécialiste et le consommateur. Dans cette alliance, c'est le commerçant qui a la main. Il joue le client et avec le client contre le producteur. La trilogie choix/prix/service en représente le terreau légitime. La dérive de marque en permet le retournement contre le producteur. Le commerçant détourne les grandes marques de producteurs du passage à l'acte d'achat. Elles servent aux yeux du consommateur de garants de sa crédibilité, de son image de courtier neutre entre des marques de producteurs en concurrence. Ce faisant, il les étouffe économiquement et symboliquement. La marque est sa ressource de légitimité face au client, et sa ressource de pression contre le producteur.

En même temps, et contradictoirement, le grand spécialiste manifeste un besoin permanent de marques établies : pour rester consumériste, comme repoussoir au profit des petites marques non établies. Le grand spécialiste n'a pas du tout intérêt à offrir, en substitution des marques de producteur, ses propres marques de distributeur. Ce serait la négation de son image. Plus il a de marques à offrir, plus il est crédible au yeux de ses clients. Un grand spécialiste ne peut que difficilement s'offrir le luxe de renoncer effectivement à offrir une marque établie sur ses rayonnages.

D'où un bras de fer subtil autour de la marque entre le producteur et le commerçant. Son volume d'achat aidant, le grand spécialiste pèse sur le producteur de manière forte et constante. Certes, le producteur peut refuser sa marque : encore faut-il d'une part que la législation ou la conjoncture autorise le refus de vente, d'autre part, que sa part de marché ne soit pas trop affectée.

Tableau 3. L'appropriation de la marque dans le circuit des grands spécialistes

	Problème	Ressource	Contrainte	Solution/Stratégie
Producteur	Le positionnement de sa marque	La communication sur la marque	Le client, allié du distributeur La dérive de marque	Le refus de vente La segmentation des marques par filière de distribution
Grand spécialiste	—	La marque notoire La dérive de marques	Le besoin de marques	La marque banalisée
Consommateur	La multiplicité des marques	Le poids des grands distributeurs sur la production	Le conseil du vendeur	—

2.4. L'usage relationnel de la marque

De l'exemple de l'électroménager découlent des conclusions à portée plus générale.

Le lieu d'achat est le lieu d'une lutte d'influence entre le producteur et le commerçant. La marque sert de levier à cette lutte d'influence. C'est ainsi que pour un lave-linge, il a été remarqué que pour 57 % des décisions de l'acheteur, le point de vente (facteur de proximité, service offert, argumentaire du vendeur, etc.) l'emporte sur la marque (son image, sa notoriété etc.). En revanche la marque prend le dessus sur le point de vente dans 43 % des décisions d'achat (Deutsch, 1975).

L'existence de ce face-à-face cache des rapports de force très variables selon les situations. La même marque existe sur tout le territoire grâce à la même communication publicitaire, et elle est distribuée partout. Il n'empêche qu'elle est appropriée de façon très différente, comme le suggèrent les trois jeux relationnels présentés ci-dessus. Le duel mesuré à propos du lave-linge entre le point de vente et le producteur, pour intéressants qu'en soient les résultats agrégés, doit être interprété avec prudence, pour deux raisons principales.

D'une part, la marque n'est pas l'apanage du seul producteur, même dans un secteur comme l'électroménager où, sauf exception en voie de disparition, il n'existe guère de marques de distributeur. Il arrive même que, grâce à des techniques de distribution telles que le prix d'appel et la dérive de vente, la marque notoire qui est celle du producteur lui échappe et soit retournée au profit du point de vente, du commerçant. C'est pourquoi il est prudent de parler de la marque comme d'un enjeu que se disputent les acteurs, sans postuler d'emblée qu'elle est un atout du seul producteur.

D'autre part, le consommateur n'assiste pas passif à la concurrence que se livrent les deux autres acteurs pour gagner sa faveur. A l'exemple du commerçant et du producteur, il s'avère actif, gérant selon les situations relationnelles des contextes très différents. C'est ainsi que face à la grande distribution spécialisée consumériste, l'acheteur n'a pas la même stratégie, le même comportement qu'en commerce de proximité. Produit perçu comme cher et comme technique (c'est-à-dire générateur de pannes désagréables, et dont il est compliqué de distinguer les spécifications de performances offertes), le lave-vaisselle, pour prendre cet exemple, déclenche un état d'anxiété chez le candidat à l'achat. L'achat n'est pas banal. Il va donc chercher à le gérer sur un tout autre registre que s'il achetait un stylo à bille. Le prix ou le service après-vente lui servent à fonder son choix qu'il veut rendre particulièrement rationnel. Il investit en temps, visite plusieurs points de vente, compare. Dans ce contexte, plus la marque est notoire et connue de lui, plus elle lui sert de critère de choix. En commerce de proximité, il suffit pour l'acheteur de choisir le point de vente qui offre la marque désirée, et l'affaire est réglée. En revanche, s'il se rend chez le grand spécialiste, il trouvera la marque qu'il cherche mais aussi toutes les autres, qu'il les connaisse ou non. Or, face à 40 lave-vaisselles différents, par leur marque, par leur prix, par leurs spécifications, et tous présentés dans le même local, le client anxieux, qui voulait être rationnel en se rabattant sur la marque notoire, devient encore plus indécis. Quelle marque croire ? Il délègue alors sa confiance à un conseiller qui, lui offrant toute la gamme, a toutes les allures de l'impartialité.

Cet exemple illustre combien l'appropriation de la marque par le consommateur, mais aussi par le distributeur et par le producteur, est un processus actif, qui varie en fonction du jeu relationnel du moment, et qui ne reflète pas seulement les états psychologiques invariants que l'individu porterait en lui, ou les besoins conditionnés par la publicité des marques. L'appropriation de la marque met en scène des données collectives ou sociales. D'où l'intérêt qu'il y a à abandonner l'approche en termes de transaction — ce qui en apparence est un acte d'achat, soit un duel à un instant donné entre un acheteur et un vendeur — au profit d'une approche en termes de régulation systémique — l'acte d'achat dans un contexte relationnel plus global.

Tableau 4. L'approche transactionnelle et l'approche relationnelle de la marque

Vision duelle ou transactionnelle de la marque	**L'approche relationnelle ou en termes d'enjeu de la marque**
• L'échange autour de la marque constitue une relation qui s'explique par elle-même (postulat de segmentation)	• Des effets peuvent être induits par la marque et par l'échange qui concernent de tierces parties (hypothèse de système)
• L'échange met en scène deux acteurs (l'interface bilatéral)	• Le jeu autour de la marque est le résultat des interactions entre deux sinon trois acteurs ou plus (l'interdépendance relationnelle)
• L'échange est à somme nulle : ce que l'un gagne, l'autre le perd	• L'issue du jeu peut être variable : à somme nulle, positive ou négative Tout le monde peut gagner ou au contraire perdre, certains plus que d'autres, etc.
• La marque traduit un besoin et la réponse à ce besoin (image de marque, etc.)	• La marque représente un enjeu qui n'est pas le même pour tous les acteurs et dans toutes les situations
• Pour comprendre l'échange, il faut repérer les utilités dont les partenaires sont porteurs et que la marque satisfait	• Le processus de l'échange et le statut de la marque s'expliquent grâce à l'observation de la manière dont les acteurs s'approprient la marque

2.5. La marque de distributeur

L'approche relationnelle de la marque permet de mieux anticiper le devenir d'un marché à logique de marques. Il en est de même pour la marque de distributeur.

La marque de distributeur fait fonction de cause célèbre. Depuis le début des années 1980, elle est devenu le sujet d'un débat pratique et théorique sur sa légitimité et sur son extension. De subtiles distinctions sont établies, par exemple entre les « vraies » marques de distributeurs, les contremarques, les copies de marques ou encore les marques dites « japonaises ». Sur le fond, la question qui nous paraît mériter attention, plus encore que celle des critères d'une typologie des marques dites de distributeur, est celle de leur fonction sur le marché. En d'autres termes, quels enjeux recouvre-t-elle et pour qui ?

Il est clair que la marque de distributeur a été appropriée dans un premier temps par les grands distributeurs comme une pression sur les producteurs de grande marque et comme un vecteur de communication auprès des consommateurs. Elle permettait de jouer avec le consommateur contre la marque et donc contre le producteur, complétant l'éventail déjà existant tel que le discount, les centrales d'achat, etc.

Tableau 5. Typologie de la grande distribution et de l'usage de la marque de distributeur

Stratégie du grand distributeur	**Type de marque de distributeur**	**Usage fait de la marque du distributeur**	**Attitude à l'égard de la marque du producteur**
Orienté	Marques propres établies sur toute la gamme distinctes de celles des producteurs	Support privilégié du positionnement spécifique national de l'enseigne : outil d'image et de communication face au client	Le producteur comme concurrent et comme partenaire
Vindicatif	Contre-marques imitant les marques de producteurs	Façon d'affaiblir le pouvoir de négociation commerciale du producteur de marques	Agressivité continue
Opportuniste	« Vraies » marques + contre-marques	Opportunité pour, chaque fois que possible, amasser des parts de marchés et de marques	Coopération, mais méfiance
Indifférent	Non-marques + marques de bas de gamme	Complément d'un assortiment complet de marques de producteurs	Coopération suivie

Cet enjeu, qui voit s'opposer les producteurs de marques aux grands distributeurs, recouvre un second mode d'appropriation de la marque de distributeur Il s'agit moins ici d'obtenir des faveurs (remises, etc.) de la part des producteurs que de fidéliser ses propres clients sinon de détourner ceux des concurrents. En effet, celle-ci sert également à un grand distributeur à renforcer sa position sur le marché face et contre ses concurrents. Le levier ici est établi par le fait que la marque du distributeur constitue un facteur clé d'une politique d'enseigne.

Une politique d'enseigne consiste, dans le cas présent, à établir une identité égale et homogène de l'image des points de vente dont la chaîne d'hypermarchés ou le magasin à succursales multiples dispose sur un territoire, par delà les seules limites de la zone de chalandise. Sa fonction est de communiquer des attibuts spécifiques de l'enseigne par rapport aux autres enseignes : prix, choix, fraîcheur, garantie, etc. Cette stratégie commerciale trouve dans la possession de marques spécifiques, dont la chaîne ou le réseau a l'exclusivité, une expression très forte par rapport à la clientèle. Elle apparaît particulièrement valorisée dans un contexte économique où, les possibilités d'implanter de nouvelles grandes surfaces étant considérablement freinées (loi Royer, saturation du territoire, ralentissement de la consommation ou transfert vers des produits à plus forte valeur ajoutée, etc.), l'expansion ne peut se faire qu'au détriment des concurrents de la distribution. Très souvent les distributeurs cherchent systématiquement à se fournir pour leurs marques auprès de petits fournisseurs ou auprès de firmes étrangères plutôt que des grands industriels nationaux du secteur (exemple : Van de Moortele dans l'huile de table).

La marque de distribution n'est pas un épiphénomène négligeable. A l'inverse, elle n'annonce pas fatalement la fin des marques de producteur. D'autre part, tous les grands distributeurs ne se l'approprient pas de la même façon comme le montre le tableau 5.

Comment les industriels de marques réagissent-ils face à la marque de distributeur ? Leurs comportements concrets se caractérisent par leur diversité, parfois par un certain erratisme. De manière résumée, deux cas de figure émergent de l'observation.

Une attitude offensive et coopérative à l'égard des distributeurs et de leurs marques, à un extrême. Ici les producteurs de marque jouent avec le distributeur. Ils abandonnent délibérément certains créneaux de marque aux distributeurs — le bas de gamme, le premier prix. Ils considèrent qu'un état d'équilibre peut être stabilisé dans un partage de l'ordre de 75 % aux marques de producteurs et de 25 % à celles des distributeurs. Le distributeur a besoin de vraies marques leaders, notoires et nationales, que seuls les producteurs peuvent lui fournir. Ils positionnent de façon différenciée leurs marques par enseignes, au besoin en fournissant dans certains cas des produits sans marques. Car sur le fond, le producteur de marque et le grand distributeur ont des intérêts communs à terme : éliminer leurs concurrents dans leur camp respectif et faire remonter les prix publics. Or cette attitude entriste, qui privilégie la collaboration avec le partenaire adversaire, se trouve présente précisément parmi les industriels de marques qui, à moyen terme, émergent comme les gagnants sur le marché.

A l'autre extrême, les industriels dont l'attitude relève plutôt de la défensive, de la méfiance et de la polémique. Ils jouent par principe contre la marque de distributeur et contre la distribution. Ils attendent que l'orage passe, indignés des pratiques dont leurs marques sont gratifiées par les grandes surfaces. Or ce sont aussi ceux qui, à moyen terme, apparaissent comme les perdants du jeu. Car pour qu'un producteur puisse disposer d'une marque qui soit leader sur le marché, il doit être fort et gros. De même doit-il être fort et gros s'il souhaite, sans risquer une dépendance défavorable, fournir de la marque de distributeur au grand distributeur. Cela dit, si les « défensifs » finissent malgré tout par composer, c'est à contre-cœur, parce que d'autres industriels (leurs concurrents) les ont précédés, et avec un temps de retard qui coûte cher.

Face à la marque de distributeur, le réglage fin et la révision rapide des stratégies font la différence entre les industriels. Gagnent ceux qui, instinctivement ou consciemment, comprennent le mode d'appropriation qu'en font les grands distributeurs. La marque de distributeur remet en cause la division du travail et des bases de compétences dans les marchés. Les fonds de commerce établis sont rendus précaires.

Que peut faire un industriel face à l'émergence des marques de distributeurs ? Il peut s'ancrer plus en amont dans la filière de production. Il abandonne le créneau de la marque pour reconstituer son ancrage, sa base, autour de la production proprement dite. Il fabrique de l'OEM, il devient un producteur « régional », il fournit les marques de distributeur. L'usine, la maîtrise des approvisionnements, le savoir-faire en coûts de fabrication, constituent ses atouts. C'est très nettement le pari fait par un chocolatier tel que Cantalou.

Ou bien il se cale en aval en renforçant sa marque. Le choix suppose un savoir-faire et des moyens autres : de l'investissement en R & D pour garder un leadership de marque par l'innovation, une assise solide en marketing stratégique et la maîtrise de la fonction de communication. Au besoin il se débarrassera alors de ses investissements en amont, dans la fourniture de composants ou des matières premières non essentielles. Telle est l'orientation prise au début des années quatre-vingts par Thomson Electroménager. Cela dit, à terme, ces conditions sont réservées, avec une chance raisonnable de succès, aux entreprises qui se classent numéro un ou deux dans leur segment de produits.

3. LA MARQUE, PROPRIÉTÉ DES SYSTÈMES ÉCONOMIQUES

L'émergence de la société dite de consommation a suscité des réflexions et des débats qui ne sont pas encore clos. L'explosion des achats et des besoins, l'offre abondante de biens et de services que nos pays connaissent depuis les Trente Glorieuses, provoquent l'espoir et l'inquiétude à la fois. Irait-on vers plus de liberté et de bonheur ? Un engrenage serait-il au contraire en marche dont résulterait plutôt l'uniformité des modes de vie quand ce n'est pas l'aliénation du consommateur ? Le débat moral et politique, pour essentiel qu'il soit, a pourtant quelque peu occulté l'ampleur des transformations qui étaient en train de changer la société. La question n'est pas celle de la légitimité de la marque. Car entre-temps, que cela plaise ou non, la marque est devenue une clé de nos économies, autre façon d'exprimer ce que les sociologues appellent un enjeu de société.

3.1. La régulation de l'échange

La logique de marques moule l'échange d'une manière particulière. Elle multiplie les interfaces entre les acteurs sur le marché. D'une part, elle offre aux acteurs des espaces nouveaux d'initiatives et d'autonomie. D'autre part, le mode de participation au jeu collectif exige une capacité plus aiguë des acteurs de gérer des situations complexes, plus conflictuelles et de nature plus politique. Il suffit de comparer un marché sans logique de marques à un marché avec logique de marques.

Ainsi en va-t-il pour l'électroménager. Sans logique de marques, il aurait de fortes chances de ressembler à une filière, sur le modèle de la chimie d'avant 1970. Par filière, il faut entendre une organisation sociale dont l'échange est régulé de proche en proche par une suite d'interfaces bilatéraux cloisonnés entre eux.

PRODUCTEUR ◄----► GROSSISTE ◄----► DÉTAILLANT ◄----► ACHETEUR

Figure 4. Le marché de l'électroménager à faible logique de marques

L'échange, dans ce contexte, est relativement rigide. Le producteur est en relation avec le grossiste. Celui-ci interagit avec le détaillant. Et le détaillant négocie avec l'acheteur. A chacun ses compétences : la production fournit la marque, le grossiste stocke, le détaillant expose, l'acheteur consomme. A chacun son territoire : le producteur a ses grossistes qui ont leurs détaillants lesquels disposent d'une clientèle fidèle. A chacun ses intérêts : on n'attend pas du détaillant qu'il établisse une marque, ni du grossiste qu'il livre l'acheteur final en direct. Séparés, cloisonnés, nous le sommes : le détaillant n'agit pas sur la négociation que le grossiste mène avec le producteur. Solidaires, nous le sommes : la marque, si elle existe, profite à tous les intervenants, du producteur au détaillant et à l'acheteur. Chacun doit bien vivre. Si dialogue avec l'acheteur il y a, ce doit être la tâche du détaillant, relayé par le producteur.

L'électroménager des années quatre-vingts baigne pour sa part totalement dans une logique de marques. Or, l'irruption de cette logique s'accompagne d'un mode d'organisation qui ne ressemble pas du tout à la filière linéaire, mais à un système beaucoup plus compliqué à saisir et à schématiser.

Les alliances y sont multiples, passagères et équivoques. Les règles du jeu sont opaques, implicites et instables. Chacun joue à la fois contre et avec les autres. La contestation des fonctions acquises et des barrières établies se transforme en une base de succès.

Au cœur du système se situent les grands spécialistes consuméristes tels que Darty par exemple. Leur emprise sur les échanges traduit leur part de marché — 20 % pour le seul Darty — et leurs marges qui sont les plus fortes de la profession. En fait, cette emprise va bien au-delà des chiffres.

Le grand spécialiste fait sauter les barrières entre les interfaces, entre les circuits ou filières. Sortant de son rôle de détaillant, il se transforme en grossiste. C'est ce que fait Darty en livrant les détaillants qui sont pourtant ses concurrents. Car chaque année, il est le premier acheteur en volume des produc-

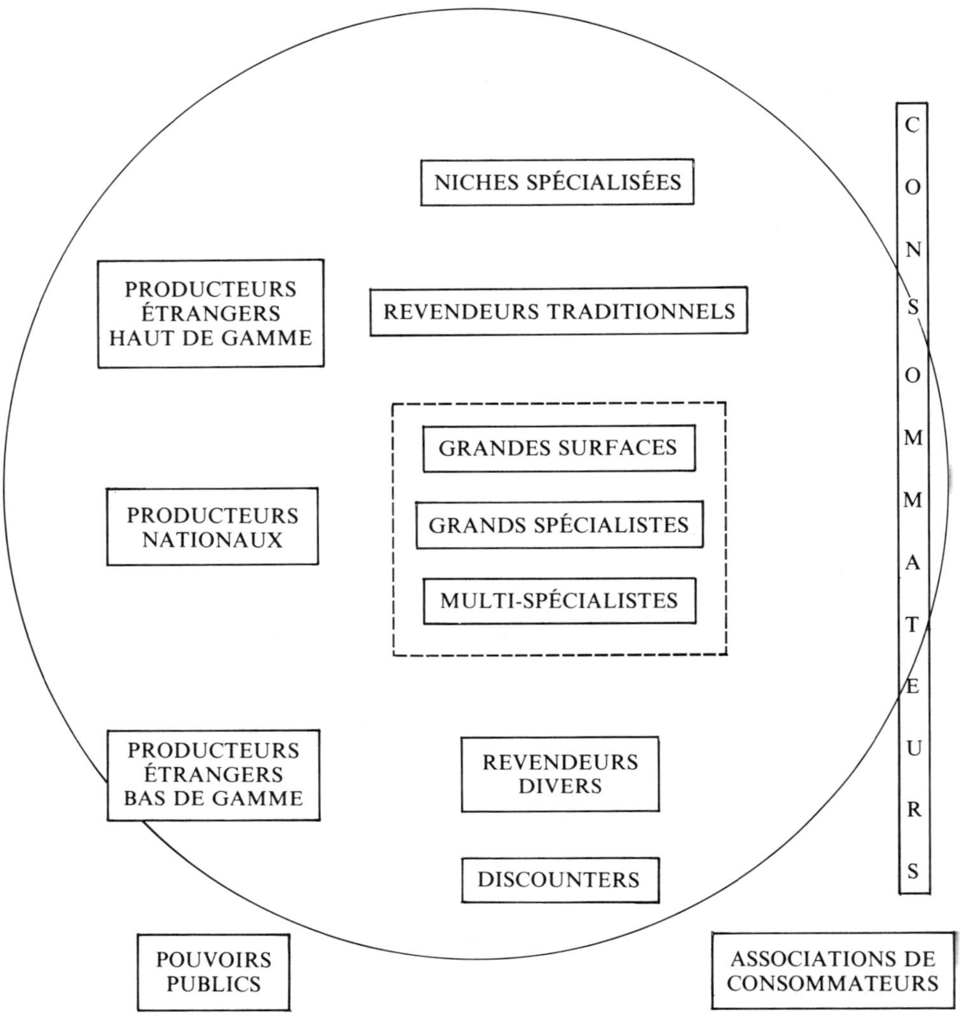

Figure 5. Le marché de l'électroménager à forte logique de marques

teurs de marque. Les prix qu'il obtient d'eux sont suffisamment bas pour que, en temps que grossiste, Darty attire les petits détaillants par ses tarifs, malgré l'inquiétude que certains d'entre eux éprouvent à son égard. En même temps, au producteur que cette revente importunerait, le grand spécialiste sait faire valoir les conséquences que pourrait entraîner pour sa marque une présence moins « soignée » dans ses propres magasins.

L'intégrateur est aussi un régulateur : le grand spécialiste dicte sa logique d'action de proche en proche à tous les autres acteurs. Les négociants concurrents ont deux solutions : copier ses méthodes — mais ce sera toujours avec un temps de retard — ou se marginaliser, sur des créneaux protégés, (vente de cuisines intégrées, ou les quelques références ou marques que Darty ne vend pas), à la limite sortir du jeu. Les petits détaillants se regroupent en coopératives d'achats et de SAV. Les hypermarchés qui, épisodiquement, cassaient des prix de marque à des fins d'appel par la dérive de rayon, renoncent à une pratique devenue moins crédible aux yeux du consommateur du fait de la communication sur le SAV et sur l'alignement des prix que Darty lui adresse. Un grand magasin comme le BHV abandonne ses marques de distributeur et renonce à utiliser des vendeurs appointés par les producteurs, pour introduire la guelte et élargir sa gamme de marques. A sa manière, chacun fait du Darty, mais les premiers arrivés dans le concept consumériste à dérive de marque maintiennent leur avance sur les derniers partis, que ce soit en communication publicitaire ou par le volume de leurs achats auprès des producteurs.

La base de l'emprise du grand distributeur consumériste, rappelons-le, se trouve dans la façon dont il retourne le besoin de marque et de comparabilité de l'acheteur à son avantage et contre les producteurs de marques notoires (Philips, Thomson, Electrolux), qui sont aussi les plus importants producteurs nationaux. Il veut leur subordination — leur attrait en tant que marque — surtout pas leur mort — que serait-il sans « grandes » marques ? Mais les marques qu'il vendra sont « petites », mal connues, et souvent de provenance étrangère. L'emprise, il faut le noter, n'exclut pas du tout les coalitions. C'est ainsi que le grand spécialiste partage un intérêt commun avec les détaillants de proximité : il opère la police dans la zone de chalandise où il s'établit en éliminant les pratiques de discount épisodiques à but de dérive de rayon que les hypermarchés mènent. Car, si Darty s'aligne sur les prix les plus bas, il ne les casse pas. A terme, il souhaite les faire monter.

Dans ce marché, les producteurs nationaux de marque ne forment pas l'épicentre des jeux relationnels. Ils ne sont pas non plus, à l'exemple de leurs concurrents étrangers (espagnols, russes, yougoslaves), de simples fournisseurs relativement dépendants des grands distributeurs, sans pouvoir sur le fonctionnement du marché. Ils vivent une relation avec les grands distributeurs qui s'établit sur le mode de l'association-rivalité. Sans Darty, Thomson vivrait mal. Mais sans Philips, But ne serait pas un leader du négoce. La marque notoire est ce qui les unit, le prix est ce qui les sépare. Le marché de l'électroménager est d'autre part caractérisé par un climat humain très émotionnel. On se connaît entre acteurs, mais on communique mal. Les conditions de l'échange sont opaques si bien que la coopération paraît impossible. Le marché est l'envers d'une maison de verre pour tous ceux qui y jouent. Il y a beaucoup de prix publics ; cependant, peu incluent les mêmes données, et la comparaison est difficile, d'un point de vente à l'autre. Les usines produisent beaucoup de références (on a ainsi pu dénombrer jusqu'à 230 références différentes de lave-linges offertes par les producteurs) (Tordjman, 1982) de manière à permettre aux commerçants de disposer de produits spécifiques, dont leurs concurrents ne disposent pas, et pour lesquels les marges sont protégées. Mais les marques notoires restent toujours aussi difficiles à protéger des phénomènes d'appel et de dérive.

3.2. Marques fortes et marques faibles

Les pays peuvent se classer en fonction de leur monnaie. Certains, tels que la RFA ou la Suisse, bénéficient de monnaies fortes. D'autres, qui sont nombreux, vivent avec une monnaie dite faible. Il en va de la marque comme de la monnaie : elle qualifie une économie, elle fait le partage entre les pays qui gagnent et ceux qui ne gagnent pas. Sur tel marché dans tel pays, la marque pourra être qualifiée de forte. Ailleurs, les marques seront plus faibles.

En ce qui concerne l'électroménager, la France est un pays dont le statut des marques est faible. Par comparaison, le même secteur au Japon se caractérise par un statut fort. Les Etats-Unis, pour prendre cet exemple, offrent une situation intermédiaire, les marques y étant moyennement fortes.

A quoi reconnaître la force ou la faiblesse ? Les professionnels considèrent des indices tels que la notoriété auprès des consommateurs. Or en France, et dans l'électroménager, cette notoriété des marques apparaît solide : les consommateurs reconnaissent spontanément beaucoup de marques avec des indices à la fois élevés et stables dans le temps (Brandt, Vedette, Arthur Martin, Philips, Thomson, Laden recueillent de 20 à 60 points). C'est à, tout à fait, autre chose qu'il faut faire référence pour qualifier les marques sur le marché français comme étant plutôt faibles, soit leur statut systémique. En termes plus directs, les marques ont un statut faible lorsqu'elles se trouvent appropriées de manière instable et conflictuelle par les acteurs économiques. C'est le cas en France dans l'exemple de l'électroménager (mais aussi plus généralement, que ce soit dans l'alimentation ou dans la chimie) : les marques constituent un enjeu majeur dans les relations de concurrence commerciale, au niveau de la vente de détail, mais aussi et surtout en amont, entre distributeurs, entre producteurs, et entre distributeurs (notamment les plus grands) et industriels nationaux (qui sont aussi ceux qui fabriquent les marques notoires et leaders).

La comparaison entre la France, les Etats-Unis et le Japon peut être affinée de manière à mettre en évidence un point important. Le statut de la marque sur un marché ou dans un pays traduit un mode d'organisation sociale de l'échange. A système différent, statut différent.

Tableau 6. Statut de la marque dans trois pays : France, USA, Japon

	France	**Etats-Unis**	**Japon**
Le statut de la marque	Faible	Moyen	Fort
Les caractéristiques de l'échange sur le marché			
• Acteurs intégrateurs dominants	La grande distribution consumériste.	Aucune ne domine à lui seul.	Les grands producteurs nationaux.

Tableau 6. Statut de la marque dans trois pays : France, USA, Japon *(suite)*

	France	**Etats-Unis**	**Japon**
Les caractéristiques de l'échange sur le marché			
• Coûts accompagnant les modes d'arrangement de l'échange entre acteurs	La marque notoire et nationale comme enjeu dans les rapports entre industriels, grands distributeurs et acheteurs.	Le conservatisme technologique des appareils (peu d'innovation). Gamme réduite de marques et de modèles.	Les prix élevés pour les consommateurs. « Fausse » innovation pour les produits (habillage, apparence visuelle, etc.).
	Maintien des consommateurs en état de dépendance anxiogène à l'égard des produits.	Conservatisme des réseaux commerciaux.	Accès difficile des industriels étrangers au marché national.
• Conséquences collectives	Opacité des pratiques commerciales, à tous les stades. Importation accrue de produits étrangers. Multiplication de « petites » ou « fausses » marques de circonstance.	Vulnérabilité à l'égard de bouleversements technologiques radicaux venus de l'étranger (ex. : le microfour japonais).	Compétitivité des industriels nationaux sur les marchés à l'export.
• Stabilité du marché	Faible : guerre des prix, succession de « coups », dézinguage des produits nouveaux.	Assez forte : avec risques d'abandon brutal de pans entiers (arrêt de fabrication, arrivée des concurrents étrangers).	Très forte.

Le marché japonais représente à certains égards l'inverse de la France. L'électroménager s'y décline en marques qui sont les noms de puissants groupes industriels : Toshiba, Sanyo, Sharp, Mitsubishi, etc. L'usine est le porte-drapeau de la modernité et de l'efficience. En revanche un phénomène comme le grand distributeur y est méconnu. Le magasin est petit, traditionnel, inféodé aux industriels, anonyme. 64 % de la distribution d'appareils électroménagers est assurée par des boutiquiers. Pas d'hypermarchés, peu de chaînes nationales, le casseur de prix y est inconnu et la dérive d'achat relève de l'audace extrême. Quant aux consommateurs, ils achètent japonais et ils paient très cher les appareils : des prix publics de 25 % plus élevés par rapport à la France, même si les coûts de fabrication sont de 25 % inférieurs.

L'échange est régulé par l'amont. Les marques de producteurs japonais dominent tranquillement le marché parce que les producteurs, très concentrés et très puissants, ne se sont pas désintéressés de la distribution. Ils la contrôlent, officiellement ou officieusement, ils la mettent en dépendance. Matsushita (marque nationale) dispose de 23 000 magasins affiliés qui réalisent 80 % de leur chiffre d'affaires avec la marque. Chaque producteur a sa filière qui le conduit, de grossistes en détaillants, au client final.

L'emprise industrielle repose sur l'attention quotidienne que portent les producteurs de marque aux faits et gestes de « leurs » boutiquiers : prêts financiers, mise à disposition de promoteurs de vente, reprise des invendus, etc. Mais, par grossistes interposés, elle se traduit aussi par une véritable fonction de police : élimination financière des détaillants qui n'appliquent pas la politique prédéterminée par le constructeur, segmentation radicale de la distribution des produits importés, dissuasion pressante d'entrer dans des pratiques de discount, etc. Pas question, par exemple, que des distributeurs créent leur propre marque ou prennent en otage, à des fins de dérive, des marques notoires.

Cela dit, si les régulateurs du marché sont des producteurs de marque nationaux unis face à l'étranger et face au monde des détaillants et des consommateurs, ils restent vivement concurrents entre eux : ventes à perte, refus de vente, sortie de nouveaux appareils à un rythme effréné, etc. Les consommateurs vivent dans un état de pression et de mobilisation constant. Les associations de consommateurs, financées par les producteurs, expliquent au grand public l'avantage qu'il y a à renouveler le réfrigérateur non pas tous les 6 ans mais tous les 3 ans. Pas de service après vente ; on jette l'appareil en panne ou démodé. La concurrence — et elle est forte — ne se fait pas par les prix, mais par l'innovation des produits, surtout par le renouvellement des gammes : de nouveaux coloris sur les appareils, 3 portes au lieu de 2, etc.

Le système japonais ressemble à une famille monoparentale. Il comprend deux membres, un adulte qui est le producteur de marque, et un enfant, le distributeur. Le client, lui, est un étranger que l'on invite parfois à table. La marque dans ce contexte est respectée. Autrement dit, l'emprise des grands producteurs la protège d'être saisie par des tiers — par exemple les détaillants — comme un objet de pouvoir dont ils joueraient dans l'échange. En famille, et avec les invités, on ne se la dispute pas.

Vu par des observateurs extérieurs, ce mode d'échange à la japonaise peut choquer : des prix chers, une intégration pesante par l'amont, etc. Encore faudrait-il s'assurer de ce qu'en pense le consommateur local. Une chose est certaine : la stabilité des marques — qui ne signifie pas l'absence de concurrence entre marques, bien au contraire — est corrélée avec une industrie forte, aux coûts de revient bas, et qui, prenant appui sur son marché national, peut lancer ses marques à la conquête des marchés extérieurs.

Hotpoint, Whirlpool, Maytag font partie des marques bien établies que propose le « free market » américain. De grands groupes industriels les possèdent, dont General Electric et Electrolux. Plus étonnante, vue du Japon ou de France, est la part importante de marques permanentes dont les donneurs d'ordres sont de puissants réseaux de distributions : J.C. Penney, Sears, Montgomery Ward vendent chacun leur propre marque, qui est concurrente de celle que produit en parallèle l'industriel qui les fournit. Sears fait fabriquer sa marque — Kenmore — chez Whirlpool qui pourtant a sa propre marque de producteur.

Le marché américain est très ouvert et très complexe à la fois. Une chose le caractérise : aucun acteur économique ne domine le jeu. D'où une grande fluidité des rapports d'influence et de pouvoir, chacun utilisant pour survivre et gagner tous les atouts disponibles qui sont à sa portée, le prix, la communication, l'importation parallèle, mais aussi la marque, dans un climat où l'on joue quotidiennement sa peau — en tout cas c'est ainsi que le ressentent les acteurs. De ce point de vue, les Etats-Unis présentent un cas intermédiaire entre le Japon, où la marque n'est pas politisée — elle est l'affaire des seuls producteurs — et la France, où elle représente pour tous les acteurs un enjeu prioritaire, autant, sinon plus, que le prix.

Il en va de même dans le poids des circuits de distribution. Les chaînes de magasins à succursales multiples occupent une place importante dans la vente de détail — 30 % environ en volume — mais les magasins traditionnels spécialisés gardent un rôle qui n'est pas marginal. Pour faire face aux géants que sont Sears et J.C Penney, les détaillants indépendants, qui sont souvent des revendeurs franchisés, adoptent des points d'appui tels que le discount. La lutte est féroce sur les prix publics. Elle l'est en aval et en amont. Contrairement à ce qui se passe en France, lorsque le fabricant consent un avantage particulier tel qu'une remise de prix, la prime est passée, par accord avec le détaillant, directement au client final. Personne ne perd la face, le client final ne s'émeut pas que, d'une zone géographique à l'autre, reflétant des différences de pouvoir d'achat de la clientèle, les prix publics de la même marque changent, ainsi que les marques des commerçants. Car si le prix monte, il lui arrive aussi de baisser, dans une concurrence fluide et dure dans l'espace et dans le temps. Cela dit, tout le monde peu ou prou pratique le discount, car il fonde la publicité commerciale. D'où une conséquence : les différences de prix s'estompent dans une même zone de chalandise.

La marque à première vue paraît relativement absente : la publicité promeut l'enseigne, le point de vente, les prix, le SAV. Or ceci ne signifie pas que l'enseigne l'emporte sur la marque. Au contraire, marque et point de vente gagnent et perdent ensemble face au client et surtout face aux concurrents. Ce point est essentiel. Tous les coups semblent permis aux Etats-Unis : prix d'appel, vente à perte, dérive de vente. Les solidarités semblent éphémères : à la moindre occasion, le détaillant semble prêt à lâcher son fournisseur, sans parler de l'infidélité des clients. Mais la marque demeure un capital relativement protégé, car producteurs et détaillants, par la franchise mais aussi pour des raisons plus globales, ont des intérêts communs à la protéger dans un jeu dur car équilibre entre tous les joueurs. Les jeux hégémoniques, les alliances entre le grand distributeur et le consommateur, demeurent une illusion dans un monde qui bouge constamment, où chaque acteur dispose de suffisamment d'atouts pour multiplier les coalitions ponctuelles, un jour avec l'un, un jour avec l'autre.

De ce mode d'organisation, il résulte trois caractéristiques essentielles du marché américain.

- Les prix y sont moins élevés qu'au Japon alors que les coûts de production y sont légèrement plus élevés.
- L'industrie et le commerce offrent des gammes de produits qui surprennent par leur étroitesse : les appareils se ressemblent et le consommateur dispose de peu de choix « réels ». En même temps, il n'y a guère de pression interne au marché qui pousse à l'innovation technologique. Personne n'y trouve intérêt, ni le producteur ni le commerçant, ni même les consommateurs. D'où la persistance d'appareils « datés », sans électronique moderne, pesants et dévoreurs d'énergie.
- Ce marché est donc vulnérable à la pénétration étrangère. Le cas des fours à micro-ondes est spectaculaire. D'un coup, sur une innovation technologique majeure, les Japonais et les Coréens ont pris tout le marché, sans résistance de la part des constructeurs nationaux figés dans leurs créneaux étroits (cuisinières traditionnelles).

3.3. Un patrimoine politique et culturel

Pour quelles raisons un marché est-il à marques fortes, ou un autre marché est-il à marques faibles ?

L'observation des faits invite à ne pas se contenter des discours explicatifs « spontanés » que l'on peut entendre çà et là. Ainsi celui en termes de psychologie des peuples. Si la marque est forte et consensuelle au Japon, c'est parce que les Japonais seraient soumis, respectueux de l'autorité établie, ou encore que leurs groupes industriels, faisant fonction de substituts à l'armée, leur assureraient la revanche dans la guerre économique. Si le statut de la marque est faible en France, pas de doute, c'est que le consommateur n'y serait pas assez averti des faits économiques. De même trouvons-nous insuffisante l'explication d'un état de marques et de marchés par la seule prise en compte du consommateur, quand ce n'est pas une hypothétique théorie des besoins de marques dont celui-ci serait, on ne sait par quel miracle, le porteur.

Une chose est certaine : il n'y a pas de fatalité pour un marché à manifester tel ou tel état de statut de la marque. L'émergence de la logique de marque ne conduit pas nécessairement à des marques chahutées ou au contraire à des marques solidement arrimées. Le statut des marques est le résultat d'au moins deux ordres de phénomènes. L'un, comme nous l'avons développé, relève de l'organisation de l'échange sur les marchés (des jeux de pouvoir et des modes de régulation). L'autre renvoie au culturel et au politique.

3.3.1. La culture de marque

Il faut entendre par culture la manière dont les hommes dans une communauté perçoivent, donnent un sens, jugent les évènements qui se passent autour d'eux. Ce qui renvoie à un fond de croyances, de normes, de préjugés, de valeurs collectivement partagées et transmises. La marque relève de la vie symbolique et culturelle des hommes.

Une enquête réalisée en France sur les leaders d'opinion le suggère bien (Bencheikh, 1987). Les hauts fonctionnaires, journalistes et autres professeurs de l'enseignement qu'elle a interrogés, se font une représentation de la marque qui n'est pas le simple reflet des messages publicitaires qu'ils entendent, ou qui ne traduit pas une analyse objective des faits au milieu desquels ils vivent. Pour eux, il y a de vraies et il y a de fausses marques, le critère de différenciation étant la distinction sociale (luxe, prestige, etc.). Or, si l'on scrute plus en profondeur leurs représentations, on s'aperçoit que leur vision de la marque s'inscrit dans une vision plus large de l'économie. La manière dont ils perçoivent et jugent la vie économique, conditionne la manière dont ils regardent la marque.

De façon manichéenne, le monde de l'économie semble se diviser, pour les leaders d'opinion, entre ce qu'on pourrait appeler « des bons » et des « méchants ». La marque qui ne distingue pas le produit de l'ordinaire, serait suspecte parce qu'elle serait le lot des « méchants », soit des industriels. Les « bons » rassembleraient plutôt les distributeurs.

L'image de l'industrie n'est pas en cause. Elle mobilise un capital solide de références positives. Si l'activité industrielle attire, en revanche l'acteur industriel sert de repoussoir. Pour les leaders d'opinion, l'industriel — sauf exceptions nominalement désignées — traîne une image plutôt critique derrière lui : distant, conservateur, rapace même, calé sur la défense de ses principes, de ses rentes de situation. Il appartient au monde des « gros ». En revanche, le grand distributeur est perçu comme un acteur à image très positive : il se débrouille seul, sans venir constamment chercher le secours des ministères. Il poursuit certes ses intérêts personnels mais, en même temps, il se situerait du côté des « petits », du consommateur, par sa lutte apparente contre les prix et contre les rentes. D'où le sentiment qu'il diffuserait du dynamisme et de l'efficacité dans le contexte économique.

L'économie d'aujourd'hui resterait un monde qui se caractérise par des rapports antagonistes. Le conflit entre la production et le commerce, en particulier autour de la marque, est perçu par les leaders d'opinion comme un fait significatif. A la limite, tant pis si les marques de producteurs sont copiées par le commerce : de toute façon, pour eux leur légitimité est faible. L'essentiel n'est-il pas que le bras de fer génère des effets vertueux pour la plus grande masse, tels que des prix bas et du service ? Car les leaders d'opinion sont intimement persuadés que, grâce à l'action de la grande distribution, les prix payés par le consommateur sont en baisse relative. Si elle n'était pas là, la production en profiterait pour les réaugmenter, ce que les industriels, longtemps maîtres du jeu, auraient fait à leur guise dans le passé. La grande distribution offrirait aux consommateurs l'occasion d'une revanche face aux industriels. Aux yeux de l'opinion publique, la distribution a réussi une reconversion culturelle, se débarrassant de l'image-repoussoir du BOF (beurre - œufs - fromage) pour devenir le défenseur des consommateurs face aux industriels rétrogrades. Elle relaierait même la place des associations de consommateurs.

Préoccupés par le court terme, inquiets de l'évolution de l'indice des prix, les hauts fonctionnaires et les journalistes tendent à refouler, du moins pour nombre d'entre eux, dans le non-significatif toute considération de la marque qui, hors de la perspective du consommateur et de la distinction des produits, la réinsèrerait dans le champ de l'économie. L'enquête suggère que le statut culturel attribué à la marque par les leaders d'opinion ne coïncide pas avec les conditions concrètes observables sur les marchés. Ce décalage entre la représentation collective et la réalité de l'échange, ne se résume donc pas à un simple problème d'ignorance, que l'on pourrait combler à l'aide d'arguments publicitaires diffusés par les médias. C'est dès l'école, et dans leurs racines morales, que les citoyens-consommateurs forgent le sens qu'ils donnent à la marque, parfois à raison mais souvent à tort.

Le déficit culturel dont la marque est l'objet en France, entraîne des conséquences pour le statut réel qu'elle occupe dans l'échange économique. En classe, à la radio ou dans le journal, se forgent les représentations d'une collectivité que les leaders d'opinion — journalistes et enseignants — véhiculent. Les hauts fonctionnaires de l'Etat, de leur côté, exercent une influence directe sur les actes des pouvoirs publics, en particulier lorsqu'ils dirigent des services économiques de ministères tels que ceux du Commerce, de l'Agriculture, des Prix et de la Concurrence, des Finances, etc. La culture rejoint la politique.

3.3.2. La politique de marque

Il y a plus qu'une simple coïncidence dans le fait que dans un pays, le statut de la marque dans l'échange est fort ou faible, et que l'action gouvernementale, l'intervention publique, prennent telle ou telle forme. Il est des politiques publiques favorables et d'autres qui le sont moins.

A quoi juger objectivement l'attitude des pouvoirs publics ? Aux discours officiels des hommes politiques ? Aux dispositions juridiques, à la protection dont bénéficie ou non le capital qu'est une marque du point de vue du consommateur et du producteur ?

Il est des pays dont l'arsenal réglementaire semble en théorie favoriser le statut de la marque mais dont la pratique des instances judiciaires et administratives qui doivent les mettre en oeuvre est peu apte, pour des raisons de système bureaucratique, à assurer la promotion et la défense (chapitre 2). L'exemple de la France permet de remarquer que, paradoxalement, ce ne sont pas les politiques publiques explicitement destinées à traiter de la marque qui ont le plus d'impact sur le statut concret de la marque dans l'échange quotidien. Les causes du statut faible de la marque sont à rechercher dans des mesures, dans des secteurs de l'action gouvernementale dont les liens apparents avec la question de la marque ne sont pas évidents à première vue.

L'action des gouvernements et des ministères en France demeure encore marquée par une perspective prioritaire : contenir la hausse des prix. D'où le crédit dont, a priori, jouissent auprès des décideurs publics les acteurs économiques qui peuvent, à tort ou à raison, apparaître comme jouant dans le sens du panier de la ménagère. Or, la marque n'est-elle pas suspecte, économiquement, du moins hors du luxe et de la « high tech » ? En revanche la grande distribution (Leclerc, Carrefour, Mammouth, etc.) saurait se construire une image publique d'écraseurs de prix et de marges.

D'autre part et surtout, l'intervention publique sur les relations commerciales s'est appuyée sur un dispositif réglementaire : les ordonnances du 30 juin 1945. Certes, à la fin de 1986, elles ont été abolies. Mais 41 ans d'existence ont moulé de façon essentielle l'échange en France et le statut de la marque, même si elles ne traitent pas explicitement des marques. Les ordonnances de 1945 avaient pour objectif de réprimer tout comportement commercial qui favoriserait le marché noir. D'où, entre autres choses, l'interdiction du refus de vente par un fournisseur à l'égard d'un acheteur. Si le vendeur affiche publiquement ses produits, il doit les céder à quiconque souhaite les acheter aux conditions normales ou annoncées, il ne peut pas utiliser de critères discriminants tels que la nature du client ou l'usage qu'il fera du produit.

Entre temps, la pénurie des biens a disparu et l'offre est devenue abondante. Mais les textes de 1945 sont restés et leur application concrète s'est poursuivie de la part des services administratifs et judiciaires. Certaines de leurs dispositions ont même été appropriées comme des atouts (non pas comme des contraintes) par des ressortissants économiques. C'est le cas notamment de l'interdiction du refus de vente de la part de la grande distribution.

Pour reprendre l'exemple de l'électroménager, la grande surface alimentaire qui se livre au cassage de prix occasionnel à des fins d'appel et de dérive de rayon, a besoin de marques notoires. Deux à trois producteurs nationaux les possèdent. Or, ils peuvent mal en refuser la livraison, même si le discounter ne cherche pas à vendre les appareils et que l'effet en sera négatif, soit le retrait de la marque par tous les commerçants dans la zone de chalandise. Il en va de même du grand spécialiste consumériste. Il a besoin de toutes les marques pour établir sa crédibilité impartiale aux yeux des consommateurs. Le grand producteur de marque notoire a l'obligation légale de livrer, même si le vendeur opère de la dérive de marque à son détriment. S'il était officiellement établi que le vendeur dénigre la marque auprès du client, le producteur aurait le droit de retirer son produit. C'est ce qui s'est passé en 1977 pour la marque Brandt face à Darty. Décider un tel retrait entraîne des conséquences pour chacun des protagonistes : Brandt se prive des points de vente du distributeur qui a la plus forte part du marché, et Darty se prive, à travers la marque leader en notoriété, de l'avantage de comparaison entre toutes les marques offertes au client.

Sur le terrain, le statut se trouve affaibli. S'il fallait encore s'en convaincre, les effets suivants de l'action publique le démontrent.

— La prime aux produits étrangers. Les marques notoires, qui sont le lot des producteurs nationaux, servent à vendre des produits meilleur marché mais à marges plus élevées, qui sont importés de l'étranger. D'autre part, à la différence de Philips, Thomson et Electrolux, qui, produisant en France, ont été soumis à l'interdiction du refus de vente, des marques telles que AEG ou Miele ne l'ont pas été, et elles ont pratiqué l'interdiction de vente pour se protéger.

— Le caractère aléatoire de l'accès du consommateur à l'innovation technologique. Les appareils électoménagers disponibles en France comptent parmi les plus avancés au monde. Mais le risque existe pour une marque sortant un appareil technologiquement révolutionnaire, d'être prise en appel de notoriété par la distribution et donc d'être aussitôt retirée du marché par le jeu de la concurrence.

— La faible protection de la marque. Une prime objective est allouée a celui qui ne respecte pas la règle (dénigrement, refus de livraison, copiage de marque par un tiers) du fait de la complexité et de l'engorgement des circuits administratifs et judiciaires. Une marque gère sa survie à 1 ou 2 mois sur un marché, alors qu'une affaire est instruite, jugée et close entre 6 mois et 6 ans. Le non-respect de la règle peut rapporter. Pourquoi ne serait-elle pas tentante lorsqu'elle est pratiquée à la limite de la règle admise ?

En résumé, la situation française se caractérise par une emprise de l'action publique sur la marque qui est surtout indirecte et dont les conséquences concrètes peuvent être contradictoires, ici renforçant le statut de la marque, là le déstabilisant dans l'échange.

Aux Etats-Unis, c'est le juge qui par la loi régule la transaction. Peu ou pas de règlements détaillés sur la marque, mais quelques principes de base qui servent de référence tels que le fait qu'est interdite toute action susceptible d'entraver la concurrence. C'est au plaignant de faire la preuve du préjudice (non pas à l'accusé de prouver sa bonne foi). Le juge est tout puissant, les peines sévères, les coûts et les frais élevés pour les parties concernées (avocats etc.). Néanmoins, tout compte fait, la législation est scrupuleusement observée et les marques sont mieux protégées. Ce contexte peut être qualifié d'équilibré. Il arrive que le jeu sur la marque déstabilise son statut. Cela dit, à terme, force est d'observer que, dans un marché où chacun joue contre l'autre, chacun joue aussi avec l'autre. La franchise rend la relation plus transparente, ainsi que la non-interdiction du refus de vente (sauf abus qu'il s'agit de prouver cas par cas). Le phénomène du grand distributeur consumériste à la française est mal concevable aux Etats-Unis. Car la source de son pouvoir, la réglementation commerciale interdisant le refus de vente, et la dérive de marque qu'elle induit au bénéfice du distributeur, n'existe pas. Les avantages de la marque au contraire y sont collectivement partagés par les acteurs économiques d'amont en aval, de l'usine au foyer des ménages, et donc chacun a intérêt à être responsable pour ce qui le concerne, là où il se trouve.

BIBLIOGRAPHIE

Bencheikh T., Soulié D. et Thoenig J.C. (1987). « Les Industries de marque et l'évolution économique » - « Les Perceptions des leaders d'opinion », Paris, CNRS, Groupe d'Analyse des Politiques Publiques.

Burns T. and Flam F. (1987), *The shaping of social organization,* Londres, Sage.

Chevreau H. (1988), « La Distribution des produits chimiques en France », Paris, CNRS, Groupe d'Analyse des Politiques Publiques.

Cotta A. (1985), « Distribution, concentration et concurrence », Paris, Institut du Commerce et de la Concurrence.

Crozier M. et Friedberg E. (1977), *L'Acteur et le système,* Paris, Editions du Seuil.

Deutsch E. et Pette X. (1975), *Définition d'une stratégie de marque, Tome 1 : Les consommateurs,* Paris, SOFRES.

Dupuy F. et Thoenig J.C. (1986), *La Loi du marché,* Paris, L'Harmattan.

Tordjman A. (1982), *L'Analyse de la concurrence dans les secteurs de l'électroménager-télé-hifi : Mythe ou réalité,* Jouy-en-Josas, Cahiers de recherche du centre HEC-ISA n° 221.

TROISIÈME PARTIE

La marque dans l'économie moderne

Chapitre 6

La marque et les stratégies de qualité

par Daniel Soulié

La marque et la qualité font référence à deux aspects en apparence distincts du produit ou de l'entreprise. La première est un signe distinctif destiné à transmettre une information à l'environnement, la seconde est une propriété incorporée aux produits par une politique volontariste des firmes. La marque est donc surtout orientée vers l'extérieur, alors que la qualité trouve son origine à l'intérieur de l'entreprise. Pourtant, elles ne sont pas sans entretenir des rapports étroits, mais qui sont aussi complexes et délicats à cerner. D'abord, la marque est le symbole d'une certaine homogénéité, à la fois synchronique et diachronique, dans une gamme de produits. Elle traduit une cohérence dans la politique de l'entreprise, dont la constance de la qualité en est l'un des éléments constitutifs essentiels. Ensuite, le positionnement de la marque sur le marché est étroitement lié à la qualité des produits.

La marque est aussi un actif intangible, moyen de concurrence, que se constituent les entreprises. Comme tout capital, elle se déprécie, et doit être entretenue par des investissements, auxquels participent notamment les dépenses de recherche-développement. Les conséquences de ces efforts sur les ventes, la part de marché et les résultats de l'entreprise dépendent, en partie, du comportement des autres firmes du secteur. Mais l'amélioration des produits qui peut en résulter est l'un des éléments de la politique de qualité.

Enfin, de manière corollaire, le nombre des marques exploitées par un même producteur dépend, entre autres, de l'existence d'une politique différenciée de qualité.

Outre leur diversité, une raison supplémentaire de la difficulté qu'il y a d'appréhender les relations entre marque et qualité est la confusion qui entoure parfois ce dernier concept.

Le terme de qualité [1] est ambigu, non seulement en raison de la variété de ses acceptions, mais aussi parce que son usage s'accompagne souvent d'une référence implicite ou explicite à une échelle de valeurs. En outre, si conceptuellement il est relativement simple de déterminer les *qualités* d'un être vivant ou d'un objet, qui ne sont que leurs attributs ou caractéristiques, il est beaucoup plus difficile de définir la *qualité*. Elle consiste en effet en une synthèse de ces diverses propriétés, qui sont en général irréductibles les unes aux autres. Parvenir à une vision globale d'un ensemble multidimensionnel d'attributs non directement comparables implique le recours à un jugement de valeur.

Il existe un risque que ces ambiguïtés se retrouvent aussi dans le cadre plus restreint de l'analyse économique. Pour éviter toute confusion, il convient donc de préciser clairement ce que l'on entend par qualité dans ce domaine.

D'un point de vue chronologique, le problème de la qualité s'est d'abord posé en sciences économiques dans le cadre de la théorie des marchés. Le modèle néoclassique des marchés, élaboré à la fin du siècle dernier, retenait l'hypothèse d'homogénéité du produit : sur un marché donné, les produits offerts sont rigoureusement identiques, et les acheteurs potentiels sont incapables de distinguer entre les productions des différentes firmes. Ce n'est qu'à partir des années 1930 que l'on a introduit dans l'analyse la possibilité d'une différenciation : bien que restant semblables, les produits ne présentent plus exactement les mêmes attributs (Hotelling, 1929 ; Chamberlin, 1953 ; Robinson, 1975). Les préférences de l'acheteur vont alors influencer ses choix. La qualité du produit devient une variable de la demande.

Une nouvelle théorie du comportement du consommateur a pu être construite à partir de cette constatation. La paternité de cette nouvelle démarche est souvent attribuée à Lancaster (1966). Son analyse a donné naissance à une abondante littérature (par exemple, Lancaster, 1971 ; Ironmonger, 1972 ; Archibald et Rosenbluth, 1975 ; Lipsey et Rosenbluth, 1971). Le raisonnement repose sur l'idée que ce sont les caractéristiques des produits, et non pas les produits eux-mêmes, qui procurent de l'utilité aux consommateurs.

Même si l'on n'adhère pas totalement à cette démarche, qui repose sur certaines hypothèses critiquables et soulève des points méthodologiques imparfaitement résolus, son point de départ apparaît particulièrement fertile. En définissant le produit comme un ensemble de caractéristiques, il devient possible de traiter nombre des problèmes soulevés par la prise en compte de la qualité. On peut dès à présent souligner que, puisque les produits sont semblables, ils présentent de nombreux attributs identiques. Par exemple, toutes les automobiles (ou presque) ont quatre roues. Il n'y a, alors, à prendre en considération que les caractéristiques pour lesquelles existent des différences, ce qui limite bien entendu leur nombre.

---

[1] Du mot latin « qualitas », qui, selon le grand Robert, est un néologisme formé par Ciceron sur « qualis » (quel).

Un second aspect de la question, lié au précédent, est relatif au processus de production. En effet, les attributs possédés par les produits mis sur le marché dépendent non seulement de ce que la firme désire qu'ils soient, mais aussi de la manière dont se déroule concrètement la fabrication. Le problème est alors celui de la similitude entre les caractéristiques qu'est censé avoir le produit, et celles qu'il présente effectivement.

Ces remarques permettent de présenter les principaux aspects de l'économie de la qualité en utilisant les concepts habituels d'offre et de demande.

Le comportement des acheteurs éventuels dépend de leurs préférences (la couleur, par exemple), de leur budget et naturellement aussi des prix. Les préférences sont strictement subjectives, et s'appliquent aux caractéristiques présentées par les produits offerts sur le marché. Des normes sociales peuvent certes influencer les décisions, mais elles le font au travers d'une modification du système de préférences. Pour un individu donné, le choix entre deux produits semblables, mais non identiques, s'effectue sur la base des différences qu'ils présentent en termes de caractéristiques et de prix (chapitre 4).

Cette constatation soulève deux problèmes importants liés au comportement de demande. Le premier concerne les attributs des produits. Les caractéristiques, même si elles ne sont pas quantifiables, sont définies de manière objective par le producteur [1]. Par contre, leur perception par l'acheteur éventuel est, en partie au moins, marquée de subjectivité : un vêtement est agréable à porter, un fauteuil est confortable, un appareil électroménager est pratique à utiliser. Ce type de jugement est globalisant par rapport aux attributs élémentaires du produit qu'a fixés le producteur. En outre, la rationalité limitée des agents économiques conduit les acheteurs à privilégier, sous l'influence de leur système de préférences, tel ou tel aspect du produit, en négligeant éventuellement l'existence d'autres de ses propriétés [2].

La seconde question est relative à l'information. Dans le modèle néoclassique, l'information était supposée être parfaite. En outre, du fait de l'hypothèse d'homogénéité du produit, le problème du choix d'une entreprise particulière ne se posait pas à l'acheteur éventuel. Dans la réalité, il en va tout autrement. D'abord, l'information est un bien économique dont l'acquisition est coûteuse : la quantité dont en dispose un candidat à l'achat est donc limitée. Ensuite, l'information disponible peut être fausse ou biaisée. Par contre, quand il y a la différenciation des produits offerts sur un marché, l'information est appelée à jouer un rôle central dans les processus de choix. Ce ne sont pas les attributs objectifs du produit, mais la perception qu'a l'acheteur des caractéristiques qu'il connaît, qui emportent la décision d'acquérir.

---

[1] On peut penser à la couleur par exemple.

[2] L'attachement farouche qu'ont manifesté pendant longtemps les épargnants français pour les titres émis par un Etat, fût-il étranger, en est une illustration. La seule caractéristique prise en considération était la garantie formelle d'un intérêt nominal. Il est bien évident que les actifs financiers présentent aussi d'autres attributs.

Du côté de l'offre, la situation semble plus simple à exposer. Les producteurs ont en effet deux problèmes essentiels à résoudre. Le premier consiste à définir, de manière normative, les caractéristiques que devra posséder leur produit. Le second est d'assurer un degré satisfaisant de conformité entre ces normes et les attributs des produits réels mis sur le marché.

Cette apparente clarté n'est pas sans laisser pendantes plusieurs questions d'importance. Il s'agit d'abord de déterminer ce que l'on entend par degré satisfaisant de conformité. Mais surtout, des difficultés majeures naissent de l'existence d'une double interdépendance, d'une part entre les deux aspects de l'offre, d'autre part entre l'offre et la demande.

Dans le cadre réglementaire auquel ils sont soumis, les producteurs doivent nécessairement effectuer un arbitrage délicat, en termes de coûts-avantages, entre la définition des normes et leur réalisation effective. Les éléments à prendre en considération dans l'arbitrage sont d'une part les contraintes techniques de production, et leurs conséquences en termes de coût, d'autre part le comportement des acheteurs confrontés à des produits dont les attributs annoncés peuvent différer des caractéristiques réelles.

D'autre part, la définition même des normes n'est pas indépendante du marché visé. Le rôle des études de marché est d'essayer de révéler à la fois les préférences des acheteurs potentiels, et le prix qu'ils sont prêts à consacrer à l'acquisition. En sens inverse, une politique commerciale active peut essayer d'agir sur le système de préférences des clients, et de modifier la perception qu'ils ont des caractéristiques du produit. Depuis des années, par exemple, Volvo s'attache à sensibiliser les automobilistes aux critères « sécurité » et « solidité ».

Enfin, les préférences ne sont en général bien établies que par rapport à des produits effectivement offerts sur le marché. L'apparition de produits nouveaux permet de révéler, mais aussi de fixer dans une large mesure, des préférences jusqu'alors inexistantes ou mal définies.

La prise en considération des phénomènes liés à la qualité modifie les fondements mêmes de l'analyse traditionnelle en termes d'offre et de demande. Dans le modèle habituel, les comportements des producteurs et des demandeurs sont en effet supposés être indépendants. Les premiers sont soumis à des contraintes techniques, qui se reflètent dans les fonctions de coût. Les seconds effectuent leurs choix à partir de leur fonction d'utilité, sous contrainte de revenu. La rencontre sur le marché de cette offre et de cette demande détermine un équilibre caractérisé par un prix et une quantité échangée.

Dès lors que l'hypothèse d'indépendance des comportements doit être abandonnée, le raisonnement en termes d'équilibre de marché perd de sa pertinence, au moins sous sa forme habituelle. Il convient alors d'adopter une démarche nouvelle. Une première partie de ce chapitre traitera de la place de la qualité dans la politique des entreprises, et de son influence sur les comportements de demande. Une seconde partie se penchera sur le rôle de l'information, et sur les conséquences de son imperfection structurelle sur les choix des acheteurs éventuels et sur les décisions des firmes.

1. QUALITÉ ET DIFFÉRENCIATION

La politique de différenciation des entreprises présente deux facettes étroitement liées. Il faut d'abord définir les caractéristiques du produit, de manière à ce qu'il soit perçu comme attractif par les acheteurs éventuels, et distinct de ceux que proposent les firmes concurrentes. D'autre part, ce qui compte pour les acheteurs, ce sont les biens et les services qui leur sont effectivement offerts sur le marché et non les produits théoriques conçus par les bureaux d'études. Il convient donc, en second lieu, de déterminer quel est l'écart tolérable entre les attributs des produits réels et les caractéristiques des produits théoriques. Cet écart, que l'on mesure parfois comme le pourcentage de produits non conformes, est variable selon le positionnement de la marque. La clientèle est en général moins exigeante pour des marques de distributeur, moins chères et parfois calées sur des normes inférieures (chapitre 3).

Après avoir analysé ces deux aspects du problème, on est conduit à se pencher sur les modalités de la transformation de ces caractéristiques.

1.1. Qualité et préférences

Les préférences des acheteurs potentiels d'un produit ne sont pas semblables, mais au contraire diverses. La différenciation du produit constitue un moyen privilégié de satisfaire cette demande de variété.

Les entreprises doivent alors tenter de définir une ou plusieurs cibles, constituées de groupes d'acheteurs potentiels plus ou moins homogènes du point de vue des préférences et du revenu, et leur proposer des produits dont les caractéristiques et le prix apparaissent attrayants. L'objectif poursuivi au travers de cette politique est de mieux répondre à la demande, de fidéliser la clientèle et d'acquérir ainsi un avantage compétitif. Il est possible, de ce fait, de réduire les contraintes nées de la concurrence et d'accroître le pouvoir de marché de la firme.

1.1.1. La segmentation des marchés

Il est commode, pour analyser les effets sur le marché de la politique de différenciation, de prendre comme point de départ le modèle néoclassique de la concurrence pure et parfaite.

L'hypothèse d'homogénéité du produit a, dans ce cadre, une double conséquence. D'abord, les acheteurs étant incapables de distinguer entre les productions offertes par les différentes firmes, leur demande s'adresse non pas à une entreprise particulière, mais au marché dans son ensemble. Ensuite, puisque les produits sont identiques, il ne peut y avoir qu'un seul prix sur le marché, et la quantité demandée ne dépend que de ce prix.

La prise en compte de la différenciation du produit conduit à une remise en cause de ces résultats. Les acheteurs ne s'adressent plus au marché dans son ensemble, mais aux entreprises offrant les produits les plus conformes à leurs préférences, à un prix compatible avec leur niveau de revenu. La demande ne dépend plus du seul prix, mais aussi des caractéristiques des produits. Il en résulte, en particulier, que le prix n'est plus nécessairement unique.

Il peut donc coexister, sur un même marché, des produits qui diffèrent à la fois par leurs attributs et par leur prix. On dit, dans ce cas, que le marché est segmenté.

Cette segmentation est le résultat de la conjonction de deux phénomènes distincts. Le premier procède des conditions structurelles du marché, qui sont plus ou moins favorables à l'apparition de segments distincts. On peut penser, par exemple, aux disparités régionales ou à la diversité des utilisations d'un produit (professionnelles ou particulières), qui constituent des facteurs de segmentation spontanée d'un marché. Il ne faut pas non plus négliger le rôle des phénomènes institutionnels, comme les réglementations par exemple (cas du fuel domestique et du gazole pour automobiles). Le second est tout simplement la politique volontariste mise en œuvre par les entreprises. Le succès de l'opération est étroitement lié à la perception qu'ont les acheteurs potentiels de la variété des produits qui leur sont offerts. Cette diversité est la conséquence de la combinaison, dans des proportions variables, de plusieurs facteurs. Certains d'entre eux contribuent à établir des différences réelles entre les produits, d'autres, au contraire, agissent plus sur la manière dont ces différences sont perçues

Parmi ces facteurs, on trouve en premier lieu les caractéristiques objectives incorporées au produit. Leur impact sur le processus de différenciation varie selon la nature du marché et la fonction d'utilité des acheteurs éventuels. Par exemple, la couleur joue un rôle beaucoup plus important dans le choix d'une robe que dans celui d'un lave-linge. De même, en Europe, les hommes sont en général plus sensibles que les femmes aux performances d'une automobile.

Certains facteurs sont intangibles et simplement associés au produit. L'un des plus connus est la localisation, qui contribue de manière non négligeable à la différenciation[1]. Il en est d'autres, objectifs par nature mais subjectifs par leur influence, qui jouent un rôle important. La marque en est une illustration. Elle constitue un élément objectif, bien qu'immatériel, de distinction entre produits. Mais son efficacité comme moyen de différenciation dépend des connotations qu'elle induit, c'est-à-dire de la renommée de l'entreprise. Celle-ci s'appuie sur

---

[1] Cette influence est encore plus déterminante lorsqu'elle se combine à des facteurs institutionnels. Le débat sur l'harmonisation des taux de TVA dans le cadre du Marché Unique Européen montre bien comment l'association localisation-frontières fiscales permet de maintenir des écarts de prix importants pour des produits par ailleurs identiques.

des éléments dont certes quelques uns sont objectifs, mais son influence sur les choix est essentiellement subjective : une réputation est bonne ou mauvaise.

De manière générale, les facteurs intangibles ont pour effet de créer un capital de notoriété dont bénéficie l'entreprise. Un des éléments principaux de ce capital procède de l'existence de dépenses publicitaires[1]. Ce capital d'ordre cognitif[2] possède une valeur marchande, qui lui confère un caractère objectif : le droit et la pratique des affaires reconnaissent cet état de fait[3].

Il est une dernière variable de différenciation dont le rôle est dual. Il s'agit du prix, qui est à la fois manifestation et moyen de la segmentation.

Un effet de la différenciation est de permettre l'apparition de prix différents sur les divers segments du marché. Le jeu imparfait des mécanismes de la concurrence entraîne que ces prix ne sont pas imposés aux entreprises par un strict déterminisme. Ces dernières disposent, au contraire, d'une certaine liberté dans leur fixation. Elles peuvent utiliser cette latitude pour se positionner sur le marché, en distinguant par le prix leur production de celle des autres. Un exemple bien connu de ces pratiques est la politique de prix élevé, ou au contraire de prix faible, que poursuivent certaines firmes. Un des facteurs de la segmentation est, dans ce cas, l'élasticité-prix (souvent liée au revenu) de la demande du groupe d'acheteurs visé. Un exemple classique de cette pratique est celui du transport aérien. L'existence de tarifs réduits, associée à des conditions restrictives d'usage (durée du séjour, retour interdit avant le dimanche), permet de segmenter le marché entre ceux qui se déplacent pour des raisons professionnelles et ceux qui voyagent pour leur plaisir. Il devient ainsi possible d'accroître la clientèle de ces derniers. Les prix varient souvent du simple au double entre les deux segments.

La segmentation a des effets importants sur la situation du marché, tant du côté de l'offre que de celui de la demande.

Pour les acheteurs potentiels, le gain immédiat est dans l'augmentation de la variété des produits offerts. L'éventail des choix possibles s'accroît d'autant, ce qui entraîne une double conséquence. La probabilité qu'un groupe d'acheteurs puisse trouver sur le marché un produit à la fois proche de ses préférences, et dont le prix lui soit accessible, s'élève. Il en résulte une augmentation de l'utilité individuelle, et, bien souvent en même temps, une augmentation des ventes totales du produit. En outre, l'existence même d'une possibilité de choisir entre plusieurs marques distinctes contribue à l'amélioration de la satisfaction collective[4].

---

[1] En raison des effets de rémanence, dus à la mémoire, le rôle de la publicité dans la demande doit être traité en termes de stocks (capital), et non de flux (dépenses). Pour un bon exposé de la question, voir Lambin (1973, 1970).

[2] Dans la littérature anglo-saxonne, ce capital est connu sous le nom de goodwill.

[3] La question se pose de manière très concrète lorsqu'il s'agit de procéder à l'évaluation d'une entreprise appelée à poursuivre ses activités.

[4] On trouve là l'une des raisons de l'échec de la planification autoritaire centralisée, notamment lorsque l'on arrive au stade du développement de la consommation.

Le corollaire de la différenciation est dans l'apparition d'une fidélité de l'acheteur envers la marque à laquelle il s'adresse. De ce fait, l'entreprise productrice acquiert des éléments temporaires de monopole sur certains des aspects du produit qu'elle fabrique, ce qui tend à créer une relation privilégiée avec sa clientèle. Plus ce lien est fort, et plus la demande à la marque, et donc à l'entreprise, devient inélastique au prix. L'avantage majeur qui en résulte est de permettre une augmentation de la marge bénéficiaire. Mais la dynamique même de la concurrence conduit à une remise en cause permanente de cette situation. La firme doit investir une partie de ses revenus supplémentaires dans des efforts de recherche-développement, si elle veut pouvoir conserver son avantage compétitif.

Cette constatation conduit à mieux cerner la signification de l'arbitrage qualité-prix, auquel il est trop souvent fait référence de manière abusive dans le langage courant. D'un point de vue méthodologique, le problème ne se pose sans équivoque que dans un cas particulier : celui où il est possible de comparer objectivement *la qualité* de deux produits, et non pas simplement *leurs qualités*. Il est nécessaire, pour cela, que l'un des produits surclasse l'autre sur la totalité, ou la quasi-totalité, de ses caractéristiques [1]. C'est le cas, par exemple, pour une Rolls Royce et une 2 CV Citroën, pour une montre Rolex et une Timex, ou pour un voyage Paris-New York en Concorde et en charter. Dans une telle éventualité, l'acheteur peut néanmoins être conduit à acquérir le produit qu'il estime inférieur, tout simplement parce qu'il juge le prix de l'autre inaccessible, ou exagéré, compte tenu de son niveau de revenu, ou qu'il ne recherche pas ce niveau de qualité, vu son prix.

On comprend ainsi que certaines entreprises décident de pratiquer des politiques volontaristes de bas de gamme, accompagnées de prix faibles. Leur produit est de qualité inférieure à celui de leurs concurrents, mais le prix très attractif permet de combler ce handicap. La firme américaine de location de voitures « Rent a Wreck » en constitue un exemple. L'inconvénient d'une telle stratégie est dans la très grande sensibilité de la demande au prix, puisqu'il n'existe aucune fidélisation de la clientèle due à l'attrait qu'exercent certaines caractéristiques du produit.

C'est la raison pour laquelle il devient très ambigu d'évoquer l'arbitrage qualité-prix dès lors que la relation de surclassement n'est pas vérifiée pour chacune des caractéristiques des produits, ce qui est le cas le plus fréquent. Dans cette éventualité, il devient impossible de déterminer, sur la base de critères objectifs, si la qualité de l'un d'entre eux est meilleure que celle de l'autre, et de combien [2]. Là se trouve l'ambiguïté des tableaux « comparatifs » relatifs aux

---

[1] En raison du caractère irréductible des divers attributs des produits, il n'est possible de comparer objectivement la qualité de deux produits que dans le cas où l'un d'entre eux l'emporte sur l'autre pour chacun des attributs. S'il n'en est pas ainsi, la comparaison repose nécessairement sur un jugement de valeur subjectif.

[2] De plus, dès lors qu'existent des possibilités de paiements diverses (comptant, crédit à échéances et taux différents), le prix de chacun des produits diffère selon la situation de chaque acheteur.

marques d'un secteur donné, attribuant des notes globales de qualité, ou des étoiles pour récompenser les meilleurs rapports qualité/prix. Si les éléments sur lesquels ces tableaux s'appuient sont objectifs, le jugement final ne peut être, lui, qu'entaché de subjectivité, puisqu'il repose sur un système implicite ou explicite de valeurs. La méthode des prix hédoniques, exposée infra, permet d'éclairer certains aspects du problème, sans pour autant prétendre définir la solution optimale. En effet, du fait de la nature multidimensionnelle de la qualité, l'attrait exercé par certains des attributs respectifs des deux produits confère à chaque entreprise des éléments temporaires de monopole, et réduit le rôle du prix dans le processus de choix.

A côté de la création d'une fidélité de la clientèle, la segmentation a pour effet de modifier les conditions de concurrence sur le marché, et d'être à l'origine d'un certain pouvoir dont disposent les entreprises (chapitre 4).

1.1.2. Différenciation, concurrence et pouvoir de marché

Lorsque le produit est différencié, la concurrence entre les firmes se déroule selon des modalités particulières : il s'agit de la concurrence limitée.

Le phénomène a été mis en évidence par Hotelling (1929). Le modèle proposé est extrêment simplifié, mais il est possible de montrer que, sous des conditions peu contraignantes, les résultats restent vérifiés dans des situations beaucoup plus complexes (Archibald et Rosenbluth, 1975).

Hotelling envisage le cas d'un produit simple, le cidre, différenciable selon une seule caractéristique, le fait d'être plus ou moins brut. Il suppose aussi que le prix est le même pour toutes les variétés de cidre offertes : cette variable ne joue donc aucun rôle dans le choix entre deux qualités du produit.

La segmentation du marché s'effectue alors selon un principe très simple. Chaque consommateur, lorsqu'il a décidé d'acheter du cidre, acquiert la variété offerte qui est la plus proche de ses préférences [1]. Si quatre qualités différentes (1, 2, 3 et 4) sont proposées, le partage du marché est le suivant.

Marché 1	Marché 2	Marché 3	Marché 4
1	2	3	4
Cidre brut			**Cidre doux**

Supposons qu'une nouvelle variété N soit lancée sur le marché, et que sa caractéristique la situe entre les variétés 2 et 3. Le nouveau partage du marché est le suivant.

[1] Des modèles, reposant sur ce mécanisme d'attraction, sont utilisés pour déterminer la localisation de points de vente. Il est beaucoup plus difficile de définir la proximité et la fonction d'attraction dans le cas où l'on raisonne sur des caractéristiques. Conceptuellement, la tâche n'est pourtant pas impossible.

Marché 1	Marché 2	Marché N	Marché 3	Marché 4
1	2	N	3	4
Cidre brut				**Cidre doux**

Seules les parts de marché des variétés les plus proches de N, en l'occurrence 2 et 3, sont modifiées. Celles des autres qualités restent inchangées. C'est ce phénomène qui constitue la concurrence limitée. On remarque en même temps que, de ce fait, le marché potentiel de la nouvelle variété N est borné. En effet, N ne peut espérer, au mieux, attirer qu'une partie des anciens clients de 2 et 3, ceux qui, sur le graphique, se trouvent sur le segment situé entre 2 et 3.

Ainsi, dès lors qu'il y a différenciation, la concurrence sur le marché n'est plus générale. Elle se restreint, pour chaque entreprise, aux firmes dont les produits sont les plus semblables aux siens. La concurrence se limite donc, en fait, aux entreprises implantées sur un même segment.

La différenciation procure aussi aux entreprises un pouvoir sur leur environnement. Sur le marché, il se traduit par la modification des conditions de la concurrence due à la fidélisation de la clientèle, satisfaite de trouver une marque correspondant mieux à ses préférences. La manifestation en est dans les éléments de liberté stratégique dont disposent les firmes en matière de fixation des prix, et, plus généralement, de politique commerciale. Si cette dernière est efficace, elle contribue aussi à augmenter la fidélité des acheteurs [1]. Les entreprises échappent ainsi partiellement, et provisoirement, au déterminisme contraignant des mécanismes de marché. Mais cet avantage, capitalisé en partie dans la marque, est en permanence contesté par les firmes concurrentes. L'histoire des marques Kleenex et Lotus sur le marché français est exemplaire de ce phénomène de remise en cause des avantages acquis. Kleenex a été le premier à offrir en France des produits en papier (notamment des mouchoirs) nouveaux et de bonne qualité. Lotus, arrivé le second, a su pénétrer le marché, grâce à une politique active et novatrice (oser faire de la publicité pour du papier hygiénique). En maintenant un niveau de dépenses de recherche-développement et de commercialisation plus élevé que son concurrent, Lotus a pu non seulement combler son handicap initial, mais aussi s'imposer comme la marque leader sur le marché.

Ce pouvoir des entreprises existe aussi face aux concurrents potentiels désireux de s'implanter sur le marché. La part de marché que peut escompter obtenir un nouvel entrant est limitée par la politique de différenciation des firmes en place. Si ces dernières multiplient le nombre des variétés du produit qu'elles offrent, elles peuvent ne laisser vacant pour le concurrent potentiel aucun segment de marché suffisamment important pour que l'entrée s'avère rentable. L'existence d'économies d'échelle, qui impose une taille minimum d'entrée, ren-

[1] Un moyen d'y parvenir est d'augmenter les coûts de changement de fournisseur. Les cartes de fidélité, par exemple, ont été créées à cet effet. Un autre exemple est celui des « frequent flyer programs » des compagnies aériennes américaines.

force ce mécanisme de défense des entreprises déjà présentes sur le marché. La différenciation permet donc d'élever des barrières à l'entrée [1].

On comprend pourquoi les firmes acceptent d'engager les coûts que représentent les efforts d'innovation et une politique commerciale active. Les avantages qu'elles en attendent leur paraissent l'emporter sur les inconvénients. Bien plus, dès lors que l'une d'entre elles s'est engagée sur cette voie, les autres sont obligées de l'imiter, pour ne pas laisser à l'entreprise pionnière le bénéfice de la totalité des gains liés à une différenciation réussie.

Après avoir privilégié l'aspect demande, il convient de se pencher sur les obstacles que rencontrent les firmes dans la mise en œuvre de leur politique de qualité.

1.1.3. La politique de différenciation

Du côté de l'offre, deux points méritent de retenir l'attention. Le premier concerne la définition des caractéristiques des produits qui seront mis sur le marché. Le second est relatif aux traits spécifiques de la politique de multiproduction que poursuit la quasi-totalité des entreprises.

Un problème majeur, auquel sont confrontés les producteurs, est que le succès d'une différenciation ne dépend que de manière indirecte des caractéristiques objectives présentées par le produit. La décision des acheteurs éventuels dépend, en premier lieu, de la perception qu'ils ont de ces attributs. Or, cette perception comprend des éléments de subjectivité [2], et est partiellement globale. L'acheteur potentiel est souvent sensible non pas aux caractéristiques élémentaires, mais à des combinaisons de certaines d'entre elles. Ce qui importe, par exemple, pour un coffre d'automobile, ce sont son accessibilité et sa capacité évaluée en termes de bagages contenus. Ces prestations dépendent de manière complexe des cotes du coffre, et, plus généralement, de celles du véhicule dans son ensemble.

Le problème se complique encore parce que le prix constitue une des variables du choix de la clientèle. Or, il existe une relation évidente entre les caractéristiques objectives du produit, telles que les définissent les bureaux d'étude, et les coûts de fabrication. Ces derniers, par l'intermédiaire de la marge bénéficiaire sur laquelle les firmes disposent d'une certaine latitude de choix, déterminent le prix de vente. La définition des caractéristiques est de ce fait contrainte par l'élasticité-prix de la demande sur le segment du marché visé. La firme doit fixer, de manière simultanée, les attributs et le prix du produit.

---

[1] Ce phénomène a été étudié par Schmalensee (1978) dans le cas des céréales pour petit déjeuner. La branche avait, pendant une longue période, connu une croissance rapide, associée à une rentabilité élevée. Pourtant, aucune firme nouvelle ne s'était implantée sur le marché, ce qui implique l'existence d'importantes barrières à l'entrée. Leur origine se trouvait dans la politique systématique de différenciation des firmes en place.

[2] Il faut souligner aussi que, pour des raisons physiologiques, il n'existe pas toujours de relation linéaire entre la mesure en unités physiques d'une caractéristique et l'intensité avec laquelle elle est perçue. L'intensité du son en est un bon exemple.

Du point de vue de l'offre, le choix des modalités de différenciation résulte donc d'un arbitrage effectué sur la base d'une certaine connaissance de la perception que les acheteurs peuvent avoir du produit, et des contraintes techniques issues du processus de fabrication.

La prise en compte de l'activité multiproductrice des entreprises permet de nuancer certains des termes de la conclusion précédente.

Contrairement à une hypothèse constante de la théorie néoclassique, les firmes sont en général pluriproductrices. Elles développent notamment une stratégie de gamme de produits différenciés. La question est ici non pas de revenir sur les raisons de la différenciation, mais de savoir pourquoi une même entreprise est conduite à fabriquer des produits différenciés [1].

Une première explication est dans la réduction de l'incertitude, notamment sur la situation et l'évolution de la demande. L'interdépendance étroite qui existe entre les produits d'une gamme conduit, dans une certaine mesure, à atténuer les conséquences négatives que peut avoir une décision prise sans disposer de toutes les informations pertinentes. En jouant de manière volontariste sur une offre composée de plusieurs produits, il est en effet possible de limiter les risques d'un produit unique qui ne couvre pas la totalité des attentes du marché.

Le principe de cette politique est simple. Il consiste à offrir une variété de produits suffisamment large pour couvrir le spectre estimé des préférences de la clientèle. Il en résulte un double avantage. La probabilité d'atteindre une ou plusieurs des cibles visées augmente plus rapidement que le coût dû à la croissance du nombre des produits, aussi longtemps que l'on reste dans les limites de la différenciation. Les firmes d'électroménager, qui proposent simultanément plusieurs variantes d'un même modèle, ont bien compris l'intérêt de cette stratégie. Coca-Cola aussi.

Ensuite, les produits situés aux deux extrémités de la gamme jouent un rôle d'appel auprès de la clientèle, en s'appuyant sur des arguments différents. Pour le bas de gamme, l'effort est fait sur le prix. L'absence de fidélisation de la clientèle, propre à cette situation, est ici à moindre risque. Pour le haut de gamme, au contraire, l'accent est mis sur la qualité des attributs. L'image flatteuse de ce produit profite à l'ensemble de la production de la firme.

Un second avantage de la multiproduction peut résider dans l'existence d'économies particulières, appelées économies d'éventail, ou d'envergure [2]. Elles se manifestent par une diminution du coût moyen, lorsque le nombre des produits offerts augmente. En règle générale, leur origine se trouve dans des coûts fixes, que l'on répartit sur une variété croissante de produits [3]. L'image de marque, notamment, peut créer ce type d'économies (marque ombrelle).

---

[1] Le mot différenciation a deux acceptions. Dans une optique de marché, il désigne une situation dans laquelle les produits sont différenciés. Dans une optique d'entreprise, il caractérise une modalité particulière de multiproduction. Les deux sens sont bien entendu liés.

[2] « Economies of scope » en anglais.

[3] Les économies d'éventail peuvent parfaitement coexister avec des économies d'échelle sur les différents produits.

Enfin, la différenciation est un moyen de la concurrence. Il est souvent de l'intérêt des entreprises, pour leur croissance, d'être présentes sur tous les segments du marché. C'est pourquoi, si une firme adopte une politique de différenciation, les autres entreprises de la branche doivent l'imiter.

1.2. Qualité et non-qualité

Le produit qui atteint effectivement les acheteurs peut être différent de son modèle théorique, en raison des contraintes inhérentes aux processus de fabrication et de distribution.

Deux cas peuvent se rencontrer. Le premier est celui où ces différences portent sur des normes imposées par voie réglementaire (sécurité, hygiène, par exemple). Dans cette éventualité, le producteur n'a d'autre choix que de s'y conformer, ou de retirer son produit du marché. Dans le cas où les contraintes réglementaires sont satisfaites, mais où subsiste un écart entre normes théoriques et caractéristiques réelles, la question est d'apprécier son influence sur le comportement des acheteurs potentiels, et de définir éventuellement les moyens à mettre en œuvre pour le limiter.

Le problème revêt une acuité particulière pour les produits durables, en raison même de leur longévité. Pour clarifier le raisonnement, on se limitera à traiter ici du seul cas de ces derniers. En effet, il existe alors un indicateur simple, mais robuste, de conformité aux normes, qui est la fiabilité du produit, c'est-à-dire son aptitude à rendre sans défaut, pendant une période de durée raisonnable, le service pour lequel il a été conçu (chapitre 1).

Les termes de l'arbitrage sont les suivants. Un produit peut être conçu pour fonctionner pendant 1, 5, 10 ou 20 ans. Accroître la fiabilité des produits mis sur le marché entraîne une augmentation des coûts de production. Vendre un produit moins fiable induit aussi des coûts directs et indirects pour l'entreprise. La firme doit donc trouver un compromis entre ces deux catégories de coûts.

Plusieurs méthodes complémentaires peuvent être utilisées pour garantir la conformité des produits à leurs normes. On peut contrôler, de manière exhaustive ou non, les produits finis. L'inconvénient de cette pratique est de n'être qu'un simple constat. Elle ne touche pas aux causes de l'absence de conformité. Il est donc souhaitable de lui adjoindre certaines autres mesures. En amont du processus de production, il importe de vérifier la qualité des fournitures achetées à d'autres entreprises. Au niveau de la fabrication, il convient de mettre en place des procédures, variables selon la nature du produit, permettant de limiter le risque de non-conformité : systèmes de contrôle en temps réel aux différentes étapes de la transformation, amélioration de l'environnement humain et matériel de la production elle-même, par exemple. La création de cercles de qualité peut, si elle est bien faite, contribuer efficacement à la réalisation de cet objectif. Chaque entreprise doit définir une combinaison de ces méthodes, de façon à atteindre les différents degrés de conformité au coût le plus faible possible (chapitre 1).

Les coûts induits par la moindre fiabilité se répartissent en deux catégories. Les producteurs peuvent être conduits, de leur propre volonté ou suite à des obligations légales, à assurer gratuitement la réparation ou le remplacement de produits défectueux [1]. Il en résulte non seulement des coûts variables, liés au taux de défaut, mais aussi le coût fixe représenté par l'existence d'un service après-vente important. La réaction de la clientèle induit des coûts indirects, en termes de non-répétition des achats et de dégradation de l'image de marque de l'entreprise. Il est aussi possible que les acheteurs obtiennent des réparations pour vice caché. Ces deux catégories de coûts sont liées entre elles de manière complexe.

Un graphique simple (figure 1) permet de résumer les remarques précédentes. La situation optimale pour l'entreprise est la qualité q*, qui minimise le coût total supporté par la firme. La valeur de q* est définie par les deux fonctions de coût auxquelles est confrontée chaque firme. Ce résultat appelle plusieurs remarques.

La première est que, de manière générale, q* ne correspond pas à un degré parfait de fiabilité. L'entreprise a intérêt à accepter un certain taux statistique de non-conformité. Cette règle souffre néanmoins une exception majeure lorsque le marché impose un impératif de qualité aussi parfaite que possible (le zéro-écart est, bien entendu, irréalisable). Dans cette éventualité, le coût d'obtention de la qualité devient négligeable devant celui de la non-qualité, et seul entre en considération la perfection technique du produit. C'est le cas, par exemple, si la sécurité des nations ou des personnes est en jeu : équipement militaire ou aéronautique commerciale. A un moindre degré, il en va de même pour certains matériels professionnels. Le corollaire est que les firmes engagées dans ces activités ne sont pas soumises aux mêmes contraintes de coût, ou que celles-ci ne jouent qu'un rôle secondaire. L'effet pervers est que ces entreprises se trouvent souvent mal placées pour s'implanter sur des marchés grand public plus compétitifs, où le prix influence le comportement de la clientèle. Les difficultés que connaissent certaines firmes spécialisées dans l'électronique militaire ou professionnelle pour attaquer les marchés de produits de consommation en constituent une illustration.

Il est clair, d'autre part, que la valeur de q* dépend de la nature des fonctions de coût, c'est-à-dire de la position relative des deux courbes sur le graphique. Des firmes intervenant sur un même marché peuvent être confrontées à des situations différentes, et conduites à adopter des politiques distinctes. Ce fut le cas, par exemple, des constructeurs automobiles américains et japonais sur le marché américain, lors de la pénétration des seconds. Les firmes japonaises souffraient alors d'un double désavantage : elles devaient constituer leur réseau de distribution et de service après-vente, et faire venir leurs pièces détachées du

[1] On peut citer à cet égard non seulement les garanties légales ou contractuelles, mais aussi, par exemple, le rappel, par des constructeurs américains et français, de voitures présentant des défauts.

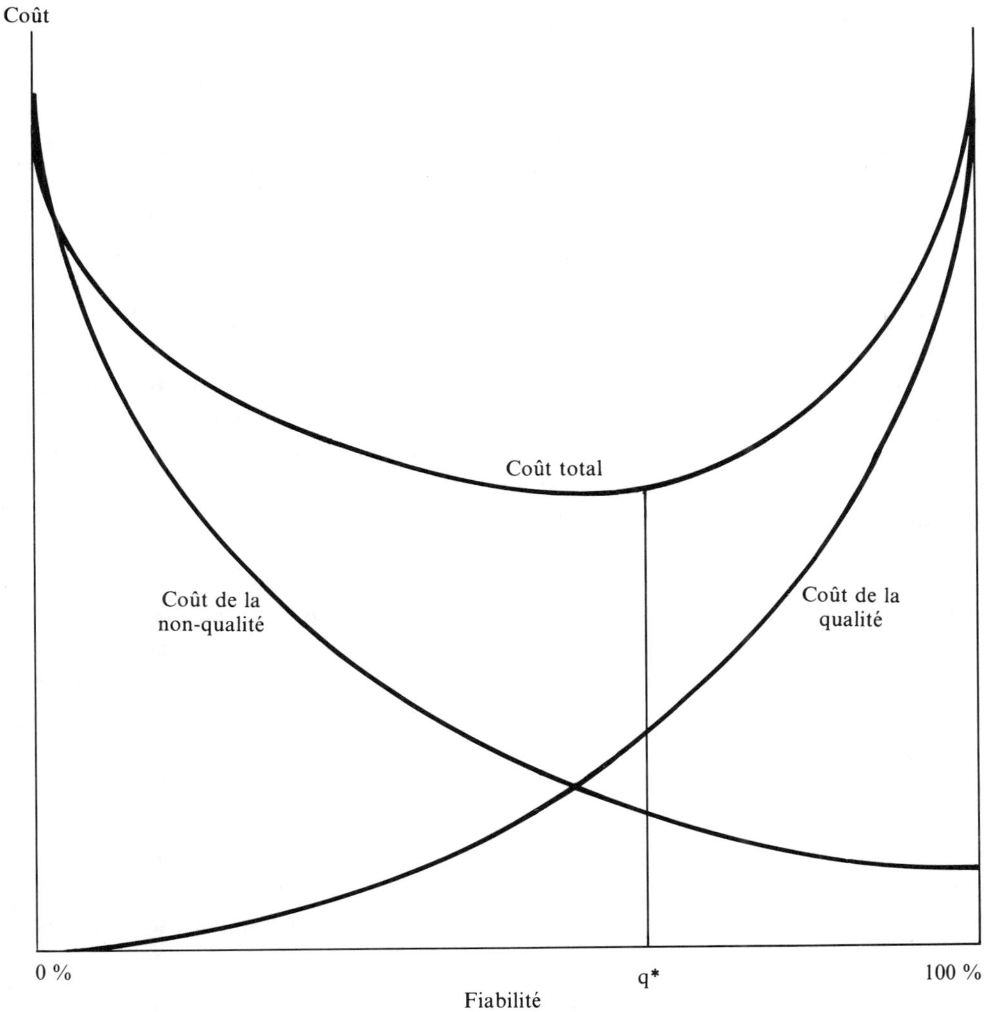

Figure 1. Coûts de la qualité et de la non-qualité pour les produits durables

Japon. Le coût de la non-qualité était sensiblement plus élevé pour elles que pour leurs concurrentes américaines. En conséquence, elles ont été amenées à vendre des voitures beaucoup plus fiables, ce qui leur a permis d'acquérir une bonne réputation auprès de la clientèle.

Les fonctions de coût peuvent se modifier sous l'influence de plusieurs facteurs. Parmi ceux-ci, on trouve le progrès technique et l'amélioration des procédures de gestion, qui peuvent contribuer à réduire aussi bien les coûts de la qualité que ceux de la non-qualité. On peut citer, dans cette dernière instance, les exemples de la modularisation des produits qui diminue considérablement le coût des réparations [1] et celui de l'informatisation qui accroît sensiblement les performances des services après-vente. La politique des entreprises peut aussi contribuer à rendre plus exigeante la clientèle, et augmenter ainsi le coût de la non-qualité. Les firmes qui, à prix comparables, proposent un produit plus fiable en retirent un avantage conséquent : la politique de qualité devient, dans ce cas, un facteur de différenciation qui déclenche un processus d'imitation. Pour reprendre l'exemple cité plus haut, les constructeurs américains ont été contraints d'améliorer la fiabilité de leurs automobiles. On assiste, dans certains cas, à une réaction inverse, qui consiste à volontairement et publiquement réduire la durée de vie du produit, en abaissant son prix : briquets ou rasoirs jetables, ou montres par exemple.

Un dernier aspect de la question mérite d'être souligné. Il concerne la politique de segmentation que les entreprises peuvent développer en proposant, conjointement à leurs produits, des contrats forfaitaires de maintenance, ou des garanties facultatives. La pratique est courante en matière d'informatique, et se généralise avec la pénétration de la micro-informatique. Elle existe aussi pour des produits grand public aussi divers que l'électroménager ou les séjours touristiques. Cette discrimination de la clientèle sur la base d'assurances contre la non-qualité constitue un moyen efficace de différenciation, mais aussi une incitation à améliorer la fiabilité des produits. Elle contient donc les germes de sa propre disparition, puisque la souscription des garanties facultatives est d'autant moins attirante que la qualité du produit est grande.

1.3. La politique de qualité

L'analyse présentée jusqu'ici est restée essentiellement statique, car limitée à l'étude des facettes des choix auxquels sont confrontées les entreprises. Il importe de la compléter en adoptant une démarche dynamique, en se penchant sur les modalités de l'évolution de la politique des firmes.

Deux remarques préalables situent les termes du débat. La première est d'ordre méthodologique. Le thème abordé ici est non pas le comportement des entreprises en général, mais les changements dans ce comportement. On s'intéresse donc aux variations de certains des éléments constitutifs de la politique suivie par les firmes. La démarche n'est donc ni globale, ni effectuée en termes absolus. Elle est au contraire partielle et relative.

La seconde remarque concerne l'interaction existant entre la définition des normes et l'adéquation des produits fabriqués à ces normes. Le processus de lancement d'un nouveau produit n'est pas linéaire. Il n'existe pas une première étape de conception, réservée au seul bureau d'études, suivie d'une seconde étape

---

[1] L'économie réalisée est double : diminution de la durée de la réparation et besoin d'une main d'œuvre moins qualifiée. Cette évolution n'est pas incompatible avec une complexité croissante du produit lui-même. On l'a constatée lors du remplacement, en France, des centraux téléphoniques électro-magnétiques (type crossbar) par des centraux électroniques.

de fabrication. Les contraintes concrètes inhérentes à la production, et leurs conséquences en termes de coût, font que le processus est itératif. Il pose de réels problèmes de coopération relationelle au sein des organisations que sont les entreprises. Les bureaux d'études sont conduits à modifier les caractéristiques des produits, sur la base des remarques présentées sur leur projet par le département Production, ou le service Méthodes. Un des facteurs pris en considération à ce niveau est la difficulté, ou le coût, du respect des normes proposées. Cette interdépendance permet d'expliquer un certain nombre de choix stratégiques.

1.3.1. Modification et amélioration des caractéristiques

Pour reprendre une classification habituelle, il est commode de distinguer les modifications tirées par le marché de celles qui sont poussées par le progrès. Certes, ces deux séries de causes contribuent souvent conjointement à la transformation des attributs du produit, mais, dans la majorité des cas réels, l'une revêt une importance supérieure à l'autre.

Les modifications tirées par la demande trouvent leur origine soit dans la réaction de la clientèle face au produit offert, soit dans le comportement des firmes concurrentes. Il appartient au service Marketing de scruter le marché, afin d'y déceler les causes d'insatisfaction de la clientèle, ou la politique active des entreprises concurrentes. Il convient alors de prendre les mesures permettant de remédier à la situation. Celles-ci peuvent concerner la conception même du produit (normes), la fabrication (conformité aux normes), ou la politique commerciale (notamment le prix) [1]. Si cet effort est couronné de succès, il en résulte, aux yeux de la clientèle visée, une amélioration du produit : ce dernier se rapproche des préférences et des possibilités financières des acheteurs situés sur le segment de marché [2]. On constate une augmentation du rapport qualité-prix, bien que cette expression n'ait guère de signification au plan objectif : le sens de l'évolution de ce rapport est révélé par le comportement de la clientèle.

Les modifications poussées par le progrès résultent soit d'efforts de R & D mis en œuvre par les firmes, soit du processus de diffusion intersectorielle de l'innovation (voir, par exemple, Scherer, 1980, 1984). Elles peuvent concerner les produits ou les processus de production, les deux aspects étant souvent liés.

Si la question, dans son ensemble, est trop vaste pour être abordée ici, on peut néanmoins en donner un exemple partiel concernant les produits de l'industrie automobile. Dans ce cas, les changements du produit final sont dus aux modifications subies par les équipements qui le constituent [3].

---

[1] On retrouve ici la nécessité d'une collaboration entre différents services de l'entreprise : département Marketing, bureau d'études, département Production.

[2] Il est parfaitement possible que, dans le même temps, l'adéquation du produit aux préférences des acheteurs situés sur d'autres segments du marché diminue. Ce peut notamment être le cas si l'on modifie simultanément les attributs abstraits ou réels et le prix.

[3] Le stade aval de la construction automobile consiste en l'assemblage de composants fabriqués par les constructeurs eux-mêmes, ou par leurs équipementiers.

Certes, un certain nombre de composants nouveaux trouvent leur origine dans l'industrie automobile elle-même, notamment grâce à la compétition, et en particulier à la Formule 1. Mais on rencontre bien souvent un processus interindustriel de diffusion de l'innovation qui se déroule en général selon un schéma régulier.

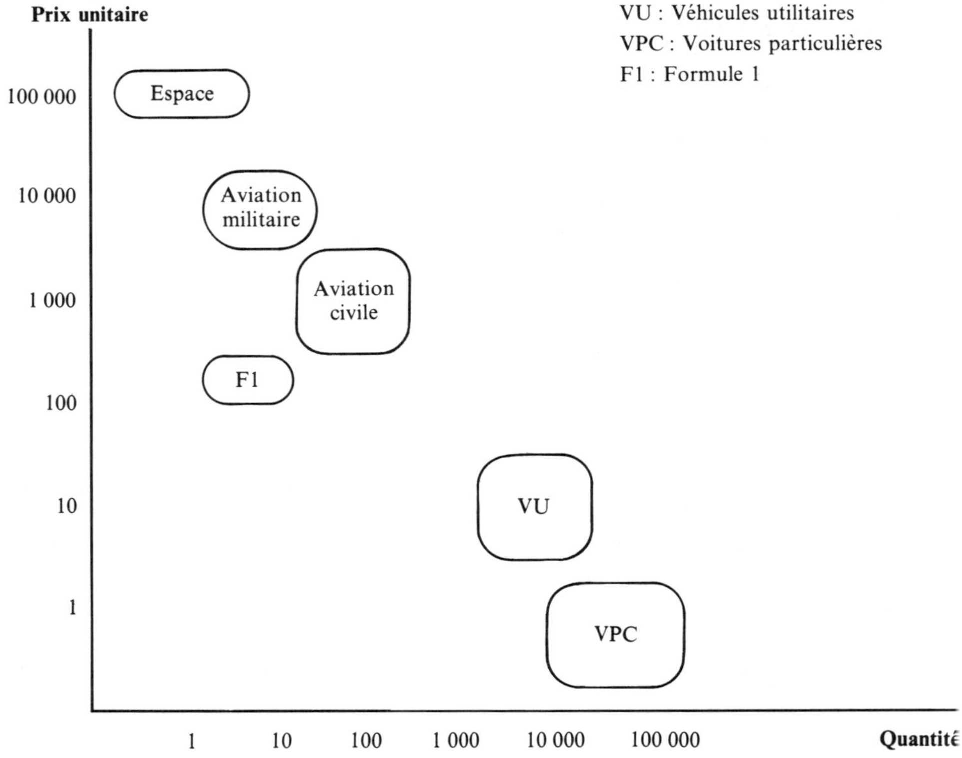

Figure 2. La diffusion interindustrielle de l'innovation en matière de composants
Source : R. Le Duff, A. Maïsseu, et D. Soulié (1988)

Le développement des applications industrielles des matériaux composites, des céramiques ou de l'électronique, pour ne citer que des exemples d'actualité, a suivi une évolution de ce type.

Comme le montre la figure 2, le processus obéit à une stricte logique de rentabilisation des dépenses hautement risquées de recherche et développement.

La valeur totale de la production reste stable lorsque l'on passe successivement de l'aérospatiale à l'aviation militaire, puis à l'aviation civile, aux véhicules industriels et enfin aux automobiles. Par contre le niveau de coût (et donc de prix) tolérable diffère considérablement d'un secteur à l'autre, ainsi que l'importance des séries de production. Il importe donc que les producteurs acquièrent progressivement une maîtrise presque parfaite de leur processus de production, afin de pouvoir fabriquer des séries longues à des cadences élevées, tout en ramenant les prix de revient à un montant acceptable par la clientèle visée. Ce processus se reproduit à l'intérieur même du secteur automobile, la diffusion de l'innovation s'effectuant du haut vers le bas de la gamme.

Cet exemple permet de mettre en évidence le rôle des contraintes économiques dans la modification des caractéristiques des produits. Elles influencent à la fois le sens et les limites des transformations réalisables sur un marché, ou un segment de marché, particulier.

Pour un attribut donné, les premières modifications apportées sont en général les plus faciles à réaliser sur le plan technique. Ce sont aussi celles qui présentent le coût le plus faible, compte tenu de l'importance du gain obtenu [1]. Si l'on raisonne en termes d'amélioration de la caractéristique, ce qui est simple dès lors qu'elle est mesurable, on constate qu'au fur et à mesure que des modifications prennent place, le champ des améliorations potentielles se réduit, et leur coût augmente. Plus précisément, le coût marginal de l'amélioration est croissant. Il est clair, par exemple, que réduire le coefficient de pénétration dans l'air (cx) d'une automobile de 0,01 était relativement facile et peu coûteux il y a quelques années, lors de l'introduction de la conception assistée par ordinateur (CAO). La tâche devient techniquement plus difficile et plus onéreuse à l'heure actuelle, alors que le cx des voitures a déjà atteint une valeur très faible.

De manière inéluctable, il arrive un moment où le coût marginal de l'amélioration devient supérieur à sa recette marginale. L'augmentation du prix conduit à une réduction des ventes plus forte que la croissance induite par la modification de la caractéristique. Il convient, dans cette éventualité, de renoncer à transformer plus cet attribut particulier. L'entreprise doit alors concentrer ses efforts sur d'autres caractéristiques, sauf si une innovation vient réduire le coût marginal de l'amélioration. Le cas de la précision des montres-bracelet permet d'illustrer ce propos. Dans les années soixante, la précision des montres mécaniques avait atteint sa limite supérieure. Gagner une seconde de précision par jour impliquait un coût bien supérieur à l'attrait que pouvait exercer cette amélioration sur la clientèle. L'arrivée sur le marché des montres à quartz a bouleversé les données du problème.

L'influence du progrès sur la politique des firmes est claire lorsqu'elle consiste en une réduction du coût marginal de l'amélioration de certaines caractéristiques du produit. Elle est plus difficile à cerner dans le cas où la diminution des coûts de l'entreprise repose sur la dégradation de certains attributs. Le problème apparaît souvent lors de l'introduction d'innovations majeures dans le processus de production ou de gestion. Les exemples de situations de ce type sont nombreux. Pour n'en prendre qu'un seul, l'informatisation mal maîtrisée des entreprises a pu engendrer des effets négatifs sur leur environnement, et entraîner une sensible détérioration de l'image de leur marque. Plus généralement, l'arbitrage

---

[1] Si la caractéristique est mesurable, il est facile de calculer son amélioration, et donc ce rapport gain-coût.

doit être fait entre un gain de productivité et la baisse, au moins provisoire, de la qualité des caractéristiques du produit.

Pour l'entreprise, le choix est difficile, en raison de l'incertitude qui règne sur les réactions de la clientèle et sur le comportement des firmes concurrentes. Pour les acheteurs, le risque est d'être confrontés à une offre réduite à de seuls produits de qualité inférieure. L'enjeu est la survie à long terme de la marque : en raison de la pression de la concurrence, il faut parfois faire des concessions à court terme pour obtenir un avantage de longue période.

Le problème s'est notamment posé de manière concrète à plusieurs reprises, lors de l'industrialisation, puis de l'automatisation, des processus de production. Les contraintes techniques induites par cette transformation ont conduit à une redéfinition, dans le sens d'une qualité moins bonne, de certaines caractéristiques des produits, de manière à les adapter aux impératifs de la fabrication. L'avantage, pour les entreprises, résidait dans la réduction importante des coûts moyens permise par l'adoption des nouveaux processus. Dans le cas de mutations aussi importantes que celles qui sont évoquées ici, la maîtrise progressive du progrès technique par les firmes leur a souvent permis de procéder, dans une seconde étape, à l'amélioration des attributs sacrifiés dans un premier temps. L'image de marque a pu retrouver le prestige perdu. Le développement des industries agro-alimentaires est une illustration de cette modalité d'évolution : à coûts constants, la qualité de la restauration collective s'est, par exemple, considérablement améliorée au cours des dernières années.

Il arrive parfois, au contraire, que le souci de perfection technique conduise une entreprise à renoncer au bénéfice des gains potentiels de productivité, et que cette décision ait des conséquences défavorables, en particulier si les firmes concurrentes ont fait le choix opposé. La question se pose notamment pour les marques dont la demande est élastique au prix. Il est un risque que des responsables du marketing, peu sensibles au prix, mais soucieux de perfection technique, accordent une grande importance à certaines caractéristiques du produit jugées secondaires par la clientèle. Ce phénomène est connu sous le nom de « biais d'experts ». Il constitue un travers fréquent de certains critiques gastronomiques. Il peut aussi entraîner un surcoût important dans la production en grande série [1].

Cet arbitrage entre qualité et coût s'avère donc particulièrement complexe. De par ses conséquences, il relève du domaine de la décision stratégique. Sans espérer pouvoir lever totalement l'incertitude, l'entreprise doit s'efforcer de la réduire. Il lui faut, en particulier, tenter d'estimer la réduction attendue des coûts, en tenant compte des phénomènes d'adaptation. Il lui faut aussi prévoir les effets de la maîtrise progressive du processus. Il est nécessaire, enfin, de déterminer l'accueil réservé par la clientèle, dans les nouvelles conditions de prix, au produit modifié, et la politique adoptée par les firmes concurrentes.

[1] Un équipementier français estimait récemment à 15 % le surcoût dû à la multiplication du nombre des modèles de radiateurs.

Une dernière remarque est relative à deux aspects particuliers, mais contrastés, de la politique de qualité. Une pratique assez courante dans certaines branches, comme l'électroménager par exemple, consiste, pour une firme, à vendre simultanément ou successivement des produits identiques ou semblables sous des noms ou marques différents. On assiste, depuis peu, à l'apparition du comportement opposé. On met successivement sur le marché des produits différents sous un nom unique. On exploite ainsi la notoriété de l'image du nom d'un produit ayant connu un grand succès, tout en attirant les acheteurs par des caractéristiques plus conformes à l'évolution des préférences et de la technique. Il s'agit, en quelque sorte, d'une segmentation de l'image de marque. L'industrie automobile donne des exemples de ces deux politiques. Ford commercialise aux Etats-Unis les mêmes modèles sous des noms et marques différents. Renault (R5) et Volkswagen (Golf) ont choisi l'attitude inverse en conservant le même nom à deux véhicules sensiblement distincts.

1.3.2. La mesure des changements de qualité

En l'absence d'innovation majeure, il est possible d'évaluer la nature de la politique de qualité poursuivie par une marque. La méthode est celle des prix hédoniques. Le principe en est le suivant.

Soit un marché où coexistent plusieurs variétés d'un même produit. Les différences entre les caractéristiques objectives des produits impliquent des différences dans les processus de fabrication, qui se répercutent sur les coûts de production. Les firmes, sur ce marché, peuvent poursuivre une politique active, et changer, au cours du temps, les attributs de leurs produits. Toute modification, par une entreprise, d'une caractéristique entraîne un changement dans le coût [1]. Si les modalités de fixation des prix restent stables, la variation du coût sera répercutée de manière proportionnelle sur le prix de vente. Dans cette hypothèse, l'évolution du prix est le reflet de la politique de qualité.

Dans la réalité, seuls les prix pratiqués par les entreprises, et non les coûts, sont observables. Or les prix, en monnaie constante, varient dans le temps sous la double influence de la politique de marge et de la politique de qualité [2].

En désignant par X le vecteur des caractéristiques du produit, par C le coût moyen de production, par P le prix en monnaie constante et par μ la marge de profit $[P = C\ (1 + \mu)]$, la relation entre changement de qualité et variation du prix est la suivante.

$$\Delta X \overset{\text{Fonction de production}}{-\!-\!-\!-\!-\!-\!-\!-\!-\!-} \Delta C \overset{\text{Politique de marge } (\Delta\mu)}{-\!-\!-\!-\!-\!-\!-\!-\!-\!-} \Delta P$$

---

[1] Rien n'interdit, si plusieurs caractéristiques sont changées, que les variations de coût se compensent. La méthode permet de déterminer l'impact sur les coûts de la modification de chaque caractéristique pertinente.

[2] Il convient, bien entendu, de corriger l'évolution constatée du prix des produits par un indice des prix pertinent.

La méthode des prix hédoniques permet de distinguer ce qui dans ΔP provient de la modification de qualité de ce qui est dû à une variation de la marge, alors même que ΔC et $\Delta \mu$ ne sont pas directement observables.

Soient P_{i0} et P_{i1} les prix d'un produit i respectivement pendant l'année 0 et l'année 1. Pour chacune de ces années, il existe une relation entre le prix et les caractéristiques du produit.

$$P_{i0} = f(X_{i0})$$

$$P_{i1} = g(X_{i1})$$

Les fonctions f et g peuvent différer du fait des changements dans la politique de marge. Si l'on peut calculer la fonction f, il devient possible de déterminer le prix qu'aurait eu un produit présentant les caractéristiques de l'année 1, s'il avait été vendu pendant l'année 0. Ce prix P* est appelé prix hédonique. On a alors :

$$P_{i1} - P_{i0} = (P_{i1} - P^*_{i1}) + (P^*_{i1} - P_{i0})$$

Le premier terme du membre de droite de la relation précédente traduit l'effet d'une modification de la marge, le second celui de la variation des caractéristiques.

La difficulté réside dans le calcul de la fonction f. Sans entrer dans le détail des considérations techniques, on peut souligner que le premier problème est de définir les caractéristiques pertinentes constituant le vecteur X. De toute évidence, il ne faut tenir compte que des attributs sur lesquels peut porter la différenciation du produit : s'il s'agit de réfrigérateurs, par exemple, il est sans intérêt d'introduire l'attribut compresseur. Il faut ensuite disposer d'un échantillon suffisamment important de produits pour pouvoir effectuer des calculs statistiques significatifs, et établir une relation économétrique pour l'année 0 entre le prix et les caractéristiques des produits différenciés. Ces remarques expliquent que la méthode soit particulièrement bien adaptée au cas des biens durables dont les attributs objectifs sont facilement repérables, et qui sont offerts sur le marché avec un nombre élevé de modèles différents : électronique grand public, produits électroménagers, automobiles, etc.

La méthode des prix hédoniques a des applications multiples. Elle permet de caractériser la politique suivie par les entreprises. Elle facilite aussi la comparaison de projets complexes, différant par leurs performances et par leurs coûts (câblage d'une ville, par exemple). Dans ce dernier cas, elle est un moyen d'aide à la décision, et constitue une variante de l'arbitrage qualité-prix. Elle est enfin utilisée pour reconstituer des séries de prix à qualité constante (indices de prix) dans le cas de l'apparition de produits nouveaux.

Une étude déjà ancienne, relative à l'industrie automobile américaine, permet d'illustrer l'intérêt de la méthode (Dhrymes, 1967) [1]. L'auteur décompose les

[1] L'industrie automobile a, depuis longtemps, constitué un champ d'application privilégié de la méthode : voir, par exemple, Court (1939) ou Griliches (1964).

variations de prix constatées entre 1961 et 1964 pour l'ensemble du marché et pour chacun des trois principaux constructeurs (GM, Chrysler et Ford). Les résultats de cette étude sont reportés dans le tableau 1.

Tableau 1. Sources de l'évolution des prix dans l'industrie automobile

Variation en % entre 1961 et 1964	Variation totale	Effet marge	Effet qualité
Ensemble	– 2,2	– 7,0	4,8
Constructeur 1	– 1,6	– 10,8	9,2
Constructeur 2	1,7	– 8,3	10,0
Constructeur 3	– 2,6	4,4	– 6,6

Pour l'ensemble du marché, la diminution constatée du prix moyen des automobiles est de l'ordre de 2,2 %. Elle se décompose en une baisse de prix pure de 7 %, et une amélioration de la qualité équivalente à une augmentation de 4,8 % du prix. Il est intéressant de noter qu'en apparence les firmes 1 et 3 ont le même comportement, alors qu'en réalité ce sont les constructeurs 1 et 2 qui suivent la même politique commerciale offensive d'amélioration de la qualité et réduction de la marge. Il est clair, par contre, qu'une firme acculée à une stratégie aussi défensive que l'entreprise 3 est engagée sur la voie de difficultés majeures. Bien que l'auteur dissimule le nom des constructeurs, il ne fait aucun doute que la firme 3 est Chrysler. On connaît les problèmes rencontrés par cette marque pendant les années 1970.

Il arrive aussi que des transformations de l'environnement entraînent des modifications profondes de la situation des marques, et donc du comportement des entreprises.

1.3.3. Politique de qualité et dérèglementation

Les processus de dérèglementation que l'on connaît aux Etats-Unis et, à un moindre degré, en Europe, sont à l'origine de mutations brutales des conditions d'environnement des firmes.

Une idée largement répandue est que la dérèglementation a entraîné une baisse de qualité. C'est ce point qu'il importe d'examiner ici. Il ne saurait, en effet, être question ici d'envisager tous les problèmes complexes liés aux processus de dérèglementation et de re-réglementation. Ils dépassent largement le cadre de ce chapitre. Tout au plus peut-on rappeler que la dérèglementation tend à réduire le poids des contraintes institutionnelles, et à rétablir plus de concurrence sur les marchés. Les branches les plus concernées par ce phénomène ont été, aux Etats-Unis, les télécommunications, les transports et les activités financières.

Un trait commun aux activités réglementées était la fixation des prix par des agences spécialisées, fédérales ou locales [1]. Le principe général de la détermination du prix était de laisser aux firmes un « juste » taux de profit. Il en est résulté deux conséquences majeures. La première était la possibilité, dans de nombreux cas, d'obtenir que l'agence répercute sur les prix les augmentations de coût. La seconde était dans l'absence de concurrence par le prix sur les marchés où coexistaient plusieurs entreprises. Pour ces raisons, les coûts de production ne représentaient pas une réelle contrainte stratégique pour les firmes [2].

L'impossibilité d'agir sur les prix n'interdit pas de développer une action commerciale au moyen d'autres variables. Les entreprises réglementées ont adopté cette politique, qui leur était d'autant plus attrayante qu'elles pouvaient en répercuter le coût sur le prix. Elles ont en particulier joué sur la qualité, non seulement en améliorant celle de leurs activités principales, mais aussi en leur adjoignant des services annexes gratuits : renseignements téléphoniques pour l'ensemble du territoire américain pour AT&T, conseils de placements pour les agents de change, multiplication des fréquences directes et des prestations en vol pour les compagnies aériennes. Les entreprises ont ainsi été conduites à offrir à leur clientèle, dans de nombreux cas, des produits composites, c'est-à-dire des produits décomposables en éléments indépendants. Un effet pervers de la réglementation a donc été de permettre le maintien des prix de marché à un niveau supérieur à ce qu'il aurait été en situation de concurrence traditionnelle.

La dérèglementation a eu pour effet de modifier profondément les conditions de fonctionnement des marchés. Le développement de la concurrence a eu pour double conséquence de permettre l'entrée de nouvelles firmes sur les marchés, et de faire du prix un moyen d'action. Son poids dans la politique commerciale s'est accru, au détriment de celui des autres moyens d'action [3]. En outre, pour agir sur le prix, il faut d'abord réduire les coûts. Ces derniers sont devenus une contrainte stratégique pour les entreprises, qui ont cherché à réaliser des économies. La double influence de la baisse d'efficacité commerciale de la qualité et de l'impératif de diminution des coûts a conduit à une révision drastique de la politique des firmes. Les produits composites ont été dissociés en leurs éléments constitutifs, et les services annexes sont souvent devenus facultatifs et payants. La qualité de certaines prestations a été réduite pour permettre d'abaisser les coûts : accroissement des délais de dépannage pour le téléphone,

---

[1] Au niveau fédéral, on peut citer, parmi les agences réglementaires les plus connues, la Federal Communication Commission (FCC) pour les télécommunications, la Security and Exchange Commission (SEC) pour les bourses de valeurs mobilières, et la Civil Aeronautics Board (CAB), aujourd'hui disparue, pour le transport aérien.

[2] On peut montrer, de manière théorique, que le monopole réglementé n'est pas incité à minimiser ses coûts de production. Voir sur ce point Averch et Johnson (1962), et Baumol et Klevorick (1970).

[3] Il est possible, au plan théorique, de justifier cette transformation du poids relatif des composants de la politique commerciale.

adoption des réseaux de type « hub and spoke » [1] dans le transport aérien, avec pour conséquence la diminution, en moyenne, du nombre des vols directs entre paires de villes.

Vue sous cet angle, la baisse de qualité n'est que la contrepartie de la diminution des prix. Que les firmes adoptent toutes cette attitude signifie qu'elles estiment qu'elle est la seule voie possible dans les conditions où elles sont placées. Cela n'implique pas que cette solution soit la meilleure pour la collectivité en général, et pour la clientèle en particulier. Il arrive que des politiques d'amélioration de la qualité s'avèrent non rentables, du fait de phénomènes de détournement. Les arguments avancés à l'appui de la loi Lang sur le prix des livres en constituent un exemple. On ne peut pourtant pas en conclure de manière certaine que les libraires soient les meilleurs défenseurs de l'intérêt des lecteurs.

D'autres causes de la diminution de la qualité sont dues à l'entrée de nouvelles entreprises dans le secteur et à l'augmentation de la demande totale à la branche liée à la diminution des prix. On assiste, en effet, à des effets de congestion, dont la situation actuelle du transport aérien est le meilleur exemple. La capacité des aéroports et le nombre des contrôleurs n'ont pas progressé comme le trafic. Il en résulte de nombreux désagréments pour les passagers, comme des retards importants dans les vols, des files d'attentes dans les aéroports (enregistrement, formalités de police et de douane), et des pertes de bagages fréquentes. En matière de téléphone, il existe aussi des problèmes plus techniques liés aux modalités de raccordement des nouveaux transporteurs longue distance aux réseaux locaux. Ces aspects sont imposés par les nouvelles conditions de marché, et donc indépendants, au moins directement, de la politique des firmes.

Une dimension majeure de l'économie de la qualité a été, jusqu'à ce point, volontairement laissée dans l'ombre. La nature des caractéristiques, ou leur modifications, ne peuvent avoir d'effet que si elles sont connues. Ce problème est celui de l'information.

2. QUALITÉ ET INFORMATION

Dans un article prémonitoire, Scitovsky (1950) a souligné une certaine incapacité de la clientèle à comparer toutes les caractéristiques objectives de produits de plus en plus complexes. L'intensité de la concurrence par le prix et par la qualité est ainsi réduite. Les choix reposent alors sur des variables globales, comme la réputation ou les messages publicitaires. L'information joue donc un rôle central dans le fonctionnement des marchés.

---

[1] « Moyeu et rayon » en français. Dans ce système, chaque compagnie fait de quelques aéroports très fréquentés (New York, Chicago, Atlanta, Los Angeles, etc.) des plaques tournantes de son réseau, où s'effectuent les correspondances. Il en résulte un meilleur taux de remplissage des appareils. Mais pour les passagers, le nombre de changements d'avions augmente statistiquement.

Depuis le début des années 1950, la théorie économique de l'information a fait des progrès considérables. L'idée maîtresse qui a présidé à ces développements est que l'information n'est pas une donnée pour les acteurs de la vie économique, mais qu'au contraire sa production et son acquisition sont coûteuses. Cette imperfection de l'information a deux conséquences principales. Elle exerce une influence sur les choix des acheteurs potentiels des produits. Elle est aussi, dans certaines conditions, à l'origine de dysfonctionnements des marchés.

2.1. Information et choix

Lorsqu'il y a différenciation sur le marché, la demande de la clientèle dépend du prix, de la proximité entre ses préférences et des caractéristiques des divers produits offerts. Les acheteurs potentiels sont donc incités à collecter des informations sur les attributs des produits. Il est, d'autre part, dans l'intérêt des entreprises de leur fournir certains renseignements relatifs à leur propre production. La quantité et le contenu des informations demandées et offertes varient selon la nature des produits. Les firmes peuvent, à cet égard, développer une politique d'information, destinée à influencer les choix des acheteurs. Un des objectifs poursuivis est de réduire, pour la clientèle, les coûts de recherche inhérents à l'obtention des renseignements considérés comme pertinents.

2.1.1. Demande et offre d'information

A chaque marché de produit est associé un marché de l'information sur les différentes qualités proposées (Porter, 1976 ; Caves, 1986).

L'explication théorique du comportement de la clientèle sur ce marché relève d'une analyse coût-avantage. L'acheteur potentiel, appelé à choisir entre plusieurs variétés d'un produit, investit dans la collecte de différents types d'informations jusqu'au point où l'avantage marginal attendu d'un meilleur choix entre variétés devient égal au coût marginal de l'information mesuré en temps et en dépenses monétaires. Il a accès à diverses formes de renseignements : publicité, données techniques fournies par les producteurs ou par des experts indépendants, avis d'amis, recherches personnelles sur le produit (inspection des caractéristiques physiques, essais éventuels, opinion des distributeurs), et éventuellement mémoire (son image du produit ou de la marque). Ces types d'information diffèrent par leur coût (collecte et assimilation), par leur précision et leur exactitude. Ces différences dépendent de la nature des produits. En général, l'acheteur doit effectuer un arbitrage entre la fiabilité et le coût. L'opinion d'amis est souvent peu coûteuse, mais peu précise et fiable en raison de son caractère subjectif. A l'inverse, les données techniques sont exactes, mais leur coût est élevé. Il en résulte, le plus souvent, la constitution d'un portefeuille de sources d'informations.

Il est à noter qu'une partie de ces renseignements est fournie par les fabricants des produits. Ces derniers définissent, conjointement à la fixation du prix et des caractéristiques, leur offre d'informations. Les acheteurs n'ont pas toujours la possibilité de vérifier l'exactitude parfaite des informations qui leur sont ainsi transmises.

Ces informations offertes par les producteurs ne dépendent pas de la seule demande des acheteurs et de la nature du produit. Ils sont aussi influencés par des considérations liées aux coûts et aux spécificités des diverses technologies de production de l'information. Par exemple, la publicité à la télévision entraîne l'apparition d'économies d'échelle. Elle est donc bien adaptée à des marchés potentiels importants. Par contre, le contenu en information des messages est nécessairement faible, et doit être standardisé pour convenir à une grande variété de récepteurs.

L'offre et la demande sur le marché de l'information sont donc interdépendantes. Elles sont en outre liées aux conditions de l'équilibre sur le marché du produit. Il est néanmoins possible de construire un modèle économétrique de l'offre d'information par les producteurs (Caves, 1986). Ses résultats empiriques, bien que non totalement satisfaisants, indiquent notamment que l'offre d'information par les producteurs est positivement et fortement influencée par les trois facteurs suivants : la demande de renseignement des acheteurs, l'absence d'autres sources d'information disponibles et la faiblesse du coût de diffusion des messages. La structure de la combinaison des divers types d'informations offertes par les fabricants dépend des mêmes facteurs. Un tel modèle explique aussi bien le comportement des acheteurs de biens industriels que celui des demandeurs de produits de consommation [1].

Il reste à établir la relation existant entre la nature des produits d'une part, les modalités et le contenu de l'offre d'informations d'autre part.

2.1.2. Nature des produits et information

Les caractéristiques présentées par les produits se répartissent en deux grandes catégories, selon qu'elles peuvent être connues ou non avant l'achat et l'utilisation. Si la connaissance est possible, la caractéristique sera dite de *recherche*. Si elle ne l'est pas, l'attribut sera qualifié d'*expérience*. Par une extension un peu abusive, mais commode, on peut définir des produits de recherche et des produits d'expérience, selon que la majorité des caractéristiques appartient à la première ou à la seconde catégorie (Nelson, 1974) [2]. Pour cette dernière surtout, l'image de marque exerce une influence considérable sur les comportements d'achat : elle constitue en effet un indicateur synthétique des expériences passées.

---

[1] Ce résultat n'implique pas que l'on utilise les mêmes catégories d'informations pour choisir une turbine à gaz et une pâte dentifrice.

[2] En réalité, tous les produits ont à la fois des caractéristiques de recherche et des caractéristiques d'expérience. En toute rigueur, ce qui sera dit sur l'information et la publicité concerne non pas le produit en tant que tel, mais chaque groupe de caractéristiques qu'il présente. De ce fait, pour un même produit, une partie de la publicité peut être spécifique des produits de recherche, et une autre des produits d'expérience.

Du point de vue de l'information, il existe une différence fondamentale entre ces deux types de produits. Pour les produits de recherche, l'information est vérifiable avant l'achat, ce qui n'est pas le cas pour les produits d'expérience. Il en résulte, selon Nelson, une influence déterminante sur les modalités du comportement des acheteurs et de la politique suivie par les entreprises. Le phénomène est particulièrement net dans le domaine de la publicité, qui constitue le vecteur privilégié de l'information émise par les entreprises.

De manière toute naturelle, les firmes sont conduites à vanter les mérites des produits qu'elles offrent sur le marché. Si les informations ne sont pas vérifiables par la clientèle avant l'achat, il existe une certaine tentation à procéder à des éloges excessifs et parfois immérités. Le cas extrême est celui de la publicité mensongère [1]. Cette dernière est sanctionnée par la loi, mais il appartient au plaignant d'en apporter la preuve. Les acheteurs potentiels sont conscients de l'existence de cette tentation. Ils vont adopter une attitude très réservée face à une publicité trop laudative concernant un produit d'expérience. Il est même possible qu'un message exagérément flatteur ait un impact négatif sur la demande, ce que, de toute évidence, ne souhaite pas l'entreprise. Pour ne pas s'exposer à ce risque, la firme fabricant un produit d'expérience doit adopter une politique publicitaire particulière. Le contenu en informations objectives du message doit être extrêmement faible, et se réduire, en dernière analyse, à affirmer l'existence du produit et ses fonctions éventuelles. Pour une marque d'aspirine, par exemple, il suffit d'indiquer le nom et le fait qu'elle soulage les maux de tête [2]. Tout autre renseignement n'est vérifiable, pour le commun des mortels, qu'après usage. Cette contrainte diminue considérablement l'impact de la publicité sur la demande. Les possibilités de différenciation par la publicité, et donc le pouvoir des entreprises face au marché et à leurs concurrents, sont donc réduits.

La publicité comparative est l'un des moyens d'augmenter le contenu en information du message publicitaire, en insistant sur les avantages que le produit vanté possède sur ses concurrents. Mais elle est d'autant plus efficace qu'elle concerne les caractéristiques de recherche des produits d'expérience (teneur en nicotine des cigarettes, ou en caféine des boissons à base de cola, par exemple). Pour les caractéristiques d'expérience, la vérification n'est possible qu'après l'achat. Il importe, en outre, de souligner qu'en raison du caractère multidimensionnel de la qualité, la publicité comparative n'est pas sans soulever, au plan théorique, des problèmes analogues à ceux que l'on rencontre en voulant utiliser le rapport qualité/prix. De plus, rares sont les entreprises qui mettent l'accent sur les comparaisons défavorables à certains aspects de leur propre produit. Ce type de publicité est donc, par essence, partiel et partial, point sur lequel il conviendrait d'informer et d'éduquer le public.

---

[1] On peut noter à cet égard le rôle, en France, du bureau de vérification de la publicité (BVP), organisme interprofessionnel d'autocontrôle.

[2] Ce qui importe à l'acheteur moyen d'aspirine, ce n'est pas la composition chimique du produit. Seule compte son efficacité. Or celle-ci dépend des réactions physiologiques propres à chaque individu, qui ne sont connues qu'après usage. De ce fait, l'aspirine est un produit d'expérience et non pas de recherche.

La situation est différente pour les produits de recherche. Puisque l'information est vérifiable, on peut donner un contenu en information important aux messages. La publicité peut donc mettre en valeur, de manière détaillée, les caractéristiques les plus remarquables du produit. La possibilité de contrôle constitue, en effet, une garantie d'autant plus grande d'exactitude que le coût de la vérification est faible. Or la complexité croissante des produits mis sur le marché tend à augmenter ce coût. Il devient de plus en plus difficile, pour l'acheteur moyen de comparer les caractéristiques objectives des produits [1] : des produits de recherche se transforment progressivement en produits d'expérience. Il est donc de l'intérêt des acheteurs, et souvent même des producteurs, de réduire ce coût de contrôle. Les revues spécialisées dans l'essai des produits peuvent y contribuer, de même que des organismes de conseil. Dans les deux cas, on joue sur le fait qu'il existe des économies d'échelle en matière de compétence.

Le désir d'une plus grande liberté d'action et d'une efficacité accrue en matière de politique publicitaire peut conduire les firmes à tenter de transformer des produits d'expérience en produits de recherche. Le développement de la pratique de l'essai avant l'achat contribue à cette évolution.

La différence du contenu en information de la publicité relative aux produits de recherche et d'expérience a des conséquences sur le choix des supports utilisés. L'effort qu'est prêt à consentir un acheteur éventuel pour prendre connaissance d'un message est lié à l'avantage qu'il escompte en retirer. Ce dernier dépend, dans une large mesure, du contenu en information. Le coût d'accès à l'information doit donc être faible pour les produits d'expérience, alors qu'il peut être élevé pour les produits de recherche. Pour les premiers, le message doit être immédiatement attractif, et les supports facilement accessibles : on utilise de préférence des moyens audiovisuels, ou, pour la presse et les affiches, des images attrayantes avec un texte limité, pour l'essentiel, au nom du produit. Pour les produits de recherche, il est possible, au contraire, d'avoir recours à des modalités plus rébarbatives, et notamment à des textes qui exigent un effort de lecture et de compréhension. Il peut d'ailleurs en être difficilement autrement, lorsqu'on désire que le message ait un contenu en information important. La publicité rédactionnelle en est un exemple, comme la description des caractéristiques techniques des biens de consommation durables sur leur point de vente.

Ces dernières conclusions ont été confirmées par des vérifications empiriques systématiques.

Un dernier aspect de la question concerne l'influence des coûts de recherche sur le comportement des entreprises et des acheteurs.

---

[1] Il en va ainsi non seulement pour les produits de consommation, notamment durables, mais aussi pour certains biens industriels dont il est parfois difficile de juger l'adéquation des caractéristiques techniques aux besoins réels de l'entreprise. Les problèmes soulevés par l'informatisation en sont une illustration.

2.1.3. Marque et recherche par la clientèle potentielle

Les choix des acheteurs dépendent non seulement de la possibilité théorique d'accéder à la connaissance des attributs des produits, mais aussi du coût qu'implique cette acquisition. La distinction, intellectuellement satisfaisante, entre produits de recherche et produits d'expérience perd de ce fait une partie de sa pertinence.

Les entreprises désireuses de mettre en œuvre une politique de qualité sont donc incitées à réduire les coûts de recherche de leur clientèle potentielle. Le prix du produit, tel qu'il est ressenti par les acheteurs, est en effet la somme du prix effectivement payé et des coûts induits par les préliminaires à l'acte d'achat. Ces derniers incluent la totalité des coûts liés à la recherche, qu'elle concerne ou non le produit acquis en définitive. L'action sur les processus de recherche est donc non seulement un moyen d'agir sur la demande, elle est aussi une variable de la concurrence entre les firmes.

La marque du produit constitue en effet, sous certaines conditions, un moyen efficace de diminuer les coûts de la recherche pour la clientèle potentielle.

Un premier aspect de la question est lié aux produits qui sont nouveaux pour les acheteurs potentiels, que cette nouveauté soit objective (le produit n'existait pas) ou subjective (le client n'avait jamais acheté de produit de ce type). Deux phénomènes sont à considérer.

L'image de marque est un actif de l'entreprise, qui véhicule des informations vers la clientèle. La décision de donner la marque à un nouveau produit a un double effet. Par association avec les produits existants, la marque est d'abord un indicateur de qualité, si la firme a dans ce domaine une politique cohérente [1]. Elle peut aussi avoir un contenu sémantique explicite ou implicite. En reprenant l'exemple d'Hotelling présenté plus haut, si une firme déjà implantée sur le marché lance sous son nom une nouvelle variété de cidre en lui associant un qualificatif (très brut, par exemple), ses clients peuvent cerner les caractéristiques de ce produit avant même de l'acheter, par simple référence aux autres qualités, déjà connues, de la marque [2]. Le mécanisme joue aussi si le produit est simplement nouveau pour le client potentiel, mais que celui-ci a déjà acheté d'autres productions de l'entreprise en question.

La condition, pour que le processus s'avère efficace, est que le nouveau produit soit proche du reste de la production de la firme. Cette relation de proximité peut être définie par rapport au marché du produit au sens étroit du terme (le cidre), ou plus généralement par rapport au segment de clientèle visé. L'origine du succès de la diversification des maisons de haute couture dans la parfumerie s'explique largement parce qu'elles ont su se créer une image de fabricants de produits de luxe. Dans le cas où cette proximité n'existe pas, il est

---

[1] S'il n'en est pas ainsi, la valeur de l'image de marque est nulle.

[2] Voir Sappington et Wernefelt (1985) pour une analyse de la décision, par une firme multiproductrice, de donner une marque existante à un nouveau produit.

préférable que l'entreprise renonce à exploiter sa marque, et en crée une nouvelle [1]. Le prix à payer, en cas de non-respect de cette règle, est la détérioration de l'image. La firme engage en effet la totalité de sa réputation sur chacun des produits qui porte sa marque. De trop grandes différences entre les produits entraînent une confusion dans l'esprit des acheteurs.

L'existence des coûts de recherche procure aussi un avantage aux premières entreprises implantées sur un nouveau marché (Schmalensee, 1982). Si les acheteurs sont satisfaits de la qualité du produit fabriqué par le premier entrant auquel ils se sont adressés, ils seront extrêmement réticents à engager les coûts de la recherche d'autres fournisseurs, alors que les gains qu'ils en attendent sont, par essence, mal connus. Dans une certaine mesure, l'existence d'habitudes d'achat relève d'une logique similaire. En situation d'incertitude, il n'est justifié d'engager des coûts supplémentaires pour trouver un nouveau fournisseur que si l'avantage escompté est, en probabilité, trés élevé. Il faut, pour cela, que la situation de départ soit jugée fortement insatisfaisante.

Le même phénomène explique le succès de la politique de standardisation adoptée par certaines entreprises (Ackerlof, 1970). C'est notamment le cas de chaînes d'hôtels ou de restaurants. Lorsqu'un voyageur arrive dans une ville inconnue, on peut imaginer qu'il fasse le tour des hôtels, pour visiter les chambres et tenter d'évaluer la qualité du service. Son choix définitif est fait à l'issue de ce processus de recherche. Si, dans la même ville, existe un hôtel appartenant à une chaîne offrant des prestations standardisées, le voyageur peut, sans effectuer de visite, en connaître les prestations. S'il juge ces dernières satisfaisantes, il y retiendra une chambre, et il aura réalisé l'économie des coûts de recherche.

A cet égard, il est utile de distinguer l'enseigne, liée au point de vente de la marque, caractéristique du produit. Il peut arriver que ces deux aspects soient confondus, en particulier dans l'éventualité d'une politique de standardisation (MacDonald's). Mais la situation est différente dans la grande distribution, où coexistent, sur le même lieu de vente, des marques de distributeurs et des marques de producteurs indépendants. Dans ce dernier cas, le rôle essentiel de l'enseigne est de se différencier des autres distributeurs et de sécuriser le consommateur.

La recherche de l'information joue donc un rôle important dans le comportement de demande de la clientèle, et son émission est l'une des dimensions de la politique suivie par les entreprises. Une autre conséquence de l'imperfection de l'information est d'entraîner des dysfonctionnements des marchés, qui doivent être corrigés par des mesures appropriées.

2.2. Dissymétrie de l'information et externalités

L'information n'est pas seulement difficile à obtenir. Elle est aussi, parfois, répartie de manière inégale entre offreurs et demandeurs. La marque peut alors

---

[1] On retrouve ici une justification de la politique qui consiste à vendre des produits identiques sous des marques distinctes sur des marchés différents.

être porteuse et garante des informations recherchées. Il arrive aussi que des erreurs conduisent à faire porter par certains acteurs la responsabilité d'événements dans lesquels ils ne sont pour rien. Lorsqu'il en est ainsi, le fonctionnement des marchés n'est pas satisfaisant. Dans ce cas, on est amené à prendre des mesures correctrices, qui concernent souvent l'organisation même de l'activité économique.

2.2.1. Asymétrie de l'information et dysfonctionnements des marchés

Il est de nombreuses situations où les producteurs et les acheteurs n'ont pas accès aux mêmes informations. C'est le cas, par exemple, pour les produits d'expérience. Il en résulte l'apparition de contraintes particulières sur le comportement des acteurs économiques. Il est même possible que se déclenche un mécanisme d'éviction, et que l'échange se limite à un nombre réduit de variétés de produits, celles dont la qualité est la plus faible. Les mauvais produits chassent les bons [1] : la mauvaise qualité porte atteinte à l'ensemble du marché.

Ce phénomène a été mis en évidence sur le marché des voitures d'occasion (Ackerlof, 1970). Pour simplifier, on admet qu'il existe deux catégories de voitures d'occasion, les bonnes et les mauvaises. L'ensemble des agents économiques en est informé. Par contre, les acheteurs sont incapables de déterminer la qualité d'une voiture avant l'achat, alors que les vendeurs la connaissent.

Si l'information était parfaite, l'équilibre du marché serait atteint avec, par exemple, un prix de 10 000 F pour une voiture de bonne qualité, et de 5 000 F pour une voiture de mauvaise qualité. Il ne peut pas en être ainsi, si on laisse librement jouer les mécanismes de marché, en raison de l'asymétrie de l'information. En effet, chaque offreur est tenté de vendre sa voiture au prix le plus élevé, puisque le client est incapable d'en déterminer a priori la qualité. Mais les acheteurs sont au courant de ce biais de comportement. Ils vont donc refuser de payer 10 000 F une voiture qui peut s'avérer de mauvaise qualité. Le prix maximum qu'ils sont prêts à accepter est 5 000 F. Dans ce cas, les propriétaires de véhicules de bonne qualité refuseront de vendre leur voiture à un prix inférieur à sa valeur réelle. Le prix de marché s'établit donc à 5 000 F, et les transactions ne portent que sur les produits de mauvaise qualité.

Il peut arriver que ce soient les offreurs, et non les demandeurs, qui soient les moins bien informés. C'est le cas, par exemple, dans la théorie pure de l'assurance. Le vendeur ne peut pas définir, avant la conclusion du contrat, le risque représenté par un nouveau client. Il s'ensuit les mêmes effets que pour les automobiles d'occasion. Seuls les mauvais risques contractent une assurance (Riley, 1979).

---

[1] Ce résultat est analogue à celui du jeu de la célèbre loi de Gresham, qui affirme que la mauvaise monnaie chasse la bonne. Mais la causalité est différente. Dans la loi de Gresham, le mécanisme repose sur la différence entre le taux de change légal de deux monnaies (or et argent) et leur taux de change marchand. Dans les situations abordées ici, la cause de l'éviction est dans l'asymétrie de l'information.

Il ne peut plus y avoir de concurrence par la qualité, et donc de politique de marque. Le produit devient homogène, parce que certains acteurs sont incapables d'apprécier, a priori, la différenciation (voir aussi Scitovsky).

Le problème se pose donc lorsqu'il existe plusieurs qualités de produits, et que l'une des catégories d'intervenants est incapable de les distinguer, tout en étant consciente de l'existence de la diversité. C'est le cas de la contrefaçon bien faite, qu'il s'agisse de produits de luxe ou de grande consommation (chapitre 1).

C'est parce que les marchés ne peuvent pas fonctionner de manière satisfaisante dans les situations évoquées plus haut qu'il s'est avéré nécessaire de prendre des mesures permettant de réduire leurs dysfonctionnements.

Les modalités de ces actions correctrices sont diverses. Certaines sont définies par les intervenants eux-mêmes, et sont destinées à faire révéler les informations cachées par ceux qui les détiennent. Il s'agit, par exemple, des garanties consenties volontairement par les vendeurs, ou de la tarification des assurances avec des prix et des franchises modulées [1]. On dit, dans ce cas, que les acteurs concernés envoient des signaux au marché. D'autres mesures sont plus contraignantes : assurances ou garanties obligatoires, fichier des assurés, vérification technique des voitures d'occasion.

Dans tous les cas, les marchés ne peuvent plus fonctionner selon le jeu pur de l'offre et de la demande. L'asymétrie de l'information confère du pouvoir à certains intervenants, qui sont tentés de l'utiliser à leur avantage exclusif. Pour préserver l'intérêt collectif (pourquoi ne serait-il pas possible d'acheter une voiture d'occasion de bonne qualité ?), on est conduit à mettre en place une organisation particulière des échanges.

Une mention spéciale doit être faite du cas des biens et services techniques, impliquant des relations entre le client et un spécialiste. Ce dernier peut être un avocat, un médecin, un mécanicien automobile ou un plombier. La question se pose lorsque le spécialiste a le double rôle de diagnostiqueur et de prescripteur. Son comportement peut être alors de provoquer une demande excessive pour ses propres services, au nom de son expertise [2]. L'importance de ce biais dépend des compétences relatives en matière de diagnostic du client et du spécialiste, du prix de la solution que ce dernier propose et des avantages objectifs qui en découlent pour lui-même et pour son client. C'est une telle situation qui a conduit à réglementer, en France, le comportement des réparateurs automobiles.

---

[1] Le coût, pour l'entreprise, de la garantie est d'autant plus faible que le produit est de bonne qualité. Inversement, l'inconvénient de la franchise est d'autant plus grand pour l'assuré qu'il est un mauvais risque.

[2] Pour le cas des relations médecin-patient, voir Dranove (1988).

2.2.2. *Information et externalités*

Il y a externalité lorsque les conséquences d'une action ne sont pas intégralement supportées par l'agent qui en est l'auteur. Un exemple classique est la pollution [1].

L'imperfection de l'information donne naissance à des externalités particulières. Il arrive que l'on attribue à un agent économique la responsabilité d'un acte dont il n'est pas l'auteur, et qu'il supporte de ce fait un préjudice financier. Un exemple remarquable concerne la firme McDonnell Douglas, et plus précisément, ses actionnaires (Chalk, 1986).

Le 25 mars 1979, un DC-10 de la compagnie American Airlines s'écrasait au décollage de l'aéroport O'Hare de Chicago. Il en résultait 279 décès, et l'interdiction de vol par la Federal Aviation Agency (FAA) de ce type d'appareil. La Bourse réagissait immédiatement, et le cours de l'action de la firme chutait brutalement. L'enquête devait pourtant révéler, par la suite, que l'avion lui-même n'était pas en cause, et que la responsabilité de l'accident était due au non-respect, par l'exploitant, des procédures de maintenance définies par le constructeur. Malgré cela, le marché financier a pénalisé les actionnaires de Mc Donnell Douglas en leur faisant subir une perte en capital estimée, en dernier ressort, à environ 200 millions de dollars.

Dans les situations étudiées ici, une source majeure d'externalités pour les producteurs est liée au comportement des distributeurs. Le problème se pose particulièrement pour les produits de marque, lorsque la distribution n'est pas directement assurée par le fabricant. Un comportement insuffisamment soigneux du réseau de distribution peut conduire à une détérioration du produit, dont la responsabilité sera attribuée, par les acheteurs, au mauvais contrôle de l'adéquation aux normes effectué par le producteur.

Le cas des surgelés en constitue un exemple classique. Si, au cours du processus de distribution, la rupture de la chaîne du froid provoque une dégradation du produit, le consommateur final sera enclin à accuser le fabricant d'être à l'origine de la mauvaise qualité du produit.

Le point délicat est que, dans la plupart des cas, les producteurs n'exercent aucun contrôle direct sur les distributeurs. Il peut pourtant s'avérer important, dans les situations où leur image de marque est en cause et où l'enjeu est grand, qu'ils disposent d'un pouvoir d'influence sur le réseau de distribution. Deux voies principales leur sont ouvertes. La première est l'intégration verticale, totale ou partielle, vers l'aval. Son inconvénient est double. D'abord, le coût élevé de la création des points de vente en limite le nombre. Cette solution n'est guère applicable aux produits de grande consommation. Ensuite, un producteur pou-

---

[1] Il est une raison simple qui explique que l'on parle plus d'externalités négatives que d'externalités positives. Dans le premier cas, il y a des victimes qui se plaignent. Il est évident que dans le second, les bénéficiaires ne protestent pas.

vant difficilement vendre les produits de ses concurrents, il doit renoncer au bénéfice éventuel d'économies d'éventail. Pour ces raisons, lorsque l'intégration a lieu, elle se limite en général au stade du gros ou du demi-gros [1].

L'autre possibilité est la franchise. Cette procédure contractuelle permet au propriétaire de la marque d'exercer un contrôle direct sur les distributeurs, et de les pénaliser si leur comportement est préjudiciable à l'image de marque. Son défaut est d'imposer au fabricant un coût de contrôle parfois élevé. Il est néanmoins justifié si la marque joue un rôle central dans la politique commerciale de l'entreprise. C'est le cas, entre autres, lorsque le produit est volontairement standardisé. Cette méthode est particulièrement adaptée au cas où le nombre des points de vente est élevé, et où il n'existe pas d'économies d'éventail dans la distribution.

Les distributeurs peuvent créer une autre catégorie d'externalités, tout simplement en ne respectant pas la politique de différenciation mise en œuvre par les producteurs. Ces derniers déterminent souvent, pour leurs produits, une structure de prix adaptée à leur stratégie de gamme. Les prix fixés par une même firme constituent ainsi, pour la clientèle, des indicateurs de la qualité relative de ses diverses productions. Les distributeurs peuvent ne pas respecter cette hiérarchie et pratiquer une politique de marge définie en fonction de leurs propres intérêts, qui ne coïncident pas nécessairement avec ceux des fabricants. Le fait que, dans la plupart des pays, l'imposition d'un prix de revente obligé soit considérée comme étant une pratique anticoncurrentielle, réduit en ce domaine la liberté des producteurs, et accroît au contraire le pouvoir des distributeurs. Le problème majeur, auquel sont confrontés les premiers, est que la structure des prix constitue un élément de cohérence et un moyen de promotion de l'image de leur marque. Le comportement des distributeurs peut donc remettre en cause la stratégie des producteurs, et leur infliger un préjudice [2].

Pour diminuer les conséquences néfastes dues à l'existence d'externalités, on est conduit à mettre en place des modalités particulières d'organisation de l'activité économique. Dans le cas où les conditions assurant le bon fonctionnement des marchés ne sont pas réunies, il faut savoir contenir certains excès engendrés par le libre jeu de l'offre et de la demande. En dernière analyse, il s'agit de permettre à la qualité de tenir un rôle actif dans la politique des entreprises.

CONCLUSION

La prise en compte de la qualité permet de comprendre certains aspects du comportement des acheteurs et de la politique des entreprises, que ne peut pas

[1] Une exception à cette règle est constituée par certains producteurs de biens de luxe, qui sont intégrés jusqu'à la vente à la clientèle.

[2] Un distributeur peut, en jouant sur sa marge, vendre à des prix identiques des produits différents fournis par un même fabricant et facturés par lui à des prix reflétant la diversité des qualités. La clientèle sera encline à attribuer la responsabilité d'une telle situation au producteur. Voir, sur ce problème, Springer et Frech (1986).

expliquer la théorie néoclassique des marchés. Les acteurs disposent d'une liberté relative, et peuvent l'utiliser pour agir sur les modalités de réalisation de l'équilibre entre offre et demande. Le pouvoir dont jouissent les entreprises se traduit par la mise en œuvre de politiques actives, dont l'un des objectifs est l'augmentation de ce pouvoir.

Qualité et information sont indissociables, puisque le succès de toute politique de qualité repose d'abord sur la connaissance, par la clientèle, des caractéristiques présentées par les divers produits. L'imperfection de l'information sur les marchés conduit les firmes à s'engager activement dans son émission et sa diffusion. Elle entraîne aussi, dans certains cas, l'apparition de modalités particulières d'organisation de l'activité économique. On s'éloigne encore un peu plus du modèle déterministe de marché.

La marque, en tant que signe distinctif et synthèse d'expériences, participe à ce processus d'amélioration de l'information disponible. Elle entretient des rapports dialectiques avec la politique de qualité, puisqu'elle en est à la fois l'une des composantes et l'un des symboles. La marque constitue ainsi un capital intangible pour la firme, qui doit être entretenu pour conserver sa valeur. Les efforts de recherche-développement et d'innovation, ainsi qu'une politique commerciale active, constituent les moyens privilégiés d'y parvenir. A contrario, l'existence de pratiques de contrefaçon est la preuve de la réalité marchande de cette valeur de la marque.

La possibilité d'exploiter simultanément plusieurs marques est aussi l'un des moyens dont dispose l'entreprise pour développer ses actions de différenciation et de diversification. Ce rôle protéiforme de la marque illustre la complexité des situations.

Le revers de la meilleure connaissance des mécanismes économiques est qu'il faut quitter l'univers tranquillisant de la certitude. Il n'existe plus un équilibre unique et bien déterminé. La situation des marchés est au contraire mouvante, et se modifie sous l'influence du jeu complexe des acteurs. L'interdépendance est généralisée. Il peut en résulter un sentiment de frustration pour les personnes habituées à s'appuyer sur des certitudes solides.

Cette constatation explique que nombre des questions soulevées dans ce chapitre n'aient pas été résolues. Les voies ouvertes à la recherche sont multiples, dont la première est l'approfondissement de l'étude du concept de qualité. On peut former le vœu que des chercheurs prennent le risque de s'engager dans ces directions prometteuses, mais semées de difficultés.

BIBLIOGRAPHIE

Ackerlof G. (1970), « The market for « Lemons » : Quality uncertainty and the market mechanism », *Quarterly Journal of Economics*, Vol. 84, Août, p 488-500.

Archibald G.C. and Rosenbluth G. (1975), « The new theory of consumer demand and monopolistic competition », *Quarterly Journal of Economics*, Vol. 89, p 569-590.

Averch H. and Johnson L.L. (1962), « Behavior of the firm under regulatory constraint », *The American Economic Review*, Vol. 52, p 1053-1069.

Baumol W. and Klevorick A. (1970), « Input choices and the rate of return regulation », *Bell Journal of Economics*, Vol. 1, p 162-190.

Caves R.E. (1986), « Information structure of product markets », *Economic Inquiry*, Vol. 24, p 195-212.

Chalk A. (1986), « Marketforces and aircraft safety : the case of the DC-10 », *Economic Inquiry*, Vol. 24, p 43-60.

Chamberlin E. (1953), *Théorie de la concurrence monopolistique : une nouvelle orientation de la théorie de la valeur,* Paris, PUF, trad. française.

Court A.T. (1939), « Hedonic price indexes with automobile examples » in : *The dynamic of automobile demand,* New York.

David A. (1988), *Négociation et coopération pour le développement des produits nouveaux au sein d'une grande entreprise industrielle : analyse critique et rôle des outils d'aide à la décision,* Thèse, Université Paris Dauphine.

Dhrymes P.J. (1967), « On the measurement of price and quality changes in some consumer capital goods », *The American Economic Review*, Vol. 57, p 501-521.

Dorfman R. and Steiner P.O. (1954), « Optimal advertising and optimal quality », *The American Economic Review*, Vol. 44, p 826-836.

Dranove D. (1988), « Demand inducement and the physician/patient relationship », *Economic Inquiry*, Vol. 26, p 281-297.

Griliches Z. (1964), « Hedonic prices for automobiles ; ... » in : *The price statistics of the Federal Government,* Washington, N.B.E.R.

Hotelling H. (1929), « Stability in competition », *Economic Journal,* Vol. 34, p 41-57, réimprimé dans Stigler G.J. et Boulding K. (eds), (1952), *Readings in price theory,* Homewood, III., Richard D. Irwin.

Iromonger D.S. (1972), *New commodities and consumer behavior,* Cambridge, Cambridge University Press.

Lambin J.J. (1973), *La Décision commerciale face à l'incertain : analyse économique, recherche commerciale, et prise de décision,* Paris, Dunod.

Lambin J.J. (1970), *Modèles et programmes de marketing,* Paris, PUF.

Lancaster K.L. (1966), « A new approach to consumer theory », *Journal of Political Economy*, Vol. 74, p 132-157.

Lancaster K.L. (1971), *Consumer demand : a new approach,* New York, Columbia University Press.

Le Duff R., Maïsseu A. et Soulié D. (1988), « Les constructeurs français et la mondialisation de l'industrie automobile », *Science et technologie*, Septembre.

Leblanc R. (1982), *Analyse de la qualité : proposition d'éléments pour une théorie de la qualité,* Thèse de 3° cycle, Université Paris Dauphine.

Lipsey R.G. et Rosenbluth G. (1971), « A contribution to the new theory of demand : a rehabilitation of the Giffen good », *Canadian Journal of Economics*, Vol. 4, p 131-163.

Nelson P. (1974), « Advertising as information », *Journal of Political Economy,* Vol. 82, Juillet-Août, p 729-754.

Porter M. (1976), « Interbrand choice, media mix and market performance », *The American Economic Review*, Vol. 66, p 398-406.

Riley J.G. (1979), « Non cooperative equilibrium and market signalling », *The American Economic Review*, Vol. 69, p 303-307.

Robinson J. (1975), *L'économie de la concurrence imparfaite,* Paris, Dunod, trad. française.

Sappington D.E.M. and Wernefelt B. (1985), « To brand or no to brand ? A theoretical and empirical question », *Journal of Business*, Vol. 58, p 279-349.

Scherer F.M. (1980), *Industrial market structure and economic performance,* 2nd ed, Boston, Houghton Mifflin.

Scherer F.M. (1984), *Innovation and growth : Schumpeterian perspectives,* Cambridge, Mass., MIT Press.

Schmalensee R. (1978), « A model of advertising and product quality », *Journal of Political Economy*, Vol. 87, Juin, p 485-504.

Schmalensee R. (1978), « Entry deterrence in the ready-to-eat breakfast industry », *The Bell Journal of Economics,* Vol. 9, Automne, p 305-327.

Schmalensee R. (1982), « Product differentiation advantages of pioneering brands », *The American Economic Review,* Vol. 72, Juin, p 349-365.

Scitovsky T. (1950), « Ignorance as a source of oligopoly power », *The American Economic Review*, Vol. 40, p 48-53.

Springer R.F. and Frech III H.E. (1986), « Deterring fraud : the role of resale price maintenance », *Journal of Business*, Vol. 59, p 433-449.

Chapitre 7

La marque, l'efficience économique et la formation des prix

par François Contensou

Parce qu'elle participe intimement au système des prix, la marque inspire chez certains les plus extrêmes louanges et chez d'autres les plus vives critiques.

Les premiers, parmi lesquels on rencontre les industriels eux-mêmes, présentent la marque comme le meilleur rempart contre l'inflation. Pour eux, s'il est vrai que chaque amélioration du produit peut donner lieu à une hausse du prix de vente à un moment donné, l'effet de la courbe d'expérience mis en lumière par le Boston Consulting Group et l'arrivée de concurrents qui ne souhaitent pas être distancés, se traduisent alors par une baisse importante des prix. La marque autorise la production à grande échelle et facilite les processus de réduction des coûts. De fait, la société de Panel SECODIP a suivi l'évolution du prix de vente au public de 20 marques de grande consommation, entre 1961 et 1986. Alors qu'en France, l'ensemble des prix avait été multiplié par six, le prix de ces produits de marque n'avait que quadruplé. D'autre part, au niveau international, les pays à inflation faible (le Japon, l'Allemagne) sont aussi des pays à marques fortes.

Pour d'autres secteurs économiques, la marque est suspectée de concourir à l'inflation. De facto plus chère que les produits sans marque, la marque paraît à ceux-ci un surcoût plus qu'une valeur ajoutée (chapitre 1). Le grand public, quant à lui, face aux modifications normales de structure de prix nécessaires à la régulation de tout système soumis aux impacts des changements de tous ordres qui l'affectent, ne retient que les hausses et les assimile, même si elles accompagnent un progrès sensible de la qualité, à une véritable manifestation d'inflation. Il est d'ailleurs conforté dans cette voie d'interprétation par les slogans des grandes surfaces commerciales qui déclarent « lutter contre la vie chère » ou « écraser les prix ».

Face aux arguments avancés par les uns et les autres, le scientifique doit porter un regard critique et fournir l'éclairage de la théorie économique. Ces dernières années, la compréhension des mécanismes de formation des prix s'est élargie et permet d'aborder avec plus de précision les rapports éventuels entre marque et désinflation ou inflation.

Le but de ce chapitre est de développer un cadre d'analyse élargi, quitte à remettre en question quelques notions couramment utilisées par l'analyse économique traditionnelle, mais qui intègrent difficilement la notion de marque.

Au terme de notre démarche, nous verrons qu'il n'existe pas en fait de rapport étroit entre le développement des marques et l'évolution des prix, ni dans un sens inflationniste, ni dans un sens déflationniste.

En matière d'inflation, la marque ne mérite ni les louanges ni les critiques qu'elle doit pourtant supporter. L'indice du coût de la vie n'est pas significativement augmenté par la généralisation des marques dans le secteur industriel, pas plus qu'il n'est vraiment réduit par les attaques que la grande distribution leur réserve.

Phénomène industriel et concurrentiel très important, la marque doit être considérée comme telle sans qu'on lui affecte en outre le pouvoir d'alimenter ou de tarir les sources de l'inflation.

1. CONCURRENCE ET INNOVATION

Les théories et les concepts économiques familiers aux acteurs de la sphère de la production et des échanges, sont en effet souvent affectés d'une certaine obsolescence. Une génération d'auteurs produit les concepts et réussit à les imposer, une autre les enseigne ; parfois une troisième s'en imprègne et les met en application. Cette hystérésis a été remarquée par Keynes qui relève assez durement, dans un passage abondamment cité de la Théorie générale, que les hommes d'affaires qui se croient libres penseurs, débarrassés de tout préjugé sont souvent les esclaves de quelque économiste défunt.

La notion de concurrence est très importante dans les sociétés décentralisées dans lesquelles nous vivons. Il y a déjà presque deux siècles que les économistes de l'école classique (Adam Smith) ont affirmé que les activités des hommes d'affaires et des entrepreneurs concourent au bien commun, pourvu qu'ils soient soumis aux règles de la concurrence. Cette conviction étayée ultérieurement par le développement de l'analyse économique est à l'origine d'une intransigeance de l'opinion et d'une sévérité du cadre légal et réglementaire à l'égard de toute entrave à la concurrence. La concurrence est en effet nécessaire à l'*efficience* du système économique (annexe 1).

La marque est parfois considérée comme un moyen pour un producteur d'acquérir une parcelle de pouvoir de monopole, de limiter la concurrence faite à son produit. Notre objectif dans ce chapitre n'est pas de remettre en cause la nécessité de la concurrence, mais de montrer au contraire comment celle-ci peut s'étendre *de la production à des niveaux d'activité plus immatériels*. Comme nous le verrons ultérieurement, la marque est un support d'information permettant au producteur de se constituer une réputation et de rentabiliser des efforts d'innovation ou de qualité. Elle ne se comprend donc que dans un cadre d'analyse élargi, que nous emprunterons à Von Weizsäcker (1982).

La notion de marque, en effet, n'entre pas d'emblée dans le système des catégories traditionnelles au moyen desquelles ont été généralement élaborées les règles écrites et non écrites de la vie industrielle et commerciale. Cette situation paradoxale, à une époque où la présence de la marque est si familière et si généralisée, s'explique sans doute par le processus selon lequel s'est édifiée la pensée économique, par la place éminente qu'y occupe en particulier la théorie de la valeur néoclassique. Von Weizsäcker suggère, quant à lui, de considérer que les transactions (au sens le plus large de ce terme) se distribuent en trois niveaux distincts, représentés ci-dessous.

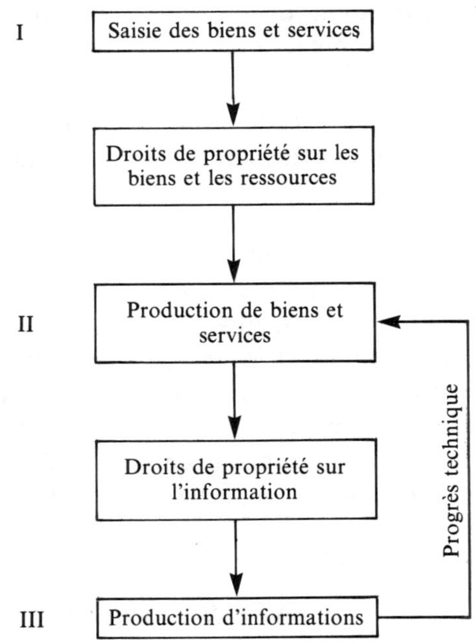

Figure 1. La hiérarchie des transactions selon Von Weizsäcker

— Au premier niveau, on classe les actes de saisie pure et simple des ressources préexistantes, sans préoccupation de production. La chasse, la cueillette mais également le pillage font partie des activités du premier niveau.

— Au second niveau se situent les activités qui augmentent d'une manière ou d'une autre la valeur ou la quantité des ressources dont dispose la collectivité. Il s'agit de la production au sens traditionnel du terme, typiquement celle qui est décrite par les « fonctions de production » des théoriciens néoclassiques.

— Le troisième niveau d'activité économique concerne l'*accroissement des connaissances* applicables à la production, en d'autres termes, les activités de production d'information.

Cette classification, va au-delà d'une simple mise en ordre du vocabulaire. En effet, elle suggère qu'une activité ne peut se développer dans l'un de ces niveaux que s'il existe une forme ou une autre de limitation de l'activité dans le niveau précédent. Si la saisie des biens est exposée à une libre concurrence, il ne peut y avoir d'activité de production en quantité suffisante. Si les récoltes ne sont pas protégées par les droits de propriété, l'agriculture, activité typique du deuxième niveau, ne peut atteindre un développement suffisant. De la même manière, si rien ne vient limiter au moins temporairement la concurrence entre producteurs, les activités de troisième niveau, c'est-à-dire les efforts d'innovation, la production des idées applicables aux processus productifs (recherche et développement) n'atteignent pas une intensité suffisante, faute de pouvoir être rentabilisés.

Dans cette perspective, les droits de propriété industrielle ou, plus généralement, intellectuelle constituent une barrière à l'entrée salutaire, une limitation de la concurrence au deuxième niveau nécessaire à l'existence d'une activité et d'une concurrence au troisième niveau. L'existence des brevets constitue une reconnaissance explicite de cette nécessité. Pas plus qu'il n'y a d'agriculture si les récoltes ne sont pas protégées du pillage, il n'y aura d'investissement en recherche si les fruits de la recherche ne sont, d'une manière ou d'une autre, protégés du pillage des idées, c'est-à-dire de l'imitation. Il peut parfois exister une protection naturelle de la propriété intellectuelle ou industrielle si l'acte d'imitation est lui-même coûteux, mais cette situation ne peut être considérée comme générale. A l'inverse, il est clair que la photocopie des documents ou la duplication des logiciels constituerait, sans protection légale, une menace destructrice de l'activité créatrice. Une même menace pèse sur l'innovation et l'amélioration de la qualité si rien ne s'oppose à l'imitation des produits nouveaux.

La hiérarchisation suggérée par Von Weizsäcker nous intéresse dans la mesure où elle éclaire le contexte dans lequel la marque est pleinement intelligible et parce qu'elle met en évidence les dilemmes et les difficultés de toute doctrine en matière de droit de la concurrence.

— Dans une conception qui ignore le progrès technique (au sens le plus large), toute limitation de concurrence est défavorable à l'efficience du système économique, au consommateur en général. L'élimination systématique des barrières à l'entrée, la condamnation des pratiques qui tendent à les instaurer, s'imposent.

— Dans une conception qui considère explicitement la production d'information et le progrès, la politique de concurrence est beaucoup plus complexe.

Le progrès technique peut être limité, soit par insuffisance de concurrence, soit par excès de concurrence dans les activités de production de biens et services. La concurrence agit sur l'innovation comme le souffle agit sur le feu : modérée, elle l'attise, excessive, elle l'éteint.

2. PRIX RELATIFS ET PRIX ABSOLUS DANS LE CADRE TRADITIONNEL

2.1. L'équilibre et la stabilité des prix relatifs

Les idées en matière de prix s'expriment souvent de manière imprécise, la distinction très importante des notions de prix relatifs et de prix absolus étant omise. Considérons un exemple simple de l'ambiguïté du vocabulaire ordinaire : on admet volontiers que dans un contexte concurrentiel où les profits sont limités, la hausse de la productivité du travail tend à faire baisser les prix. Pourtant dans l'expérience française des « trente glorieuses » de l'après-guerre, la productivité s'est accrue considérablement, les profits moyens sont restés faibles et les prix ont augmenté. Le paradoxe apparent se résoud facilement si l'on observe que c'est le prix relatif des biens qui diminue, par exemple, leur valeur exprimée en nombre d'heures de travail, mais que dans un contexte inflationniste, les prix absolus n'expriment pas cette baisse. Il importe donc de comprendre les idées dominantes dans l'explication de la formation des prix et d'esquisser la description des résultats de l'école néoclassique à ce sujet.

La raison qui explique l'importance exceptionnelle de la théorie néoclassique traditionnelle tient à la manière dont elle pose et résoud le problème de l'*équilibre général*, car la question de l'*existence* de cet équilibre représente bien autre chose qu'un exercice abstrait ou un sujet d'intérêt purement académique. Ce qui est en jeu dans cette théorie, en effet, n'est rien d'autre que la question de la faisabilité d'une économie décentralisée, dans laquelle les projets de transaction des agents sont guidés par le système des prix. De deux choses l'une : soit il existe un système de prix tel que les projets de consommation et de production sont *mutuellement compatibles* (notion d'équilibre), soit ce système de prix n'existe pas, auquel cas le fonctionnement décentralisé de l'économie aboutit à la contradiction et au rationnement. La cohérence du système ne pourrait plus être assurée dans ce cas que par l'intervention d'un organisme central planificateur. L'économie de marché ne serait alors qu'un rêve de l'idéologie libérale. Or, la théorie néoclassique démontre qu'il existe bien un système des prix qui assure l'équilibre général. Ce système possède un certain nombre de propriétés importantes.

— Il dépend essentiellement de l'ensemble des préférences des agents, de l'ensemble des technologies connues et de la distribution des droits de propriété des ressources productives. Ceci explique que la théorie de la valeur néoclassique ne soit ni une théorie purement utilitariste (valeur expliquée par l'utilité), ni une théorie de valeur travail, mais une théorie de synthèse.

— Le système des prix possède une propriété très importante dite d'homogénéité. S'il existe n produits et si les prix p_1, p_2... p_n assurent l'équilibre général, les prix γp_1, γp_2... γp_n, si γ est un nombre positif quelconque, assureront le même équilibre. (On peut penser par exemple à l'indifférence du système économique lorsqu'une réforme entraîne le public à passer des anciens francs aux nouveaux francs, on a alors $\lambda = 1/100$ et tous les prix et rémunérations sont divisés par 100.)

La théorie de l'équilibre général nous amène en conséquence à distinguer fortement la notion de *structure de prix relatifs* et celle de *prix absolus*. La structure de prix relatifs peut être décrite indépendamment de toute notion monétaire en prenant l'un des biens pour étalon et en exprimant le prix des autres biens en nombre d'unités de l'étalon. Les prix absolus ou prix nominaux s'expriment en revanche en *unités monétaires*.

Or, la théorie de l'équilibre général fournit une explication de la *structure des prix relatifs* et laisse indéterminé le niveau des prix absolus.

Cette théorisation semble en première approximation incorporer et expliquer de nombreux traits du monde économique observable. Les prix relatifs sont assez stables. Déterminés par des facteurs profonds (goûts, technologie, etc.), ils ne peuvent se modifier en général que lentement. C'est ainsi que les économies gérées de manière centralisée, à l'époque de leurs premières tentatives de planification, ont éprouvé le phénomène de *persistance de la valeur*.

2.2. L'indétermination des prix absolus

S'il existe des forces de rappel puissantes qui semblent maintenir la valeur d'un prix relatif, il n'existe dans les comportements privés non-monétaires aucun élément stabilisateur du *niveau absolu des prix*. On observe bien en effet que ce niveau général des prix, considéré comme indéterminé dans l'analyse microéconomique peut, en l'absence de politique monétaire stabilisatrice, évoluer avec une surprenante facilité. L'inflation peut modifier de manière continue l'ensemble des prix nominaux sans réaction réelle notable des acteurs de l'économie, comme peut l'observer chaque mois un habitant du Brésil.

Cette instabilité fondamentale des prix absolus explique l'importance des *anticipations* d'inflation, et le fait bien connu selon lequel en l'absence de politique monétaire restrictive, l'inflation se nourrit d'elle-même, vérifiant a posteriori les anticipations formées sur l'évolution du niveau des prix.

Avant de considérer précisément le rôle des produits sous marque dans la formation des prix, il convient de préciser quelques termes relatifs à la définition et à l'importance de l'inflation elle-même, à la question de ses coûts sociaux.

2.3. Le thème de l'inflation et de ses coûts sociaux

On s'accorde en général à définir l'inflation comme une situation de *croissance continue* d'un indice de prix. Cette définition exclut donc un simple saut de l'indice d'un niveau à un autre s'il n'est pas suivi d'une hausse continue. Cette définition s'appuie par ailleurs sur la notion d'indice de prix, qui soulève elle-même quelques difficultés conceptuelles (annexe 2).

L'inflation est politiquement mal considérée. Elle figure parmi les éléments des tableaux de bord que les journalistes spécialisés construisent pour permettre au public d'évaluer les résultats d'une politique, pour établir des comparaisons internationales. Or, les reproches qui sont faits à l'inflation tendent souvent à mélanger plusieurs considérations relatives, les unes à l'inflation proprement dite, les autres à une notion connexe, mais distincte, celle *d'incertitude sur le niveau des prix futurs.*

L'inflation proprement dite, si elle est anticipée sans erreur importante (ce qui peut en particulier se produire lorsque son niveau est stabilisé sur une période relativement longue) n'entraîne ni coûts sociaux, ni inefficience économique considérables. Les comportements de prêt et d'emprunt, de consommation et d'investissement sont peu affectés (à l'exception des comportements de gestion de la trésorerie) si le taux d'intérêt nominal absorbe et reflète l'anticipation d'inflation. Il s'agit là de l'effet de Fisher (Fisher, 1936). Des coûts sociaux importants ne se manifestent alors que si les pouvoirs publics refusent de modifier les taux de change en fonction du différentiel d'inflation, la compétitivité des produits nationaux étant remise en cause.

Pour sa part, l'*incertitude sur les prix futurs*, qui peut d'ailleurs exister avec ou sans inflation enregistrée, est un événement plus grave et plus pernicieux pour le système économique. Dans l'incapacité de connaître les coûts réels du capital, les producteurs peuvent réduire leurs projets d'investissements, ce qui entraîne le système économique vers une croissance réduite, avec son cortège de conséquences. De même que les passagers d'un autobus sont affectés par les coups de frein ou les accélérations inopinées et non par la vitesse, les agents économiques sont plus gênés par les variations brusques et non anticipées du taux de l'inflation que par l'inflation elle-même. Il est bien connu, en particulier, que la réduction rapide du taux d'inflation après une longue période d'inflation approximativement constante, met les entreprises en difficulté pour rembourser des dettes contractées à des taux d'intérêt nominaux élevés, la valeur des produits de l'entreprise ne suivant pas l'évolution prévue.

3. FORMATION DES PRIX EN PRÉSENCE DE MARQUES DE PRODUCTEUR

3.1. Différenciation et lois de demande

La marque introduit-elle un pouvoir de monopole ? Certainement pas au sens strict de ce terme. Son rôle est néanmoins de limiter légèrement et transitoirement la concurrence *entre produits* pour permettre la concurrence entre les concepts, les innovations et les niveaux de qualité, c'est-à-dire dans les transactions du niveau le plus élevé de la hiérarchie évoquée précédemment. Avant d'étudier plus précisément le rôle des marques dans l'apparition de la qualité, nous nous plaçons du point de vue de la formation des prix, dans la perspective où les marques apparaissent essentiellement comme des différenciations des produits, donnant aux producteurs un certain pouvoir d'action sur le prix.

On peut en effet introduire la notion de marque dans le cadre traditionnel en considérant l'exemple d'un producteur, placé initialement en une situation de concurrence, dans laquelle les produits de ses rivaux sont considérés comme de parfaits substituts de sa propre production. Toute tentative visant à fixer un prix plus élevé que celui qui est pratiqué par les concurrents entraîne alors une fuite complète de la demande qui est dite d'élasticité infinie.

Plaçons-nous ensuite dans l'hypothèse suggérée par les adversaires de la notion de marque : celle dans laquelle le producteur peut, par la seule puissance des moyens de persuasion publicitaire comparable à celle de l'hypnose, convaincre le public d'une supériorité — pourtant imaginaire — de son produit. En supposant que ce pouvoir de persuasion résiste à la contre-épreuve constituée par les expériences de consommation et les échanges d'information du public, nous admettrons que le producteur obtient pour son produit une différenciation impliquant une loi de demande d'élasticité finie.

La théorie du monopole, établie au cours du 19e siècle (Cournot, 1877), montre alors qu'il existe un *prix optimal* associé à la structure des coûts du producteur et à la forme de la courbe de demande[1]. Ce prix est plus élevé que celui de la situation initiale de référence. *Mais c'est un prix fixe*, constant aussi longtemps que les structures de coût, les revenus et les goûts du consommateur sont eux-mêmes constants.

[1] Le prix optimal du monopole p* est caractérisé par les conditions du premier ordre dans le problème de la maximisation du profit :

$$p^* = \frac{C'(x^*)}{1 + \frac{1}{\eta}}$$ où c' ( ) est la dérivée de la fonction de coût (coût marginal).

où η représente l'élasticité de la loi de demande.
L'*élasticité* d'une fonction $y = f(x)$ est définie indépendamment de toute interprétation économique par le rapport $\frac{f'(x)}{f(x)} \cdot x$.

Economiquement, l'élasticité-prix d'une loi de demande mesure le pourcentage d'accroissement de la demande à la suite d'une baisse de prix de un pour-cent.
On remarque qu'une valeur infinie de η(concurrence et courbe de demande horizontale) rétablit l'égalité du prix et du coût marginal.

L'apparition de la marque introduit dans le système économique un *nouvel équilibre* statique caractérisé par un prix relatif plus élevé du produit vendu sous marque. Préjudiciable au consommateur si, comme nous l'avons supposé, la différenciation est factice ou insignifiante, cette évolution peut au contraire lui être favorable si la marque et l'investissement publicitaire permettent d'orienter la demande vers des produits dont la qualité supérieure n'est pas perceptible avant la consommation.

L'apparition d'une marque et la hausse du prix qui en résulte peuvent éventuellement affecter l'indice de la période, ceci dit, il importe de considérer deux choses :

— la hausse de l'indice des prix peut être accompagnée d'un accroissement de qualité ;

— la hausse n'existe qu'une fois. Elle est associée à un changement d'*équilibre statique,* non à un processus dynamique d'*accroissement continu* de l'indice des prix.

Imaginons par exemple que les foies d'oie soient vendus dans des boîtes opaques sans que l'identité des producteurs puisse être signalée par une marque. Dans cette situation de référence, l'effort de qualité est difficile à rentabiliser et il s'établit une situation d'apparente homogénéité, les boîtes ne pouvant être vendues qu'à un prix identique.

Si les producteurs adoptent la notion de marque, ils peuvent alors différencier leurs produits dans des conditions que nous allons examiner plus loin, et le nouvel état du marché sera caractérisé par un ensemble de prix différents. Il n'est pas exclu que la moyenne convenablement pondérée des nouveaux prix excède l'ancien prix, affectant l'indice de la période pendant laquelle le changement de structure s'est effectué. Mais sans intervention d'autres facteurs, cette croissance de l'indice disparaît dans les périodes suivantes.

De même, il est inexact de penser que la nouvelle situation de l'industrie après introduction des marques serait plus favorable à la *transmission de l'inflation*, même dans l'hypothèse éventuelle selon laquelle le degré de concentration du secteur aurait augmenté. Le réflexe qui consiste à rendre les monopoles ou les oligopoles responsables de l'inflation, est un réflexe reposant sur le même type de confusion. Cette idée, en effet, a eu quelque faveur dans les milieux des affaires et de la politique aux USA dans les années cinquante et soixante. Sous le nom de « thèse de l'inflation administrée », elle a été efficacement combattue et enfin abandonnée dans les années soixante, en particulier grâce aux enquêtes économétriques de Weiss (Weiss, 1966 ; Scherer, 1971).

L'analyse microéconomique de la formation des prix montre en effet que, lorsqu'une vague inflationniste se propage, sous l'influence par exemple d'une hausse des coûts salariaux, la transmission de l'inflation se réalise indépendamment du degré de concentration. La hausse des prix de vente, sous l'influence du glissement vers le haut des courbes de coût, manifeste alors seulement la *stabilité des prix relatifs* dans un contexte inflationniste.

3.2. Critique des axiomes néoclassiques

L'analyse économique traditionnelle est fondée sur une hypothèse de séparation de la sphère de l'information d'une part, et de celle de la production et de la consommation d'autre part. Le consommateur exerce un choix parmi les produits *dont il connaît à l'avance tous les attributs*. Le producteur connaît également les propriétés des facteurs de production qu'il utilise. L'ubiquité et l'abondance de l'information présupposée par cette forme traditionnelle de la théorie expliquent qu'elle ne peut rendre compte d'un certain nombre de faits observables, en raison même de ses choix axiomatiques.

Cette voie d'analyse ne peut rendre compte ni d'un achat expérimental effectué par un consommateur qui teste un produit dont il ne peut entièrement estimer à l'avance la qualité, ni des autres modes de recherche d'information. Elle ne peut décrire ni le comportement d'innovation du producteur, ni ses efforts de diffusion d'information pour communiquer au public un signal de qualité. Elle décrit en réalité un univers *saturé d'information*. Personne n'y trouve intérêt à engager des dépenses pour s'informer ou pour informer, la valeur de l'information y est nulle et donc inférieure au coût de sa production. Dans un tel contexte, la marque est superflue et ne véhicule aucun signal particulier.

C'est pourtant dans ce cadre qu'ont été obtenus les résultats fondamentaux de la théorie néoclassique qui servent de toile de fond à une grande part de la pensée économique telle qu'elle est synthétisée dans la théorie de l'Equilibre Général (Debreu, 1957 ; Arrow et Hahn, 1974).

3.3. Comportements, prix et qualité dans un cadre élargi

Dans un univers où les notions de qualité, d'information incomplète du consommateur, d'asymétrie d'information et d'incertitude sont explicitement prises en compte, la formalisation du comportement des participants d'une industrie devient d'une grande complexité. L'étude de ces situations au moyen des concepts fondamentaux de la microéconomie, de la théorie financière, de la théorie des jeux, et plus généralement, de la décision dans l'aléatoire constitue un domaine de recherches actuellement très actives, dont les résultats sont donc encore mouvants et parfois incertains. Nous suggérons ici une réponse très partielle à ce problème en considérant une situation extrêmement simplifiée où le rôle de la marque et son influence sur la formation du prix et l'efficience des transactions sont mis en évidence. Il s'agit de répondre aux questions suivantes.

— Sous quelles conditions l'offre de produits de qualité peut-elle apparaître, lorsque cette qualité n'est perçue qu'à l'usage du produit et non avant cet usage ?

— La marque est-elle indispensable à cette apparition ? Comment affecte-t-elle les prix et la satisfaction du consommateur ?

On peut reprendre l'exemple du foie gras vendu en boîte et sans marque. Considérons le cas d'une amélioration de la qualité par un effort de sélection des produits ou de leur préparation. L'évaluation du foie gras étant indissociable de sa consommation, les boîtes apparaissent identiques et ne peuvent être vendues qu'à un même prix. Il est donc impossible à un producteur d'obtenir la rémunération de son effort de qualité.

Supposons maintenant que, s'il n'existe toujours pas de marque, un producteur puisse en revanche apposer sur ses boîtes une étiquette anonyme « *qualité supérieure* » et tente de vendre ces boîtes à un prix un peu plus élevé que la marchandise ordinaire. Un tel signal diffère de celui qui peut être véhiculé par une marque en ce sens qu'il ne permet pas le repérage exact du producteur. L'apparition d'un produit de qualité améliorée est-elle possible ? Elle semble possible si les consommateurs font confiance au signal véhiculé par l'étiquette et si les producteurs réalisent bien l'effort d'amélioration de la qualité. Pour comprendre l'issue d'une telle situation, le cadre d'analyse offert par la théorie des jeux s'avère utile.

Lorsqu'il appose un signal de qualité, le producteur a le choix entre deux stratégies : il peut être loyal (L) c'est-à-dire assurer réellement l'amélioration de qualité, ou non-loyal (NL). Le consommateur peut être confiant (C) ou non-confiant (NC). Confiant, il achète la marchandise améliorée et en dérive un supplément de satisfaction (sinon il achèterait la qualité standard). Non-confiant il reporte sa consommation sur cette qualité standard.

Les résultats des différentes stratégies sont reportés dans la matrice de la figure 2. Dans chacune des cases, on lit (G, S), G étant le gain du producteur, S l'indice de satisfaction du consommateur[1].

		Producteur	
		L	NL
Consommateur	C	(100, 100)	(150, 0)
	NC	(− 100, 50)	(− 50, 50)

Figure 2. La matrice des stratégies

Le gain du producteur est plus élevé (150) si le consommateur est confiant et s'il est lui-même non-loyal puisqu'il reçoit le prix de la qualité sans en assumer le coût. Le gain est positif (100) si le producteur est loyal et le consommateur confiant, négatif (− 100) si le consommateur ne croit pas en une qualité réelle (échec de l'offre).

La satisfaction du consommateur est maximale (100) lorsque le producteur est loyal et lui-même confiant ; elle devient minimale (0) s'il est confiant alors que le producteur est non-loyal.

[1] Nous considérons ici un consommateur unique, ou un représentant d'un ensemble de consommateurs identiques.

L'interférence des deux décisions est illustrée par le graphe arborescent ci-dessous.

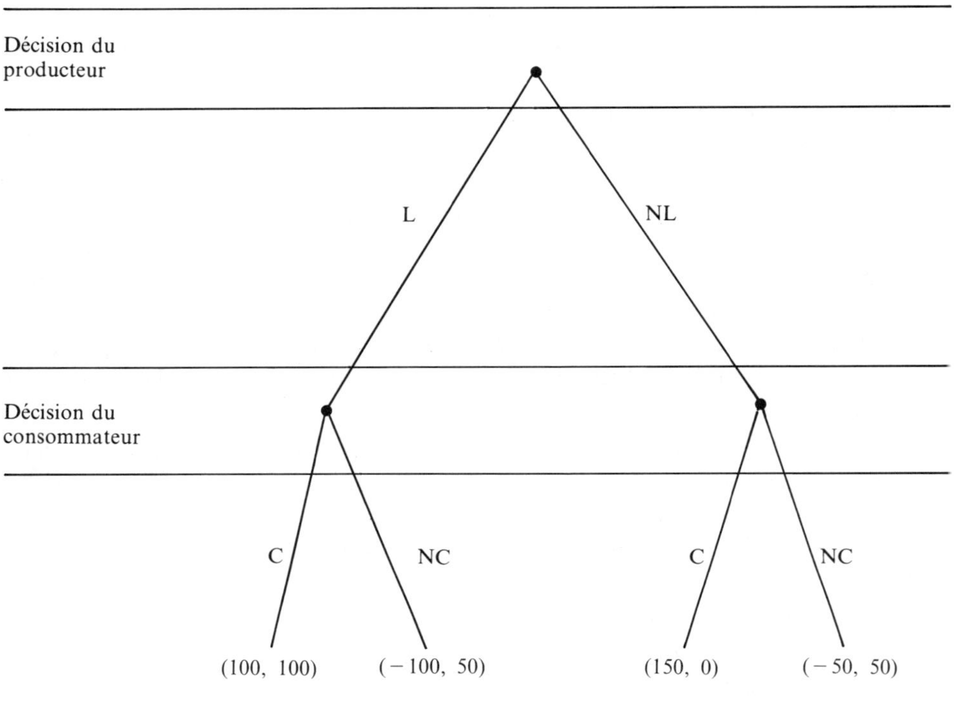

Figure 3. L'arbre de décisions des joueurs

Une situation de ce type correspond à un problème de jeux non-coopératifs.

Si les acteurs sont prudents, c'est-à-dire s'ils cherchent à choisir une attitude de manière à ce que le plus petit des gains (ou des indices de satisfaction) résultant de la décision de l'antagoniste soit maximum (critère dit du maximum), l'issue du problème est prévisible : le consommateur ne fera pas confiance, il sait que le producteur gagne 50 à être non-loyal, dans cette hypothèse. Sachant que le consommateur ne fait pas confiance, le producteur a intérêt à ne pas assurer la qualité. L'issue prévisible est donc le choix (NC, NL) qui constitue un couple de stratégies d'équilibre ou équilibre de Nash, chacun des participants étant pénalisé par un changement d'attitude.

Alors qu'une situation optimale décrite par G = 100, S = 100 est physiquement possible, le contexte dans lequel s'opèrent les transactions n'en permet pas la réalisation et le produit de qualité supérieure ne peut apparaître. Cette situation n'est pas le résultat d'un choix arbitraire des valeurs numériques placées dans la matrice ; elle s'impose encore si ces valeurs sont modifiées sans renverser le sens des comparaisons entre ses éléments (le sens de ces comparaisons ayant été lui-même justifié précédemment).

L'introduction de la marque, établissant la continuité et la responsabilité du producteur, peut modifier complètement la situation dans un contexte où les transactions se renouvellent continuellement. Le cadre de la théorie des jeux simples (dans lesquels on prend une décision définitive) convient mal à la description des transactions économiques caractérisées par la répétition des transactions. Or, la théorie des *jeux répétés* a fait l'objet récemment de développements et d'applications pertinents à l'égard de l'analyse du *phénomène de réputation* (Kreps et Cho, 1987). Elle permet de décrire une issue probable du jeu précédent dans les cas où *la notion de marque permet la continuité temporelle d'un signal* émis par le producteur et introduit un lien entre les périodes de décision successives.

Conscient du risque pris par le producteur s'il a un comportement non-loyal, le consommateur peut accorder sa confiance. L'issue pourra être conforme à la décision : loyauté, confiance. Il est alors possible d'obtenir le résultat efficient, la satisfaction du consommateur est maximisée, la demande peut s'orienter vers le produit de qualité.

La marque place entre les mains du consommateur un pouvoir de sanction qui n'existait pas dans l'anonymat des produits. C'est ce pouvoir qui lui permet d'espérer une conduite loyale des producteurs .Cette nouvelle situation est caractérisée par une nouvelle structure de prix relatifs dans laquelle on observe une différenciation en fonction de la qualité, mais c'est une structure de prix relatifs stables.

4. ANALYSES MACROÉCONOMIQUES ET ÉCONOMÉTRIQUES DE L'INFLATION

4.1. Inflation et monnaie

L'analyse microéconomique des comportements conduit à une conception dans laquelle les décisions des agents imposent dans l'économie une *structure de prix relatifs*, mais laissent indéterminés les prix absolus. Cette indétermination peut être levée si on introduit les comportements monétaires.

L'ensemble des théories quantitatives du niveau général des prix affirment que c'est la dimension du stock monétaire qui détermine le niveau général des prix. Le stock monétaire, soit l'ensemble des moyens de paiement mis à la disposition des agents, relève de la responsabilité des pouvoirs publics (en France du ministère des Finances). Au moyen de divers outils de contrôle (coefficients de réserves des banques, politique de refinancement, encadrement du crédit), ces pouvoirs peuvent influer sur l'évolution de la masse monétaire.

En affirmant que la monnaie est *neutre*, les auteurs monétaristes (Aftalion et Poncet, 1984) estiment que dans le moyen terme, les variations du stock monétaire *ne modifient pas les prix relatifs*, ne modifient même pas le taux d'intérêt réel mais n'affectent que le niveau absolu des prix. L'inflation ne serait donc que le résultat d'une mauvaise gestion du stock monétaire, d'où les recommandations bien connues des monétaristes, consistant à préconiser des objectifs restrictifs clairs et fermes de croissance de la masse monétaire.

Le lien statistique, la corrélation qui existe entre l'indice des prix et la masse monétaire, sont indéniables. En revanche, les analyses diffèrent quant à l'explication des variations conjointes des prix et de la masse monétaire. Est-ce l'accroissement du stock monétaire qui explique celui des prix, ou, au contraire, le mouvement autonome des prix qui explique l'évolution du stock monétaire ? Les deux sens de la causalité sont vraisemblables.

Lorsqu'en 1968, à la suite des accords de Grenelle, les salaires en France augmentent en quelques mois de 18 %, il est clair que la hausse des prix qui s'ensuit n'est pas d'origine monétaire. L'évolution subséquente du stock monétaire, en forte croissance, traduit le fait que les autorités monétaires sont pratiquement contraintes de fournir le supplément de monnaie nécessaire pour assurer les transactions aux prix majorés, sous peine de provoquer une grave crise de liquidités.

L'inflation associée à des impulsions monétaires considérées comme « primum movens » se rencontre sans doute rarement. La prescription monétariste selon laquelle le gouvernement doit annoncer un taux de croissance fixe et modéré de la masse monétaire se fonde sur l'idée qu'une telle résolution, si elle est crédible, modère les anticipations d'inflation et le comportement des acteurs, en particulier dans le cadre des négociations collectives.

Les explications les plus couramment admises des niveaux d'inflation observés dans les pays industriels ont invoqué différents facteurs selon les époques.

Dans une première période correspondant approximativement aux années cinquante et soixante, l'inflation a semblé reliée au niveau des tensions sur le marché du travail, dans un contexte de tolérance relative à l'égard de la hausse des prix et de faible rigueur dans la gestion du stock monétaire. La fameuse courbe de Phillips, établie sur des échantillons antérieurs à la fin des années soixante, suggère une forte corrélation négative entre le taux d'inflation et le taux de chômage. L'approche du plein emploi semble entraîner des tensions sur le marché du travail, qui expliquent une hausse des salaires rapidement communiquée aux prix.

Dans la fin des années soixante toutefois, la corrélation statistique s'inverse : l'inflation et le chômage augmentent simultanément, c'est l'époque dite de la « stagflation ». Certains auteurs (Milton Friedman et un certain nombre d'économistes libéraux) expliquent l'évolution de cette période par les réactions des politiques économiques qui, trop influencées par les représentations keynésiennes, interprètent à tort le chômage comme le résultat d'une insuffisance de la demande globale et optent pour des comportements budgétaires et monétaires trop expansionnistes, alimentant la hausse des prix.

Dans les années soixante-dix, les variations du taux d'inflation, fortement corrélées pour deux pays comme la France et l'Allemagne, ont subi l'impact des deux principaux chocs pétroliers de 1974 et 1979 (Oudiz et Sterdiniak, 1982). L'impulsion qui sous-tend le plus clairement l'évolution du niveau des prix est l'accroissement du coût de l'énergie importée, influencé par les cours du pétrole et par ceux du dollar.

4.2. Explication économétrique de l'évolution des prix industriels en France

Les statisticiens économistes chargés de l'analyse et de la prévision des évolutions de l'économie française ont essayé un certain nombre de formules, en particulier dans le cadre du modèle METRIC (1980). Nous proposons d'examiner les résultats obtenus, selon l'exposé de Artus et Nasse.

L'explication des prix industriels, en fonction des coûts des facteurs de production, des conditions de demande et de la situation concurrentielle de l'industrie a été obtenue à partir des équations suivantes.

1) Equation d'explication du prix optimal auquel les industriels désirent parvenir

$$P^* = UC\,(1 + TM^*) + d\ RESTU$$

Avec P* : objectif de prix
UC : coût unitaire de production
RESTU : indicateur des restrictions de crédit
TM* : taux de marge optimal
d : paramètre structurel

2) Explication du taux de marge

$$TM^* = a + b\ COMP + c\ \dot{COMP}$$

Le taux de marge optimal est fonction de la compétitivité de l'industrie nationale (COMP) et de son taux de variation ($\dot{COMP}$)

$$COMP = \frac{PXC}{UC}$$

Avec PXC : prix des concurrents étrangers

3) Equation d'adaptation du prix effectif au prix optimal

$$\log P = [(d_0 + d_1)\ UCU + d_2\ BLOC + D74](\text{Log}P^* - \text{Log}P_{-1})$$

Avec UCU : taux d'utilisation des capacités industrielles
BLOC : variable binaire représentative du contrôle des prix
D74 : variable binaire permettant d'améliorer l'estimation en isolant l'année exceptionnelle de 1974

Prendre en compte le taux d'utilisation des capacités industrielles apparaît nécessaire pour expliquer les variations de prix en introduisant implicitement l'influence de la demande et de l'état de tension ou de dépression du marché.

L'estimation économétrique de cet ensemble d'équations permet d'expliquer, sur une période allant du quatrième trimestre de 1963 au quatrième trimestre de 1976, 91 % de la variance de la variable expliquée. Les coefficients obtenus montrent en particulier que le taux de marge TM subit des variations importantes au cours de la période, variations essentiellement liées à la pression concurrentielle du commerce extérieur, modifiée par les taux de change. La conclusion de l'étude est que l'inflation peut être attribuée à trois sources.

1. La hausse des coûts des facteurs de production.
2. L'amélioration de la position de compétitivité de l'industrie nationale (essentiellement associée à la dépréciation du franc).
3. La pression de la demande qui réduit les capacités de production inutilisées.

L'essentiel de la transmission de la hausse des prix par les industriels semble donc s'expliquer sans faire allusion au phénomène de marques.

CONCLUSION

Qu'on raisonne en termes d'analyse microéconomique a priori ou bien que l'on s'appuie, grâce à une approche macroscopique, sur l'observation de la manière dont évolue le niveau général des prix et dont se comporte l'environnement économique général, on finit par arriver au même constat : les tendances de l'inflation n'ont rien à voir avec le développement de la marque et la multiplication de produits vendus sous marque.

Certes, à très court terme et dans la même période, il peut arriver — mais ce n'est pas une fatalité — que le fait pour des industriels de se concentrer principalement sur la fabrication de produits vendus sous marque (ce qui incorpore des coûts et éventuellement des profits plus élevés) entraîne une augmentation de l'indice des prix. En revanche, cette évolution industrielle vers la marque n'explique en aucune façon la hausse continue des prix, c'est-à-dire l'inflation. Si inflation il y a, la raison est à chercher ailleurs que dans le phénomène de la marque.

C'est ce que montre une explication de nature statistique de l'inflation en France, ou de sa transmission par l'industrie. L'inflation peut se comprendre presque entièrement sans qu'à aucun moment ni la concentration de l'offre industrielle, ni l'intensité du phénomène de marque ne donnent la clé de son développement. Et si l'on continuait à être persuadé du contraire, cette conviction serait simplement entretenue par une erreur de fond : le fait de confondre deux notions de prix, celle de prix relatif et celle de prix absolu.

Faut-il craindre pour les prix que l'inflation soit avivée par l'existence concomitante de producteurs disposant d'un pouvoir de marché et de marques fortes ? Faut-il espérer au contraire que des centrales d'achat puissantes, disposant d'un pouvoir concentré, induisent une diminution de l'inflation ? Les deux attentes paraissent également erronées.

La clé du problème réside, nous l'avons montré, dans la distinction entre le taux de marge et la base à laquelle ce taux s'applique. La pression des centrales d'achat tend à réduire le taux de marge que l'industriel cherche à défendre pour rémunérer les capitaux qui lui ont été confiés. Ceci est vrai. En revanche, ni l'industriel ni l'acheteur ne peuvent modifier la base à laquelle s'applique ce taux. Or c'est l'évolution de cette base qui explique précisément l'inflation. Un producteur n'arrête pas l'inflation en sacrifiant sa marge.

L'attitude qu'adoptent les pouvoirs publics à l'égard du phénomène de la marque doit donc être essentiellement inspirée par des considérations d'optimisation de la concurrence. L'intérêt du consommateur ne passe pas par un écrasement épisodique des marges des seuls produits à marque, au contraire, il exige la stimulation et la rémunération de la qualité et du progrès technique. Et si les pouvoirs publics veulent réduire l'inflation, c'est à d'autres outils et approches que la suspicion à l'égard de la marque qu'il leur faudra avoir recours.
qualité (remplacement de la télévision noir et blanc par la couleur) il se peut que l'indice de prix accuse une augmentation de coût, non à satisfaction constante du consommateur, mais à *satisfaction croissante*.

BIBLIOGRAPHIE

Aftalion F. et Poncet P. (1984), *Le Monétarisme*, PUF.

Arrow K.J. and Hahn F.H. (1971), *Competitive Analysis*, Holden-Day, San Francisco, Oliver de Boyd, Edinburgh.

Artus P. et Sterdyniak H. (1985), « Stabilization Policy in France and the Federal Republic of Germany » (Demenil G. et Westphal V. Editors) North Holland, Amsterdam.

Cournot A. (1877), *Principes mathématiques de la théorie des richesses.*

Debreu G. (1984), *Théorie de la valeur*, Paris, Dunod 1957.

Harberger (1954), « Monopoly and Resource Allocation », *American Economic Review.*

INSEE. (1980) *« METRIC : une modélisation de l'économie française*, Paris, *INSEE.*

Kreps D.M. and Cho I.K. (1987), « Signaling games and stable equilibria », *Quarterly Journal of Economics* n° 102.

Oudiz G. et Sterdiniak H. (1982), « Inflation, emploi et contrainte extérieure », *Annales de l'INSEE* n° 47-48.

Scherer F.M. (1971), *Industrial Market Structure and Economie Performance*, Chicago, Rand and Mc Nally Company.

Smith A. (1776), *An Inquiry about nature and causes of the wealth of Nations.*

Tullock G. (1967), « The Welfare Costs of Tariffs, Monopolies and Theft », *Western Economic Journal.*

Weiss L.W. (1966), « Business Pricing Policies and Inflation Reconsidered », *Journal of Political Economy*, April.

Von Weizsäcker C.C. (1980), *Barriers to Entry (Lecture notes in economics and Mathematical Systems)*, Springer Verlag.

ANNEXE 1

Efficience, progrès techniques, enjeu de la politique de concurrence

L'efficience possède une définition précise. C'est une situation dans laquelle il est impossible, dans l'état des techniques et des ressources, d'augmenter la satisfaction d'un consommateur sans diminuer celle d'un autre au moins. A contrario une situation inefficiente est une situation dans laquelle il existe une redistribution concevable des transactions, pleinement compatible avec l'état des techniques et permettant d'augmenter la satisfaction d'un ou plusieurs consommateurs sans porter préjudice à aucun autre.

Une condition nécessaire, en général, à l'efficience est l'égalité des prix et des coûts marginaux, réalisée dans le cadre concurrentiel. Le monopole élève les prix au-dessus des coûts marginaux et détruit donc l'efficience.

Certains auteurs (Harberger, 1954 ; Tullock, 1967) ont tenté d'évaluer les pertes d'efficience de l'économie dues au pouvoir des monopoles par l'approche dite des « welfare losses », pertes de bien-être dues au monopole au moyen de formules suggérées par la théorie économique. Il s'agit d'estimer une somme qui permettrait d'indemniser les consommateurs du préjudice qu'ils subissent du fait de l'existence des monopoles. Les résultats de ces calculs — dont il faut prudemment souligner la difficulté — ont conduit pour les USA à des évaluations assez basses.

Ces observations ne doivent pas conduire à penser que la lutte contre le pouvoir de monopole est sans importance. Ceci indique que l'enjeu essentiel, dans une politique de concurrence, reste, au-delà de l'efficience statique, le rythme d'introduction du progrès technique. L'évolution favorable du niveau de vie depuis la dernière guerre mondiale est au vu de ces résultats beaucoup plus le résultat du progrès technique au sens large que d'une amélioration de l'efficience.

ANNEXE 2

Mesure de l'inflation

Le taux d'inflation est une donnée faussement simple. Hormis le cas où la hausse des prix frappe tous les prix proportionnellement, il ne peut être défini sans choix arbitraire. Si on admet que le taux d'inflation i est défini par le taux de croissance d'un indice I_t du coût de la vie, ce taux est solution de l'équation

$$I_{t-1}(1+i) = I_t \qquad \text{soit } i = \frac{I_t - I_{t-1}}{I_{t-1}}$$

La véritable difficulté vient de la définition de l'indice. Si on pouvait se mettre d'accord sur un ensemble de biens X, représentatifs des conditions de subsistance des individus, l'indice pourrait se construire en valorisant à chaque période par les prix de la période les quantités représentées dans le panier type de consommation, soit

$$I_t = P_t X$$

Il n'existe malheureusement aucun moyen d'obtenir un consensus sur la définition d'un tel panier.

La pensée néoclassique suggère de construire un indice en utilisant le concept de « fonction de dépense minimale ». S'il existe une structure de préférence représentée par la fonction d'utilité u(X) dont les arguments sont les consommations, il est possible de concevoir une fonction D(P, S), dont les arguments sont les prix P_1, P_2... P_n des n biens qui existent dans l'économie et un niveau de satisfaction S.

D est alors définie comme la valeur du plus faible coût P'X parmi les X assurant l'égalité u(X) = S. Dans ce cas, le support de la définition de l'indice n'est plus un panier de consommation, mais un *degré de satisfaction*.

La conception néoclassique de l'indice a l'avantage d'être clairement fondée sur la théorie des préférences. Elle met en évidence le fait que l'indice n'a de sens précisément que pour un système de préférences déterminé. Il est clair, en effet, que deux consommateurs ayant des goûts et des habitudes de consommation différents ne ressentent pas, en général, de la même manière une modification du système des prix.

En revanche, elle est difficile à mettre en œuvre en pratique par manque d'information sur les préférences. On comprend pourquoi les questions d'indice sont des foyers de discussions illimitées. En même temps, on doit noter la vanité des comparaisons très fines de taux d'inflation auxquelles nous invitent souvent bien des commentateurs.

D'autre part, lorsque l'inflation est mesurée à partir de paniers de consommations de référence, comme c'est effectivement le cas en pratique, si pour certains articles, un accroissement de prix correspond à un accroissement réel de qualité (remplacement de la télévision noir et blanc par la couleur), il se peut que l'indice de prix accuse une augmentation de coût, non à satisfaction constante du consommateur, mais à *satisfaction croissante*.

Chapitre 8

Marque, innovation et croissance économique

par Bernard Yon

Bien que la marque soit une pratique d'entreprise à la fois ancienne et de plus en plus répandue, elle a été pendant longtemps absente de la théorie économique. Le modèle canonique de l'économie d'entreprise, celui de la concurrence pure et parfaite, n'inclut pas dans son raisonnement de processus de différenciation, et par voie de conséquence méconnaît la marque, dans la mesure où elle signale l'existence de différences entre les produits offerts sur le marché. Ce n'est que plus tard, avec l'avènement des réflexions et modélisations sur la concurrence monopolistique qu'apparaît la marque, comme signal d'une hétérogénéité de l'offre, tous les produits n'étant plus considérés comme égaux.

L'histoire de la lente intégration de la marque dans la pensée économique explique largement l'image et le statut de « la marque » chez les économistes et chez maints acteurs économiques. Si l'économie d'entreprise s'est fondée initialement sur le modèle canonique de la concurrence « pure et parfaite », tous les modèles ultérieurs souffrent de facto d'un péché originel : ils représentent un éloignement du « pur et parfait », donc une réalité imparfaite, voire illégitime. On a d'ailleurs parlé de « concurrence imparfaite » pour désigner la concurrence monopolistique. Un curieux piège sémantique s'est refermé sur la pensée économique et sur la vision du monde des acteurs économiques nourris à cette pensée. En nommant le modèle initial « pur et parfait », on sous-entend qu'il est non seulement un modèle descriptif — c'est-à-dire une représentation des échanges — mais un modèle normatif, vers lequel il faudrait toujours tendre et le but ultime des pouvoirs publics dans leur régulation de l'économie de marché. Compte tenu du pouvoir symbolique des mots de « pureté » et de « perfection », qui pourrait soutenir qu'il est souhaitable de rechercher une concurrence différente, comme par exemple la concurrence dite « monopolistique » ? A ce titre, la marque, issue de la différenciation des produits (elle-même issue de la recherche et du développement), a souffert d'un doute rédhibitoire quant à sa légitimité puisque faisant corps avec une notion de « concurrence imparfaite ».

Dans ce chapitre, nous montrerons pourquoi la marque se justifie du point de vue de l'économie générale. L'intime relation qui existe entre la marque et les deux modèles de la concurrence pure et parfaite (relation d'exclusion) et de la concurrence monopolistique (relation d'inclusion) conduit à poser une question extrêmement débattue depuis 15 ans (Williamson, 1975) : y-a-t-il un modèle de marché idéal ? En d'autres termes, est-ce que chercher à toujours se rapprocher d'une situation de « concurrence pure et parfaite » est une démarche souhaitable et contribue à la croissance économique ? La recherche économique récente a en effet contesté l'idée généralement admise suivant laquelle la « concurrence monopolistique » n'est pas souhaitable, en examinant les conséquences bénéfiques du « profit monopolistique ».

A ce stade, une remarque s'impose. L'analyse économique lucide et objective est rendue délicate par le fait que les concepts créés par la théorie économique lui ont échappé, et sont tombés dans le domaine public en changeant de sens. Ainsi le concept de « profit monopolistique » renvoie stricto sensu à un modèle théorique de l'économie d'entreprise. Il a acquis un sens tout à fait mythique dans le domaine public, conjugaison de deux notions à forte connotation négative (le « profit » et le « monopole »). Ainsi, le débat économique est en permanence encombré de la charge affective associée à des concepts dont le sens est lié intimement à la théorie qui les a créés.

A fortiori, tout essai de communication auprès d'un public de non-experts bute sur l'écueil de la dérive permanente du sens : prétendre légitimer le « profit monopolistique » semble relever d'une démarche totalement incongrue dans la mesure où ces mots sont désormais dotés d'une connotation négative considérable. De même, suggérer que la concurrence « pure et parfaite » n'est pas forcément un modèle à suivre pour obtenir le bien-être social le plus élevé possible, semble entaché d'incommunicabilité. Comment ce qui est dit « parfait » ne serait-il pas souhaitable ? Comme nous l'avons dit ci-dessus, le piège des mots s'est refermé sur le discours économique.

Prétendre que le chercheur, l'économiste ou le responsable des pouvoirs publics sont capables de contrôler l'effet parasite des connotations affectives des mots qu'ils manipulent et ne traiter que du sens théorique des concepts, est une hypothèse audacieuse. Quoiqu'il en soit, nous demandons donc au lecteur de se souvenir que, dans ce chapitre, les mots de « concurrence monopolistique », « profit monopolistique », ont un sens théorique très délimité et ne sont envisagés que sous l'angle de la théorie économique.

Dans la première partie de ce chapitre, nous rappellerons les paramètres des différentes conduites d'entreprise et la place de la marque dans celles-ci. La seconde partie fera la distinction entre les conduites d'entreprise propices à la croissance économique future et celles orientées vers d'autres objectifs. Comme la marque est intimement liée à ces conduites, on sera à même d'analyser la nature de la relation entre marque et croissance économique. Enfin, une théorie de la marque, pour être exhaustive, se doit de couvrir tous les types de marques : nous examinerons si « l'effet de marque » est identique selon que l'on parle de marque de fabricant ou de marque de distributeur. Cela sera fait dans la troisième partie.

1. MARQUE ET MODÈLES ÉCONOMIQUES

L'économie, dans son énoncé théorique, distingue la concurrence « parfaite » de la concurrence monopolistique, deux grands modèles pour analyser le fonctionnement de nos systèmes d'échange et de prix.

1.1. La concurrence « parfaite »

C'est le modèle le plus ancien. Il résulte de l'observation naturelle du système d'échange des produits et en particulier des matières premières, produits alimentaires (blé, céréales, etc.) ou autres « commodities ».

La concurrence parfaite existe lorsque quatre axiomes sont remplis.

1. *Les produits sont banals ou indifférenciés.* L'acheteur ne peut distinguer le produit d'un vendeur de celui d'un autre vendeur. Les produits agricoles, tel le blé tendre panifiable, que l'on distingue du blé fourrager et du blé dur de semoulerie, est un produit banal ou indifférencié pour l'acheteur. Ce dernier peut s'adresser à n'importe quel vendeur pour satisfaire sa demande.

2. *Il y a atomicité de l'offre,* c'est-à-dire qu'aucun offreur ou vendeur n'a de taille suffisante sur le marché du blé pour en affecter le fonctionnement. En d'autres termes, qu'un offreur fasse varier son offre, la variation restera toujours trop petite pour faire changer le cours du marché. On dit qu'il est alors un « price taker ». Le marché du blé en Europe demeure un bon exemple de marché atomisé, même si les agriculteurs ne sont pas directement vendeurs sur le marché mais livrent à des coopératives de collecte. Celles-ci demeurent nombreuses, prenant des décisions indépendantes les unes des autres, ce qui permet de juger que l'offre est toujours atomisée.

3. *Il y a atomicité de la demande,* c'est-à-dire qu'aucun demandeur ou acheteur n'a de taille suffisante sur ce même marché du blé pour en affecter le fonctionnement. Ce qui a été dit sur l'atomicité de l'offre s'applique symétriquement à la demande. Mais au lieu de parler d'oligopole pour qualifier la structure de l'offre, l'on parlera d'oligopsone pour qualifier la structure de la demande.

4. *L'information est immédiate et totale.* Les offreurs et les demandeurs, tous, sans exception, reçoivent également et en même temps, toute l'information

disponible sur le marché. Dans le cas du marché du blé, les « services des nouvelles de marché », ainsi que les agences d'information telles Reuter et Unicom News, diffusent cette information. Elle est maintenant disponible sur écran et pratiquement en temps réel. Lorsque le marché du blé se fera par télématique, l'information à son sujet sera aussi rapide et aussi diffusée que l'information boursière.

Dans ce contexte théorique, la marque n'a pas de raison d'être. Pas besoin de marque (c'est-à-dire de signal des différences) si tous les produits sont identiques ou si l'acheteur peut accéder immédiatement à toute l'information sur les produits.

Le modèle de la concurrence parfaite est de nature doublement théorique. D'une part, il ne prétend pas être la mise en évidence d'une structure existante cachée (comme le serait le squelette sous la peau), mais seulement une abstraction simple et commode et ayant un bon pouvoir explicatif des phénomènes d'échange. Milton Friedman utilise une comparaison pour faire comprendre la vraie nature du modèle économique. Lorsque l'on dit que les plantes orientent leurs feuilles de manière telle qu'elles reçoivent le maximum de lumière, c'est un modèle simple et commode et qui a un bon pouvoir explicatif du port des feuilles chez les plantes. Milton Friedman ajoute que le modèle doit être jugé sur son pouvoir explicatif et non sur la véracité de ses hypothèses (Friedman, 1953).

D'autre part, si toutes les forces économiques du modèle s'exercent constamment avec la même intensité, il en résulte une situation d'équilibre dans le système économique. Cet équilibre a été décrit par Pareto comme étant optimal : toutes les quantités produites sont effectivement demandées et donc vendues, le prix de l'échange, librement établi entre l'offre et la demande, assure une rémunération identique aux acheteurs et aux vendeurs, calculée en terme de rentabilité des capitaux investis. C'est ce que l'on appelle, pour être concis, l'allocation optimale des ressources qui permet ainsi d'atteindre le niveau de bien-être social le plus élevé possible (compte tenu des ressources mises en jeu). Il est clair que des modifications dans l'exercice des forces économiques interviennent constamment (trois sont particulièrement délicates : changement de prix de matières premières, changements monétaires et de parité de taux d'intérêt entre les monnaies, changement technologique). Si l'intensité des forces change relativement des unes aux autres, les prix vont changer et, bien entendu, l'allocation des ressources entre acheteurs et vendeurs. L'équilibre initial est rompu. Selon les conditions économiques nouvelles, toutes les forces économiques étant poussées à leur terme, une nouvelle optimalité apparaîtra. Il n'y a donc pas de situation d'équilibre stable puisque, à chaque changement des forces économiques, un nouvel équilibre se reconstruira. Inutile d'ajouter que, si des perturbations telles que grèves, catastrophes naturelles, impôts nouveaux, faits économiques résultant de l'instabilité politique, s'additionnent aux changements précédents, il y aura rupture d'équilibre et sous-optimalité pour le temps de la perturbation. Donc, le modèle de la concurrence parfaite conduit à un équilibre qui n'est jamais observé dans les faits.

Le modèle est doublement théorique donc. Il ne sert à rien de le critiquer en démontrant que ses quatre axiomes ne sont pas réalistes et que de plus réalistes seraient nécessaires. Il n'est pas non plus légitime de rejeter le modèle, parce que l'équilibre du modèle résultant de l'application n'a jamais été atteint dans la réalité.

Le modèle a un bon pouvoir explicatif dans un ensemble de situations : marché du blé en Europe, marché des fruits et légumes frais, marché de grandes matières premières tel l'azote. Il est donc, dans ce cas, un instrument utile de raisonnement. Il sert d'ailleurs largement aux pouvoirs publics pour juger de cas d'économie de marché et de concentration d'entreprises. Par exemple, la commission de la Concurrence en France doit être au courant des fusions et concentrations et à estimer si ces regroupements ne porteront pas une atteinte trop grave au fonctionnement de la concurrence. En d'autres termes, ce que l'autorité publique accepte de perdre en s'éloignant de la concurrence parfaite et de l'optimalité dans l'allocation des ressources, doit être justifié par des considérations de gains économiques sur d'autres plans, notamment sur ceux de la structure des entreprises et du progrès technique qu'elles seront capables d'engendrer.

1.2. Concurrence monopolistique

Beaucoup de situations de marché ne sont pas bien expliquées par le modèle de la concurrence parfaite. Certains de ses axiomes étant relâchés, l'on aboutirait peut-être à un modèle ayant un pouvoir explicatif renouvelé.

C'est ce que fait le modèle de la concurrence monopolistique, beaucoup plus récent que le modèle de concurrence parfaite (Chamberlin, 1933). Revoyons les quatre axiomes, dans le cas de ce nouveau modèle.

1. *Tous les produits ne sont pas égaux* : ils sont différenciés. La marque signale une différence et communique la nature de cette différence. Par exemple, la firme Nestlé vend un café soluble au plus haut standard de qualité existant sur le marché sous la marque Nescafé. Le prix du Nescafé dépend du marché et aussi de la décision de Nestlé. Nestlé est alors partiellement un « price setter ».

2. *Les offreurs peuvent maintenant être distingués les uns des autres* tout en maintenant une certaine atomicité au plan global de l'industrie. Il se crée cependant des relations naturelles et régulières entre certains offreurs et certains acheteurs.

3. *Les demandeurs, à leur tour, peuvent faire de même.* Mais une certaine atomicité de la demande doit demeurer au plan global. Ni les offreurs, ni les demandeurs, dans le schéma de concurrence monopolistique, ne doivent atteindre la limite dangereuse dite de position dominante. Ils pourraient en abuser et agir alors avec un pouvoir de monopole (ou de monopsone dans le cas des acheteurs). Donc, oui au relâchement des axiomes d'atomicité, mais jusqu'à la limite de position dominante.

4. Enfin, *l'information,* dans le cadre de ces relations naturelles et régulières, *s'échange bien*, entre certains acheteurs et certains vendeurs. En revanche, elle ne se diffuse pas de façon équivalente dans tous les autres canaux de relations commerciales, chacun ayant, en quelque sorte, sa propre information bilatérale.

Par exemple, les conditions commerciales arrêtées par les Brioches Pasquier avec le groupe Casino sont bien entendues, connues de l'un et de l'autre, mais pas, d'une part, des concurrents des Brioches Pasquier, tels Jacquet, Harris ou Buton, ni, d'autre part, des concurrents de Casino tels Intermarché, Auchan ou Carrefour.

De plus, les conditions Pasquier/Casino ne sont pas portées à la connaissance par Pasquier aux concurrents de Casino et par Casino aux concurrents de Pasquier.

Il y a donc moins de transparence dans le marché global car il existe en son sein un ensemble de relations bilatérales naturelles et régulières. En d'autres termes, le marché est maintenant formé d'un faisceau de relations bilatérales offreur-demandeur du type Pasquier/Casino.

Seul le modèle de concurrence monopolistique permet l'existence de marques. La marque signale les différences entre offreurs. Elle véhicule une information sur la nature de ces différences : elle est donc un concentré d'informations rendu nécessaire par le fait qu'aucun acheteur ne peut raisonnablement intégrer toute l'information sur tous les attributs de tous les produits. De plus, on le verra, ce modèle permet d'en analyser la justification économique et dans la conduite de l'entreprise et dans l'économie générale. La concurrence monopolistique adapte le modèle d'analyse de marché pour comprendre une très grande part de l'économie moderne constituée de structures industrielles parfois de grande taille, de technologies possédées en propre par les industriels qui les exploitent, et de marques ayant une force sur les marchés. L'ensemble amène la performance industrielle (Martin, 1988).

Le modèle de concurrence monopolistique[1] (Demsetz, 1974) analyse la concurrence dans les réalités de l'économie moderne. Son pouvoir explicatif demeure bon dans ces nouvelles circonstances, tandis qu'il est toujours de nature théorique comme cela a été expliqué dans le cas du modèle de concurrence parfaite.

---

[1] Parfois l'on parle de concurrence « oligopolistique ». Il s'agit d'une contraction de langage. En effet, le concept d'oligopole est un concept de structure industrielle qui désigne un petit nombre d'opérateurs. En revanche, la notion de concurrence monopolistique renvoie à une forme de concurrence. L'on préjuge que les oligopoles (structures) travailleront sur des marchés de concurrence monopolistique (forme de concurrence). D'où la contraction de langage : concurrence oligopolistique. Mais rien n'interdit de penser que des oligopoles puissent opérer en concurrence parfaite. C'est semble-t-il le cas du marché mondial du blé, puisque quatre grandes compagnies contrôlent 70 % de son commerce au plan international supra-européen. Mais le fonctionnement de ce marché est nettement mieux expliqué par le modèle de la concurrence parfaite (Caves et Richard, 1977).

1.3. La marque, signal de différenciation et profit monopolistique

Y a-t-il un modèle de marché idéal ? A entendre certains, il faudrait que le secteur de l'économie libre soit toujours plus concurrentiel, ce qui sous-entend une appréciation fondée exclusivement sur le modèle de la concurrence parfaite.

Une allocation optimale des ressources en résulterait : à l'équilibre, chaque entreprise vendrait au prix le plus faible possible compte tenu de sa technologie et des autres éléments de sa structure industrielle. Idéal du secteur concurrentiel dans l'esprit de beaucoup de responsables de la politique économique, car assurant au consommateur les prix les plus bas. La concurrence monopolistique, par opposition, permet une différenciation de produit fondée sur des qualités propres. La marque signale et argumente cette différence au consommateur. Celui-ci, s'il trouve une utilité à cette différence, achète le produit et accepte de le payer un peu plus cher que le produit banal qui ne possède pas cette différence. C'est en ce sens que Nestlé peut choisir le niveau de prix de Nescafé sans perdre la totalité de ses ventes (Scherer, 1971). Si le consommateur paye cette différence, c'est qu'il y trouve une utilité et inversement. La liberté du consommateur est ainsi exercée. Il exprime son jugement par son achat et le prix de celui-ci. L'entreprise qui vend un produit différencié reçoit donc, lors de cette vente, une rémunération supplémentaire appelée en concurrence monopolistique, profit monopolistique[1].

L'on pourrait déjà souligner que le profit monopolistique provient du jugement d'utilité du consommateur qui s'exprime librement sur le marché. Le critère de respect du choix du consommateur pourrait être un premier critère de jugement sur l'existence de la concurrence monopolistique de produits différenciés et de marques qui les signalent. Mais, bien que légitime, cet argument est encore insuffisant pour emporter l'adhésion notamment de ceux qui voient dans le prix payé pour le produit différencié, un surcoût par rapport aux produits banals. L'idée la plus généralement répandue par eux dans le public, est que la concurrence monopolistique est rarement souhaitable et qu'elle est généralement dangereuse.

C'est oublier que, refait constamment et identiquement, le processus suivant engendre la croissance économique : recherche et développement (R & D) industriel, investissement industriel, fabrication de produit différencié, signalisation par la marque, argumentation par la communication publicitaire, jugement de l'utilité du produit par le consommateur lors de l'achat. Cet achat produit, pour le fabricant, un profit monopolistique nécessaire à financer la recherche et le

---

[1] Nous rappelons aux lecteurs non économistes, que le concept de « profit monopolistique » n'a en économie aucune connotation négative. A la différence de son sens grand public qui l'assimile à une espèce de bénéfice indu et sorti de l'entreprise, il renvoie à l'existence d'un profit créé par l'innovation et la capacité à vendre celle-ci sur le marché. Le jeu de la concurrence aidant, cet avantage concurrentiel s'érode vite par l'imitation des concurrents.

développement industriel, l'investissement industriel et le marketing des produits suivants. Il faut remarquer absolument que comme dans tout processus, il n'y a pas concomitance entre les dépenses initiales de R & D et les ressources produites par le succès (d'ailleurs non garanti) des produits sur le marché.

Plus le processus est long, plus les dépenses engendrées avant toute recette seront importantes. C'est de la capacité à conduire et à financer ce processus dynamique que découle le changement technologique responsable de produits futurs, plus performants et mieux fabriqués pour le consommateur. Achetant ces produits de préférence aux autres, le consommateur permet au fabricant de poursuivre son développement industriel.

La concurrence monopolistique est donc d'abord légitime dans la mesure où elle permet l'expression du libre choix du consommateur, elle est aussi souhaitable dans les marchés de produits de fabrication où l'utilité est créée par le travail de l'homme selon l'expression de Jean-Baptiste Say.

2. L'INNOVATION : CONDITIONS INITIALES ET RÉSULTAT

Les conséquences du marché de concurrence monopolistique demandent à être précisées.

La recherche industrielle est réussie lorsqu'elle aboutit à des produits nouveaux plus utiles au consommateur. Ils lui seront signalés par la marque et ils seront, pour le fabricant, une source de revenus intéressants pour l'avenir de l'entreprise.

2.1. Les critères de la concurrence

L'entreprise qui vend en concurrence pure ne fait pas de profit monopolistique. La concurrence monopolistique a pour but, précisément, de permettre qu'un profit monopolistique soit obtenu par l'entreprise qui vend un produit *différencié* sous marque.

Le profit monopolistique est obtenu grâce à la différenciation du produit qui permet d'isoler une part de marché spécifiquement servie par ce produit. Dans ce cas, l'entreprise recherche la position où elle maximise son profit pour une quantité vendue au prix qu'elle peut obtenir de la demande qui s'adresse à elle. Par rapport à ses concurrentes, l'entreprise utilise les moyens de la différenciation des produits et non pas uniquement la confrontation sur les prix, ce que confirment les recherches empiriques (Ecalle, 1986). Ainsi, les entreprises préféreront se concurrencer sur la segmentation des marchés afin d'y adapter mieux leurs produits, plutôt que de provoquer entre elles des baisses de prix. Elles y seront cependant contraintes dans le temps au fur et à mesure que la concurrence de nouveaux partenaires se fera plus vive et « banalisera » les produits différenciés initiaux. Pour comprendre ce phénomène, l'on peut citer l'exemple du yaourt, produit initialement par Danone. A l'époque, il était un produit différencié, puis sont venus s'adjoindre sur le marché d'autres concurrents : Chambourcy, la Roche aux Fées, Yoplait, Nova, provoquant à chaque fois une situation plus dure pour le premier innovateur. Aujourd'hui, il n'apporte plus de profit monopolistique à son fabricant (ce qui ne signifie pas cependant que le marché du yaourt blanc soit aujourd'hui un marché de concurrence parfaite, car il subsiste des marques qui ont un effet sur le marché).

L'entreprise qui opère en concurrence monopolistique n'opère pas obligatoirement au minimum de coût moyen. En effet, elle peut accepter d'encourir certains coûts, en excès de ceux qui seraient strictement nécessaires pour fabriquer une qualité supérieure et de produire temporairement tout en subissant une capacité en excès.

Grâce à l'utilité meilleure du produit pour le consommateur, l'entreprise obtient cependant de lui un prix supérieur et reçoit donc une marge plus importante que sur le produit banal. Ce comportement est-il acceptable du point de vue de l'économie générale ? Est-ce que cette marge est indue, inutile, voire inéquitable ?

L'idée généralement partagée est que la concurrence monopolistique n'est pas souhaitable et qu'il faut faire régner la concurrence (c'est-à-dire se rapprocher de la concurrence parfaite). Mais la recherche économique récente a contesté très profondément cette idée sur la base du fait que la concurrence pouvait exister avec une structure industrielle concentrée.

L'idée du « petit nombre » (Williamson, 1975) agissant en concurrence a été alors largement étudiée. Certes, l'exposé de la concurrence monopolistique, pour clair qu'il soit, demeure très théorique et la réalité n'est pas si claire. Pour former un jugement à son propos, l'on prend généralement comme variable la plus proche, l'analyse de la structure industrielle. A structure industrielle concentrée en oligopole, présomption forte de régime de concurrrence monopolistique (Caves, 1977). Cette simple présomption conduit les pouvoirs publics à mener des politiques de concurrence visant essentiellement à ne pas permettre trop de concentration et à assurer la concurrence. De cette appréciation du fonctionnement de l'économie découlent les lois antitrust américaines, la commission de la Concurrence en France, le BundesKartellamt en RFA.

Or, l'esprit des lois antitrust américaines a été largement réexaminé ces dernières années (Lepage, 1986). L'une des objections les plus intéressantes est celle des marchés dits « contestables » (Baumol, 1982). Plutôt que de se « polariser » sur la structure industrielle (qui souvent se concentre aussi pour des raisons de rationalisation de la production et d'efficacité de la technologie), et de refuser la constitution d'un oligopole, il serait préférable, selon les théoriciens des marchés contestables, de regarder si le secteur industriel jouit d'absence de barrière et à l'entrée et à la sortie, pour des concurrents. Si tel est le cas, l'on peut dire que le marché est hautement contestable, c'est-à-dire non protégé. S'il est servi par un *petit nombre,* c'est pour des raisons autres que le désir de chaque participant de gagner des profits indus par abus de son pouvoir sur le marché.

Sinon, d'autres concurrents se seraient déjà présentés. Il y a donc, pour les entreprises présentes sur de tels marchés, des risques qu'aucun autre entrant ne veut encourir malgré le fait qu'il y ait profit monopolistique.

2.2. La nature du profit monopolistique

Dans l'idée du marché contestable, il y a d'abord la liberté d'entrée et de sortie de concurrents. Mais si les concurrents ne se décident pas à entrer sur un marché qui pourtant permet à ses participants actuels de gagner des profits monopolistiques, c'est sans doute pour des raisons plus fondamentales qu'il n'y paraît. L'une d'entre elles est l'importance des efforts de R & D nécessaires pour perdurer sur le marché.

Il ne viendrait à l'idée de personne de lancer une nouvelle entreprise en biotechnologie avec des montants de R & D qui ne dépasseraient pas substantiellement les niveaux des firmes en place. Les firmes en place ont des produits qui, actuellement, se vendent sur le marché et préparent leur renouvellement par des travaux de recherche et développement. Près de 14 % du CA est ainsi dépensé en moyenne dans ces firmes. Un nouvel entrant (et il y en a fort peu) doit disposer, pour se distinguer, d'efforts beaucoup plus ciblés et beaucoup plus importants que ceux des concurrents. Transia, par exemple, lancé en 1984, dépense près de 70 % de ses ressources en argent frais en R & D. Il est absolument clair que cette entreprise devra obtenir des profits monopolistiques importants pour pouvoir continuer son développement, les fonds initiaux ayant été obtenus par le capital risque et n'étant plus renouvelables sous cette forme. Donc, le lancement de la firme sera réussi lorsque ses profits sur ses ventes lui permettront de relancer de nouveaux efforts de R & D pour poursuivre son développement.

L'importance des barrières à l'entrée est fort inégale selon les différents types d'industrie. Par exemple, pour entrer dans le métier de la viennoiserie industrielle, il faut payer aujourd'hui une usine (30 MF environ). Mais pour entrer dans le métier des produits laitiers frais, il n'est pas possible de partir d'un investissement seulement, il faut racheter une entreprise. A ce niveau, il faut modéliser de l'ordre de 20 fois plus que dans le cas de la viennoiserie. L'incitation pour entrer dans un nouveau marché peut provenir soit de décisions stratégiques (cas de Lafarge Coppée faisant une entrée dans les biotechnologies avec Orsan et les semences), soit de l'existence d'économie d'échelle (cas du groupe Bourgoin-La Chaillotine qui reprend les Etablissements Tilly, ce qui en fait le 1er groupe européen de volailles juste devant Charles Doux). Les caractéristiques de chaque industrie diffèrent sur ces deux critères, ainsi diffèrent les barrières à l'entrée (Bresnahan, Reiss, 1987). Bresnahan et Reiss confirment que les professions ayant un faible contenu technique, telle la distribution aux Etats-Unis, tendent vers de faibles barrières à l'entrée, tandis que les professions à haut contenu technique, telles les professions de santé, ont de hautes barrières à l'entrée.

Restaurer la concurrence dans des marchés hautement contestables n'a pas d'attrait pour les entreprises de ces secteurs. En effet, elles luttent sur des critères qui ne sont pas initialement le prix mais essentiellement la R & D. Celle-ci finalement est responsable d'améliorations assimilables à une réduction de coûts, donc à terme de prix, soit directement par l'amélioration des technologies et la baisse des coûts de production, soit sous la forme de produits nouveaux qui permettent au consommateur de satisfaire mieux leurs besoins (Spence, 1984) grâce à des produits aux attributs plus nombreux. Le rôle de ces entreprises est précisément de créer l'avance permanente de leurs produits ; l'amélioration des marges sur ces produits en étant la résultante économique et la cause initiale.

2.3. Quelques éléments sur la conduite de l'entreprise

Dans l'analyse par l'organisation industrielle, le plus difficile est certainement d'observer la conduite de l'entreprise, car peu d'éléments objectifs sont disponibles à son sujet. Cependant, cette observation apporte de très utiles renseignements pour fonder une prévision. En termes généraux, la conduite consiste essentiellement à étudier le comportement de l'entreprise sur ses marchés. Est-elle soumise au régime de concurrence parfaite (« price taker ») ou bien a-t-elle la possibilité de s'isoler dans une part de marché propre et de bénéficier de concurrence monopolistique (« price setter ») ? Dans ce second cas, la décision fondamentale en matière de conduite est d'allouer le profit monopolistique entre deux principaux usages concurrents (mais non exclusifs l'un de l'autre) :

— les efforts de marketing,

— les dépenses de recherche et développement (R & D).

La R & D s'effectue sur des idées ayant leur origine soit dans les sciences, soit dans le marketing. Elle permet la constitution ou l'amélioration des technologies apportant rente pour le fabricant, et la création de produits ayant des attributs physiques qui les différencient des autres produits. Une fois les technologies et les produits mis au point, les efforts de marketing signalent ces différences au consommateur. Les résultats de la R & D et du marketing vont de pair.

L'on voit donc clairement que la conduite de l'entreprise intègre la R & D, c'est-à-dire la faculté de créer des produits nouveaux. Cette conduite n'est possible que s'il y a des « cash flow » disponibles en excédent du renouvellement pur et simple de l'entreprise à l'identique. Pour cela, il faut que l'entreprise ait réalisé un profit, provenant très certainement de l'exploitation réussie de ses marques vendues en concurrence monopolistique. En l'absence de profit suffisant, c'est vraisemblablement la R & D qui sera réduite, rendant la création de technologies et de produits nouveaux moins active. C'est sans doute là la vraie raison qui fait que les entreprises agro-alimentaires françaises, très rapides à se concurrencer les unes les autres sur quelque innovation que ce soit, ont des budgets de R & D plus réduits.

Il est à noter que jusqu'à un passé récent, il était considéré que le changement technologique était une variable exogène de l'entreprise (Rosenberg, 1974), alors qu'en fait il est induit par l'activité créative et d'investigation de l'entreprise et atteint le niveau industriel par les décisions successives du management.

2.4. La protection de l'innovation par la marque

La marque protège le produit en ce sens qu'elle permet l'exercice d'un régime de concurrence monopolistique. Le droit des brevets, propriété industrielle et intellectuelle ne serait-il pas suffisant pour cela ? Le droit reconnaît dans le brevet la légitimité d'une protection. L'obtention en est soumise à trois principaux critères : novation, non évidence pour l'homme de l'art et industrialisation. Ceci est une procédure bien lourde pour la protection d'innovations mineures, pourtant fort utiles et nécessaires.

Pourtant, la protection quelle qu'elle soit a une importance fondamentale, puisque l'incitation à entreprendre la recherche est précisément l'assurance de pouvoir bénéficier de ses résultats, non pas d'en être dépossédé. Des recherches ont été conduites sur la qualité de la protection apportée par les brevets (Levin, Klevorick, Nelson, Winter, 1987), Mansfield et al. (1981) ont, par exemple, testé l'hypothèse selon laquelle tous les bénéfices d'un brevet sont perçus par l'innovateur et l'imitation n'existe pas (ou le détournement de brevet). Selon leurs travaux, 60 % des innovations brevetées ont été imitées en quatre années. Dans l'introduction d'innovations sur le marché, il est apparu que dans 3 cas sur 4 au moins, le brevet n'avait pas joué de rôle déterminant.

Beaucoup d'entreprises préfèrent conserver leur secret de fabrication plutôt que de rechercher un brevet, car le fait de le demander et de le faire reconnaître équivaut en fait à déjà donner de précieuses indications aux concurrents. De même, en l'absence de protection de brevets, seulement une minorité des recherches ne serait pas conduite. En revanche, la marque, décision simple du fabricant, peut apporter une protection suffisante : elle donnne un nom à l'innovation. Toutes les copies qui surviendront nécessairement ne pourront pas se prévaloir de ce nom.

Cependant, l'avantage apporté par la marque n'est pas définitif mais transitoire. De plus, si, par un mécanisme de concurrence exacerbée, la marque ne protègeait plus assez durablement le produit des imitations, l'entreprise pourrait choisir de ne plus innover : elle anticiperait que son effort de R & D et d'industrialisation pour réussi qu'il pourrait être, ne lui apporterait plus les revenus légitimement escomptés. On peut déjà supputer le danger que cela ferait peser sur le progrès technique.

Cet état de fait risque de se produire dans certains marchés. L'imitation a été stimulée par la grande distribution. Celle-ci en effet, voulant disposer à ses conditions (et éventuellement à sa marque) de produits nouveaux, demande à un concurrent de l'innovateur de produire une imitation. Ce fut le cas, par exemple dans la partie « snacks » de la biscuiterie et dans les desserts à base de lait. Après un délai, le distributeur a obtenu satisfaction, offrant un débouché assuré à l'imitateur. Ce dernier n'a pas payé le plein coût de l'innovation, seulement le coût nécessaire pour imiter.

Il existe des différences entre les opportunités technologiques et les conditions de protection des innovations ; mais ces différences, pour importantes qu'elles soient, ne permettent jamais d'affirmer qu'un innovateur, même bien placé, recevra le résultat de son innovation à coup sûr. On pourrait arguer du fait que l'imitation permet une diffusion rapide de l'innovation et une baisse de prix pour le consommateur. Mais alors le fabricant, placé devant une telle incertitude de résultats, fera moins d'innovations, et ceci dans les deux ou trois années qui suivent l'imitation.

Les droits de propriété industrielle ou intellectuelle constituent donc simultanément une barrière à l'entrée et une condition nécessaire à la « production » de progrès technique. Un ordre légal portant sur la concurrence ne peut donc ignorer ces enjeux (Contensou et Yon, 1986).

2.5. Les produits nouveaux et la croissance économique

La croissance économique, constatée annuellement par un pourcentage du PIB d'un pays, est un résultat et non une cause. Certaines entreprises ont réussi par leur R & D et leurs efforts de marketing à créer une croissance, d'autres ont fait moins bien. Le chiffre global n'est que la moyenne du résultat obtenu par chaque entreprise.

Schumpeter (1950) avait déjà observé la relation qui existe entre la R & D et l'avance technologique. Depuis ses travaux, il est devenu manifeste que la croissance économique future dépend du développement technologique présent. Par conséquent, les conduites d'entreprise favorables à la R & D sont une nécessité, tandis qu'elles permettent la mise au point de produits et/ou de technologies acceptées par le marché, grâce au marketing. La moyenne de cette réussite donne le chiffre de la croissance économique. Ce chiffre indique bien un résultat, il est la mesure des conséquences des conduites des entreprises sur la période antérieure.

Plus la création réussie sera importante, plus la croissance économique future sera forte. Il existe une corrélation positive élevée entre les efforts de R & D et la création de technologies et produits nouveaux. L'origine de la croissance économique future semble d'abord être dans la capacité des entreprises à rassembler dans le présent des ressources, à les employer pour la R & D, puis à industrialiser les résultats. Tel est, semble-t-il, le schéma de l'entreprise performante qui contribue positivement à la bonne moyenne de la croissance économique annuelle d'une nation.

Rassembler des ressources pour les mobiliser ensuite dans la R & D nécessite donc initialement la possibilité de réaliser des profits monopolistiques. Il est également bien compris que les résultats de cette R & D industrialisée donneront lieu à leur tour à des profits monopolistiques permettant la croissance économique future. Il y a donc une liaison de causalité circulaire, mais l'on peut légitimement dire que le déterminant immédiat de la croissance économique (en fait de toute la croissance économique) est la R & D débouchant sur l'industrialisation.

3. SIGNIFICATION ECONOMIQUE DE LA MARQUE DE FABRICANT ET DE LA MARQUE DE DISTRIBUTEUR

L'analyse qui vient d'être déroulée sur la marque de fabricant ne concerne-t-elle pas de manière équivalente la marque de distributeur ?

3.1. Signification pour le consommateur de la marque de fabricant et de la marque de distributeur

Un produit ne peut recevoir de marque que de l'un des deux partenaires fabricant ou distributeur. Celui qui lui donne sa marque obtient la meilleure rémunération. Cette réalité cache cependant une très grande disparité pour le consommateur car, indépendamment de l'écart de prix entre le produit à la marque de fabricant et celui à la marque du distributeur, il ne devrait pas être indifférent pour lui d'acheter l'un ou l'autre.

3.1.1. La marque de fabricant et la signature de garantie

Que le fabricant soit celui qui donne sa marque au produit signifie, pour le consommateur, qu'il le signe de sa garantie. Le produit a été fait et contrôlé selon des critères établis et réguliers. Qu'advienne un problème quelconque pour le consommateur, la responsabilité du fabricant est immédiatement mise en cause sans contestation possible.

En effet, beaucoup de critères attachés au produit sont hautement désirables, voire impératifs, mais le consommateur ne peut les contrôler et s'assurer qu'ils sont bien réels dans le produit qu'il achète. Par exemple, dans le cas de produits alimentaires, il s'agit de la composition, de l'hygiène et, à un certain degré, de la sécurité nutritionnelle. En revanche, le consommateur peut, par lui-même, avoir une opinion sur l'aspect, les qualités organoleptiques et la commodité d'emploi.

Acheter un produit de marque d'un fabricant reconnu, c'est être assuré de la composition, de l'hygiène et de la sécurité nutritionnelle et escompter des propriétés organoleptiques élevées, ce qui se vérifiera lors de la consommation du produit. A priori, seuls l'aspect et la commodité d'emploi peuvent être constatés d'avance. C'est donc fort peu, par rapport à l'ensemble des attributs pour lequel le produit est acheté ! Il est donc possible de dire que le consommateur a besoin de marque de fabricant reconnu. Grâce à leur existence habituelle dans notre commerce, d'autres marques moins prestigieuses ou d'autres habillages peuvent aussi revêtir des produits qui répondent nécessairement aux mêmes exigences fondamentales, sinon elles ne pourraient exister.

A cet égard, il est intéressant de souligner que l'ancien droit romain, auquel le droit français a fait référence explicite en matière de commerce jusqu'au début de ce siècle, posait le principe du « caveat emptor », ou « acheteur, prends garde ! ». Certes, le Code pénal prévoyait quelques cas de résolution de la vente : le vice caché par exemple. Mais l'accord sur la chose telle que présentée par le vendeur et acceptée par l'acheteur, suffisait. Ultérieurement, des garanties du vendeur envers l'acheteur ont été ajoutées, puis certaines d'entre elles se sont transformées en obligation de plein droit.

Certains vendeurs sont allés de leur plein gré bien au-delà de l'obligation légale et, de surplus, ont offert par la garantie conventionnelle une protection supplémentaire. Ils ont même proposé le contrat « satisfait ou remboursé », assurant vraiment tout acquéreur que le produit ne peut décevoir, au risque pour le fabricant de rembourser son acheteur.

Ainsi, en restant dans le domaine strict du droit, l'on s'est progressivement éloigné du « caveat emptor » latin, pour y substituer le « caveat vendor ». C'est au vendeur de faire tout ce qu'il faut pour que son acheteur n'ait pas de problèmes, ni même d'insatisfactions ! L'on en arrive à des obligations extrêmes de la part des vendeurs, au profit des acheteurs : garantie de performance, par exemple.

La mentalité de notre époque comprend qu'un produit, quel qu'il soit, est susceptible d'être conçu et analysé de façon très scientifique. Or, ce que l'application des sciences permet de révéler, est précisément caché au sens commun, démuni qu'il est de cette science et des laboratoires d'application de celle-ci. Le sens commun croit à la possibilité de l'enracinement profond du produit dans une connaissance à caractère scientifique, mais sait qu'il est, de ce fait, exclu pratiquement de cette connaissance. Et cela lui paraît normal. Ne voulant renoncer en rien aux avantages que procure l'application scientifique pour la conception et la qualité des produits, il s'en remet donc au fabricant qui maîtrise le savoir technologique (issu du savoir scientifique).

La marque reconnue par le public est la garantie permanente de cette responsabilisation, garantie prête à jouer quelle que soit la difficulté rencontrée lors de l'usage ou de la consommation du produit.

3.1.2. La marque du distributeur

Pour vendre, un fabricant a besoin des distributeurs. Le premier cherche à atteindre la taille minimale d'efficience, et de ce fait, se trouve à la tête d'une production importante (ceci n'est plus vrai dans des produits de très haute technicité ou de haut luxe), tandis que le distributeur a une implantation territoriale marquée. Pour bien répartir ses ventes sur tout le territoire, le fabricant doit donc avoir recours aux multiples distributeurs. Ils se sont concentrés, ce qui a apporté des changements dans leur pouvoir de négociation et, éventuellement, dans le rôle fondamental qu'ils ont à jouer.

Un distributeur remplit des fonctions de commercialisation essentielles : d'abord mettre le produit à disposition dans un lieu où le consommateur peut simplement se rendre, ensuite faire en sorte que le produit soit toujours disponible, enfin offrir au consommateur une taille de lot qui corresponde à sa consommation (et non pas une taille de lot qui corresponde à la sortie d'usine). L'on pourrait ajouter à ces trois fonctions un certain risque financier et son financement. Cependant, l'on sait que la « grande distribution » a réduit cette fonction au point où elle ne supporte pratiquement plus aucun risque financier et ne finance plus le cycle commercial sur la majorité des produits qu'elle vend. Les conditions de paiement sont d'une telle durée que lorsque le paiement intervient, la marge accumulée sur la durée du crédit fournisseur est suffisante pour honorer la facture.

La distribution se doit d'accomplir ces tâches au moindre coût. Elle a effectué sur ce point de merveilleux progrès, par la maîtrise des fonctions de logistique et de distribution. Elle a aussi utilisé son pouvoir de négociation vis-à-vis de ses fournisseurs. Puis elle a franchi un pas supplémentaire en relançant en 1975 des marques de distributeur[1], c'est-à-dire des marques exclusives de l'enseigne des magasins. L'évolution s'est faite progressivement en phases successives : maîtrise des coûts des fonctions de marketing, puis exercice accru de la négociation et enfin, lancement offensif de marques de distributeurs (produits drapeaux, marques propres).

L'enchaînement du raisonnement du distributeur a été de contrecarrer certains fabricants ayant des marques trop demandées à leurs yeux par les consommateurs. Carrefour, par exemple, a dit longtemps dans le public qu'il était le magasin le moins cher. Les grandes marques et les autres se vendaient dans ses magasins à des prix d'un niveau inégalé des concurrents. Puis, certaines sociétés de distribution ont réussi à faire aussi bien que Carrefour, donc le discours devait être changé car devenu sans crédibilité. Les « produits libres », produits drapeaux très ingénieux sur le fond, ont permis de remplacer le discours ancien : « Le meilleur rapport qualité/prix se trouve chez Carrefour sur les produits libres ». Il a donc fallu afficher plus nettement vers quel produit la société conseillait ses consommateurs de détourner leurs achats.

---

[1] Certes, les marques de distributeur sont bien antérieures (Coop, Beaumont, Forza, Casino). Mais elles figurent désormais parmi les éléments déterminants de la stratégie des distributeurs.

Le distributeur en est venu à sélectionner des produits sur lesquels il engage son nom et éventuellement sa responsabilité. Mais l'on comprend bien que son rôle, sur ce dernier point, ne peut être que celui de faire le bon choix de ses fournisseurs. Il peut garantir qu'il a sélectionné des fabrications de qualité, mais ne peut garantir autrement les qualités intrinsèques et permanentes de chaque produit. Pour faire le parallèle avec ce qui fut dit ci-dessus, il peut montrer à son client qu'il a testé et choisi les meilleurs produits qu'il lui propose maintenant d'acheter. Mais demeure fondamentalement le fait que seul le fabricant est le garant du produit, le distributeur, quelle que soit la force de sa marque, n'est que le responsable de la mise en marché.

Sur ce point, Cotta (1985) développe une argumentation différente : « L'industriel peut modifier sans cesse l'aspect extérieur de ses productions, en les différenciant et les renouvelant. Mais il n'est pas fondamentalement un spécialiste de la séduction. Il ne connaît jamais directement l'épreuve du contact avec le consommateur. Le commerçant occupe cette place où seul, il éprouve le succès ou l'échec des opérations à « faire acheter ». Aussi lui appartient-il d'être beaucoup plus que l'industriel, le maître des images, le producteur de l'immatériel. »

Cette argumentation oublie que la communication n'est pas une image plaquée, mais bien l'expression de différences portées par le produit. Elle ne tient pas assez compte du progrès technique et de l'innovation. Le rôle de l'industriel est de produire en permanence du nouveau, de la meilleure performance et de le faire connaître. Le distributeur communique plutôt à propos de son enseigne de magasins, seulement accessoirement à propos des produits. La communication est nécessairement faite à partir des différences d'attributs entre produits, même si elle s'exprime dans un langage symbolique. La considérer comme exclusivement « immatérielle » serait très dangereux pour le consommateur.

Le « commerçant » n'est donc pas seul à éprouver le succès ou l'échec des opérations destinées à « faire acheter », et spécialement dans le cas des produits et des technologies nouvelles. Quant au distributeur « maître des images », et « producteur de l'immatériel », pour élégantes que soient les formules, elles demeurent dénuées de contenu économique.

Pour que le distributeur soit le responsable au sens plein du produit qu'il distribue, il faudrait qu'il devienne le « donneur d'ordres » dans toute l'acception des termes. Un cahier des charges, totalement établi par lui, un achat des matières premières fait par le fabricant, mais au plus sur sa délégation expresse, un contrôle très exact des procédés de fabrication, permettraient alors de dire qu'il est le « donneur d'ordres » et que le fabricant n'est plus qu'un sous-traitant. Alors, et seulement alors, le distributeur peut garantir le produit pour le consommateur.

3.2. L'asymétrie

Le fabricant a besoin idéalement de tous les distributeurs pour vendre, car c'est le seul moyen pour lui de répartir sa production sur tout le territoire national. Le distributeur, à l'évidence, n'a non seulement pas besoin de tous les fabricants, mais se fait un devoir de les sélectionner, tant il est vrai qu'il possède un certain pouvoir local de monopole de vendeur. Cependant, le client est libre de choisir le magasin dans lequel il souhaite faire ses achats.

Ecalle (1986) a fait quelques estimations de la concentration du commerce de détail par enseigne, dans 325 arrondissements de la France métropolitaine. En ce qui concerne la grande distribution à vocation alimentaire, la part de marché moyenne de la première enseigne est de 39 %, avec la distribution statistique suivante :

Tableau 1. Part de marché de la 1ère enseigne de magasin par arrondissement

Part de marché	Nombre d'arrondissements
< 30 %	91
30 % à 45 %	152
45 % à 60 %	59
> 60 %	239

Source : Ecalle F.

Le développement de l'urbanisme commercial est tel dans les faits qu'un client peut s'adresser à 2 parfois 3 hypermarchés situés dans sa zone de chalandise. L'hypermarché a une implantation locale, concurrencée parfois par un ou deux partenaires.

Du côté du fabricant, le refus d'acheter d'un distributeur est fort dommageable, du côté du distributeur, le refus de vente du fabricant n'a pas une importance équivalente, voire n'a aucune importance du moment qu'un autre produit d'un autre fabricant se trouve disponible à la vente. Par exemple, le yaourt entre pour 1,5 % du CA de Carrefour et est fourni à 0,5 % par Danone. En revanche, Carrefour représente 8 % du CA de Danone. L'asymétrie entre la position du fabricant et celle du distributeur est encore plus flagrante dans le cas des marques de distributeur. En effet, dans ce cas, le consommateur fait confiance au distributeur qui, lui, est alors totalement libre de s'approvisionner chez le fabricant de son choix.

Il a été indiqué précédemment que la marque de fabricant permettait la constitution d'un profit monopolistique nécessaire pour la conduite de l'entreprise en faveur de la R & D. La marque de distributeur et le profit monopsonistique[1] qu'elle permet n'a pas du tout la même justification économique.

[1] Profit monopsonistique : un seul acheteur.

Ce profit économique devrait servir intégralement à la poursuite de l'abaissement des coûts d'exécution des fonctions marketing, responsabilité de la distribution, et à l'investissement nécessaire au développement de l'urbanisme commercial.

3.3. Asymétrie et inéquité en matière économique

L'asymétrie est source d'inéquité économique. Un marché fonctionne de façon efficiente s'il permet l'allocation optimale des ressources entre tous les partenaires de la filière. Il doit donc rétribuer chaque intervenant de manière telle qu'il puisse poursuivre efficacement son rôle dans l'économie.

Le distributeur a une position telle qu'elle peut devenir dangereusement inéquitable, ce, très probablement, au détriment du fabricant. Certes, l'on peut objecter que finalement le consommateur bénéficie de cette inéquité puisque la distribution ne lui demande que des prix fort modiques, tandis qu'elle a réduit au minimum ses marges unitaires. L'argument est peut-être judicieux dans le court terme, mais dans le long terme, il cache l'insuffisance suivante : dans une filière, lorsqu'il existe un maillon qui, à cause de l'excès de concurrence, est incapable de retenir ses propres marges, il finit par ne plus remplir son rôle et provoque alors l'affaiblissement général de la filière. Loin d'assurer la répartition optimale des ressources, le maillon affaibli provoque un manque de développement de l'ensemble de la filière dont découle le manque de R & D à l'avenir.

La distribution peut aussi arguer du fait qu'elle peut intégrer verticalement certaines industries. Dans le cas où elle le ferait, ceci signifie qu'elle opèrera à marge réduite, donc sans efforts de R & D importants. Ainsi, la distribution ne peut intégrer verticalement que les activités aux technologies connues et sans demande de recherche particulière à cet instant ou à coûts de R & D réduits à ceux de l'imitation (Mansfield, Schwartz et Wagner, 1981). De plus, elle ne peut acquérir que les unités de production qui sont de taille compatible avec ses propres possibilités de distribution. Rien ne garantit, en effet, que la taille de la chaîne de distribution permette l'existence et la vie d'une industrie d'amont de taille optimale en termes d'efficience.

Il est très difficile d'imaginer la réciproque : un fabricant qui viendrait à intégrer des distributeurs de plein exercice jusqu'à pouvoir y écouler toute sa production. Ce serait une erreur stratégique grave, voire mortelle pour beaucoup d'industriels. Ainsi, la distribution peut imiter (ou faire imiter pour son propre compte) rapidement et peut-être assez facilement les fabrications des industriels, tandis que les industriels ne peuvent pas, jusqu'à ce jour, intégrer la distribution. Qu'un industriel vienne à souhaiter n'intégrer qu'un seul distributeur, vendant librement aux autres, cela ne pourrait aller très loin. Il est impossible de concurrencer ses propres clients sans créer une situation inextricable à gérer. Un distributeur, en revanche, peut très bien concurrencer certains de ses propres fournisseurs sans qu'il en résulte aucun dommage pour lui.

On pourrait donc dire qu'un distributeur peut, sans créer de trouble, intégrer verticalement un fabricant. La réciproque du fabricant n'intégrant qu'un distributeur, le condamnerait aux yeux des autres distributeurs, ses clients. Autre asymétrie bien connue de tous les industriels vendant à la grande distribution ! Dans un pareil contexte, il apparaît que l'interprétation de la marque du fabricant et du distributeur doit être différente, sinon, source d'inéquité. Ce qui n'est pas égal ne peut recevoir de traitement identique au risque de consacrer l'inégalité.

3.4. Le rôle du distributeur et de ses marques

La distribution s'est intégrée au sein de sociétés, certaines de grande taille, et a constitué des regroupements commerciaux au sein de centrales d'achat. Il y eut même le phénomène de super-centrales. Ce phénomène a été largement étudié au plan économique et il a été logiquement constaté qu'il avait eu un double effet : une rationalisation des fonctions marketing incombant à la distribution et une augmentation du pouvoir de négociation des centrales vis-à-vis des fabricants.

Cotta (1986), comparant les concentrations de l'industrie à celles du commerce (sans tenir compte de l'asymétrie entre elles) et y appliquant la théorie du duopole bilatéral, écrit : « La concentration industrielle est, à l'heure actuelle toujours plus avancée que la concentration commerciale et donc, la distribution française connaît encore un retard que la création des supercentrales ne suffira pas à combler. »

Cette opinion, pour être acceptable au plan de l'économie générale, devrait montrer clairement que, par l'accroissement de concentration, la distribution n'accaparerait pas de pouvoir de marché supplémentaire, mais effectuerait seulement des gains de productivité. Les conclusions publiques de la commission de la Concurrence sur les supercentrales de l'époque, ARCI (lettre de saisine du 15 octobre 1985), DIFRA et SEFAAL, confirment que l'avantage économique de celles-ci n'est pas avéré, mais que le pouvoir de négociation est accru. Il est donc probable que le progrès technique de toute la filière agro-alimentaire en est affecté.

La fonction économique générale de la distribution est bien d'effectuer la mise en marché de la façon la plus efficiente possible. Pour y parvenir, selon les mécanismes précédemment exposés, on conçoit que les marques de distributeur orientent la vente au consommateur vers les produits qui rapportent au distributeur des marges unitaires plus acceptables, bien que parfois les prix au consommateur puissent en être les plus bas. Le profit monopsonistique qui en découle permet le développement de sociétés de distribution effectuant, grâce à des investissements productifs, une amélioration permanente de la fonction de distribution.

Cependant, lorsque la grande distribution utilise son pouvoir de négociation pour obtenir des baisses de prix de ses fournisseurs et accroître son profit monopsonistique, il y a une limite qui est de ne pas abuser de la position dominante et ne pas effectuer de captation de la marge de l'industrie. Grâce à son pouvoir de négociation et à sa position asymétrique par rapport au fabricant, le distributeur peut cependant parvenir à capter une partie de la marge de l'industrie. Il existe un risque réel d'amener l'industrie à perdre jusqu'au bénéfice escompté de ses marques, et donc, par les mécanismes exposés précédemment (reliant innovation, risque et marque), à ne plus être capable ni désireuse d'apporter sa contribution à la croissance économique.

Ce risque peut être accru du fait que la grande distribution peut exercer son pouvoir discrétionnaire vis-à-vis du fabricant en lui refusant d'acheter ce qui ne lui convient pas, mais aussi ce qui ne lui plaît pas pour des raisons autres qu'économiques. Notamment, les produits nouveaux, surtout s'ils sont issus de petits fabricants ayant peu de poids vis-à-vis de la grande distribution, auront beaucoup de mal à s'implanter, d'abord parce que l'innovation n'atteindra pas du premier coup les taux de rotation souhaités par la grande distribution, mais seulement progressivement, ensuite parce que cette dernière fait payer au fabricant la différence présumée entre la rotation effective et la rotation optimale du produit en « vitesse de croisière ». En d'autres termes, l'investissement de l'innovateur industriel est augmenté du paiement du manque de marge que le produit nouveau engendre chez le distributeur. Ainsi, le distributeur ne prend pas de risque sur le produit nouveau, tandis que le niveau de l'investissement est augmenté d'autant chez le fabricant. Ceci élève encore la « barre » pour les innovateurs, en décourage un certain nombre et demande qu'un profit monopolistique supérieur soit retourné au fabricant pour son produit innovant.

Or, dans le cas de produits de marque de fabricant qui « réussissent » sur le marché, dès que la réussite devient patente, certains distributeurs cherchent une fourniture d'un produit identique sous leur marque chez un autre fabricant, prompt imitateur (Mansfield, Schwartz et Wagner, 1981). N'ayant pas supporté le risque de l'introduction du produit nouveau, le distributeur souhaite cependant en recevoir une partie du profit en stimulant l'imitation. Certes, il contribue de ce fait à la diffusion de l'innovation dans le public, et à la suppression de la rente du fabricant exclusif. Mais, si cela se produit très tôt dans l'évolution du produit sur le marché, cela peut aussi être un déni de profit monopolistique pour le fabricant, dont on a vu la nécessité pour l'innovation, la recherche et les investissements de développement et de commercialisation des nouveaux produits.

CONCLUSION

A long terme, il est clair que seul le fabricant peut innover, créer des technologies et des produits réellement nouveaux. Le distributeur ne le peut pas, et ce n'est pas sa fonction économique. Il demeurera toujours un problème de fond dans la conception même de la marque de distributeur qui ne peut pas être l'instrument de l'innovation future. Bien entendu, le rôle du fabricant vis-à-vis du consommateur est précisément de lui apporter toujours les produits issus de la dernière création scientifique, technologique et « design ».

La marque, forme souple et discrète de la protection nécessaire des produits vis-à-vis des concurrents, est une relative assurance pour le fabricant de recevoir le fruit de ses efforts, récompense du risque économique qu'il prend, sous forme d'un profit économique. Elle doit être maintenue car elle est la condition nécessaire du financement de la recherche et du développement industriel, déterminants immédiats de l'innovation et de la croissance économique future.

Accepter d'y substituer totalement des produits de marque de distributeur, est faire un raisonnement économique vide de tout contenu technologique, c'est-à-dire qui ignore les mécanismes de la croissance économique future qui passe nécessairement par le développement technologique et industriel.

L'innovation, celle qui se fonde sur de nouvelles et grandes technologies, est issue des fabricants les plus créatifs qui ont su habilement aller jusqu'à l'industrialisation et la vente sous marque de leurs produits. Ce sont ces fabricants qui font la croissance économique, celle que nous recherchons collectivement.

BIBLIOGRAPHIE

Baumol W. (1982), « Contestable Markets, An Uprising in the Theory of Industry Structure », *The American Economic Review,* March.

Bresnahan T.F. et Reiss C. (1987), « Do Entry Conditions Vary Across Markets ? », *Brookings Papers on Economic Activity,* N° 3.

Caves R.E. (1977), « Organisation Scale and Performance in the Grain Trading Industry », Harvard Institute of Research, Discussion Paper N° 546, Cambridge Mass.

Chamberlin E.H. (1933), *The Theory of Monopolistic Competition*, Cambridge, Mass., Harvard University Press.

Contensou F. et Yon B. (1986), « Les Fondements économiques de la concurrence : leur signification pour les industriels et les distributeurs », *IGIA*, Juillet.

Cotta A. (1985), « Distribution, concentration et concurrence », Institut du Commerce et de la Consommation, Juin.

Cotta A. (1986), « Le Face-à-face industrie-concurrence, éléments nouveaux et réflexions sur l'année 1985-1986 », Institut du Commerce et de la Consommation, Septembre.

Demsetz H. (1974), « Two Systems of Belief about Monopoly », in H.J. Goldschmidt, H.M. Mann, and J.F. Weston (ed), *Industrial Concentration : The New Learning,* Boston, Little Brown & Cy, pp. 164-184.

Ecalle F. (1986), « La Concurrence dans le commerce de détail en France », Journées de Microéconomie Appliquée, Nantes, Mai.

Friedman M. (1953), *Essays in Positive Economics*, The University of Chicago Press, pp. 16-23.

Lepage H. (1986), *Le Mythe de la concentration croissante*, Paris, Institut La Boëtie, Chap. 3, 4 et 5.

Levin R.C., Klevorick A.K., Nelson R.R. and Winter G.S. (1987), « Appropriating the Returns from Industrial Research and Development », *Brookings Papers on Economic Activity,* N° 3.

Mansfield E., Schwartz M. and Wagner S. (1981), « Imitation Cost and Patents : An Empirical Study », *The Economic Journal,* Vol. 91, December.

Martin S. (1988), « Market Power and/or Efficiency », *The Review of Economics & Statistics,* Vol. LXX, N° 2, May, pp. 331 et suite.

Péron A., « Connaître les règles de la concurrence », *ILEC,* Paris, sans date.

Porter M.E., (1979), « The Structure within Industries and Companies », « Performance », *The Review of Economics & Statistics,* Vol. LXI, May, pp. 214-227.

Rosenberg N. (1974), « Science, Invention and Economic Growth », *Economic Journal,* Mars, pp 90.

Scherer F.M. (1971), *Industrial Market Structure & Economic Performance,* Chicago, RandMc Nally.

Spence M. (1984), « Cost Reduction, Competition and Industry Performance », *Econometrica,* Vol. 52, N° 1, January.

Schumpeter J.A. (1950), *Capitalism, Socialism & Democracy,* New-York, Harper & Row.

Williamson O.E. (1975), *Markets & Hierarchies : Analysis and Antitrust Implications,* The Free Press, pp. 26-30.

Chapitre 9

Concepts et stratégies de marque au Japon

par Masaru Yoshimori

Dans ce chapitre, nous montrerons combien l'industrie japonaise doit son succès international à la forte image de ses marques. Cette image est entretenue grâce à des efforts constants pour identifier ce que les marchés veulent ou ce dont ils ont besoin, grâce aussi à la capacité de l'industrie japonaise de traduire ces besoins en produits par le biais d'une bonne coordination des activités entre les fonctions de R & D, de marketing et de fabrication. Ce chapitre montre aussi que les marques des industriels japonais, parce qu'elles sont solidement implantées nationalement et internationalement, leur ont permis de résister face au défi qu'a lancé la grande distribution à l'encontre du leadership exercé par les industriels dans les canaux de distribution.

Par marque, il faut entendre ici sa définition habituelle, soit un nom, un terme, un signe, un symbole ou un graphique, voire une combinaison des cinq éléments, qui sert à identifier les biens ou les services offerts par un vendeur ou par un groupe de vendeurs, et à les différencier de ceux offerts par des concurrents. De ce point de vue, le terme de marque peut aussi inclure le nom de la marque, c'est-à-dire cette partie d'une marque qui peut être prononcée verbalement, ou l'identité visuelle de la marque, c'est-à-dire cette facette d'une marque qui peut être reconnue mais qui n'est pas prononçable, ou même la marque déposée qui est une marque à laquelle il a été donné une protection juridique. Une marque peut également être identique au nom de l'entreprise qui la possède, en particulier lorsqu'une marque très connue est adoptée comme nouveau nom de l'entreprise qui la possède. Tel est le cas au Japon d'un assez grand nombre de grandes compagnies dont la marque la plus fameuse a été utilisée comme nom de l'entreprise elle-même. Tokyo Tsuhin Kogyo (Tokyo Telecommunications Industry Co.) est par exemple devenu Sony Inc. au moment où sa marque Sony s'est affirmée comme une marque globale. TDK, la marque leader en matière de bandes magnétiques pour la vidéo, a récemment pris la place de Tokyo Denki Kagaku (Tokyo Electric and Chemical Co.) comme nouveau nom de l'entreprise. Dans beaucoup de cas, le nom de l'entreprise et celui de la marque ne font qu'un : ainsi Bridgestone (pneumatiques), Kirin (bière), Suntory (spiritueux, liqueurs), Canon (caméras), Brother (machines à écrire, imprimantes), etc.

Lorsqu'une marque est bien perçue et solidement établie, elle devient une importante ressource pour l'entreprise, parce qu'elle facilite l'identification par les consommateurs et par les distributeurs en termes de qualité et de crédibilité, mais aussi parce qu'elle permet une protection juridique et assure la segmentation des marchés. Le but dernier d'une marque est par conséquence d'entrer en concurrence sur la base de facteurs autres que le seul prix grâce à la création d'un noyau de fidèles, c'est-à-dire de clients qui font preuve d'une loyauté exclusive à une marque qui est toujours la même. Ces fidèles se différencient ainsi de fidèles à la loyauté moins exclusive (qui se partagent entre deux ou plusieurs marques), de fidèles qui vont et viennent (qui passent d'une marque à l'autre), et de changeurs systématiques (qui ne manifestent aucune loyauté à aucune marque).

1. LES MARQUES DANS LE CONTEXTE SOCIO-CULTUREL JAPONAIS

Le contexte historique, les mœurs et traditions, les valeurs et la structure sociale conditionnent profondément le statut qu'occupent les marques au Japon et leur poids économique.

1.1. L'histoire et la culture

La marque est intimement liée à la conscience de soi qu'a le Japonais.

Erich Fromm a écrit que l'histoire de l'humanité est un processus par lequel les individus ont acquis une liberté croissante au fur et à mesure des siècles (Fromm, 1967, p. 47). L'Europe occidentale a certainement atteint à cet égard le niveau le plus avancé d'individualisme, à tel point qu'aujourd'hui cet individualisme crée problème pour l'intérêt général dont l'Etat ou même l'entreprise a la responsabilité. Si les Européens souffrent d'un individualisme excessif de ce point de vue, les Japonais de leur côté pourraient être décrits comme souffrant d'un manque de conscience de soi, ou d'une intégration excessive des individus au sein du groupe ou de l'organisation collective.

La raison peut en être attribuée au fait que les Japonais sont sortis de l'ère féodale il y a seulement environ un siècle, alors que les Européens avaient déjà goûté à une tradition de quatre siècles d'individualisme depuis la Renaissance. Certes, il y a aujourd'hui suffisamment de signes qui montrent que chez les

Japonais, les sentiments et les comportements de conscience de soi en tant que personne indépendante s'accroissent, et qu'ils s'affranchissent des pressions de groupe. Ceci dit, comparés aux Occidentaux, ils restent beaucoup moins égocentriques. Une autre façon de traduire ce fait est de dire que les Japonais restent beaucoup plus conformistes, ou, pour employer le terme de David Riesman, tournés vers les autres — « other-directed » (Riesman, 1973). Lorsqu'un individu n'a pas solidement établi son propre système de valeurs et de principes d'action, il tend à imiter, à suivre les autres personnes plutôt qu'à prendre la décision par lui-même. Comme le souligne Ronald Dore, japonologue anglais, les Japonais manifestent une obsession névrotique à être bien considérés par les autres (Dore, 1973).

Ce conformisme, cette sensibilité aux autres de la part des Japonais, ont vraisemblablement un impact profond sur leurs comportements d'achat. Ils n'utilisent guère leur propre jugement personnel en ce qui concerne l'estimation du rapport qualité-prix fondée sur les qualités intrinsèques d'un produit. En revanche, leurs comportements sont beaucoup plus dépendants d'une autorité externe telle que peut l'être la marque, mais aussi les leaders d'opinion ou la publicité à la télévision. Si la marque est bien établie, elle est souvent utilisée comme une des sources de garantie les plus valables au moment de la décision d'achat. Ceci est particulièrement vrai pour les produits tels que ceux de l'alimentaire, car leurs différences intérieures sont difficiles à évaluer de l'extérieur par les consommateurs. Pour des biens de consommation durables ou des spécialités, ceci joue beaucoup moins. Par exemple, Canon, longtemps le leader dans les appareils photographiques de type « Reflex Autofocus » a perdu sa position de numéro un au profit de Minolta dont le modèle A.7000 a de meilleures performances techniques que l'appareil de Canon, le AE-1. Récemment, Canon a de nouveau tenté de reprendre la tête grâce à son nouveau modèle EOS. Mais Kyocera, un nouveau venu dans l'industrie des appareils photographiques, menace à son tour la position de Canon grâce à sa marque Samurai. La force des marques japonaises à un niveau national et mondial est la résultante d'une concurrence intense entre les producteurs industriels.

En résumé, au Japon, une marque est un facteur important des décisions d'achat de la part du consommateur. Les producteurs n'hésitent donc pas à faire des investissements considérables afin d'accroître la notoriété des marques, grâce à une publicité agressive et à une promotion commerciale intense.

La marque, au Japon, fait aussi fonction de symbole d'identité et d'honneur pour la maison, pour l'entreprise.

Dans le Japon féodal, la marque n'était pas distincte du nom de la « maison », de l'entreprise. Ce nom avait une importance extrême, à ce point que tout était mis en œuvre pour en protéger la bonne image et, par dessus tout, pour la perpétuer. Ceux qui en ternissaient la réputation même par négligence avaient à réparer les dégâts au besoin par la mort.

Il est surprenant de constater qu'une telle mentalité a survécu chez les Japonais jusqu'à aujourd'hui. Encore à l'heure actuelle, il arrive, dans quelques cas, qu'un cadre dirigeant d'une entreprise se suicide parce qu'il a porté atteinte au bon renom de la compagnie à la suite de sérieuses erreurs professionnelles ou de sa participation à des affaires criminelles. L'exemple est connu du suicide, il y a quelques années, d'un cadre de Japan Airlines stationné à Anchorage. Il se donna la mort pour expier et se faire pardonner ce qu'il estimait avoir été une grave atteinte à l'image de sa compagnie. Il était responsable de la fourniture des repas aux passagers. Or un assez grand nombre d'entre eux souffrirent d'un empoisonnement alimentaire du fait des repas embarqués à l'escale d'Anchorage. Plus récemment, un cadre d'une entreprise commerciale japonaise se suicida après avoir été interrogé par la police lors du scandale des pots de vin liés à l'affaire Lockheed. Il laissa un testament qui s'achevait sur l'affirmation de sa part que le nom de sa compagnie était éternel. L'incident créa une sensation d'ampleur nationale, le Japonais se rendant compte à quel point les valeurs féodales telles que le fait de se vouer totalement à l'honneur de son entreprise et l'image de la mort comme expression ultime de l'acceptation de responsabilité, demeuraient encore vivantes chez nombre de leurs concitoyens.

Dans l'Europe pré-industrielle, les affaires familiales cessaient souvent d'exister ou changeaient de nom parce qu'elles étaient en situation de faillite ou parce que leurs propriétaires les vendaient pour rejoindre les rangs de l'aristocratie. Dans le Japon féodal, au contraire, on observait une remarquable continuité et stabilité des noms des entreprises. Car une compagnie commerciale, ou toute entreprise de ce type, n'était pas seulement une unité économique, elle formait aussi une communauté religieuse qui transcendait la vie physique de la famille qui la contrôlait. Les ancêtres occupaient une place presque divine : c'était donc une obligation religieuse à leur égard de préserver et d'accroître « Kamei », le nom de la maison, qui était la traduction concrète de la présence des ancêtres. Cette obligation à l'égard des ancêtres, qui forme une des deux composantes essentielles du Shintoïsme avec l'obligation à l'égard de la nature, a été le ressort de la prospérité à long terme et de la continuité des affaires familiales.

Cette préoccupation des compagnies commerciales du Japon pré-moderne à perpétuer les affaires familiales et donc le nom de la famille, se traduit dans une pratique répandue qui consiste à adopter un fils d'une autre famille, ou à promouvoir à partir du rang un manager capable mais qui n'a aucune relation de parenté. Ce fils adoptif, ce manager sorti du rang, se voit confier l'affaire lorsque le propriétaire n'a pas de fils ou que le fils n'est pas jugé comme un homme d'affaires à la hauteur. Bref, les considérations de famille et de parenté deviennent secondaires face au devoir sacré de la famille consistant à perpétuer la prospérité de l'affaire familiale et de la maison.

Cette dévotion extrême des hommes d'affaires envers leur entreprise, hier mais aussi aujourd'hui, s'explique en partie par ce legs de l'histoire. La détermination utilisée pour accroître ou défendre la valeur de la marque d'une entreprise est le ressort de nombreuses entreprises japonaises. L'exemple de Sony l'illustre bien.

L'importance qu'accorde Sony à sa marque est bien connue. Sony s'est toujours maintenu à l'écart des pratiques de l'OEM (« original equipment manufacturing »). Cette politique s'explique par deux raisons : la priorité absolue accordée au fait d'établir sa propre marque, et la stabilisation du niveau de production. C'est ainsi qu'en 1955 Sony reçut une commande d'un importateur américain pour 100 000 postes de radio à transistors. Le président Morita refusa la commande car il voulait assurer la réussite de sa compagnie par la force de sa propre marque. Stupéfait, le client américain dit que personne aux Etats-Unis n'avait jamais entendu parler du nom de Sony. Morita répondit : « Il y a 50 ans, votre nom de marque à vous devait être aussi méconnu que le nôtre l'est aujourd'hui... Aujourd'hui, je décide de la première étape pour les prochaines 50 années de mon entreprise. Dans 50 ans, je vous promets que notre nom sera aussi fameux que celui de votre entreprise l'est aujourd'hui » (Morita, 1987, p. 84). Cette décision lui donna encore plus de confiance et d'orgueil. Morita pense que ce fut la meilleure décision qu'il eût jamais prise. Cet accent personnel donné à la marque ressurgit quelques années plus tard lorsqu'il proposa lui-même le « walkman » et donna l'ordre que cette marque soit adoptée malgré l'opposition des agences Sony de New York et de Londres qui estimaient le nom grammaticalement non orthodoxe. On connaît ce qu'il advint du succès commercial de ce nouveau produit et de cette nouvelle marque.

1.2. Le contexte sociologique

Au Japon comme ailleurs, la marque est un moyen de différenciation entre les statuts sociaux.

Le sens commun prétend que la société japonaise est une société homogène ethniquement et sociologiquement. De nombreuses recherches corroborent cette image, au point qu'il n'est pas nécessaire de développer de tels faits. Simplement, on notera par exemple que des enquêtes par sondages d'opinion annuellement menées par le gouvernement japonais montrent de façon récurrente qu'environ 93 % des Japonais s'identifient eux-mêmes comme appartenant à la classe moyenne. Le contraste est saisissant avec la France où, dans des enquêtes semblables, seulement 22 % de la population estime appartenir à la classe moyenne, alors que 36 % de Français interrogés disent appartenir à la classe supérieure et 42 % aux classes populaires. Peut-être les Japonais n'ont-ils pas de conscience de classe, en tout cas de la même façon que le manifestent les Français ou d'autres Européens. Les Japonais semblent accorder plus d'attention au prestige social, c'est-à-dire à la visibilité dont jouit l'entreprise pour laquelle ils travaillent ou à la profession qu'ils exercent, plutôt qu'à leur niveau de revenu ou à leur rang dans la hiérarchie des fortunes. Compte davantage pour un Japonais le fait de travailler dans une entreprise grande et bien connue, car c'est ce qui fonde le signe de son appartenance à l'élite sociale.

Or il n'est pas facile de montrer pour quel type d'entreprise l'on travaille. Dans une société qui se perçoit comme étant sans classes sociales, une des façons les plus faciles de se différencier les uns des autres, et donc d'exprimer son individualité, pourrait être le fait de posséder quelque chose qui soit suffisamment unique, prestigieux et cher, et que l'on puisse porter sur soi pour le montrer à son groupe de pairs. Ceci peut expliquer pourquoi tant de Japonais sont obsédés par l'achat d'articles de marque ayant une reconnaissance et un prestige international. De nombreuses marques européennes, surtout françaises, sont hautement appréciées au Japon. En France, les articles en cuir de Louis Vuitton, pour prendre cet exemple, sont principalement achetés par les gens vraiment à l'aise financièrement. Au contraire, au Japon, presque toutes les catégories d'hommes et de femmes, de la jeune étudiante aux personnes âgées de 70 ans, les moines bouddhistes inclus, en possèdent. La vitesse et le taux de pénétration de marques de prestige internationales sont certainement plus forts au Japon que dans les autres pays industrialisés. Il est très vraisemblable que pour beaucoup d'entreprises françaises et européennes à marques de prestige, les Japonais forment les premiers clients en termes de parts de leurs ventes totales et de leurs bénéfices.

La marque constitue aussi un critère de savoir-vivre dans l'échange de cadeaux.

En effet, l'échange de cadeaux demeure au Japon une coutume d'origine ancienne mais bien vivante. Cet échange se passe en juin et en décembre. L'attention qui est accordée par les Japonais aux marques notoires s'explique aussi par cela. Deux fois l'an, les Japonais offrent des cadeaux pour remercier ceux et celles qui ont fait quelque chose de spécial en leur faveur. Ainsi un ancien étudiant de l'université continuera à envoyer des cadeaux en remerciement à son professeur si celui-ci lui a trouvé un emploi ou une partenaire pour le mariage (les deux aides sont assez fréquentes au Japon). Ou bien une entreprise en fera de même envers d'importants clients pour les remercier de leur soutien et pour garantir la continuité des relations dans le futur. L'achat des cadeaux est financièrement rendu plus facile car des primes sont versées en juin et en décembre par presque toutes les entreprises au Japon. Ces deux mois sont les meilleurs de l'année pour les grands magasins et pour les boutiques de luxe.

Les cadeaux sont soigneusement choisis et ils sont emballés dans des emballages de papier ou de carton qui sont beaux d'apparence. L'éventail est large, allant des produits alimentaires aux produits cosmétiques, en passant par les articles pour hommes et pour femmes, etc. Leur prix s'étend de 1 000 à 30 000 yens, voire plus. Une règle importante du savoir-vivre stipule que l'article offert doit appartenir à une marque nationale notoire ou à une marque internationale prestigieuse, de manière à ce que le récipiendaire puisse facilement « mesurer » la valeur monétaire du don. Car il est entendu que plus le prix en est élevé, plus les sentiments de gratitude du bénéficiaire seront intenses à l'égard du donateur. Cela explique pourquoi il est si important de créer et d'entretenir la notoriété nationale des marques. De là naît toute la différence qui s'établit en termes de ventes pour les grands magasins et pour les boutiques spécialisées, entre un article qui est inclus dans la liste des cadeaux et un qui ne l'est pas.

Dès lors, une des préoccupations cruciales des professionnels du marketing japonais est d'accroître la conscience de marque et de maintenir la fidélité de marque.

Un troisième facteur sociologique qui explique la fonction de la marque tient à la préférence que manifestent les Japonais à l'égard des marques qui sont leaders.

Cette préférence semble accordée à la marque qui est la plus forte, qui jouit de la plus forte autorité au sein d'une même catégorie de produits. Des faits convergents vérifient une telle hypothèse. Par exemple, Toyota s'est maintenu comme la marque leader pendant de longues années (encore 44,9 % de part de marché au 1er semestre 1986), ce, malgré des efforts intenses déployés par ses concurrents sur le marché, notamment par Nissan. La même chose peut être dite de Seiko pour les montres (38 % de part de marché toujours au 1er semestre 1986), de la marque Kirin pour la bière (61,2 %), des dentifrices Lion (65 %), de la margarine Yukijirushi (41,5 %), de Nisshin pour les pâtes (33,4 %), de Shiseido (27 %) pour les cosmétiques, de Fuji (71 %) pour les pellicules photographiques en couleur, de Honda pour les motocyclettes de moins de 50 cm^3 (46,6 %) et de plus de 50 cm^3 (41,7 %), de Mitsukoshi pour les grands magasins, etc.

Ceci signifie qu'une fois devenu le numéro 1 sur le marché japonais, l'industriel peut difficilement être défié par ses concurrents. D'où l'obsession de la plupart des entreprises japonaises : détenir la plus forte part de marché. Cependant, les leaders sur le marché ne conservent pas leur position uniquement grâce à la force de leurs performances passées. Ils déploient constamment de formidables efforts pour se défendre contre les attaques sans cesse renouvelées de leurs concurrents. Le plus souvent, ils réussissent à protéger leur position sur le marché parce qu'ils disposent habituellement de l'avantage décisif que donnent des ressources supérieures à celles des entreprises qui les attaquent.

Une bonne illustration en est la célèbre bataille qui eut lieu au début des années quatre-vingts pour le leadership du marché de la motocyclette entre Honda, le n° 1, et Yamaha, le n° 2. En 1981, Yamaha décida de détrôner Honda. Le moment paraissait bien choisi par Yamaha, car Honda avait quelques soucis pour mettre au point de nouveaux moteurs qui soient conformes aux normes anti-pollution de l'air. Honda était aussi en train de gérer une autre priorité, le développement de nouveaux modèles pour sa ligne de voitures particulières. De ce fait, les motocyclettes ne recevaient aucune attention prioritaire à cette époque de la part de la direction de Honda.

La bataille fit rage en 1982. La stratégie cruciale pour chaque rival résidait dans l'introduction rapide de nouveaux modèles. Yamaha sortit 26 modèles cette année-là. Mais Honda fit face au défi en lançant sur le marché 40 modèles, soit presque un nouveau modèle par semaine, ce qui représentait un accroissement de 85 % par rapport à 1981 en termes de nouveaux modèles. Des vendeurs se plaignaient qu'un nouveau modèle était annoncé même avant que le précédent ne fût encore livré et disponible sur le marché. Les « vieux » modèles furent vendus avec des rabais allant jusqu'à 60% par rapport au prix public. Dans quelques cas, une moto coûtait même moins cher qu'un vélo.

En juin 1982, Honda proclama sa victoire sur Yamaha, sur la base d'invendus atteignant 340 000 unités. Car Honda estima qu'avec un tel stock et ses conséquences, Yamaha n'était plus capable de poursuivre le défi. Ce fut aussi l'avis des observateurs de l'industrie. Bientôt le président de Yamaha fut remplacé.

Tableau 1. Parts de marché au Japon de marques leaders (de la 1re à la 4e) dans quelques secteurs (1986) (en %)

	Marque classée			
	N° 1	**N° 2**	**N° 3**	**N° 4**
Automobiles	Toyota 44,9	Nissan 26,6	Honda 10,1	Mazda 6,4
Motocyclettes < 50 cm^3 > 50 cm^3	Honda 46,6 41,7	Yamaha 33,2 31,9	Suzuki 20,0 16,5	Kawasaki 0,2 9,8
Lecteurs de compact-disques	Sony 28,0	Matsushita 14,0	Yamaha 10,0	Pioneer 8,0
Ordinateurs (usage général)	IBM 26,7	Fujitsu 22,0	Hitachi 17,0	NEC 16,5
Ordinateurs (personnels)	NEC 47,0	Fujitsu 19,0	IBM 7,0	Sharp 4,0
Cosmétiques	Shiseido 26,9	Kanebo 12,0	Pola 7,8	Kob. Kosei 6,0
Pâte dentifrice	Lion 65,1	Sunstar 21,8	Kao 6,0	Coop 3,4
Films couleur	Fuji 71,0	Sakura 16,0	Kodak 13,0	—
Tracteurs agricoles	Kubota 37,1	Yanmar 22,9	IHI 13,4	Iseki 12,3
Convoyeurs et lève-palettes	Toyota 33,2	Komatsu 17,5	Nissan 13,3	Toyo 11,9
Calculatrices manuelles	Casio 46,4	Sharp 38,0	Canon 9,2	Toshiba 3,2
Bière	Kirin 61,2	Sapporo 19,7	Asahi 9,6	Suntory 9,5
Margarine	Neosoft 41,5	Rama 19,0	Marina 15,0	Boden 11,5

Source : Extraits de Nikkei Sangyo Shimbun, Shijosenyuritu (Market Share), 1986.

Il est clair que Yamaha a sous-estimé le potentiel de contre-offensive dont disposait Honda. L'analyse financière montre qu'en 1981, Honda l'emportait sur Yamaha par une marge de 3 contre 1 en termes de cash-flow, de ventes et de valeur du bilan. Par ailleurs, Honda pouvait subventionner sa division des motocyclettes grâce à ses revenus dégagés par la division des automobiles, alors que Yamaha était une compagnie monoculturelle, ne produisant que des motos.

2. LA MARQUE COMME ARME STRATÉGIQUE

Au Japon, la marque constitue un vecteur tout à fait essentiel dans la concurrence économique.

2.1. Marque-propre et marque nationale

La marque-propre — souvent appelée marque de distribution — est une marque conçue et possédée par un commerçant, alors qu'une marque nationale est celle qui appartient à un producteur. La marque-propre se cale sur le concept et les spécifications techniques d'un produit déjà existant sur le marché. Le développement des marques-propres fournit un bon indicateur du pouvoir accru dont des distributeurs bénéficient, et de leur désir de contrôler les termes du marketing-mix dont la marque constitue l'élément-clé. Ce n'est donc pas un hasard si au Japon la marque-propre a été considérée par beaucoup de grands distributeurs, pendant les premières phases de son développement, comme une décoration, une consécration de leur victoire. Pour cette raison, il importe d'examiner les circonstances qui ont conduit à cette situation au Japon. De ce point de vue, le concept de domination des canaux de distribution est très utile.

Par domination du canal de distribution, il faut entendre ici le contrôle et l'influence dominants qu'exerce un membre d'un canal (producteur, grossiste, détaillant, associations ou coopératives de consommateurs) sur les autres membres de ce canal par rapport à des décisions concernant le prix, le produit, la promotion, le choix d'un canal. Au Japon, les canaux de distribution peuvent être classés en quatre catégories de base en fonction du critère de leadership dans le canal. Les canaux peuvent être contrôlés par :

1. les producteurs,
2. les grands distributeurs,
3. les détaillants,
4. les coopératives de consommation.

Dans les années soixante, au moment où le Japon connaissait une forte croissance économique, le rôle décisif de leader de canal était joué par les grands producteurs. Leur position dominante était assurée par leurs marques nationalement reconnues et promues, ainsi que par leurs techniques modernes de marketing importées des Etats-Unis. Au milieu des années soixante, les chaînes de grande distribution connurent une croissance spectaculaire grâce à leur politique de vente à marge faible, de roulement rapide de leurs stocks et de multiplication des points de vente. Les années soixante-dix coïncidèrent pour leur part avec l'émergence d'un nouveau type de distribution de masse[1] spécialisé dans les produits électriques, électroniques ou les appareils photographiques. Dans le tableau ci-dessous, cette évolution de la structure de la distribution au Japon se traduit en particulier par l'accroissement progressif de la part des magasins libre-service au détriment des commerçants de détail de type traditionnel.

Tableau 2. Parts de marché des différents types de commerce de détail

Année	Grands magasins	Libre-service		Détaillants traditionnels	Autres	Total
		Total	Dont grandes surfaces			
1968	7,8	6,2	Non connu	86,0	—	100
1970	8,1	7,4	Non connu	84,5	—	100
1972	8,4	8,7	(4,4)	81,0	1,9	100
1974	8,8	10,6	(5,4)	78,4	2,2	100
1976	8,2	12,0	(5,8)	77,4	2,3	100
1979	7,7	14,5	(6,6)	76,1	1,7	100
1982	7,5	15,5	(6,8)	77,0	—	100

Sources : Statistiques du Commerce, MITI, complétées par des estimations établies par Ryutu Sangyo Kenkyujo, à partir de Ryutu Sangyo no Joho Kakumei (Information Revolution in Distribution Business), Nihon Keizai Shimbun, 1987, p.78-79.

Cependant, d'une manière générale, les producteurs ont su garder la maîtrise des canaux jusqu'à ce jour, malgré la percée réalisée par la grande distribution. Leur taille leur a donné un avantage décisif pour identifier les nouveaux besoins du marché et pour les transformer vite, et en permanence, en autant de produits nouveaux. De même, ils ont été capables de réaliser des promotions commerciales massives au niveau national et international. D'où, en conséquence, une

[1] Distributeurs de masse, grande distribution ou magasins à succursales multiples sont employés dans ce chapitre comme des termes équivalents pour désigner des supermarchés (alimentaires et non-alimentaires, avec une surface de vente supérieure à 1 200 m^2), des commerces de proximité (situés à 5 ou 10 minutes de marche des clients, d'une surface de moins de 300 m^2, offrant des produits de base, ouverts en général de 9 heures du matin à 11 heures du soir), et parfois des magasins spécialisés pratiquant le discount; ces 3 types de commerce sont caractérisés par le libre-service, des méthodes de vente de type discount, et un système de gestion par la chaîne nationale ou régionale d'appartenance. Les grands magasins n'en font pas partie.

image de marque qui reste stable, le leadership maintenu sur les canaux, et un pouvoir de négociation qui demeure fort face aux grands distributeurs. On peut même affirmer que ce sont les producteurs de ce type qui, avec leurs marques nationales fortes, ont fourni une base solide pour la croissance des grands distributeurs. C'est là une autre façon de dire que les industriels japonais, qui ont des marques fortes, ont réussi à se protéger contre les tentatives répétées des grands distributeurs pour disputer leur contrôle sur le canal.

En d'autres termes, les grands distributeurs japonais n'ont pas conquis la même position de force comme membres du canal que leurs collègues américains ou européens. Leur croissance a été également ralentie du fait de la résistance opposée à leur encontre par les détaillants traditionnels, qui s'est traduite par une législation commerciale sévère contre la grande distribution. Le système de distribution au Japon, par conséquent, est certainement, parmi les pays industrialisés, un des plus retardés, non compétitifs et inefficients. Le contraste entre son état et celui de l'industrie qui est, elle, fortement compétitive, est spectaculaire.

Ce contrôle dominant qu'exercent les producteurs sur un canal de distribution est donc une caractéristique distinctive du commerce au Japon. Nul doute que la force des marques des producteurs y soit pour beaucoup.

En même temps, les chaînes japonaises de grande distribution, tout comme leurs collègues occidentales, ont construit leur croissance rapide de 1960 à 1975 grâce à une stratégie de cassage de prix ou de discount des marques nationales. Leur volume d'achat s'accroissant, et accroissant de ce fait leur pouvoir de négociation face aux producteurs, les grands distributeurs ont peu à peu développé leurs propres produits pour les vendre sous leur propre marque. Depuis 1975 environ, et en même temps du fait du choc pétrolier, la croissance de la grande distribution s'est ralentie quelque peu. Davantage de concurrents nouveaux sont entrés sur le marché. La concurrence s'est accrue entre grands commerces de détail, et entre ceux-ci et les petits détaillants indépendants. Ces derniers se sont protégés contre ceux-là grâce à une campagne politique qui a conduit les pouvoirs publics à adopter une réglementation semblable à la loi Royer en France. Les petits commerçants étaient particulièrement sensibles aux politiques de discount pratiquées par les grands distributeurs sur les marques nationales. En conséquence, les producteurs ayant des marques nationales fortes furent obligés et contraints d'assurer une pression sur les grands distributeurs pour que ceux-ci maintiennent les prix au détail et ne les cassent pas, ce qui rendit de plus en plus difficile la pratique des grands distributeurs en matière de discount agressif sur les marques nationales.

Dans ce contexte, les grands distributeurs développèrent une stratégie de recours à des marques-propres ou d'enseigne. De leur point de vue, les avantages suivants pouvaient être attendus.

— Des marges accrues, grâce à des prix d'achat plus bas du fait de l'achat direct aux producteurs qui court-circuite les grossistes.

— Un meilleur contrôle des grands distributeurs sur les prix publics. Un sondage d'opinion a suggéré qu'une différence de prix de 25 à 35% déclenchait le transfert des marques nationales vers les marques-propres.

— Un meilleur contrôle de qualité, une meilleure homogénéité des produits.

— Le fait d'offrir un éventail de produits-propres à l'enseigne s'adaptait mieux aux spécificités de la clientèle de l'enseigne.

— Un pouvoir de rétorsion face aux marques nationales, grâce au fait que le coût bas d'achat de marques-propres accroît le pouvoir de marchander face aux producteurs.

Ces avantages doivent être confrontés à ceux des producteurs qui sont:

— l'utilisation de sous-capacités ou de sur-capacités,

— la réalisation d'économies d'échelle,

— un savoir-faire supérieur en matière de fabrication des produits.

En ce qui concerne l'utilisation de capacités excédentaires, il est vrai que la plupart des industriels japonais et asiatiques ont tendance à vendre au prix marginal, c'est-à-dire à facturer seulement le coût marginal, ou celui-ci plus un petit profit. Ceci est le cas lorsqu'une entreprise donne la priorité à la croissance sur le profit, ou si elle veut accroître sa part de marché. Cette méthode de fixation des prix est aussi employée lorsqu'une entreprise veut obtenir des commandes pour survivre et pour maintenir la sécurité de l'emploi de son personnel. Pour les Japonais, il n'y a rien de faux ou de mauvais à cela, juridiquement ou moralement. Cette méthode devient particulièrement populaire lorsqu'un produit entre dans une phase de maturité ou de déclin de son cycle de vie, dans un contexte de grosse surcapacité de production. Le concept utilisé en Europe pour établir le prix est différent. Le prix de vente est maintenu stable quel que soit le taux d'imputation des coûts fixes. Cette différence s'explique en partie par le système japonais en matière d'emploi.

Lorsqu'une entreprise japonaise est en difficulté, en sur-capacité, la priorité devient la sécurité de l'emploi, non pas la sécurité des profits. Fixer des prix marginaux consiste à assurer du travail aux salariés, de façon à résorber en tout ou en partie les coûts fixes dont les coûts de personnel forment un élément essentiel. Si les dirigeants d'entreprises japonaises avaient la même liberté que leurs collègues européens pour gérer la sécurité de l'emploi et pouvaient mettre à pied le personnel excédentaire, leur comportement en matière de prix serait certainement très différent.

En fait, dès 1969, quelques rares observateurs européens avertis se rendent compte que les entreprises japonaises sont poussées par des motivations différentes de celles qui animent leurs collègues européens. « Dans le même esprit, toute la philosophie de la vie professionnelle dans l'entreprise est beaucoup moins dirigée qu'en Occident par des questions d'argent et de profit, et les problèmes ne se jugent pas en premier lieu par des critères monétaires. L'enrichissement de la firme elle-même n'est pas toujours l'objectif majeur de ceux qui la conduisent. Ils préfèrent souvent le progrès au profit... Au Japon, on verra beaucoup plus fréquemment une firme se lancer dans une fabrication pas forcément très rentable, si elle est importante pour le prestige du groupe auquel appartient l'entreprise ou simplement pour l'intérêt général. » (Guillain, 1963, pp. 70-71)

C'est dans les années soixante-dix que se développent les marques-propres ou de distribution.

Leur part atteint déjà 20 % du volume total de vente réalisé par certains des plus grands distributeurs, et ce, dès 1973. En 1975, 18,6 % des sauces de soja, 15,2 % du soja fermenté utilisé pour la soupe, 14 % des pâtes, et 9,8 % des soupes en conserve vendus en grande surface sont des marques-propres. Celles-ci étaient à l'époque, et demeurent encore aujourd'hui, utilisées pour des produits d'alimentation transformés, pour des articles de toilette et pour les habits.

Au cours de cette première phase du recours aux marques-propres, les commerçants étaient essentiellement soucieux d'accroître leurs marges et de placer le nom de l'enseigne sur quelque produit que ce soit offert par des petits ou moyens industriels. Peu d'efforts étaient consacrés au développement de concepts solides et de spécifications pour créer des produits à marque-propre qui soient suffisamment différenciés de ceux offerts par la concurrence. Les marques-propres étaient bon marché mais de mauvaise qualité, telle était leur image en général.

Les producteurs de marques nationales n'ont jamais été des fournisseurs importants de marques-propres. Ils se sentent à l'aise avec leur marque établie et considèrent qu'il est suicidaire pour l'image de leur marque de fournir la grande distribution en marques-propres. Ce sont de petites et moyennes entreprises qui jouent ce rôle, car elles ne disposent d'aucune marque ou leur marque reste méconnue. Le Japon est réputé disposer d'un important réservoir d'entreprises situées en marge des grandes : ce sont elles qui fournissent les marques de distribution. Beaucoup d'entre elles se spécialisent dans ce travail pour le compte de divers grands distributeurs. Ne disposant pas d'une marque à elles, elles deviennent prisonnières de leurs clients : leur liberté d'action est limitée. Elles sont à la merci des grands distributeurs, en situation précaire. De ce point de vue, il en va de même pour des entreprises travaillant en OEM (Original Equipement Manufacturer) pour des entreprises tierces. Ceci est un aspect inévitable du capitalisme japonais, qui prend appui sur une conception plutôt primitive du darwinisme social.

Depuis la crise pétrolière de 1973, le comportement des consommateurs a radicalement changé. Aujourd'hui, les consommateurs ont une vue beaucoup plus aiguë quant au rapport qualité-prix : les prix bas à eux seuls ne sont plus leur seule référence. Ceci a contraint les grands distributeurs à revoir de fond en comble leur stratégie en matière de marque-propre. Ces derniers ont donc développé à partir d'une écoute très attentive de leurs clients et consommateurs, des produits à marque-propre, très spécifiques et ayant un statut réel.

Le cas de Daiei illustre bien le comportement de défi et d'agressivité à l'égard des producteurs de marques nationales qui a été celui des grands distributeurs à la fin des années soixante et au début des années soixante-dix.

En 1970, Daiei, qui était déjà la plus grande chaîne de supermarchés au Japon, offre sur ses rayons ses propres postes de télévision en couleur de 13 pouces sous sa marque-propre « Bubu », et ce à un prix qui est d'environ la moitié de celui des marques nationales. Cette initiative fait la une dans la presse, car elle marque la première tentative de la part d'un grand distributeur de créer une marque-propre dans les biens durables de consommation. Plus important encore, ceci était monté grâce à la prise de participation que détenait Daiei dans le capital de Crown, un petit industriel électronique. Cette intégration verticale en amont prit le statut de symbole de la « victoire » des grands distributeurs sur la domination traditionnelle jusque-là exercée par les producteurs.

Cette stratégie de marque-propre se termine sur un échec. Six ans plus tard, en 1976, Daiei vendit sa participation dans Crown. Pour quelles raisons ?

— Daiei ne pouvait pas garantir un volume de ventes suffisant pour Crown avec seulement une taille d'appareils de TV en couleur.

— Daiei vendait des appareils à bon marché, et c'était à peu près le seul avantage qu'ils offraient au consommateur. En revanche, leur conception, leur « design », leurs qualités techniques, étaient très inférieurs. Bref, le produit n'était pas très développé et ne pouvait pas entrer en concurrence avec ceux des marques nationales.

— Daiei ne pouvait pas suivre le rythme imposé par les industriels à marque nationale qui introduisaient constamment sur le marché des appareils nouveaux, d'aspect et de technicité améliorés, car il n'avait pas le même niveau de R & D, ni les ressources techniques dont bénéficiait la grande production.

— Qui plus est, Daiei ne pouvait pas tenir tête aux grossistes et aux sous-grossistes, liés aux marques nationales, puissants, bien organisés et concentrés géographiquement dans le quartier de l'électronique existant dans chaque grande ville où se lancent chaque semaine 1, 2 ou 3 nouveaux modèles.

— Un autre facteur pénalisant pour Daiei était sa disponibilité fort limitée en service après-vente. Ce dernier n'était offert que dans les points de vente de Daiei, beaucoup moins nombreux que le réseau de services offerts par les industriels et leurs marques nationales.

L'expérience malheureuse de Daiei servit de leçon. Une opinion généralement partagée se constitua : les marques-propres ne sont pas viables sauf dans des conditions précises :

— Les grands distributeurs doivent d'abord se concentrer sur les biens de consommation courante caractérisés par un volume élevé de ventes et une consommation stable : alimentation, etc.

— Ils ne doivent envisager la création de marques-propres pour des biens de consommation durables et à forte innovation technologique que lorsqu'ils auront accumulé suffisamment d'expérience et de ressources.

— Des produits relativement peu impliquants, banalisés, pour lesquels les goûts personnels et l'éventail de choix ne sont pas importants pour le consommateur, en constituent la base.

— Leur qualité est facilement identifiable et comparable avec les marques nationales concurrentes.

Aujourd'hui, grâce à des expériences telles que celles de Daiei, les grands distributeurs ont pris conscience de leurs faiblesses : ils ne peuvent pas rivaliser avec les producteurs pour développer et gérer des produits. En particulier, les producteurs de marques nationales puissantes disposent de moyens très sophistiqués pour identifier les besoins des segments de consommateurs, pour développer des produits adaptés, et pour mettre en œuvre avec succès leurs stratégies de marketing. L'expérience aidant, les grands distributeurs en sont venus à manifester une attitude coopérative à l'égard des industriels à marque nationale.

Le résultat du compromis qui s'est établi entre les deux parties prend la forme de « marques doubles » ou conjointes. Celles-ci combinent à la fois les marques du producteur et celles du distributeur. Elles s'appliquent à des produits conçus et élaborés de façon conjointe par les deux partenaires. Selon un tel accord, un distributeur peut espérer en tirer des marges plus fortes et différencier ses produits en prenant avantage de la crédibilité dont bénéficie une marque nationale. L'industriel, de son côté, peut accroître son volume de ventes pour un produit qui est déjà entré dans la phase de maturité de son cycle de vie. Il peut commercialiser des articles bon marché sans sérieusement risquer de mettre en danger son image, dans la mesure où ces articles sont distribués par un canal de distribution séparé, c'est-à-dire par la grande distribution. Daiei, par exemple, a conclu un tel accord de marques conjointes ou doubles avec Shiseido et Kanebo, toutes deux marques nationales leaders en cosmétiques. Des accords identiques ont été conclus avec Koa, Suntory, Kikkoman, etc., bref toutes des marques nationales leaders.

Tout compte fait, les marques de distributeur n'ont pas eu au Japon le même développement qu'elles ont rencontré en Europe et aux Etats-Unis.

On estime qu'en moyenne la part des marques de distributeur s'élève à seulement 20 % des ventes totales de la distribution au Japon aujourd'hui. Ceci n'a rien de comparable avec la situation aux Etats-Unis où, par exemple, Sears Roebuck assure 70 % de ses ventes par des marques-propres, dont 30% lui sont fournies par ses propres usines, 30 % par des entreprises appartenant au groupe et 40 % par ses sous-traitants. Aucun grand distributeur n'a réussi au Japon à atteindre le succès qui a été celui de Carrefour en France avec les « produits libres ». Au Japon, les marques-propres restent perçues comme inférieures en termes de qualité aux marques nationales. Une raison plus fondamentale, cependant, réside dans la forte attraction qu'exercent les marques nationales établies, marques contre lesquelles aucun grand distributeur n'a été jusqu'à aujourd'hui capable de monter une attaque en règle. De ce fait, les marques nationales n'ont jamais souffert d'un abus de pouvoir de la part des grands distributeurs. La notoriété de leur marque a été la meilleure ligne de défense des industriels contre de telles tentations ou tentatives.

2.2. La stratégie de la gamme complète

Une des caractéristiques remarquables de la stratégie japonaise de marketing réside dans le fait d'approvisionner presque tous les segments d'un marché, du haut de gamme au bas de gamme, à l'aide de produits différenciés. La standardisation n'est pas la règle, bien au contraire. Ce qui domine le marketing japonais est la diversification, ou la stratégie de la gamme complète. Cette dernière est particulièrement utilisée par les leaders d'un marché.

Honda par exemple, qui contrôle la plus forte part de marché, offre plus de 100 modèles qui sont à même de s'adapter aux caractéristiques de la plupart des marchés dans le monde. Vers la RFA, Honda exporte des motocyclettes de cylindrées moyenne à grosse qui soulignent une image de performance mécanique. A l'intention du marché britannique, qui considère la motocyclette essentiellement comme un moyen de transport, Honda fournit des engins plus petits, de 125 cm^3, à couleurs sobres. Les Français de leur côté ont tendance à regarder la moto comme une espèce d'équipement sportif, et de ce fait préfèrent des machines aux couleurs vives, de style élégant, de puissance moyenne à forte et assurant des vitesses élevées.

Pour la bière, la multiplication de variétés de produits constitue une stratégie de marketing importante. En 1987, Kirin, le leader du marché avec ses 60 % de part, a lancé 8 nouvelles sortes d'emballages différents, de tailles différentes et de catégories de bière variées (pression, Pils, Alt, Heineken, etc.), soit au total 57 produits différents. Pour sa part, Sapporo, qui est le deuxième, a lancé 45, Asahi 46 et Suntory 39 références nouvelles de bière.

La stratégie de la gamme complète se traduit selon deux axes : par le niveau de qualité du produit (qualités ordinaires et supérieures pour le whisky, le café instantané, par exemple) et par le nombre de variétés (selon la taille, le conditionnement, les usages, les avantages, les goûts, etc.). Dans le passé, cette stratégie de la gamme complète reposait surtout sur des degrés ou niveaux de qualité. Plus récemment cependant, la diversité croissante et l'individualisation des besoins et des goûts des consommateurs ont déclenché une prolifération de lignes de produits offrant des variétés différentes.

Pourquoi cette insistance des entreprises japonaises en matière de stratégie de gamme complète ? On peut l'expliquer notamment par les facteurs suivants.

— Leur préoccupation constante pour le chiffre d'affaires et la part de marché. C'est l'explication la plus plausible. Cet objectif est atteint en satisfaisant autant de segments de marché que possible par la fourniture des produits les mieux adaptés à chaque segment.

— Cette stratégie consistant à couvrir tout le marché empêche les concurrents d'accéder au marché avec leurs propres produits. Mais surtout, la stratégie de la gamme complète permet à leurs clients d'opérer une montée en gamme dans le cadre des modèles de produits offerts par l'entreprise, assurant ainsi le fait que le passage par le client d'une marque à une autre ne se fera pas en faveur des concurrents.

— La stratégie de la gamme complète peut permettre un meilleur usage des coûts et dépenses de marketing tels que la publicité, la distribution commerciale et physique, dans la mesure où le coût est réparti sur des lignes de produits plus larges.

— Du point de vue des industriels, leur position de pouvoir face aux détaillants ou aux grossistes se trouvera renforcée car plus ces derniers ont en stock des produits d'un industriel, plus ils deviennent dépendants de leur fournisseur. On peut en arriver au point où le détaillant ou le grossiste ne peut pas poursuivre son activité sans la fourniture de marchandises de cet industriel. Le résultat final est que le leadership ou le contrôle du canal de distribution bascule en faveur de l'industriel. L'élargissement des lignes de produits exige beaucoup de risques et de coûts en termes de moyens de production et de dépenses de marketing. Seuls un manager de marketing résolu ou des dirigeants avec beaucoup de courage et d'esprit d'entreprise peuvent mener cette stratégie. Comme le suggèrent beaucoup d'entreprises qui l'ont réussie, cette politique dégage des récompenses substantielles.

La stratégie de la gamme complète, telle que l'utilisent les entreprises japonaises, recouvre deux politiques de marque différentes : une marque unique appliquée à une famille de produits, ou une politique multi-marques.

La stratégie de la marque-ombrelle consiste dans le fait de commercialiser diverses lignes de produits sous la même marque, marque qui peut être celle de la société ou de la marque leader de la société. Les motos Honda sont commercialisées sous le même nom, sous la même marque : Honda. Tour d'Argent, Fauchon, Pierre Cardin, Dunhill, Burberry's et la plupart des autres entreprises européennes de luxe vendent leurs diverses lignes de produits sous la même marque dans le monde entier. Cette stratégie est valable si le nom de la société ou le nom de la marque ont un pouvoir d'attraction puissant auprès des clients, et peuvent donc avoir une répercussion positive sur d'autres lignes de produits afin d'assurer une rapide pénétration du marché. Dans la mesure où il n'existe qu'une seule marque bien connue, la communication commerciale est tranchée et efficace suscitant ainsi la confiance du client. La rentabilité d'un investissement en marketing, spécialement pour la promotion, est donc très appréciable dans ces conditions.

La stratégie multimarques consiste à donner un nom de marque différent à chaque ligne de produit. Elle est une pratique courante au Japon en ce qui concerne les produits de consommation courante et les biens d'équipement pour le grand public. Matsushita possède plusieurs marques selon les attributs du produit considéré, Panasonic pour les ordinateurs personnels, Technics pour l'audio, National pour les appareils électriques. Pour les produits qui sont caractérisés par un haut niveau d'implication de l'ego du consommateur dans la décision d'achat tels que les systèmes audio, la plupart des industriels de produits bruns utilisent des marques différentes : Lo Di chez Hitachi, Diatone pour Mitsubishi, Aurex chez Toshiba, sont autant d'exemples connus. Seiko dispose de nombreuses marques pour ses montres de poignet : Alba pour le bas de gamme (moins de 10 000 yens), Dolce pour le haut de gamme (plus de 100 000 yens), Success, Socie, etc., pour le milieu de gamme. En ce qui concerne les ordinateurs personnels et les imprimantes, Seiko possède une marque tout à fait différente, Epson. Toyota, le leader pour les autos au Japon, offre 18 marques différentes qui permettent d'exploiter divers segments de marché : Century, Crown, Mark II, Corona 2000GT, Corolla Sprinter, Corolla, Publica, Chaser, Grande, Celica, Camouri, Tercel, Corsa, Starlette, etc. Shiseido, marque leader en produits de beauté, offre 5 marques différentes rien que pour ses lignes de produits liquides pour cheveux : Brabas, MG5, Vintage, Rhodos, Tactics, chacune de ces marques étant positionnée dans l'esprit du consommateur de façon un peu différente l'une de l'autre. La marque Lion pour sa part contrôle 70 % du marché japonais des pâtes dentifrices, ce qui constitue une part de marché très forte. Sa stratégie principale se décline dans le fait de proposer des produits à marques multiples à différents segments de marché ou de fonction. Les marques de base sont Dentar Lion et Clinica dont l'image colle à la prévention des caries dentaires. La seconde marque est Etiquette Lion et elle s'adresse à l'élimination de la mauvaise haleine. La troisième s'appelle White Lion et son trait distinctif est associé au fait de rendre les dents plus blanches et plus éclatantes.

La stratégie consistant à multiplier les marques offre beaucoup d'avantages. Elle permet d'abord à une entreprise de commercialiser de nouveaux produits qui ne sont pas compatibles avec le produit existant. Tel est le cas de Seiko, qui s'est diversifié dans les ordinateurs personnels et les imprimantes. En deuxième lieu, il est possible de concevoir une marque qui s'adapte au mieux au segment que l'on cible et avec des attributs différents de chaque ligne de produit. En troisième lieu, le fait pour un produit de ne pas réussir commercialement n'aura pas d'effets négatifs pour d'autres lignes de produits grâce à des noms de marque différents. Enfin, le fait pour un consommateur de passer d'une marque à une autre peut être contenu à l'intérieur d'un éventail de marques appartenant à la même entreprise, ce qui évite de perdre les clients anciens. Le danger le plus sérieux de la stratégie des marques multiples réside pour sa part dans la prolifération de noms et donc dans le risque de confusion auquel le consommateur peut être confronté, ce qui, de fil en aiguille, peut brouiller l'image de chaque marque et donc réduire l'efficience de la communication commerciale et publicitaire.

Tableau 3. Les stratégies de marque-ombrelle et de marques multiples

	Marque-ombrelle	**Marques multiples**
Image de la marque établie et conséquences pour les lignes de produits	Forte/positives	Normale/négatives
Ecart-type de parts de marché	Faible	Fort
Différenciation des lignes de produits	Faible	Forte
Budget de promotion nécessaire	Faible	Fort
Canal de distribution	Homogène et uniforme	Multiple
Taille de marché par marque	Faible	Forte

Source : adapté de Toshimi Tanaka, Saikin no Brand Gensho (Tendances récentes des marques), dans *Marketing Renaissance*, ed. Masao Uno, Seibundo Shinko, 1986, p. 234.

2.3. Investissements publicitaires et notoriété de marque

La publicité joue un rôle essentiel pour développer et entretenir la notoriété des marques et la fidélité aux marques. Signe d'une concurrence féroce, les sociétés japonaises prennent la publicité très au sérieux. Pour preuve, le nombre de panneaux et de signes extérieurs qui évoquent les marques de produits de consommation japonais, dans les aéroports, sur les stades, en ville et que l'on trouve presque partout en Europe. Même pour les Japonais, la surprise est grande de rencontrer dans les coins les plus reculés en Europe des réclames pour les machines agricoles. Cet effort de forte visibilité explique à coup sûr l'image agressive et la présence presque exagérée qui sont celles des produits et des sociétés japonaises en Europe et aux Etats-Unis, et qui peuvent sembler dépasser le strict nécessaire. Un autre aspect intéressant de la stratégie japonaise en matière de publicité réside dans l'usage de la télévision comme vecteur principal. Comme l'indiquent les chiffres, les sociétés japonaises donnent la préférence à la publicité télévisée, du moins si on les compare aux sociétés d'autres pays.

Cette approche publicitaire japonaise en vue de renforcer l'image et la notoriété de marque est bien illustrée par l'exemple de la stratégie de communication que Honda a choisie pour lancer ses motocyclettes aux Etats-Unis. Le slogan publicitaire de Honda « Vous rencontrez les gens plus sympathiques en Honda » est un cas classique. Il s'avérait nécessaire de construire une image positive de la motocyclette, l'image de ce produit héritier des années cinquante étant mauvaise car associée à des objets possédés par de jeunes voyous.

La priorité donnée à une publicité massive apparaît aussi à travers l'exemple de la concurrence à couteaux tirés que se livrèrent aux Etats-Unis les industriels

Tableau 4. Supports publicitaires en %

	Japon	Etats-Unis	RFA
Quotidiens	34,4	30,3	33,2
Hebdomadaires	5,4	9,9	32,4
Radio	4,9	6,7	3,3
Télévision	32,4	17,7	10,6
Correspondance directe	4,4	14,5	13,3
Autres	18,5	20,9	7,2
Total	100	100	100

Source : E. Uekusa, *Sangyososhikiron* (Organisations industrielles), Chikuma, 1978, p. 93.

japonais de motos et un fabricant américain, Harley-Davidson. Ce dernier jouissait d'un monopole virtuel — 99,6 % de part de marché en 1972 — sur les engins ayant une cylindrée de plus de 750 cm^3. Or ce monopole fut effacé en l'espace de 3 ans par des importations japonaises qui atteignirent 44,4 % en 1975. La tentative qu'entreprit Harley-Davidson de développer un nouveau segment de marché dans les petites cylindrées afin de contrer les importations japonaises échoua, et ce principalement à cause d'un montant insuffisant de publicité et d'un choix erroné de supports, de média. Lorsque Harley-Davidson lança une motocyclette de 100 cm^3, la Beja, en 1969, il fit appel à des hebdomadaires tels que « Cycle », « Boy's life » et « Playboy » pour provoquer la notoriété de la marque auprès des amateurs de moto. En 1973, Harley-Davidson investit la quasi totalité de son budget publicitaire, soit 255 000 $, dans des périodiques. Honda de son côté dépensa 2,5 millions de dollars, soit 10 fois plus que Harley-Davidson, dont 60 % sur les réseaux de télévision. Chacun des autres concurrents japonais dépensa de 450 000 à 800 000 $ en publicité durant la même période. En 1974, Harley-Davidson décida d'accroître son budget publicitaire à hauteur de 1,15 million de dollars, mais cette somme restait bien loin de celle investie par Honda qui atteignit alors 3,5 millions de dollars et qui, l'année suivante, en 1975, fut même doublée.

Harley-Davidson ne rattrapa jamais son handicap de ne pas être identifié et reconnu comme producteur de motocycles de petite et moyenne cylindrées. A quoi s'ajoutèrent de sa part d'autres erreurs de jugement, si bien que le prestigieux constructeur américain demanda la prise de mesures protectionnistes par l'International Trade Committee, qui accepta ses arguments en janvier 1983. Le président Reagan approuva les recommandations de l'ITC appelant des « droits douaniers d'urgence » de 45 % la 1re année, qui s'abaisseraient progressivement à 14,4 % la 5e année.

2.4. Un engagement collectif des producteurs

Pendant quelques décennies avant et après la 2e guerre mondiale, les produits japonais étaient affligés d'une image défavorable de bon marché et de qualité discutable. Comme le confesse M. Morita, de Sony, au début de sa politique d'internationalisation dans les années cinquante, son entreprise gravait sur les produits le label « made in Japan » de la manière la moins visible possible, en caractères si petits que les douanes américaines lui ordonnèrent même de les agrandir.

Cette image a aujourd'hui presque totalement été effacée, grâce à l'effort continu entrepris par les sociétés japonaises pour améliorer la qualité et la fiabilité de leurs produits. L'avancée décisive a été menée durant les années cinquante par le secteur des industriels en appareils photographiques. Leur association professionnelle a créé un institut de tests indépendant chargé de garantir la qualité de toutes les caméras produites au Japon. Seuls les appareils qui passaient avec succès les procédures rigoureuses de contrôle recevaient un label « Passed » et étaient autorisés à l'exportation. En d'autres termes, ce n'était pas les producteurs à titre individuel mais toute l'industrie japonaise de la photographie qui s'engageait sur l'assurance de la qualité des produits. Cet effort concerté de l'industrie a, au bout du compte, conduit à ce que durant la guerre de Corée, les journalistes américains admettent et reconnaissent la qualité des appareils japonais.

3. L'ATTITUDE JAPONAISE À l'ÉGARD DES MARQUES ÉTRANGÈRES

Selon une enquête d'opinion menée en 1986, 66,8 % des Japonais qui lui ont répondu se déclarent prêts à acheter des produits étrangers s'ils apprécient leur qualité et leur prix. 21,3 % disent préférer les produits japonais. 1,1 % répondent qu'ils préfèrent les produits étrangers. 10,8 % ne se prononcent pas. Une autre étude menée en 1987 sur 1 600 Japonais âgés de 15 à 54 ans révèle que moins de la moitié des interviewés préféraient des produits japonais avant de se décider à acheter, 37,1 % pensaient pour leur part que l'origine des produits ne faisait pas de différence à leurs yeux, et 15,4 % donnaient la préférence à des produits d'origine américaine ou européenne. Néanmoins, 89,7 % finissent par acheter japonais pour des raisons de prix, de disponibilité de choix, etc.

Ces résultats montrent que, contrairement à une opinion largement répandue en Europe, les Japonais se montrent aujourd'hui relativement indifférents à la nationalité des produits, à condition que ceux-ci satisfassent leurs besoins en termes de prix, de qualité, de choix. Pour 45 % d'un total de 101 articles, les produits japonais sont perçus comme étant meilleurs que leurs contreparties occidentales, alors que 37% sont placés sur un pied d'égalité et que 15% sont considérés comme meilleurs s'ils sont occidentaux d'origine. Parmi cette dernière catégorie, le brandy, le vin, le whisky, le fromage, les parfums sont jugés supérieurs aux produits japonais s'ils sont occidentaux.

Tableau 5. L'attitude des Japonais à l'égard des produits européens et américains (%)

	Préfèrent les produits américains et européens	Indifférents	Préfèrent les produits japonais	Ne se prononcent pas
Avant l'achat	15,4	37,1	45,0	2,5
Pendant l'achat	4,8	31,8	62,2	1,2
Achat effectif	8,1	0	89,7	2,2

Source : Seikatu no Kokusaika (Internationalisation de la vie), 1987.

Comparons maintenant l'image qu'a un produit en provenance du Japon avec celle d'un produit venant de 3 pays européens (France, RFA, Grande-Bretagne) ou des Etats-Unis. Selon une enquête d'opinion menée en 1975 auprès de 100 hommes d'affaires japonais, le label « made in USA » est classé comme le plus faible des 5 pays en termes d'exécution soignée et méticuleuse. Les produits japonais occupent la 1re place, la meilleure, dans cette catégorie de critères. Les produits français sont perçus comme étant les plus chers, les plus luxueux, faits de façon artisanale à la main, les moins promus par la publicité, et destinés à des usages élitistes, pour les classes supérieures et pour les femmes. Ils sont aussi perçus comme étant les meilleurs dans le domaine des produits à valeur ajoutée industrielle faible. Lorsque les Japonais voient le label « made in France », les produits qui leur viennent à l'esprit sont :

1. les habits et les articles textiles,
2. les parfums. les vins et le cognac,
4. les briquets,
5. les produits de beauté.

Les produits d'origine allemande sont identifiés en ordre décroissant avec :

1. les voitures,
2. les rasoirs,
3. les machines de mécanique de précision,
4. les produits médicaux et pharmaceutiques,
5. les machines et outils,
6. les appareils photo et les instruments d'optique.

Les produits français bénéficient d'une bonne image aux yeux des Japonais. 28 % des personnes interrogées déclarent qu'elles en achèteraient s'ils étaient identiques à ceux produits dans d'autres pays en termes de prix, de qualité et d'apparence. Ils se situent en deuxième place, après les produits américains qui recueillent 33 % des préférences. De façon étonnante les produits allemands ne recueillent que 5 % de préférences. Les produits japonais, avec 16 %, se classent au troisième rang.

De manière générale, les produits européens sont perçus de façon favorable par les Japonais. On pouvait espérer que les producteurs européens prennent au sérieux le marché japonais pour tirer avantage de la bonne image de leurs produits. Néanmoins, il y a encore pas mal à faire pour beaucoup de produits étrangers, pour améliorer l'identité de la marque et de la société. Les efforts consentis par eux, dont les meilleurs, sont encore souvent trop insuffisants, en publicité, en ce qui concerne la connaissance de leur société, sa notoriété. Comme le montre le tableau ci-après, deux marques mondiales telles que Kodak et Coca-Cola se classent à un rang plus faible au Japon que les marques leaders japonaises de leur secteur respectif, que ce soit en termes d'image de haut de gamme, de reconnaissance par la publicité, etc. (pour la part de marché, voir tableau 1). Or ces deux marques mériteraient au moins la même place en termes d'image de marque et de la société aux yeux des consommateurs japonais, compte tenu de la qualité du produit. Ceci montre bien que le fait d'assurer l'existence d'une marque forte nécessite des dépenses adéquates et massives de communication et des efforts adaptés à chaque marché spécifique.

Tableau 6. Image de marque de Kodak et de Coca-Cola au Japon

	Image de grande classe	**Exposition publicitaire**	**Reconnaissance de la société**	**Image de la société**
Kodak	52,0	180,7	236,9	8,8
Fuji Film	76,0	226,4	279,6	23,0
Konishiroku	70,4	206,8	264,0	16,1
Coca-Cola	65,4	243,8	285,2	15,2
Suntory	83,7	250,2	297,1	21,1
Ajinomoto	82,1	240,5	302,8	26,6

Note : plus le score est favorable, plus il est élevé.

Source : Nikkei Kokuku Kennkyujo, Kigyo Image Chosa (Recherche sur l'image des sociétés), juin 1986.

4. LA MARQUE DANS UN CONTEXTE DE STRATÉGIE GLOBALE

Va-t-on vers la fin des grandes marques ?

Les leaders sur un marché se recrutent parmi les entreprises qui ont su transformer leur marque au point d'en faire un capital décisif de l'entreprise grâce à des efforts vigoureux de R & D et de fabrication et à des investissements efficients de marketing sur une longue durée. La marque constitue un élément majeur du succès en marketing, mais il est évident que la marque en elle-même n'assure pas à coup sûr et à elle seule le contrôle d'une part de marché par l'entreprise. En effet, si l'on regarde de près ce qui s'est passé au Japon au cours des dernières années, la conclusion qui s'impose est qu'une marque forte traduit plutôt le résultat, la conséquence de stratégies de marketing soigneusement formulées et mises en œuvre.

Il a été noté plus haut que les Japonais sont attirés par l'autorité établie, par la légitimité dont sont investies les marques les plus fortes. Ceci reste vrai. Néanmoins, un changement décisif est en cours dans la mentalité des Japonais, changement qui souligne le danger qu'il peut y avoir lorsqu'on se repose trop sur des marques notoires aussi fortes, prestigieuses, durables et investies d'une image positive soient-elles. Car apparaît au Japon une attitude, une mentalité qui renforcent la tendance à l'individualisme, à la différenciation individuelle entre les consommateurs, comme le suggère le tableau ci-après.

Tableau 7. L'individualisme croissant des Japonais (%)

	Année	
	1982	**1986**
1. « Je me sens honteux ou peu à l'aise lorsque je me comporte différemment des autres »	33	18
2. « Cela ne m'intéresse pas de savoir ce que les autres pensent de moi lorsque je ne me conduis pas comme les autres »	57	51
3. « Je pense que c'est bien pour moi de me conduire d'une autre façon que les autres, car cela exprime ma personnalité »	10	31

Source : Recherche menée par Hakuhodo sur des échantillons représentatifs de 2 000 personnes dans 11 villes du Japon pour des tranches d'âge entre 20 et 69 ans. Les deux enquêtes (1982 et 1986) ont été menées sur le même échantillon à 5 ans d'intervalle. Paru dans Mcon Report, n° 189, oct. 1986.

Il est intéressant de noter à quel point les mêmes personnes changent leurs perspectives en l'espace de 5 ans. A la lumière du processus d'affirmation de soi comme individu qui a lieu en Europe, rien ne paraît devoir arrêter cette tendance au Japon. Les personnes à tendance égocentrique sont enclines à ne pas asseoir leur décision d'achat sur l'image de la marque ou de l'entreprise, mais plutôt sur le lien qu'elles perçoivent entre leurs besoins personnels et leurs attentes d'une part, et le bien lui-même d'autre part. Si l'adéquation est jugée bonne, même des marques moins connues seront choisies à l'achat. De tels consommateurs ont comme motivation fondamentale de protéger leur personnalité à travers les décisions d'achat et une différenciation de soi face aux autres, par le biais de ce qu'ils portent, mangent, boivent, aiment, etc. Ils n'accordent aucune attention à ce que les autres pensent d'eux, mais ils affirment, affichent et projettent leurs goûts, leurs valeurs, leur style de vie, sur les autres.

Les problèmes que quelques grandes marques ont récemment rencontrés s'expliquent mieux dans cette perspective. Kirin est de loin la marque la plus forte dans la bière. Or elle a marqué le pas de façon sérieuse en termes de part de marché au profit de Asahi, son poursuivant classé troisième, lorsque ce dernier a mis sur le marché une bière pression sans alcool. Asahi a pu accroître sa part de marché de 9,6 % en 1986 à 12,9 % en 1987. La position indiscutée que Toyota occupait sur le marché est sous la menace du succès que rencontre un modèle de voiture de haut de gamme, la Cyma de Nissan. Shiseido est sous la pression de l'Américain Estée Lauder qui est revendiqué comme étant la ligne de produits de beauté se vendant le mieux dans les grands magasins. Sony a connu une humiliante défaite de son système Beta Max face au VHS de JVC dont le pouvoir de marque était et reste encore inférieur à la marque Sony. Le quasi-monopole occupé par Suntory dans le whisky se détériore rapidement en faveur de marques de scotch nationales et importées. Le déclin de la griffe Munshing, une des marques leaders pour vêtements de sport, a contraint son distributeur à se mettre en faillite.

Les marques leaders ont été en 1984 détrônées par leurs concurrentes dans les secteurs de l'équipement pour traitement de texte, des outils très résistants, des véhicules commerciaux. Les marques classées n° 2 et 3 menacent la place de la marque leader dans les ordinateurs de bureau et les cadres de fenêtres en aluminium. Dans 40 types de biens et de services, il y a eu un changement de classement respectif des 5 premières marques en part de marché. Ceci concerne les robots industriels, les procédés et équipements de fac-similé, la location, la livraison postale rapide, la construction d'appartements, l'hôtellerie, etc. Lorsqu'on compare la période 1975-1979 à celle de 1979-1983, les parts de marché cumulées des 3 premières marques baissent de 55,9 % à 51,2 %, au profit de petites marques. La tendance se poursuivra. Combien d'entreprises japonaises relèveront ce défi ? Y a-t-il des facteurs communs de succès ?

Les marques sont en train de perdre leur pouvoir de différenciation. A cause du sentiment croissant d'individualisme et de la diversification qui en résulte des besoins et goûts des consommateurs, une marque ne peut plus couvrir un segment étendu du marché. Le marché se fragmente vite : c'est particulièrement le cas de ce qu'on appelle les produits à forte implication égotique pour lesquels les exigences et goûts individuels sont plus importants que la marque. C'est pourquoi, au cours des dernières années au Japon, l'identité de la société a retenu de plus en plus l'attention.

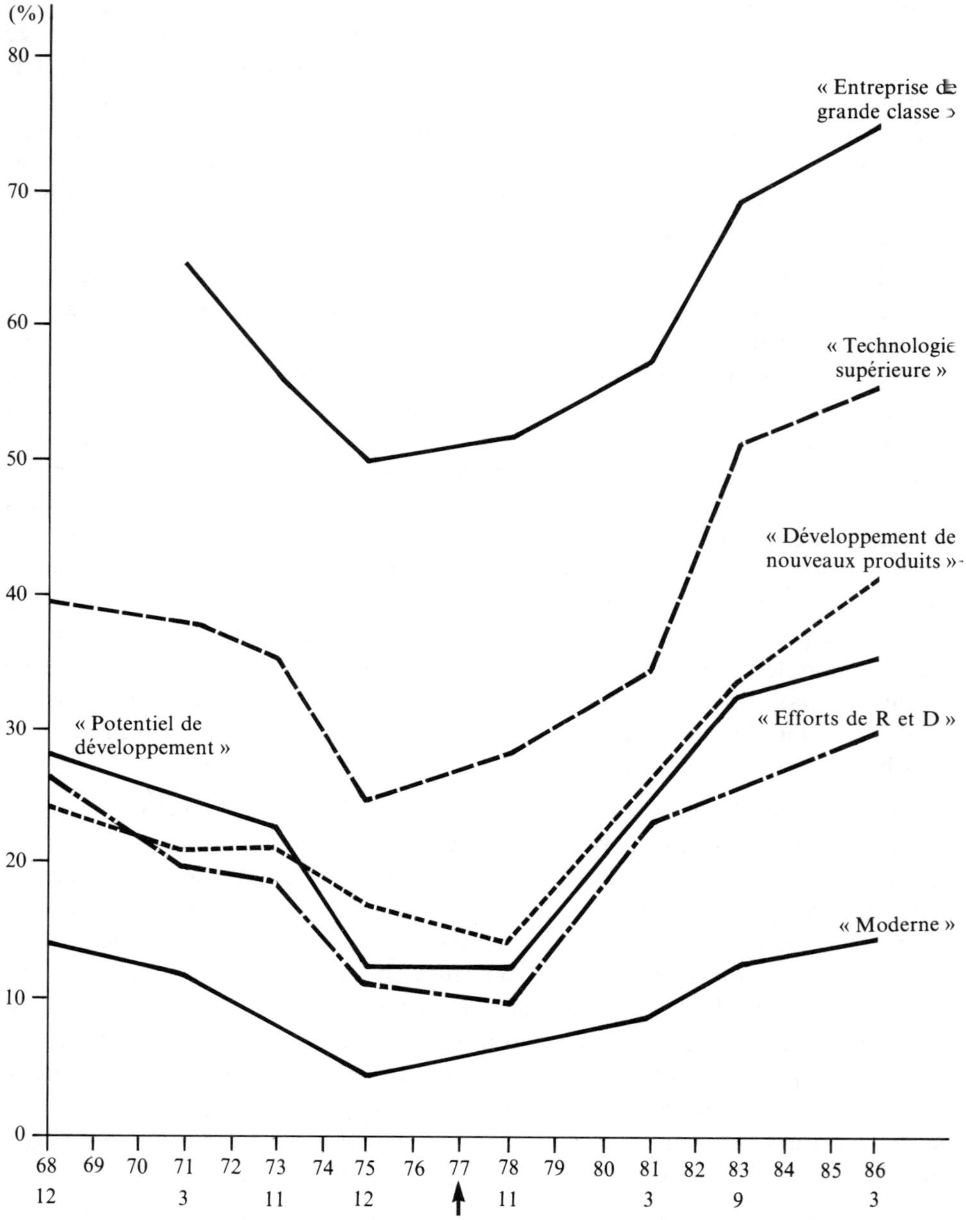

La flèche indique le moment où le président de NEC proclama la nouvelle stratégie « C et C » de NEC, lors de la manifestation INTERCOM à Atlanta en Géorgie.

Figure 1. Effet d'une campagne d'identité de la société sur l'image de la société Le cas de NEC

Source : Nihon Keizai Shimbun, Kigyo Image Chosa (Corporate Image Survey), 1986.

L'identité de la société se présente comme un ensemble de principes, de valeurs et de croyances d'une entreprise. Elle est communiquée de façon explicite en tant que telle sous la forme de messages, de logos, à la fois en direction des membres de l'entreprise et du marché et en direction d'autres acteurs. L'objectif est d'assurer une étroite identité entre l'entreprise et ces valeurs. L'entreprise adresse une invitation aux consommateurs pour qu'ils s'identifient eux-mêmes avec ce que la société fait et va faire. Une marque est élaborée pour créer de la loyauté à l'égard d'une ligne de produit, une identité de société essaie de susciter des adeptes qui partagent la philosophie de l'entreprise émettrice et donc celle de toutes ses lignes de produits dans leur ensemble.

NEC (Nippon Electric) offre un des exemples les plus réussis de l'édification d'une identité de société au Japon. Jusqu'en 1975, l'image de NEC en tant que société connaissait un déclin constant : elle ne se classait même pas parmi les 100 premières en termes d'image. Le tournant fut le mois de septembre 1975 : son président, Kobayashi, identifia alors clairement les forces compétitives de l'entreprise comme résidant dans l'ordinateur et les communications (C et C, c'est-à-dire « Computer and Communication »).

NEC partage en 1975 ses activités en trois tiers : les ordinateurs, les équipements de télécommunication, les semiconducteurs et les appareillages. Deux ans plus tard, en 1977, NEC était classé 90e, en 1978 14e et enfin 7e en 1984 en termes d'image. En juillet 1986, selon les résultats d'une enquête d'opinion réalisée auprès de 950 cadres dirigeants, NEC était classé premier en termes de supériorité technique et de R & D, deuxième (après Nomura Securities) pour la productivité, la diversification et la capacité d'adaptation.

Outre l'identité de l'entreprise, une autre réponse au changement du rôle des marques réside dans l'introduction de plus en plus rapide de produits sur le marché.

Vu d'Europe, le processus japonais de R & D apparaît comme téméraire et parfois même ressemble à un pari risqué. Dans le secteur des appareils électriques, un plan se compose habituellement de 6 mois de conceptualisation et de développement pour un produit nouveau (y compris le développement du prototype), de 3 mois pour mettre sur pied la ligne de production et les tests de marketing, et de 3 mois pour la production de masse et la commercialisation de masse. Cela signifie qu'un nouveau produit est lancé sur le marché une année à peine après le démarrage des activités de recherche en laboratoire. A l'heure actuelle, ce cycle tend même à se raccourcir davantage jusqu'à 8 mois (4-2-2). Selon un ingénieur de Matsushita, les efforts de R & D pour allonger le temps disponible d'enregistrement du magnétoscope à 2 heures puis à 6 heures, furent lancés sans avoir aucune assurance raisonnable au départ que l'affaire était techniquement faisable. La priorité impérative fut accordée aux besoins du marché, pas à la capacité technique à réaliser des ingénieurs de R & D. Il est vital d'être le premier sur le marché. Dès lors, des équipements de production fort coûteux de plusieurs centaines de millions de yens sont commandés aux fournisseurs alors même que la phase de R & D est en route et pas encore achevée. Vue la situation concurrentielle au Japon, il est trop tard pour commander un équipement de production lorsque la conception d'un nouveau produit est terminée.

Coordonner les fonctions de R & D, de production et de marketing devient alors essentiel. Cela exige une communication sans rupture et de la coordination entre trois départements : la recherche, la fabrication, le commercial.

Beaucoup d'entreprises japonaises gèrent et poussent à une mobilité interdépartementale forte des spécialistes et des ingénieurs entre ces trois fonctions. Le but est de faire en sorte que tous ceux qui s'occupent de R & D soient bien au fait des problèmes des deux autres fonctions. En même temps, les experts de R & D sont formés pour avoir des qualifications multiples de manière à pouvoir traiter non pas un mais plus de deux domaines techniques. Ceci permet aussi de gérer le besoin croissant de combiner entre elles des technologies différentes pour engendrer une différenciation significative des produits. Ainsi, la conception de machines-outils à commande numérique exige de l'expertise à la fois en ingénierie mécanique traditionnelle et en électronique moderne, en particulier dans la technologie de l'ordinateur. Il en va de même pour les appareils photo qui font appel à des technologies optiques, mécaniques et d'ordinateurs. Combiner une technique traditionnelle avec celle de l'ordinateur a été et reste une arme importante de beaucoup d'entreprises japonaises en vue d'ériger leur position sur le marché mondial.

Enfin, une dernière réponse stratégique à l'évolution des marchés est fournie par l'intégration en amont.

L'intégration en amont consiste à s'intégrer dans une filière qui soit plus proche des matières premières, comme, par exemple, un sidérurgiste créant une filiale pour exploiter du minerai de fer. Selon Porter, cette intégration en amont génère deux avantages. L'un est la protection du savoir-faire et de l'information, dans la mesure où l'entreprise peut éviter de partager des informations confidentielles et privées avec ses fournisseurs qui ont besoin de connaître les spécifications des composants ou des matières premières (Porter, 1980). L'autre avantage réside dans la plus grande possibilité que donne l'intégration en amont de différencier les produits grâce au contrôle de la production d'éléments-clés.

Or, avant que Porter ne publie sa théorie, de nombreuses entreprises japonaises l'appliquaient avec succès. YKK, avec une part de marché de 30%, s'engage dans l'importation directe de coton brut pour le tissage et pour la teinture. YKK importe aussi du minerai de fer et de la bauxite pour les transformer en portes et fenêtres métalliques. Cette entreprise possède enfin une division qui conçoit et construit des machines et des équipements pour fabriquer ces portes et fenêtres, et les fournit à plus de 60 usines qu'elle possède dans le monde.

Seiko intègre la production de batteries électriques et y a gagné un meilleur contrôle de qualité, des coûts de production plus bas, une communication améliorée, des changements plus rapides de modèles. Pour la montre à quartz, la technologie essentielle n'est pas le mouvement mécanique mais la pile, en particulier celle permettant de faire une pile aussi petite que possible et néanmoins suffisamment puissante pour durer 1 ou 2 années. Ne trouvant pas de producteurs de piles intéressés à cela, Seiko a dû le faire lui-même lors des premiers développements de la technologie au début des années soixante. Ricoh, un important producteur de copieurs, a aussi produit lui-même des parties de semi-conducteurs, de mécanismes de contrôle des moteurs électriques, de cylindres de plastique, de composants électriques spéciaux. Une raison majeure de cette intégration vers des activités en amont est d'éviter les attentes trop longues qui ont lieu avant que les sous-traitants ou les fournisseurs ne mettent au point leur travail de conception et de production.

CONCLUSION

Ce survol de la situation au Japon permet de mettre en relief un certain nombre de généralisations possibles.

1) Une marque forte forme le socle du succès global de beaucoup d'entreprises japonaises. La réussite internationale en est à la fois la conséquence et la cause.

2) La force d'une marque dépend de la capacité d'une entreprise à différencier significativement ses produits à travers une constante mise sur le marché de nouveaux produits et un effort financier élevé dans la promotion de ces produits et de la marque. Ce faisant, il s'agit de renforcer la notoriété globale de la marque et donc de créer et d'entretenir des acheteurs loyaux à toute épreuve. Beaucoup de marques européennes ont négligé de tels efforts de communication et de promotion commerciale, ce qui les empêche de tirer le meilleur avantage de leur position sur le marché japonais.

3) Aucune marque, aussi puissante soit-elle, n'est en position assurée une fois pour toutes. Les concurrents potentiels l'attaquent continuellement. L'erreur de s'endormir sur ses lauriers peut s'avérer fatale pour un producteur. Dans plusieurs secteurs, la concurrence est interne au Japon et elle oblige les producteurs à rester sur leurs gardes s'ils veulent être prêts à se défendre contre les menaces réelles ou potentielles de celle-ci.

4) Une marque forte, et elle seule, protégera en dernier ressort les producteurs des défis que d'autres membres du canal de distribution peuvent lancer au leadership qu'ils exercent sur le canal. Un industriel sans marque forte sera réduit à l'état de sous-traitant de marques de distributeurs pour la grande distribution. D'où, dans cette circonstance, une vie plutôt précaire puisqu'il ne dispose pas des appuis pour développer ses affaires de façon autonome, au cas où la relation avec le grand distributeur serait coupée.

5) Enfin, une marque cristallise la capacité de management de l'entreprise et donc sa situation concurrentielle sur la scène internationale.

BIBLIOGRAPHIE

Dore R. (1973), *British Factory, Japanese Factory,* London, Allen and Unwin.

Fromm E. (1967), *Escape from Freedom,* New York, Avon.

Guillain R. (1969), *Japon troisième grand,* Paris, Editions du Seuil.

Hirschmeier J. and Yui T. (1981), *The Development of Japanese Business,* 2e edition, George Allen.

Ishii J. (1984), *Nihon Kigyou no Marketing Kodo (Marketing Behavior of Japanese firms),* Nihon Keizai.

Kotler P. (1984), *Marketing Management,* 5th edition, Prentice Hall.

Maury R. (1986), *Marianne à l'école japonaise,* Paris, Plon.

Morita A. (1987), *Made in Japan,* Fontana.

Nagashima A. (1977), « A Comparative « Made in » product Image Survey Among Japanese Businessmen », *Journal of Marketing,* July.

Nihon K.S. (1985), september.

Nikkei S.S. (1986), *Shijosenyuritu* (*Market Share*), Nesco.

Porter M. (1980), *Competitive Strategy,* New York, Basic Books.

Riesmann D. (1973), *La Foule solitaire,* Paris, PUF.

Wada M. (1984), *Brand Loyalty Management (in Japanese),* Dobunkan.

Yoshimori M. (1987), *Les Entreprises japonaises,* Paris, Que sais-je ? N° 2186.

Ryutu M.K.K. (1979), *Ryutugyouno Brand Senryaku (Brand Strategies of Distribution Business),* Nihon Keizai.

QUATRIÈME PARTIE

La marque moderne en perspective

Chapitre 10

Archéologie de la marque moderne

par Odilon Cabat

La marque moderne sous la forme de propriété industrielle n'existe que depuis la loi de 1857. Son apparition correspond à la nécessité profonde d'élaborer pour les objets de la production industrielle, qui étaient une nouveauté, un univers de signes, un champ d'inscriptions qui puisse faire image dans la conscience collective. En effet, il est clair que les anciennes instances de gestion symbolique de la consommation, comme la religion notamment ou le folklore, étaient devenues impuissantes à intégrer de nouveaux schémas de comportements et leurs légitimations associées. C'est à la marque moderne et à sa fantastique publicité que ce rôle a été dévolu.

Mais si la marque moderne a surgi et s'est développée parallèlement à la production industrielle, là, en un sens s'arrête sa nouveauté car les mécanismes de sa communication et les procédures signifiantes qu'elle a déterminés sont comparables à bien d'autres systèmes symboliques, obéissant en fait à des règles beaucoup plus générales. Autrement dit, si la production industrielle a suscité l'élaboration d'un univers de signes pour « imager » et rendre « consommable » le nouvel environnement, cet univers ne s'en est pas moins constitué en puisant dans un fond très ancien et avec des modèles de production de sens attestés depuis longtemps.

Le but de ce chapitre est d'essayer de les décrire. Le point de vue choisi ici, étudier la marque sur un plan structural en même temps qu'historique, peut être qualifié d'archéologique pour autant qu'il s'agit de trouver la logique qui sous-tend le phénomène, sa « chrono-logique ».

La marque est un phénomène très complexe qui met en jeu de nombreuses dimensions culturelles.

En tant que propriété protégée, elle est d'abord un phénomène de droit. D'une analyse de cette dimension, qui est une dimension de pouvoir, de « potestas », on peut tirer une logique des « fonctions » de la marque. Pour anticiper, on verra que la marque dispose de trois pouvoirs, un pouvoir d'appropriation, un pouvoir de soumission et un pouvoir de création, qui sont la réfraction dans son champ propre de l'idéologie trifonctionnelle des indo-européens.

Ensuite la marque est un signe, un signe défini par la loi comme distinctif mais dont il s'agit de définir la nature exacte d'un point de vue anthropologique En effet, la définition légale de signe distinctif est une définition « opératoire » elle permet de dire à quelles conditions un signe quelconque est habilité à se faire consacrer comme marque. Mais elle ne dit pas ce qu'est ce signe véritablement une fois devenu marque. Une analyse comparative doit permettre de le définir plus exactement, notamment dans ses rapports avec l'écriture et l'image.

Enfin la marque possède une dimension communicationnelle, publicitaire. Elle n'est pas seulement un droit de propriété à usage privatif, mais elle est un droit de clientèle, droit qui lui confère un pouvoir sur les représentations collectives, un pouvoir « mythogène ». Du point de vue « archéologique » cette dimension de « présence réelle » dans les consciences est essentielle et c'est à elle qu'il faut se référer en définitive pour s'assurer de la justesse d'une définition.

Nous commencerons d'abord par étudier le système de la marque, c'est-à-dire la situation de la marque dans le champ plus général des signes distinctifs et les rapports logiques qu'elle entretient avec eux. Cela nous entraînera à analyser les fonctions de la marque, autrement dit la manière dont elle articule les trois fonctions traditionnelles de l'idéologie indo-européenne. On examinera alors les signes représentatifs de ces rapports, signes que l'on a appelés proto-marques. Enfin on abordera la sémiologie de la marque pour cerner la nature de ses propriétés en tant que signe.

1. LE SYSTÈME DE LA MARQUE

1.1. Les signes distinctifs

La loi distingue trois types de signes distinctifs qui diffèrent par leur régime de propriété.

a) Les marques proprement dites, qui se subdivisent en :

— marques de commerce,

— marques de fabrique,

— marques de service.

b) Les noms commerciaux et les enseignes.

c) Les indications de provenance et les appellations d'origine.

Un premier regard sur cette liste laisse soupçonner une double organisation, à la fois d'ordre et d'enchassement.

1.2. La hiérarchie des signes distinctifs

Dans *La Logique des noms propres*, le linguiste Saül Kripke (1980) définit le nom propre comme un « désignateur rigide ». Avant lui, ceux qui s'étaient penchés sur la question de la nature linguistique du nom propre pensaient qu'il était comme un sommaire de connaissances, sommaire assimilable, en définitive, à un concept. Ainsi, par exemple, le nom « Aristote » aurait eu pour fonction de signifier « philosophe grec du 4e siècle, précepteur d'Alexandre, disciple de Platon ». Russel estimait notamment que le nom propre fonctionnait linguistiquement comme un symbole mathématique en constituant le résumé d'un savoir.

Saül Kripke a montré de manière convaincante que le nom propre n'est pas, dans l'usage courant de la langue, un tel résumé et que si, par exemple, Aristote n'avait pas été un philosophe, ni même un grec, « Aristote » n'en continuerait pas moins de désigner la personne que tout le monde connaît sous ce nom. De perdre sa « signification », le nom propre n'en perd pas pour autant sa « fonction ».

Le nom propre ne fonctionne donc pas comme les autres mots de la langue, dont les référents sont flottants, et il ne fonctionne pas non plus comme un symbole conventionnel. Il ne peut pas se « décrocher », par le simple fait d'une variation de sens ou de convention, de qui il désigne, de son titulaire. C'est en ce sens qu'il est un *désignateur rigide*.

Lorsque je dis « Aristote », c'est comme si je saisissais l'individu Aristote lui-même. Et, soit dit en passant, on comprend mieux ainsi le pouvoir que la pensée magique accorde aux noms. Si le nom est « désignateur rigide », le prononcer, c'est tenir l'être du nom. La pensée magique est une science linguistique. D'ailleurs l'expérience montre bien qu'il est difficile de rester impassible en entendant son nom crié à l'improviste, alors qu'il suffit d'une petite différence de prononciation pour ne pas se sentir concerné. Preuve psychologique que le titulaire est bien « désigné rigidement », saisi physiquement, par son nom.

Quoiqu'il en soit de ce rappel linguistique, la loi applique au *nom commercial*, bien avant les réflexions de Saül Kripke, ce principe d'être un désignateur rigide, puisqu'un patronyme n'est utilisable à ce titre qu'à condition que le titulaire fasse effectivement partie de l'entreprise ainsi désignée. Le nom commercial ne peut pas être « flottant », être un simple « drapeau », n'appartenir à personne. A la différence du nom de marque qui peut être fantaisiste, le nom commercial doit bien désigner quelqu'un de réel.

Or il faut remarquer que si le deuxième type de signe distinctif met ensemble les noms commerciaux et les enseignes, c'est parce que les noms et les enseignes partagent précisément ce même caractère d'être des désignateurs rigides.

Le nom est le désignateur rigide de la personne, physique ou morale, et l'enseigne est le désignateur rigide du magasin, de la localisation commerciale. L'enseigne, étymologiquement « in-signum » = le « signe qui est dedans », dit très exactement : « c'est ici qu'est le lieu désigné par l'enseigne ». L'enseigne est « accrochée » au lieu comme le nom à la personne.

On peut donc généraliser en disant que le nom commercial et l'enseigne sont des signes désignateurs d'êtres *localisables* dans l'espace. Car la personne (si elle est « morale », elle a un « siège »), comme le magasin, non seulement occupe physiquement une portion de l'espace, mais en outre possède une adresse, où l'on peut toujours la « toucher » à l'aide de son nom. Quant à l'enseigne, pour verrouiller cette logique, elle porte le plus souvent le nom et l'adresse. Il faut donc retenir que la deuxième catégorie des signes distinctifs est celle de « désignateurs rigides » d'êtres ou d'objets identifiables dans l'espace.

Ce n'est pas le cas de la marque qui, elle, est appliquée à des objets non localisables sur toute la surface du territoire national. La marque Coca-Cola, par exemple, n'est pas localisable, alors que les magasins Fauchon le sont. Il n'y a ni adresse, ni objet désigné rigidement par Coca-Cola. La bouteille de Coca-Cola est la marque Coca-Cola, mais la marque ne « désigne » pas la bouteille. Quant au produit, la marque s'y appliquant, il est plus juste de dire qu'elle se l'approprie plutôt qu'elle ne le désigne. Car, outre qu'elle peut recouvrir toute une gamme, lorsqu'on se sert de la marque comme d'un désignatif, par exemple lorsqu'on dit « un frigidaire » pour un réfrigérateur, un « coca » pour un « coca-cola », c'est-à-dire lorsqu'on la « lexicalise », on la rend purement et simplement caduque. Ainsi des marques comme « rustines » ou « fibro-ciment », pour être tombées dans le lexique ou le dictionnaire, ne sont plus des marques.

Un nom patronymique peut être porté par plusieurs personnes différentes, le conflit d'homonymie se résout sur la différence physique, « corporelle » des titulaires, attestée par la présence ou l'absence. De même, deux magasins peuvent avoir la même enseigne et porter le même nom commercial, si l'un est situé à Lille et l'autre à Marseille : l'enseigne présente des limites « corporelles » ou « physiques » à l'échelle de l'implantation régionale, caractérisées également par la présence ou l'absence. Entre deux noms patronymiques, la relation est d'ordre « géométrique » (les corps désignés rigidement étant « incompénétrables »), entre deux enseignes, la relation est d'ordre « géographique », l'enseigne couvrant un territoire de voisinage. Elle est par conséquent spatiale dans les deux cas.

En revanche, comme l'usage commercial d'un patronyme est interdit s'il empiète sur les prérogatives *publicitaires* d'une marque homonyme, entre le nom et la marque, le conflit ne se situe plus au plan de l'espace « naturel » ou « géométrique » mais relève de l'espace « médiatique », d'un ordre supérieur, qui est l'espace « public », à savoir l'espace de célébration de la souveraineté nationale.

Pourquoi ? Parce que, en tant que pure « notoriété », la marque est « omniprésente ». Et elle est omniprésente, ubiquitaire, justement parce qu'elle ne désigne aucun « corps » localisable, dont on peut vérifier la présence ou l'absence.

Un nom patronymique ou une enseigne sont partageables parce qu'ils désignent des « corps » différents, mais la marque n'est pas partageable parce que, ne désignant aucun corps, comme un gaz (un « esprit »), elle envahit tout l'espace disponible. Espace disponible dont les limites ultimes et fondatrices sont celles du territoire national, rien de connu n'existant au-delà de cette sphère du national.

Les noms et les enseignes ont donc des contraintes d'ancrage plus sévères que les marques. Mais ces contraintes sont moins sévères que celles des désignations de provenance et des appellations d'origine.

Les « corps »[1] « désignés rigidement » par les noms ou les enseignes peuvent bouger, Monsieur Ringuet ou Mme Jullien peuvent voyager en emportant leur nom avec eux (et s'ils vont à l'étranger, en emportant une bulle de territoire national autour de leur passeport). Carrefour, Euromarché peuvent s'implanter où ils veulent. Mais la Bourgogne, le Clos Vougeot, le village de Roquefort, celui de Coulommiers, ne peuvent pas faire varier facilement leurs coordonnées géographiques.

La classification des signes distinctifs est donc simplement construite sur une hiérarchie territoriale, sur les degrés d'une liberté spatiale. A la marque revient le territoire de la *souveraineté nationale*. Au nom, dont le porteur est un « sujet » et non un « souverain », revient l'*adresse libre*. A l'enseigne, comme l'expérience le montre, la *région*. Enfin à l'appellation d'origine et à la désignation de provenance, le « *local fixe* » : le « génie du lieu » si l'on veut.

C'est ainsi, entre parenthèses, que les sources d'eau minérale jaillissent de la gueule de « griffons », qui sont les « génies locaux » des propriétés de l'eau. De ces « griffons », animaux fabuleux, se tire simplement la phonétique de la « griffe », qui est la « signature » des choses, la marque d'origine. Le portrait chimérique exprime la nature sensible des substances qu'on y trouve.

Ajoutons que les griffons comme les gnomes sont les gardiens des trésors. Et il est intéressant de noter que si le griffon se rapporte à la griffe (de graphie = « écriture » ; on dit « griffonner », et la « griffe » est techniquement l'empreinte de la signature), le gnome, qui vient de « gnomê » = « intelligence », se rapporte, par « gnomique » = « sentencieux », au slogan.

Le griffon est la graphie secrète d'accès au produit, comme le gnome est la sentence magique, le sésame d'utilisation de sa richesse. Ils sont l'un et l'autre

---

[1] D'où se tire le « corporate » et ce qu'on appelle la « communication institutionnelle », l'institution étant essentiellement un « corps » et la communication institutionnelle, qui parle essentiellement des « corps constitués », ayant pour fonction de décliner les valeurs idéologiques contenues dans le nom et l'enseigne.

les gardiens des trésors parce qu'ils « scellent » les produits en les recouvrant de :

— la marque de « production », le « griffon » du nom ;

— la « devise » du propriétaire, la sentence « gnomique ».

Dans la griffe, il y a une signalétique d'approche, dans la « sentence » il y a du « mode d'emploi », donc de l'« intelligence » (gnomê) du produit. Ainsi, les « chevrons » sont le griffon de Citroën, « J'aime, j'aime, j'aime », son gnome, sa sentence, son mode d'emploi motivationnel.

On obtient donc un premier tableau.

Tableau 1. La hiérarchie des signes distinctifs

Liberté spatiale	**Signes distinctifs**	**« Potestas »**	
Ubiquité	Marques	Souverain	(image)
Mobilité	Noms et Enseignes	Sujet	(corps)
Fixité	Appellations d'Origine Désignations de Provenance	Objet	(attribut)

1.3. L'enchâssement des signes distinctifs

Cette hiérarchie territoriale des signes distinctifs se retrouve, transposée, dans la marque elle-même. Il y a clairement un lien logique entre les trois types de signes distinctifs (marques, noms et enseignes, appellations et désignations), d'un côté, et les trois sortes de marque (de commerce, de service et de fabrique). Tout se passe comme si les signes distinctifs se projetaient dans la marque pour établir un rapport organique

— entre l'enseigne et la marque de commerce,

— entre le nom commercial et la marque de service,

— entre la désignation de provenance ou l'appellation d'origine et la marque de fabrique.

Tout d'abord, que la *marque de commerce* soit associée à l'*enseigne* est une évidence. Non pas seulement parce que la marque de commerce possède une enseigne, mais pour une autre raison plus profonde. De fait, bien que la marque de commerce, comme Ed ou Carrefour, soit protégée sur tout le territoire national, elle retient une caractéristique limitative de l'enseigne. C'est, en effet, leur statut en matière de liberté « territoriale » qui distingue les produits vendus sous une marque de distributeur de ceux vendus sous une marque « nationale » (de fabrique ou de service).

La marque de distributeur fonctionne en « site propre » : il n'y a pas, en principe, de produit Codec vendu dans un Carrefour. De même, les boissons Antartic ne se trouvent guère que dans les Intermarchés. La marque de commerce (de distributeur) ne peut pas sortir de son réseau, qui se comporte à cet égard comme une région « déterritorialisée », ou une région « reconstituée ».

C'est du reste le thème de la communication d'une « enseigne » (d'une marque de commerce) : *« Conforama, le* ***pays*** *où la vie est moins chère »*. Le « pays » Conforama est une région reconstituée, un site propre, « coutumier » si l'on veut et non un espace universel, « romain ». Ainsi, dans le champ de la marque, la marque de commerce est ce qui récupère certaines caractéristiques de l'enseigne.

De son côté, la *marque de fabrique*, en « signant » l'activité d'un producteur ou d'un fabricant, paraît dire quelque chose sur l'*origine* du produit. L'idée d'origine valant autant pour un établissement industriel que pour une localité géographique.

Comme une marque peut parfaitement être constituée de l'aspect visuel de plusieurs éléments, comportant, entre autres, une appellation d'origine, elle en capture le signe, exactement comme la marque de commerce capture l'enseigne. La marque n'est pas l'appellation elle-même, mais elle en contient l'« image ». Et si elle ne décline aucune information, ni aucune précision sur l'origine du produit, il y a en revanche une « connotation » d'origine dans la marque elle-même. La *marque de fabrique* hérite donc d'une idée d'origine et récupère par là des caractéristiques de l'appellation d'origine et de la désignation de provenance.

Enfin, parce que le nom patronymique donne une indication, au moins étymologique, sur la fonction sociale du porteur, il dit quelque chose sur la nature du « service » rendu par le titulaire du nom et sur sa « personnalité ». On peut donc mettre en relation « archéologique » la *marque de service* et le *nom commercial*. Une incidence couramment observée est que les marques de services portent des noms nettement moins arbitraires que ceux des marques de fabrique ou de commerce.

En effet, si le nom en tant que « désignateur rigide », c'est-à-dire en tant que nom propre, ne veut rien dire, en revanche, pour sa part « linguistique », en tant que « mot », il n'en a pas moins du sens et un pouvoir « signifiant ». Il n'est pas utilisé pour son sens quand il désigne rigidement un sujet extra-linguistique, mais en tant que mot de la langue, il conserve nécessairement une signification. Et ce parce que les noms propres ont pour origine des noms communs, qui possèdent le plus souvent une signification sociale ou professionnelle. Les exemples sont innombrables : Potier, Levêque, Labbé, Boucher, Sergent, Lefêvre, Smith, Leclerc, Cohen, etc.

Si l'utilisation d'un mot comme patronyme, ou comme nom de marque, occulte sa signification (et tout se passe comme si l'appropriation du nom, en le rendant « propre », lui retirait son « signifié » pour en laisser la place au titulaire désigné rigidement : on ne voit pas spontanément un canot à moteur derrière la marque Vedette, ni la Gaule derrière De Gaulle), toutefois le sens du nom se conserve sous la forme de la « puissance du signifiant ».

La signification manifeste disparaît mais, en se refoulant, elle garde un pouvoir d'instruction schématique sur son porteur et tout se passe alors comme si elle injectait au titulaire du nom, d'une manière souterraine ou ironique, le programme de ses signifiants.

Il est courant d'observer que les gens exercent de près ou de loin le métier dont ils portent le nom, ce qui découle en fait de l'inverse : les gens portaient autrefois le nom de leur métier. D'une façon plus générale, au nom est associé le destin, le fatum, illustré par les dons des fées marraines, dons de baptême, donc dons du nom, qui ne disent rien d'autre que la place prédestinée dans la hiérarchie sociale ; et combien de fois arrive-t-il aux gens des événements codés par leur nom.

Ainsi, la personne désignée par un nom n'a pas le sens de ce nom, mais son histoire s'en charge. Si on ne le vérifie pas toujours dans la vie courante, c'est un principe presque toujours à l'œuvre dans la communication publicitaire. Le programme narratif du mythe de la marque est le plus souvent déterminé par les signifiants « phonétiques » de son nom.

Il en résulte que, par le programme qu'il contient, le nom s'associe la notion de « *service* », et est intimement en rapport avec la nature du *service* social que son porteur rend. On « sert » du reste son nom, comme c'est son nom qu'on « prête », etc.

Introduisons ici une remarque d'ordre philosophique qui nous servira plus loin. Si le nom peut fonctionner ainsi, c'est bien parce que, semble-t-il, c'est au « son » seul, et non à l'image, que revient cette puissance à la fois de désignation rigide et de programmation. En effet, le son est la « vocation » (la voix) : le pouvoir d'appel mais en même temps le « programme » de l'appelé contenu dans le nom (la voie). « Viens et suis-moi. » « Tu es Pierre et sur cette pierre... » Le son du nom, la « vocation », contient le service à rendre : la vocation. On en a d'ailleurs une confirmation avec la publicité américaine, iconoclaste à beaucoup d'égards, à savoir plus verbale et plus prosaïque que la publicité française et presque purement « nominale ». C'est qu'elle procède de l'idéologie protestante où la vocation, la Beruf, selon Max Weber, joue un rôle primordial.

Par conséquent, dans sa triple destination (fabrique, commerce, service), la marque conserve la mémoire des fonctions des deux autres types de signes distinctifs, mémoire qu'elle enchâsse en se les appropriant (tableau 2).

On en déduit pour le moment que :

— la marque est la dernière strate des signes distinctifs, la plus puissante en matière territoriale ;

— elle est elle-même constituée à partir des deux autres types de signes, dont elle récupère certaines valeurs, valeurs dont elle dispose pour les répercuter éventuellement dans sa communication.

Tableau 2. Le système des signes distinctifs

Liberté spatiale	**Hiérarchie des signes**	**Enchâssement des signes dans la marque**
Ubiquité	Marques	Marques
Mobilité	Noms Enseignes	Marques de service Marques de commerce
Fixité	Appellations Désignations	Marques de fabrique

2. LES FONCTIONS IDÉOLOGIQUES DE LA MARQUE

2.1. Les trois fonctions idéologiques de la marque

La marque, toutes destinations économiques confondues, s'*applique* à un produit, lequel est :

— fabriqué localement : un *lieu fixe*,

— vendu ou mis en service à une *adresse commerciale* désignée rigidement par un nom et une enseigne,

— protégé sur le *territoire national* à titre d'image souveraine.

Elle récupère et stratifie de ce fait ces trois aspects : de production, de concurrence ou de guerre commerciale et de souveraineté d'image.

En effet, la marque n'est pas protégée en tant que signe, mais en tant que signe appliqué à un objet. Ce qui explique pourquoi dans certains pays, la loi oblige la marque à être adhérente au produit (en France elle n'est qu'appliquée). Un pur signe relèverait du droit d'auteur ou de la propriété littéraire. C'est le mixte objet-signe qui est déposé, et ce mixte est toujours :

— produit quelque part,

— vendu quelque part,

— protégé souverainement.

Il se charge par conséquent des trois fonctions. Ce que ne ferait pas un simple signe.

Autrement dit, les destinations économiques de la marque ne sont en fait que les indicateurs archéologiques de ses fonctions, dans lesquelles l'on reconnaît clairement le jeu de l'antique idéologie indo-européenne. Il convient d'en dire deux mots.

2.2. La marque et l'idéologie trifonctionnelle

On se rappelle que Georges Dumézil a le premier montré que, chez tous les peuples indo-européens, les mythes, les religions, les dieux, les structures sociales, les institutions, le vocabulaire et même les productions littéraires, étaient organisés sur le schéma des trois fonctions de la souveraineté, de la guerre et de la production.

A la fonction souveraine revient le magico-religieux, le juridique et le philosophique. La fonction souveraine est fonction « liante », « unifiante » : Mitra-Varuna, Zeus sont des dieux lieurs, des dieux du contrat, (même l'arme de Zeus, la foudre, est liante, car tétanisante). La seconde fonction a en charge la violence, principalement la force guerrière et les activités du « corps ». La troisième fonction est celle des richesses, de la production et de la reproduction, des forces génésiques.

Mais pour notre propos, il convient de faire une remarque sur la fonction guerrière. Car en regardant les choses d'un peu plus près, on se rend compte que la seule idée de force n'est pas satisfaisante pour la caractériser. Non seulement parce que les autres fonctions ont aussi des forces à leur disposition, forces magiques et liantes de la souveraineté, forces productives et reproductives de la troisième fonction, mais surtout parce qu'il semble bien qu'à la fonction guerrière revienne en fait, plus particulièrement, la désactivation de la force, sa canalisation.

En fait, la force brute relève des forces productives elles-mêmes et donc de la troisième fonction, tandis que la fonction guerrière est plus concernée par l'appropriation de la force, sa mise en régulation logistique. Pour le dire simplement, la force guerrière est ce qui « militarise » l'anarchie de production, qui encadre le dérèglement des forces productives.

Il revient donc plus proprement à la fonction guerrière non pas de produire de la force mais de la gérer. Double gestion de cuirassage et de « vectorisation » des forces productives, figurée comme on sait, par la lance et le bouclier.

Ainsi, l'énergie de fusion thermonucléaire, qui se déploie librement dans le soleil et dont héritent sur terre tous les êtres vivants pour se reproduire, appartient à la fonction de production, mais sa mise en ogive sur vecteurs nucléaires appartient à la seconde fonction. L'appropriation de la force par un corps est le sens véritable de la fonction guerrière. C'est pourquoi non seulement le corps, mais tout ce qui met de la force dans un corps (et donc notamment l'entraînement sportif) relèvent de la seconde fonction. Il est intéressant de noter que Mars, dieu de la fonction guerrière, est toujours symbolisé par des objets creux, vides, mais forts (cuirasse, casque, heaume) : des corps-cadres. Il y aurait, à vrai dire, beaucoup à ajouter sur la symbolique de la cavité ou du « creux » dans la fonction guerrière, mais on n'en a pas la place ici.

Dans l'entreprise moderne (car il n'y aucune raison de reléguer l'usage des trois fonctions aux temps archaïques), le cadre dynamique (dynamique veut dire « fort » et « cadre » désigne un corps creux) relève de la seconde fonction, il « encadre » les forces productives, leur donnant directives et direction. La force guerrière (« dynamis »), celle du « cadre », est intrinsèquement « morale » et « psychologique », comme le « furor » des Romains.

C'est Platon qui nous met sur la voie de cette interprétation. La Cité de la République est en effet divisée selon l'idéologie trifonctionnelle, puisque composée de trois classes : les rois philosophes de la fonction souveraine, les gardiens, qui sont les guerriers, et enfin les artisans-producteurs.

Si la vertu des rois philosophes est la « sagesse » et si celle des producteurs est la « tempérance », c'est-à-dire l'économie, il est significatif que celle des guerriers dont le nom, « gardiens », témoigne de leur rôle d'encadrement, soit la « prudence », vertu protectrice par excellence et non de débordement violent. Le débordement vient des producteurs qui ont l'accumulation et la richesse pour attributs. Il est significatif également que l'ascétisme soit un caractère et un goût du guerrier. Ainsi, si elle est une utopie politique, la cité platonicienne est, en revanche, une bonne description de l'entreprise. Inversement du reste, toute entreprise, comme ladite cité, est une société utopique.

De ce rôle particulier de la fonction guerrière, pour passer de l'entreprise à sa production et nous rapprocher de la marque, on a une bonne illustration avec le cycle de l'objet. L'objet industriel passe en effet par trois phases qui s'interprètent très bien dans les termes des trois fonctions.

Il est d'abord un agrégat de fonctionnalités diverses, à la fois exubérantes et apparentes. Au cours de cette phase « rustique », l'objet appartient à la fonction de production : il se signifie « producteur ».

Ensuite, ses fonctionnalités vont à la fois converger et s'occulter, se « camoufler », étant entendu que le camouflage est, avec la signalétique (les transmissions), un des aspects de la fonction guerrière. Dans cette seconde phase, qui correspond au « stylisme » ou au « design », l'objet est alors caréné, cuirassé, aérodynamisé, vectorisé. Il se signifie soumis à des règles d'obéissance et de rigueur.

Par là il devient à la fois ascétique et protecteur. La fameuse Gestetner dont les fonctionnalités débridées débordaient, une fois redessinée par le maître du design, est rendue prudente et protectrice. Comme tous les illustres objets de Raymond Loewy, elle a été conçue comme plongée dans un flux « dynamique ». Et « aérodynamique » veut dire alors « cuirassé » par la force « encadrante » de l'air, le « cadre dynamique » de l'air. Si l'on juge cet aérodynamisme du point de vue de la fonction de production il est tout à fait inutile, les taille-crayons ou les ronéos n'étant pas des engins de course. Mais si on le juge du point de vue de la fonction guerrière, on voit qu'il sert à protéger son utilisateur, à le « garder » des forces productives. Le « design » ascétique et aérodynamique infligé à la Gestetner (outre qu'il fait converger ses fonctions et qu'il améliore les forces productives par « tempérance ») protège la secrétaire en l'empêchant de trébucher dans les pieds excentrés ou de se prendre les doigts dans la courroie de transmission. La phase « design », phase guerrière comme on voit, discipline l'objet et le rend « prudent » vis-à-vis de son environnement. Et l'esthétique dite « fonctionnaliste » n'est autre, par conséquent, que celle d'imposer aux objets ou aux constructions les rigueurs de la servitude militaire.

C'est parce qu'il était un officier d'artillerie français que Raymond Loewy a su éduquer et militariser les objets industriels américains. A ces objets, issus du débordement productif américain, et qui avaient tous les défauts, les quatre défauts « élémentaires », de la troisième fonction, il a appris les bonnes manières d'une caste qui n'existait pas encore Outre-Atlantique. Et les frigos ont su se tenir au garde-à-vous jusque dans les livings.

Si donc la violence anarchique est le fait des forces créatrices de production, la violence guerrière est une violence seconde, celle de « faire violence » à la première, en quoi consiste la dynamique d'encadrement.

Enfin, la troisième phase est celle de la mise en exergue du « reste figuratif » et donc de l'expression d'un « pouvoir » magico-religieux, l'image d'un concept idéologique. Elle est rendue possible ou évidente du fait que le carénage guerrier a effectué une *dissociation* entre la forme (la morphê) de protection guerrière et la fonction (l'eidos de production). Paradoxalement la phase guerrière, la phase « aérodynamique » ruine le mythe du « fonctionnalisme ». Entre la forme et la fonction séparées maintenant par la coque de protection guerrière, il reste une place à prendre pour la « figuration » ou si l'on préfère la « signification ». Sur l'égide d'Athéna vient la tête de Méduse, qui figure le pouvoir de protection et de pétrification de la ville. Place que la « souveraineté » de la marque, à l'instar de celle de la ville ou de la nation, peut occuper.

Si ces trois phases constituent un cycle théorique, il arrive que les objets industriels choisissent de se fixer sur l'une d'entre elles à titre de créneau de « positionnement ». Le marché des voitures en donne un bon exemple. Ainsi, la calandre de la 2 CV reste un grillage fonctionnel d'aération dans lequel tourne dangereusement une excroissance de l'arbre du moteur, mais la Studebacker ou la carrosserie de la Porsche sont lisses de toutes les aspérités, alors que la calandre de la Rolls en vient à représenter un temple grec surmonté d'une déesse. Dans la première, toute l'anarchie « centrifuge » et dangereuse des forces hétérogènes et multiples de production, dans les secondes toute la sobriété prudente du carénage « linéaire » et vectoriel de la guerre, (le « camouflage » des fonctions qui est aussi celui des « significations »), dans la troisième l'image olympienne et « centripète » d'un fronton architectural.

Une conséquence évidente de cette figurativité de souveraineté est que, malgré des contraintes techniques identiques, les marques de voitures, par exemple (mais ce peut être la nationalité des produits), se laissent reconnaître sur des modèles inédits. Comme l'a bien expliqué Leroi-Gourhan, les contraintes techniques ne sauraient jamais évacuer ce qu'il a appelé la « figuration », en l'occurence, pour nous, l'image de la marque.

Pour dire les choses autrement, entre les contraintes techniques, qui appartiennent à la fonction de production, et l'image de la marque, qui appartient à la fonction souveraine, s'interpose le gardien des forces, le guerrier qui, « encadrant » les forces productives, fournit un support ascétique (l'armée, on le sait, est la « grande muette ») à la figuration de la marque. La marque peut figurer quand le guerrier encadre le producteur. Malraux dit quelque part que les peuples artistes sont toujours des peuples guerriers.

On en déduit que si la fonction de souveraineté s'inscrit dans la *figure*, que si la fonction de production s'inscrit dans le *multiple* et l'*hétérogène*, la fonction guerrière, en revanche, s'inscrit dans l'*interface* dans le rapport à l'autre, rapport « duel », par conséquent d'altérité, à la fois de répression et de protection. Concepts qui représentent les premiers indicateurs sémiologiques des trois fonctions.

Bien entendu, ces considérations sont essentielles pour la marque, car il n'y pas que les objets pour se charger des valeurs des trois fonctions, c'est vrai aussi de leurs signes distinctifs. D'autant que ceux-ci peuvent avoir une influence sur la forme du produit ou de l'emballage et réciproquement.

Les trois fonctions sont à ce titre un des codes de classification des logos. A deux niveaux du reste, d'abord celui d'une histoire naïve des objets, l'histoire tout court, c'est-à-dire le cycle lui-même tel qu'on vient de le décrire et dans laquelle le logo appartient à la fonction souveraine, puis à celui d'une exploitation marketing (dite post-moderne), c'est-à-dire communicationnelle, intentionnelle, de cette histoire.

Pour être plus précis : dans la dernière phase du cycle de l'objet, celui-ci laisse une place à la figuration de la souveraineté, donc une place au logo. Mais, à son tour le logo peut se charger des valeurs de signification de n'importe laquelle des trois fonctions et rétroagir sur la forme du produit ou de l'objet. Cette rétroaction n'est plus « historique », au sens de l'histoire des techniques, mais « marketing » ou « post-moderne », très exactement « rhétorique ».

Le logo dit alors quelle connotation du schéma trifonctionnel, de l'origine de production, de l'organisation rigoureuse ou de la classe souveraine, il faut attribuer à la marque et au produit. Par exemple, le logo de « GEO » est de production, « IBM » est guerrier, « DUNHILL » est souverain.

Quoiqu'il en soit, il faut surtout remarquer que les trois fonctions ne sont pas une simple fantaisie mythologique. Elles procèdent d'une logique incontournable, logique qui concerne toujours l'entreprise, ses produits et sa communication et qui, sous sa formulation la plus simple, est alors la suivante.

A la fonction souveraine revient le principe du *même*, de l'unité, de la consistance, de l'union (symbolisé par les faisceaux de la République, la place de la Concorde, etc). A la fonction guerrière revient le principe de l'*autre*, le balisage logistique du territoire, la séparation du dedans et du dehors, la différenciation de l'ami et de l'ennemi, la division (symbolisée par la panoplie d'objets creux du guerrier). Enfin à la fonction de production, essentiellement hétérogène et disparate, revient le principe du *multiple* (symbolisé par la corne d'abondance).

Donc respectivement, l'*identité*, la *différence* et la *répétition*. La logique qui sous-tend les trois fonctions est que, pour pouvoir produire et reproduire, il faut que l'identité du même soit fractionnée par le principe de la différence. A la répétition, la richesse et l'accumulation. A la différence, la séparation et le combat. A l'identité, la fusion, le contrat et le lien.

Maintenant que la logique des trois fonctions idéologiques est mise en évidence, et que l'on comprend mieux comment elles peuvent rendre compte de la production économique sous tous ses aspects ou, si l'on préfère, comment les trois fonctions peuvent constituer une sorte de logiciel pour en parler, il faut se demander quels sont les signes qu'elles privilégient chacune pour leur part et quel type de trace ou de marque elles induisent plus spécifiquement.

Pour préparer, par conséquent, la section suivante, une première analogie très générale entre les fonctions et les signes se présente ainsi. A l'identité revient l'*image*, car seule l'image a pouvoir « fusionnel ». A la différence revient la *lettre*, qui seule a pouvoir « distinctif ». Et à la répétition revient le *nombre*, qui seul a pouvoir d'« accumulation ».

Ce n'est, du reste, pas sans rapport avec la nature de la marque, car la jurisprudence en matière de contrefaçon ne tient compte que des *ressemblances*, donc de ce qui caractérise l'image, et non des *différences*, lesquelles caractérisent le signe linguistique, la « sémiotique » du nom ou les spécifications d'un modèle.

Pour plus de précisions encore sur les indicateurs des trois fonctions, sachant que la « consommation » est un phénomène fondamentalement investi par le sacré (le sacrifice), allons regarder comment la logique de ce schéma se répercute dans la terminologie religieuse.

Dans le langage religieux, ce qui a pouvoir fusionnel, identificateur, pouvoir de réunir, se nomme « *symbole* » (du grec « sumballein » = jeter ensemble). C'est donc ici le signe de la fonction souveraine, fonction liante, dont les dieux sont ceux du contrat. Le christianisme connaît notamment le « symbole de Nicée » qui est l'expression unifiante de sa foi. Ultimement, le symbole ne peut être qu'une image et c'est la raison profonde de la condamnation, par le second concile du même nom, de l'iconoclasme, fondé de son côté sur le primat de la lettre.

En revanche, le contraire de l'union, de l'amour, celui-là qui divise, qui sème la zizanie, l'antonyme du « symbole », c'est le « *dia-bole* » : *mon nom est « division* » (dia-bole) , *mon nom est « légion* » (répétion ou nombre) dit Satan, maître des guerres et richesses du monde, dans le désert (Satan héritant aussi des attributs du dieu Pan, donc de la production). Et il est intéressant de noter que, dans l'iconographie du Moyen-Age, le diable se reconnaît invariablement à ses fesses et son ventre, qui sont toujours des compositions complexes, faites de visages en surimpression, le diabole étant réputé incapable de produire des formes simples. Seul le symbole, en raison de son pouvoir fusionnel, en est capable.

Il faut donc remarquer que si les dieux sont des images, la lettre doit s'associer au diable, car si l'image prend son sens de la « ressemblance » (le propre de l'icône, selon Peirce, et de la Création puisque Dieu a fait l'homme à son image), la lettre prend le sien de la « différence » et de la guerre. Par conséquent, les signes de la fonction guerrière, les signes dia-boliques, sont les lettres et le nom.

C'est, en effet, de l'interprétation « selon la lettre » qui divise, sépare et polémique que se fait la différence entre la lettre et l'esprit, entre l'intolérance dissolvante et le feu de la communion.

Le fait est aussi qu'on vend son âme par contrat écrit, et non par échange d'images, la signature du vendeur s'apposant contre la griffe du diable, car c'est l'essence même du commerce que de créer, dans l'échange, de la différence et d'hériter par là, à travers Hermes-Mercure, dieu des voleurs, gouverneur des doubles (maître des Gémeaux), inventeur des lettres de l'alphabet et de la comptabilité, d'un caractère dia-bolique.

Enfin, toujours dans la terminologie religieuse, le résultat de la différence, le « produit » de la répétition, s'appelle l'« *o-bole* », « ce qui se met devant », ce qui est mis en avant, donc le sens exact de « produit ». Or « obole », qui veut dire offrande, est le nom ancien de la victime sacrificielle, qui représente le destin de tout produit de consommation, qui, victime lui-même, doit être « consommé ».

Et c'est précisément cet acte même de sacrifier le produit (« les prix sacrifiés ») qui constitue l'essence de la publicité pro-motionnelle, de la « promotion » (mettre devant = o-bole), potlatch guerrier qui fait suite à l'exposition des richesses, laquelle constitue l'expression de la fonction de la production. Mais, dans son rapport aux signes, l'obole, l'offrande, est ce qui se *multiplie*, ce qui se compte, ce qui se « nombre » donc, comme l'atteste le miracle de la multiplication des pains.

Ainsi donc, du « symbole » à l'« obole », du dieu souverain à la victime sacrificielle, consommatoire, elle-même issue du démembrement de l'image divine sous l'action des forces « diaboliques », la chaîne est celle de la création du monde dans tous les mythes cosmogoniques, où le corps d'un dieu sacrifié produit tous les êtres.

Cette chaîne, hypostasiée par les trois fonctions idéologiques, la marque industrielle moderne et sa communication la récupèrent intégralement[1].

---

[1] Ces trois fonctions idéologiques trouvent un prolongement naturel dans les fonctions psychologiques remplies par la marque auprès de l'acheteur, telles que les définit J.N. Kapferer (chapitre 3). L'identification va avec la « souveraineté ». Repérage, garantie et personnalisation sont de l'ordre du « guerrier », praticité et lucidité s'inscrivant dans la « production ».

D'où le troisième tableau :

Tableau 3. La marque et les trois fonctions idéologiques

Fonctions Idéologiques	**Souveraineté**	**Guerre**	**Production**
Contenu	Magie-religion Force liante Lois Contrat Juridiction Incantation	Violence Force disciplinée Corps Sport Rigueur Entraînement	Richesses Force anarchique Beauté Art (travail) Plaisir Reproduction
Dieux	Mithra-Varuna Zeus Jupiter Odin	Indra Ares Mars Thor	Acvins Artémis (Diane lunaire) Quirinus Frida
Castes	Brahmanes	Rajanas	Vaicyas
Rome	Patriciens	Chevaliers	Plébéiens
Platon (Cité)	Philosophes	Gardiens	Artisans
Vertus	Sagesse	Prudence	Economie (tempérance)
Objets	Figuratif	Design	Fonctionnel (rustique)
Grammaire	Le Singulier	Le Duel	Le Pluriel
Logique	L'Un Le Même	L'Autre La Différence	Le Double (Gémeaux) La Répétition
Opérations	Union	Division	Multiplication
Religion	Sym-bole	Dia-bole	O-bole (offrande)
Signes	Icône	Lettre	Nombre
Economie	Marque (Patron)	Institution (Encadrement)	Entreprise (Production)
Signes distinctifs	Marque	Nom Enseigne	Appellation d'origine Désignation de provenance

2.3. Les fonctions idéologiques et leurs signes : les proto-marques[1]

S'il est clair que la marque, en enchâssant les autres signes distinctifs, récupère et intègre à travers eux les trois fonctions idéologiques de la souveraineté, de la guerre et de la production, et si, par ailleurs, on a déjà un certain nombre d'indications sur la nature de leurs signes représentatifs, il faut maintenant répondre à la question : de quelle manière ces trois fonctions se traduisent-elles dans la marque elle-même ? Ou si l'on préfère, quels sont les signes des trois fonctions dans la marque ?

On va appeler ici *proto-marques* ces inscriptions spécifiques des trois fonctions dans la marque.

L'estampage

Dans son rapport à la fonction de production, la marque est signe d'*appropriation.* La marque elle-même ne « produit » pas, mais elle met sa « griffe » sur l'objet ou l'animal. Il est essentiel de comprendre que, dans l'appropriation, il y a un caractère destructif, un droit de destruction. D'une part, parce que la fonction de production est nécessairement destructrice, vu que pour produire il faut consommer, donc détruire. Et d'autre part, parce que la propriété est droit de vie ou de mort - us et abus - sur l'objet ou l'animal (et sous d'autres lois, l'esclave, l'enfant, la femme). Le fait est que la marque a le droit de détruire tout produit marqué de son signe.

En ce qui concerne l'animal, l'appropriation est autant la mise à mort que le droit différé de la mise à mort. Le marquage de l'animal est une mutilation ou l'indice d'une mutilation, soit le sacrifice, soit la scarification sacrificielle. On peut appeler « estampage » le signe qui correspond à l'aspect destructif de la troisième fonction.

L'estampage est en effet une empreinte en relief, en profondeur, donc « destructrice », douloureuse pour l'animal, et souvent faite par le feu. C'est, du reste, de là que se tire le nom de marque en anglais « brand », qui vient de « brandon ». L'estampage, parce qu'il est un indice de destruction, est une inscription de la troisième fonction dans la marque. Ajoutons que par la destruction entamée, le « brand » ou l'estampage possède un caractère « infamant ». Signe d'appropriation destructeur, il retire leur liberté aux êtres vivants. En

[1] Je reprends ici, pour les compléter, les éléments de ma contribution à la Théorie de la Marque, étude réalisée à la Sorgem pour la RATP (voir sa présentation à l'IREP par Michel Barjansky et Yves Krief (juin 1980) « La Marque : Nature et Fonctions »).

Ce complément consiste d'abord à donner une explication plus fondamentale de l'existence des « proto-marques », en montrant qu'elles ne sont autres que les signes d'inscription des trois fonctions idéologiques ; ensuite à expliquer la raison du « couplage » des proto-marques sous l'égide du sceau d'un côté et du drapeau de l'autre, par l'existence de deux types de communication publicitaire ; et enfin à indiquer comment la communication publicitaire est, dans sa rhétorique-même, une conséquence de cette structure trifonctionnelle.

rendant le produit, l'animal ou l'homme, esclave d'une fonction, il est une marque d'assujettissement.

L'estampille

La mise en image d'un estampage est une « *estampille* », l'estampille est une « icône » d'estampage, une figuration d'estampage, qui, en perdant sa troisième dimension, perd alors son caractère destructeur. Si l'estampage est un « indice » de destruction (indice au sens de Peirce), étant une trace matérielle, l'estampille est un « trompe-l'œil » d'estampage. On conçoit sa nécessité lorsque le produit approprié ne doit être ni détruit, ni altéré. Les appellations contrôlées, les tampons, les numéros de série, les marques de certification, les timbres (stampa), les marques de fabrique, sont des estampilles.

Il convient de rappeler que, dans l'appropriation de la fonction de production, il y a philosophiquement parlant, passage de la nature à la culture. L'animal sauvage est non marqué, mais dès qu'il est domestiqué, il porte le « brand », l'estampage du propriétaire. Que cet estampage soit toujours, pour les êtres vivants, une marque sacrificielle, une mise à mort symbolique (avec, à la clé, une renaissance dans la culture), on le reconnaîtra au fait que tout animal non marqué, non tatoué, est interdit de circulation, mis en fourrière et voué à la mort par les soins de la Société Protectrice des Animaux. Le couple de proto-marques estampille/estampage est donc ce qui signifie l'intégration de l'hétérogénéité naturelle dans les réseaux culturels, dans les réseaux du langage humain. Mais il ne faut pas limiter le naturel au seul biologique, les véhicules par exemple, qui utilisent des forces naturelles, doivent obligatoirement, pour circuler, être estampillés : vignettes, plaques, etc.

La signature

Dans son rapport à la fonction guerrière la marque est signe d'*allégeance* ou d'*approbation*. Il ne s'agit pas de l'approbation que la marque manifeste en autorisant la mise en circulation d'un produit. Cette approbation là n'est autre que l'appropriation de la production et par conséquent, signe d'origine. Il s'agit de l'approbation des autres, qui est le principe de la fonction guerrière. Le « combat » porte sur l'adhésion de la « clientèle » au sens large, du monde extérieur, des « ennemis ». Il s'agit pour la marque de « con-vaincre » et c'est la reconnaissance de cette approbation de l'autre qui fait signe, signe d'allégeance approprié par la marque.

La fonction guerrière est représentée ici de deux manières. D'abord la destruction intentionnelle « provocatrice », la dépense somptuaire ; le « potlatch » exactement. Ainsi le camelot qui détruit des assiettes devant des badauds, l'enseigne qui casse les prix, la marque qui offre une loterie, une promotion, etc. Cette destruction, qui fait suite à la simple « exposition » productive, étant vectorisée, canalisée en direction de l'autre, est par conséquent essentiellement guerrière.

Le cadeau forcé, qui, même sans obligation d'achat, force à l'obligeance, est l'aspect guerrier de l'enseigne. En passant de l'enseigne à la marque, ce cadeau prend la figure du « défi de souveraineté », dépense ostentatoire dans les médias, dont le but est l'appropriation à la fois d'espace public et de valeurs symboliques.

En face de cette démonstration de force, l'individu est placé devant l'alternative canonique du « potlatch » :

— ou bien, faire la guerre, ce qui revient, soit à choisir un concurrent, soit encore, à refuser le principe même du défi de marque et venir protester contre le scandale publicitaire au sein de mouvements consuméristes ;

— ou bien, faire allégeance : restituer à l'enseigne une plus-value d'achat, porter les couleurs de la marque.

L'autre manière de faire la guerre pour convaincre le consommateur consiste à faire combattre le produit, non plus de le détruire comme dans le potlatch, le cadeau forcé, mais de le faire se battre lui-même. Le produit est alors approuvé par le public à l'issue d'un combat dans l'ombre, en aveugle, où il a affronté des concurrents masqués. Et, bien qu'une telle épreuve paraisse respecter les protocoles d'expériences scientifiques, c'est en fait combattre selon les règles de l'ordalie ou du tournoi chevaleresque (le rite étant précurseur du scientifique). Après la victoire éclatante du produit, la marque s'approprie la reconnaissance de l'autre, son adhésion et son approbation.

Si le potlatch est sur le versant économique de la fonction guerrière, le tournoi est sur le versant souverain, car la victoire est preuve d'un décret divin.

C'est ce second aspect de la fonction guerrière qui détermine dans la publicité la rhétorique dite du « témoignage ». Cette rhétorique a pour caractère remarquable de n'être pas fictionnelle, en ce sens qu'elle ne construit pas une histoire mythique, mais qu'elle se donne pour un document de réalité, sur le modèle de l'enquête sociologique. Dans le « témoignage », ce sont des clients réels, des personnes véritables qui parlent et qui deviennent les « témoins » de la marque. C'est Mme Durand, c'est Mr Dupont de telle ville, à telle adresse, qui payent de leur personne, qui donnent leur *nom* en faveur de la marque. Ils attestent de leur foi, de leur fidèlité, ils énoncent le symbole de la marque, sa profession de foi, sa vocation.

Il est essentiel de comprendre que c'est parce que la marque est un *droit de clientèle* qu'elle exige des témoins, et que par conséquent le *signe du témoin* fait partie intégrante de la marque elle-même. Le signe du témoin est la proto-marque de la fonction guerrière, l'inscription de la deuxième fonction dans la marque.

Ajoutons que cette rhétorique du témoignage est plus particulièrement exploitée dans la publicité d'origine américaine, du type « proctérien », plus réaliste et prosaïque que la publicité européenne pour les raisons déjà évoquées de l'influence de l'idéologie « protestante ». Le « témoignage », en outre, a une forte connotation « biblique » et rappelons que le mot grec pour témoin est

« martyr ». Ce réalisme du témoignage et de la mise en concurrence du produit — le produit mis en concurrence « proteste » contre les autres — est en rapport avec le droit pour la publicité américaine d'être comparative (c'est-à-dire essentiellement « guerrière »). Le droit de comparer des biens publiquement est l'équivalent économique de la liberté de conscience religieuse dans l'interprétation des textes sacrés.

Le seing

Au niveau de la fonction guerrière, la marque s'approprie par conséquent le nom de ses témoins. Le signe qui l'atteste est la « signature ». Mais ici l'opération est complexe, car si le témoin est le « signataire », que donne donc la marque en échange et que devient la signature du témoin ?

D'une façon générale, lorsque le client achète un produit marqué, il échange ses signes personnels contre le signe de la marque ; par exemple, il échange le monogramme personnel de sa chemise, les armoiries qui ornent son carrosse, contre le logo d'Yves St Laurent, l'écusson d'Alfa Roméo ou de toutes autres marques auxquelles il prête allégeance. Qu'en est-il alors de ce logo que le client acquiert contre sa signature ?

Deux précisions s'imposent. Tout d'abord, si la loi autorise qu'une signature soit utilisée comme marque, c'est à condition que le graphisme en soit figé. Une telle signature figée est une image de signature, une empreinte de signature. Et une empreinte de signature, c'est justement ce qu'on appelle une *griffe*. Etant figée, la griffe n'est donc plus une signature car elle a perdu le caractère vivant, spontané, ponctuel, idiosyncrasique qui fait la signature et qui, surtout, fait que la signature, dans les actes qui engagent le sujet, ne s'autorise que d'elle-même. On pourrait rétorquer qu'une griffe devrait avoir la même valeur qu'un « cachet », comme le cachet d'atelier des peintres. Mais ce n'est pas le cas, car la « griffe », l'image d'une signature utilisée à titre de marque, n'a pas de signataire « réel ». Pourquoi ? Parce que la marque ne désigne aucun « corps », et que la signature exige les particularités biologiques, mécaniques et physiques d'un « corps » pour être valide. En fait, la marque dans la griffe s'approprie le dessin d'une signature d'un autre, elle-même n'ayant pas de corps pour en faire. Dans le langage des linguistes, la griffe n'est plus « performative », c'est-à-dire qu'elle n'est plus l'acte de signer, mais seulement sa figuration. D'une manière générale, par conséquent, dans leur rapport à l'écriture, les marques sont toutes au même niveau : ce sont des logos qui, dans certains cas, imitent des signatures.

Maintenant, la seconde précision est que si la *griffe* est l'empreinte non valide d'une signature scripturale alphabétique, on appelle *seing* une signature figurative valide, qui, parce qu'elle n'est pas alphabétique, exige des « témoins ». Ainsi les analphabètes signent d'un seing. Et, comme on l'expliquera plus loin, la marque est « analphabète ». De fait, la marque ne se présente pas uniquement sous la forme de logo, de sigle ou de nom mais aussi de dessin ou de volume quelconque, de sorte que si la marque doit signer, toutes inscriptions confondues, c'est sous la forme d'un seing. Et c'est alors que ses clients, qui donnent leur signature, sont justement les témoins auxquels la marque fait appel pour transformer l'inscription invalide de son nom, griffe, logo, sigle ou dessin, etc., en un seing, à savoir en une inscription non alphabétique qui vaut pour une signature. Pourquoi ? Parce que si l'inscription du nom de marque n'était pas l'équivalent « juridique » d'un seing, elle ne pourrait attester l'allégeance, elle n'aurait aucune valeur de protection sociale, ni de garantie de fidélité. C'est-à-dire, en d'autres termes, qu'elle ne pourrait pas avoir de client. L'objet marqué portant, en ce sens, la « signature » du vendeur, sous la forme du seing de la marque.

L'écriture sainte

Sans prétendre résoudre toute la question du rapport de la signature à l'écriture alphabétique, une digression s'impose, puisqu'on bute ici sur une étrangeté qui procède de la sacralité attribuée à l'écriture alphabétique. On considère, en effet, que la signature d'une personne n'est authentique que si elle passe par l'écriture alphabétique, donc à condition que la personne sache lire et écrire. Pour « signer », le sujet humain doit être pénétré par l'écriture. Comme si, seules les lettres alphabétiques, qu'une longue tradition a divinisées, pouvaient s'incarner. La nouvelle de Kafka « La Colonie pénitentiaire » donne quelques lumières sur la question. Un analphabète ne saurait signer ; il laisse une trace, un indice, un dessin. C'est parce qu'on considère que cette trace peut être contrefaite (comme la marque), qu'elle exige des témoins. Si un analphabète « signe » d'un carré ou d'une croix, on ne pensera pas que le ductus de son dessin a la même valeur que le ductus d'une lettre, ni qu'il procède du fond intrinsèque de la personne. Le « tracé » de l'analphabète ne l'authentifie pas plus que, par exemple, ses empreintes digitales, qui sont ses « signatures » physiques (ses indices, mais non ses intentions). Or, justement, celles-ci n'ont de valeur qu'authentifiées par un fonctionnaire de police assermenté, lequel fonctionnaire vaut pour un nombre requis de « témoins ». C'est pourquoi personne ne signe de chèque avec ses empreintes digitales. Les empreintes sont des éléments de preuve mais non des signatures.

Tout se passe donc comme si le dessin, carré ou croix, de l'analphabète, étant une image, était considéré comme déjà une imitation, comme déjà un faux. Et cela n'a rien à voir avec le fait que l'on puisse faire de fausses signatures, une fausse signature ne met pas en doute la possibilité d'une vraie. Seul le sujet de droit peut signer et celui qui dessine sans écrire n'est qu'un producteur (in-fâme) et non un « sujet », c'est-à-dire un « guerrier » susceptible de prêter allégeance (il y a bien sûr un rapport étroit entre le pouvoir de signer et le service militaire, entre l'alphabétisation et les guerres).

De cette conception très profonde de la valeur informante de l'écriture, de la valeur stigmatisante de la lettre pour le sujet de droit, on a confirmation dans le cas de la mise sur le marché d'œuvres d'art non répertoriées. C'est la signature qui compte. On ne reconnaît aucune valeur marchande (à moins d'enquête très poussée) à une peinture non signée. C'est-à-dire qu'on ne reconnaît, en matière de marché de l'art, aucune valeur d'authentification à l'idiosyncrasie du peintre dans sa touche, dans sa patte, dans le tracé de son dessin. On ne la reconnaît qu'à son écriture. Et c'est un thème rabâché que seules les signatures valent de l'argent. Si tout cela découle de la définition politique du sujet de droit, le citoyen étant celui qui sait lire et écrire, il est seulement curieux qu'on l'exige aussi des peintres, et que cela doive déterminer la valeur de leurs tableaux.

Mais on le comprend bien mieux dès lors qu'on voit que la signature d'un peintre n'est rien d'autre qu'une marque de commerce authentifiée, non par lui, simple producteur, mais par les experts, les témoins-clients de l'œuvre, et que c'est elle, cette marque, qui dit, souverainement, la valeur du produit et non l'inverse : le tableau qui dirait celle de la signature.

Les lettres alphabétiques, en conséquence, paraissent bien se comporter comme des inscriptions divines tracées directement par Dieu à l'intérieur même de la personne ou du sujet de droit.

Revenons à la marque. La signature des témoins, qui lui apportent leur approbation, représente ce dont elle besoin pour que l'écriture de son nom devienne un *seing*, ait la potestas d'un seing. La marque est un seing parce que, comme lui, elle a des témoins, ce qui n'est pas le cas de la signature et, comme lui, elle est une image, qui devient signature grâce à des témoins. Et c'est parce qu'elle est un seing qu'elle peut autoriser un échange sur le marché.

Le pouvoir du seing est d'accorder une légitimation. Celui qui se promène dans la rue avec une chemise à son nom ne s'autorise que de lui-même, il ne peut invoquer que son autarcie domestique, que son propre goût. Celui qui porte une chemise Saint Laurent bénéficie en revanche de l'image de la marque, il est couvert socialement par elle, il est sûr de n'avoir pas fait d'impair, il porte les couleurs d'une notoriété.

En échangeant sa signature vivante et instantanée contre le seing de la marque, il échange sa liberté de « sujet » contre la couverture, la garantie d'un grand nom, d'un nom de grand.

La garantie de la marque n'est donc pas une garantie d'origine du produit, la marque ne dit rien de tel, mais est celle d'une couverture d'image. Et ce pouvoir de légitimation sociale, il faut observer que la marque ne l'acquiert que par la dépense somptuaire, prestigieuse et publique, de sa *publicité*. La publicité est le prix qu'elle paye pour permettre à ses témoins d'arborer sans crainte ses couleurs.

Du point de vue du signe et de l'inscription de la fonction guerrière dans la marque, ce mécanisme se transpose de la manière suivante : le client donne sa « signature » (sur un chèque, par exemple) contre le « seing » de la marque, et lui donnant son approbation, il se met sous son patronage. La marque, de son côté, en s'appropriant la signature du client, la recouvre de son « seing », qui reste la seule partie visible, publique, du rapport de la marque à la deuxième fonction.

Ainsi donc, pour résumer, dans son rapport à la fonction guerrière, la marque s'approprie, conquiert, et c'est le sens de ses « campagnes », de sa « stratégie », et de tout le vocabulaire polémologique de la publicité, l'approbation des autres, de sa « cible », pour en faire ses sujets, sa « clientèle » et ses « fidèles », elle-même étant droit de rassemblement et d'église ; en même temps qu'à travers cette cible, elle reçoit une valeur en terme de « standing » social.

Cet échange public d'approbation et de légitimation a pour signe les deux « proto-marques » de la *signature,* l'acte réel d'allégeance et du *seing*, la mise en image de la protection des témoins.

Le sceau et le drapeau

Enfin, dans son rapport à la fonction de souveraineté, la marque est signe de « *création* ». Il faut l'entendre de la manière suivante : la fonction souveraine est fonction liante, son pouvoir est de réunion, d'union, de « coagulation ».

Ce que la marque réunit n'est autre qu'un témoin et un produit, une clientèle et une production. Cette union est en elle-même une « création », parce que, symboliquement, un nouvel être politique, est créé de ces « noces chimiques ».

Comme cette union est indéfectible de par la loi, qui consiste à « sceller » des valeurs sociales d'allégeance et des valeurs de production, les signes de ce « scellement » souverain, sont le « *sceau* » et sa concrétisation spatiale, le « *drapeau* » (l'enseigne militaire).

Le « sceau », la marque de souveraineté, ne consiste en rien d'autre qu'une *estampille* paraphée, une marque de production mise sous « *seing public* », ce qui est la définition du « *logo* », l'image déposée de la marque. Au plan du signe, cette union revient à mettre ensemble une marque d'origine et une signature. Plus généralement, le sceau est l'opération par laquelle l'estampille et le seing sont confondus en une seule et même image. Ainsi, le signe de la fonction de souveraineté n'est pas une image spécifique, comme l'estampille ou le seing. Il n'est, dans le principe, que l'image de leur union.

Le sceau est une image dans laquelle, le plus souvent, on ne voit que le signe des deux autres fonctions, au contraire des drapeaux indo-européens (français, anglais, etc.), dont les trois couleurs codent, comme on sait, les trois fonctions :

— le bleu, le noir ou le vert pour la production : on dit un « bleu de travail »,

— le rouge pour la guerre : le rouge fait « interface » symbolique comme on le voit dans le code de la route ou les corrections professorales,

— le blanc ou l'or pour la souveraineté.

De fait, puisque le sceau ne fait que réunir les signes des deux autres fonctions, alors que le drapeau porte les trois, on pourrait penser que le drapeau, en explicitant la souveraineté, est plus complexe que le sceau et lui aurait un statut supérieur. Mais, à y regarder de plus près, en faisant figurer le signe de la souveraineté, la couleur blanche, entre les couleurs des deux autres fonctions, le drapeau devient l'*in-signe* (il met le signe dedans), donc l'*enseigne* du sceau. Et, en tant qu'enseigne, en tant que *cadre* du signe, il est plus *matériel* que lui. C'est un sceau « matérialisé » (comme l'on dit des signes du code de la route), matérialisation prise en charge par la hampe qui l'ancre dans le sol, espace naturel et non celui des représentations collectives. Autrement dit, si le sceau réunit les signes des deux fonctions de la production et de la guerre, le drapeau, quoique plus complexe, n'est qu'un cadre matériel dans lequel on met le sceau.

Par ailleurs, on le verra plus loin, le sceau se charge souvent d'un portrait, il est donc plus figuratif et moins signalétique que le drapeau.

De fait, l'enseigne, commerciale ou militaire, a en charge le flux « réel » des personnes ou des voitures dans l'espace « naturel », tandis que le sceau se tient, ubiquitaire, dans l'espace des représentations. Ainsi l'enseigne reste « performative » et est un acte « réel », alors que le sceau se contente de « régner ».

Du drapeau au sceau, on assiste donc à la même tendance iconotrope, qui transforme des objets matériels, comme l'estampage et la signature, en objets-images comme l'estampille et le seing. Donc, bien que le sceau et le drapeau soient l'un et l'autre des « marques » de la première fonction, leur statut diffère quant à la nature des espaces investis.

De tout cela des conséquences importantes découlent, notamment la communication publicitaire qui suit rigoureusement la logique du « sceau ». Elle n'est, en effet, rien d'autre que l'encodage de « l'imaginaire » du produit (lequel relève de l'estampille ou de la marque de fabrique) par la « signalétique » du nom, son formatage par le « seing » ou la « griffe » de la marque. La communication publicitaire, c'est en fait le « paysage » ou la « geste » du sceau, le *développement* du sceau ; développement qui, entre parenthèses, lui restitue sa forme première, celle des sceaux-cylindres du pays d'Akkad et de Sumer.

Et c'est ce développement qui constitue en propre le pouvoir créatif de la marque, lequel consiste dans le droit de faire évoluer à sa guise la nature de la liaison indéfectible approbation-produit. Un tel droit n'appartient pas au modèle déposé, non plus qu'au brevet. Ceux-là, par définition, ne peuvent pas évoluer, leur pouvoir n'étant pas « créatif » mais seulement « reproductif ».

Avant d'aller plus loin, résumons ce qu'on vient de dire.

D'abord, la marque moderne, comme le montre l'analyse de sa place dans le système des signes distinctifs, est le complexe de trois fonctions : d'appropriation d'une production, de mise sous allégeance d'une clientèle et d'union de ces termes, qui sont les aspects que prennent dans son domaine les trois antiques fonctions de l'idéologie indo-européenne. Ensuite, la marque étant un signe, ce signe à son tour est le complexe enchâssé des inscriptions de ces trois fonctions, à savoir, d'une part, du côté des objets matériels, l'estampage, la signature et l'enseigne et de l'autre, du côté de leur mise en image, l'estampille, le seing et le sceau. Ces signes peuvent s'appeler proto-marques de ce qu'ils précèdent historiquement la marque moderne tout en étant ses constituants archéologiques, nécessairement présents, sans être toujours visibles.

Toute marque, fut-elle un simple trait, peut toujours être considérée comme le téléscopage ou l'enchâssement de ces trois proto-marques.

2.4. Classification fonctionnelle des marques : marques sceau et marques enseigne

Regardons maintenant comment l'on peut utiliser ce modèle trifonctionnel pour éclairer certaines questions qui se rapportent à la classification des marques dans l'usage courant, notamment dans leur destination : de commerce, de service, de fabrique, et selon l'accent mis sur l'une des trois fonctions.

Commençons par la distinction entre le sceau et l'enseigne. Dans notre perspective, on ne peut le faire qu'en interrogeant la communication publicitaire. C'est, en effet, relativement à l'espace public et aux représentations collectives que ces distinctions prennent un sens archéologique.

Or, justement, on observe deux grands régimes de communication. La communication de marque nationale et la communication de distribution. Elles ne fonctionnent pas de la même manière.

Une annonce de distribution ressemble toujours, de près ou de loin, à un *faire-part* tendant à gérer un trafic réel à l'occasion d'un événement réel. Tout comme un faire-part de mariage, l'annonce de distribution

— décrit l'espace naturel : le plus souvent à l'aide d'une cartographie à quatre échelles comportant : une carte routière régionale, un schéma d'accès local, un « monument » figurant l'enseigne (à fonction mnémotechnique) et l'adresse ;

— découpe le temps conventionnel, en s'inscrivant dans un calendrier d'événements réels, anniversaires, rencontres sportives, fêtes des pères, des mères, Noël, etc. ;

— enfin « convie » à la fête en offrant un « cadeau forcé » tel que spectacle, prix cassés, loterie, foire, braderie, etc. Cadeau forcé qui reconduit toute les fonctions du « potlatch ».

Au contraire, la marque « nationale » ne se communique pas dans l'espace et le temps naturels. Sa communication est une transposition « imaginaire » des événements réels de la communication de distribution.

L'espace communiqué alors n'est plus celui des repères de trafic, il devient une dimension imaginaire de la marque. Ainsi l'« italianité » de Panzani, l'« américanité » de Coca-Cola, la « régionalité » des fromages (ceux qui n'ont pas droit à l'appellation contrôlée), etc.[1]

Le temps communiqué prend aussi une dimension imaginaire et n'est plus calendaire. Le produit de marque est, de manière intemporelle, défini comme traditionnel, du temps jadis ou, au contraire, progressiste, moderne, d'avant-garde, futuriste, etc.

Enfin, le « cadeau forcé » de la communication de distribution (soldes anniversaire, loterie, fête, manège) devient le créneau de communication de la marque, son territoire symbolique.

Dans cette transposition, la marque transfigure les caractéristiques prosaïques de l'enseigne en « légende », en mythe.

Pour dire les choses plus simplement : la communication de distribution, en étant « accrochée » par le caractère de « désignateur rigide » du nom et de l'enseigne à des événements et à des lieux « réels », reconduit purement et simplement la rhétorique de la *réclame*, alors que la communication de marque accède à la *publicité* proprement dite, c'est-à-dire à la manifestation redondante de l'image dans différents codes d'inscription en espace public ubiquitaire.

De la distribution à la marque, il y a donc une stratification archéologique. Stratification de la réclame, qui porte sur des événements « réels » (un cadeau daté, localisé), à la publicité qui porte sur l'appropriation souveraine d'attributs imaginaires.

La réclame a pour vecteur l'espace réel, où circulent mailings, prospectus, faire-parts (et dans un journal, cet espace se signifie par le coupon détachable, par exemple, qui est indice réel du cadeau forcé), alors que la publicité a pour vecteur un espace d'ordre supérieur, l'espace « médiatique », c'est-à-dire, par définition, l'espace public, des représentations collectives, l'espace où le pouvoir souverain se représente lui-même, selon l'adage « vox populi, vox Dei ».

D'où il suit que la distinction entre marque de fabrique et marque de commerce est une distinction qui prend un sens effectif et cela indépendamment de l'historicité de la loi de 1857 qui les établit. De sorte que si une marque de commerce a la même « potestas » qu'une marque de fabrique, comme elle procède de l'enseigne, les caractéristiques « archéologiques » qu'elle en retient se traduisent significativement au plan de la communication.

En revanche, la marque de service, qui est la plus récente (reconnue par la loi de 1964), n'introduit aucune nouveauté. Publicitairement, elle ne se différencie

[1] Dans la distribution, l'espace communiqué et l'espace dans lequel a lieu la communication est un seul et même, comme c'est le cas de la signalisation routière. Au contraire, « Panzani », « Coca-Cola » sont des marques françaises, « imaginairement » italienne, américaine, etc. Il convient de bien comprendre que la marque n'est pas l'entreprise, non plus que ses capitaux. Coca-Cola est française en France, thaï en Thaïlande, japonaise au Japon, etc. La marque appartient au patrimoine symbolique du pays où elle a été déposée. Du point de vue du fonctionnement de l'image, l'entreprise Coca-Cola aux E.U. est un attribut de la marque française.

pas de la marque nationale. Air France et la RATP construisent un imaginaire de marque. Qu'il s'agisse d'un service ou d'un produit, la construction de l'image reste la même. Ainsi, la RATP s'approprie l'imaginaire « Chic et Choc » de son ticket, indépendamment du fait que le ticket n'est pas un produit.

Si la marque de service ne se développe pas dans un champ spécifique, il semble toutefois qu'on peut l'associer à une procédure particulière de la rhétorique publicitaire, le « représentant de la marque », personnage qui a fait son apparition dans les annonces et les films à la même époque.

D'où le tableau suivant

Tableau 4. Les deux régimes de la communication

	Marque de Distribution	**Marque Nationale**
Fonction Souveraine	Enseigne (objet matériel)	Sceau
Fonction Guerrière	Signature (vendeur/acheteur)	Seing
Fonction de Production	Estampage (bradage)	Estampille
Communication	Réclame (faire-part)	Publicité
Espace	Naturel	Médiatique

Marques d'allégeance

Le problème qui se pose ensuite est la relation d'allégeance d'une marque à une autre. En effet, si la communication de distribution est « logiquement » antérieure à la communication de marque, si l'espace « réel » balisé par la réclame est « archéologiquement » antérieur à l'espace « public », balisé par la rhétorique de la souveraineté, il n'en demeure pas moins qu'une marque de commerce vient s'appliquer sur un objet ou un produit fabriqué ailleurs, et qui porte déjà une marque de fabrique. Dans ce cas, la marque de commerce vient en second, se stratifie sur la marque de fabrique.

Cette stratification, telle que l'application de la marque « Monoprix » sur des fromages fabriqués par « Lanquetot », qui suit l'ordre logique de la production à la consommation, inverse l'ordre archéologique. Il convient d'interpréter l'application d'une marque de commerce sur une marque de fabrique comme renvoyant à la fonction essentielle de la marque, qui est l'appropriation. La marque, parce qu'elle est une « propriété », a le pouvoir de s'approprier des attributs d'images et ces attributs peuvent être d'autres marques.

Cette puissance d'appropriation détermine une règle essentielle de la communication publicitaire, qui est la positivité et l'affirmativité de la marque avec l'impossibilité de manipuler des connecteurs négatifs. La communication publicitaire, et essentiellement l'affirmation de caractères ou d'attributs positifs, est « additive », on ajoute toujours quelque chose sans jamais rien retrancher. C'est une règle que la marque hérite des dieux antiques eux-mêmes. La mythologie nous apprend qu'un dieu ne peut jamais contredire le décret d'un autre. Il ne peut que surenchérir. Ainsi Zeus n'a-t-il pu empêcher Héra de rendre Tirésias aveugle, mais en compensation, il lui a ajouté le don de divination.

Qu'une marque de commerce puisse s'approprier une marque de fabrique est donc seulement un cas particulier de sa fonction d'appropriation. Mais ce n'est pas le seul cas de figure. Examinons les autres possibilités.

Marque sceau et marque estampille

Une première possibilité est celle qui fait s'articuler une marque dite principale à une marque dite accompagnante. Par exemple, sur un vêtement, la marque Chanel accompagnée de Dacron ou de Tergal.

Dans ce cas, également, la marque principale s'approprie purement et simplement la marque accompagnante. La marque principale garde ici les fonctions du sceau et conserve les pouvoirs de la marque, alors que la marque accompagnante est réduite au rôle d'estampille. Cette dernière est alors une marque tronquée, dont la fonction rejoint l'appellation d'origine. De plus, étant estampille, signe d'infamie (au sens étymologique : « sans célébrité »), elle perd le droit à la communication. Ce n'est pas elle qui parle, mais la marque sceau. Il suit de là que la marque accompagnante est comme l'estampille rendue visible de la marque principale. Elle n'est plus une marque à cette occasion, ne disposant plus de la fonction souveraine. On peut dire qu'elle déchoit et devient l'équivalent d'une appellation contrôlée.

Marque seing et marque sceau

La seconde possibilité met en présence une marque dite signature avec une marque dite de référence. Par exemple, dans Jicky de Guerlain, la marque de référence est Jicky, la marque signature est Guerlain.

De la signature à la référence s'ouvre l'axe générique-spécifique. Cet axe, dimension fondamentale de la marque, qui lui autorise la création de produits spécifiques, existe précisément du fait de l'enchâssement des trois fonctions. Il s'inscrit également entre la marque principale et la marque accompagnante. Par conséquent, la même logique d'appropriation est à l'œuvre. Mais elle est inversée sur le plan de la communication. Ici, c'est le spécifique (la référence) qui a la préséance, et qui bénéficie donc de l'image, du sceau souverain.

Lorsqu'on communique « Choc » de Cardin ou « Jicky » de Guerlain, la publicité porte sur les parfums, les marques de référence et non sur les noms génériques ; alors qu'une publicité pour un vêtement Cardin labélisé Woolmark ou Dacron porte sur Cardin et non sur Woolmark ou toute autre marque accompagnante.

Ici, la marque « générique », en devenant « signature », passe au rang de « nom » (récupère les attributs du nom commercial), sa fonction est alors celle du seing, alors que le produit « spécifique », qui n'était que certifié par la marque accompagnante, en devenant marque de référence, passe au rang de marque principale et récupère l'image proprement dite de la marque. Arrêtons-nous sur un exemple. Dans la communication bien connue de « Choc » de Cardin, c'est « Choc », le pôle « spécifique », qui récupère toute l'image à travers son essence, son espèce particulière.

En l'occurence, « Choc » est assimilable à un fleuri naturel et les fleuris naturels, on ne peut pas le montrer ici, sont presque toujours communiqués par une figure féminine dont le regard est tourné vers l'horizon, dans un paysage naturel. C'est ainsi que l'imaginaire du produit (l'estampille) est restitué par l'image.

Mais on observe que le nom de Cardin signe cette image en se faisant représenter par l'arme parlante d'un soleil levant ou couchant, un soleil « cardinal » par conséquent, homophonie d'où se tire Cardin.

Au demeurant, les flacons de Cardin sont aussi de telles armes parlantes. En se laissant voir comme des sphères encastrées, des rotules emboîtées ou des jeux de moyeux, ils illustrent le nom par l'évocation de cardans, ou de gonds (gond = cardo, cardinis, en latin).

Ce cas de figure illustre bien le principe essentiel de la communication publicitaire. Elle consiste à construire l'image de la marque à partir de l'imaginaire spécifique du produit, en le régulant avec les valeurs d'évocation du nom générique. C'est-à-dire à développer le sceau.

Même si, en réalité, l'affaire est ici un peu plus complexe (les flacons étant en dernière analyse des portraits de Cardin), c'est bien la marque *spécifique* qui récupère l'image de son espèce (le fleuri naturel dans un paysage naturel), et c'est le nom de marque *générique*, la « cardinalité » de Cardin, qui « signe » ou encode cette image. Le générique passe au second rang, il perd la préséance dans l'image et, en tant qu'arme parlante, il « déchoit » au niveau du nom.

3. SÉMIOLOGIE DE LA MARQUE

3.1. Composition et nature des marques

Dans *Protection et défense des marques de fabrique*, Yves St-Gal (1982) propose de distinguer d'une part, les marques selon leur *composition*, qui oppose les marques simples aux marques complexes et, d'autre part, les marques selon leur *nature*, où on trouve les marques figuratives, les marques verbales ou nominales et les marques auditives.

Avec cette distinction, il clair qu'on a affaire aux deux grands axes classiques de la linguistique, l'axe dit syntagmatique et l'axe dit paradigmatique.

Rappelons que l'axe syntagmatique (celui de la consécution) concerne l'organisation de la phrase, la syntaxe exactement, et que l'axe paradigmatique (celui de la substitution) concerne le lexique ou le vocabulaire.

Dans cette optique, la *composition* de la marque relève de l'axe syntagmatique, c'est-à-dire de la phrase ; tandis que la *nature* de la marque relève du lexique, du vocabulaire de base, des signes-mots avec lesquels on fait les marques. Si l'on préfère, avec la composition on a la sémantique du signe, ce qu'il veut dire, avec la nature on a sa sémiotique, ce avec quoi il est fait. Commençons par examiner le problème posé par la composition et l'opposition faite entre les marques simples et les marques complexes.

3.2. Marques simples et marques complexes

La distinction est essentiellement visuelle. Une marque simple se présente comme un signe unique, par exemple un nombre, un nom, etc. Une marque complexe se présente comme renfermant plusieurs éléments. Ainsi, une étiquette de vin avec l'appellation d'origine, le nom de la propriété, le dessin du château, le millésime, est une marque complexe.

Le nom et l'appellation ne sont pas la marque, mais leur présence dans l'ensemble, leur effet visuel, appartient à la marque.

Du point de vue archéologique toutefois, les marques simples comme les marques complexes constituent des phrases entières. Les marques simples ne sont pas des unités sémiotiques mais des unités sémantiques. Les marques simples sont seulement des phrases constituées d'un seul mot. La phrase est évidemment à distinguer du mot lui-même, du fait qu'elle implique une organisation d'un niveau supérieur : « Venez ! » peut constituer une phrase à soi seul alors que « vînt » ne le peut pas. Une phrase, au contraire d'un mot, d'un « sème », contient implicitement toutes les fonctions grammaticales élémentaires : un sujet, un verbe, un complément, etc. Ainsi « venez » peut contenir « vous venez avec nous ».

C'est pourquoi, du point de vue qui nous intéresse, une marque simple, on l'a assez montré, contient exactement les mêmes fonctions qu'une marque complexe.

Son aspect visuel doit être tenu pour un télescopage, un enchâssement dans un seul signe des trois fonctions. Alors que la marque visuellement complexe en est une explicitation, un développement.

En effet, dans l'exemple de l'étiquette de vin, les images de l'appellation d'origine et du nom commercial jouent respectivement le rôle d'estampille et de seing, et l'ensemble, qui est la marque, joue celui de sceau, qui unit précisément, et d'une manière indéfectible, ces éléments disparates. Cela d'autant plus que, ni l'appellation, ni le nom ne sont des marques, mais en tant qu'images dans l'image de la marque, ces éléments représentent la mise à jour de l'estampille et du seing, constitutifs du sceau de la marque. Comme la marque dite simple doit être tenue pour un complexe des trois fonctions, il suit de là que, fonctionnellement parlant au plan de la composition, elle est tout-à-fait équivalente à une marque complexe. L'une et l'autre sont des phrases, des séquences syntaxiques qui donnent à voir un encodage trifonctionnel spécifique, soit résumé, soit développé.

De fait, toute marque complexe n'est qu'une seule et même image, on y reviendra, et inversement toute image, fut-elle simple, est lisible à plusieurs niveaux, celui de son traité d'abord, qui renvoie à la production (la manière dont elle a été faite), de sa valeur sémantique ensuite (emblématique), qui renvoie au nom, donc à la guerre et enfin à celui du mixage des deux, qui renvoie à la souveraineté. (Ce n'est pas parce qu'une marque simple est plus compliquée à déchiffrer, qu'elle n'est pas complexe.) Une marque simple étant un sceau au même titre qu'une marque complexe, sa structure « sémantique » est la même.

3.3. Marques figuratives et marques nominales

Passons maintenant au lexique des marques. La loi s'en soucie du fait que les règles de consécration d'un signe diffèrent selon son origine ou sa nature. Il y a effectivement des différences juridiques à consacrer comme marque un rapport de couleur plutôt qu'un nom géographique. Dans un cas le rapport de couleur peut, par exemple, n'être pas distinctif ou au contraire ressembler de trop près à un drapeau souverain, dans l'autre cas, le nom géographique peut avoir l'air d'usurper une appellation d'origine, etc. Selon donc l'endroit d'où l'on tire le signe pour en faire une marque, des problèmes spécifiques, en termes de droit, se posent. Mais notre question est de savoir, ce que devient exactement un signe une fois consacré comme marque.

La grande et principale distinction que l'on fait entre les marques en tant que signe simple ou lexical, est celle qu'on établit entre les marques figuratives d'une part, et les marques verbales et nominales de l'autre.

Les marques figuratives comprennent emblèmes, vignettes, étiquettes, paysages ou sites, monuments, photographies, portraits et images diverses, armoiries, empreintes, cachets, reliefs, enveloppes, conditionnements, formes et couleurs du produit.

Les marques nominales contiennent les noms patronymiques, les noms géographiques, les dénominations arbitraires ou de fantaisie, les slogans, prénoms, les pseudonymes et mêmes les phrases entières.

Il est évident que le principe de cette distinction tient à mettre d'un côté les marques qui sont des images muettes, « mutiques », et de l'autre celles qui, d'une manière ou d'une autre, notent des sons, et qui relèvent de l'écriture. Donc d'un côté, on aurait des images silencieuses et de l'autre, des signes scripturaux, prononçables.

Mais, comme l'atteste son histoire, que restitue très fidèlement, de son côté, la communication publicitaire, l'écriture est chose bien plus complexe. Et la distinction figuratif/nominal ne paraît reconduire que la distinction entre alphabétique et non alphabétique. Or, en matière de marque, c'est-à-dire d'inscription signifiante, cette distinction n'est pas pertinente (puisque c'est un seing). De ce point de vue, il est loin d'être évident qu'on puisse distinguer facilement une image d'une lettre.

Qu'en est-il, par exemple, d'un « S » dessiné comme un serpent et utilisé comme l'initiale du mot « serpent » ou du mot « serpe » ? Un tel signe est à la fois une lettre et une image, mais ce n'est pas seulement une lettre ornée ou enluminée, car l'image du serpent lui-même a fonction exacte de lettre[1].

Il n'est en effet rien d'autre qu'un *idéogramme* suivi d'un « complément phonétique », alphabétique dans le cas du mot « serpent », et un *phonogramme* « acrophonique » dans le cas du mot « serpe », deux séquences scripturales qui sont parmi les procédés les plus usuels et les plus attestés dans l'histoire de l'écriture. Procédés que justement la publicité réutilise spontanément pour son compte, en raison de la nécessité où elle se trouve de produire de la redondance et ultimement d'être comprise par des « analphabètes » comme les enfants. Une marque est, à cause de cela, essentiellement ce qui doit s'inscrire dans différents codes, ici l'image et l'écriture.

Il y a du reste, dans le dictionnaire lexical des marques, un signe spécifique, l'emblème, qui oblige la marque à respecter cette règle d'écriture, puisque, selon la loi, l'appropriation d'un emblème oblige à l'appropriation du nom de l'emblème et réciproquement. Une marque est donc, en première analyse, une lettre et une image, qui peut être ou non suivie d'un complément phonétique en écriture alphabétique. Pour revenir alors à la distinction figuratif/nominal, que dire justement d'une marque figurative qui montre un « emblème », une croix par exemple, et qui s'appelle « La Croix », ou d'une marque qui montre le portrait d'un chat et qui s'appelle « Le Chat », ou encore qui montre un dessin du Mont-Saint-Michel et qui s'appelle « Mont-Saint-Michel » ? L'inscription alphabétique n'est autre que la traduction phonétique, le sous-titrage de la marque, qui montre comment elle se prononce, à savoir comme cela s'écrit, et qui indique également que, dans ce cas là, l'image est bien est une lettre, du type idéogramme, puisque « phonétisable » de manière précise et univoque.

Maintenant, entre une marque qui montre une croix et qui se prononce « La Croix » et une marque qui montre un « huit » et qui s'appelle « Huit », il n'y a évidemment aucune différence, le chiffre huit étant l'idéogramme phonétisable du nombre huit.

[1] On appellera « lettre » ici tout signe « phonétisable ».

Mais, comme « huit » est aussi le nom du chiffre (le chiffre « huit » est le signe du nombre « huit », dans ce sens, c'est un idéogramme, vu que le nombre « huit » est une idée, un concept, mais dans l'autre sens « huit » est le nom du chiffre, ce qui est une toute autre affaire : on appelle « huit » une double boucle), il n'y a pas alors de différence entre une marque qui montre l'image d'un huit et qui s'appelle « Huit » et une marque qui montre un « I » , un « B » et un « M » et qui s'appelle « IBM », (prononcée « IBé èM », bien sûr), c'est-à-dire qui montre ces lettres et qui s'appelle du nom de ces lettres.

Dans les deux cas, le nom du signe, la lettre ou le chiffre, est ce qu'on prononce pour désigner la marque. La question est alors « la marque est-elle le nom de ses signes ? » Dans le cas de « Huit » par exemple, est-ce que la marque est le nom d'une double boucle ?

Enfin, prenons le cas d'une marque comme Mammouth, par exemple, qui donnerait aux caractères typographiques de ses lettres une forme spécifique pour évoquer la rondeur et le poids de l'animal. Une telle marque, bien que verbale, aurait automatiquement un caractère figuratif, tiré de la dimension, dite justement « figurale » de la lettre.

De tout cela il suit que, du point de vue de leur rapport au son, toutes ces marques se placent à différentes époques de l'histoire de l'écriture, que toutes sont « scripturales » :

— alphabétique ornée : Mammouth,
— acrophonique (siglique) : IBM,
— idéogrammatique : « Huit »,
— idéogrammatique avec « complément phonétique » : « La Croix », « Le Chat ».

D'une manière générale, comme le font voir tout particulièrement les « rébus » (les « choses-signes » dont le principe est essentiel à l'invention de l'écriture), n'importe quelle image figurative peut faire « lettre », ou même par confusion être lue comme telle, ainsi par exemple la marque JOB, qui se prononce « job » mais qui s'écrit « J » « losange » « B ».

Sauf à en rester, en raison de la sacralité attribuée à ce type d'écriture, à la pure distinction alphabétique/non alphabétique, mais qui ne peut justement servir ici, il y a par conséquent chevauchement indécidable du figuratif et du nominal.

Et c'est précisément ce que règle dans son champ la définition légale de la marque. En effet, selon la loi, qu'il faut suivre à la lettre, la marque ne peut être qu'un signe « matériel ». Dans ces conditions et dans une interprétation stricte, confirmée par les procédures de la communication publicitaire, les sons notés par les images, même des images de lettres ou de chiffres, n'appartiennent pas à la marque, ne sont pas la marque. Ces sons, « I » « Bé » « èM », par exemple, doivent être considérés comme des « désignatifs » sonores (linguistiques) de l'image, qui, elle, est la marque, mais non comme la marque elle-même. Des « attributs », si l'on veut, de l'image, mais non l'image.

On ne peut pas éviter, surtout lorsqu'on sait lire, d'appeler de tels signes par leur nom de lettre (ou de chiffre), mais leur « sono » n'appartient pas à la marque. C'est parce qu'on appelle ces lettres par leur nom qu'on imagine que les sons de ces noms s'affectent au nom de marque, ou plus exactement constituent le nom de marque. Et que, par exemple, la marque Coca-Cola, qui est la bouteille, ait pour nom Coca-Cola. Or, « Coca-Cola » est, soit le *nom commercial* de la firme, soit les *sons* qui, dans la langue française, permettent de désigner « lexicalement » le produit, la bouteille ou la marque ; mais c'est une règle fondamentale que la marque n'appartienne pas à la langue, sauf à déchoir du fait même.

Si c'était le cas, du reste, se poseraient de graves problèmes de prosodie. Une marque resterait-elle la même dite avec l'accent du midi, en roulant les « r », ou encore avec celui d'un pays de l'Est ? IBM devrait-il se prononcer à la française, à l'américaine, etc. ?

Il faut penser en effet que des sons, tels que « coca-cola » ou « mammouth », ne codent pas les particularités formelles, morphologique de la bouteille ou typographique des lettres. Or ce sont ces particularités qui, à titre symbolique (avec tout leur champ d'évocation protégé), constituent en propre la marque.

La jurisprudence fournit de nombreuses indications à ce sujet. Par exemple, la marque « Mademoiselle Age Tendre » a été interdite pour avoir usurpé la marque antérieure « Mademoiselle ». En revanche la marque « Mlle Age Tendre » a été autorisée. C'est donc bien que la marque n'est pas, sinon un nom, du moins les sons que notent les lettres, puisque ceux-ci sont exactement les mêmes dans l'un et l'autre cas. Les sons n'appartiennent pas à la marque, seule l'image visuelle des sons fait marque, de sorte que l'image (mais non les sons) « Mademoiselle » est usurpatrice, alors que l'image différente (mais les mêmes sons) « Mlle » ne l'est pas.

Les sons appartiennent au nom commercial, à l'enseigne, à l'origine, c'est-à-dire, soit à la « vocation », soit à la « désignation rigide » du lieu de production ou de vente. Mais la marque elle-même n'est pas sonore, et lorsque l'appellation ou le nom passent dans la marque, ils deviennent alors des estampilles ou des seings, qui sont des signes « mutiques ».

Il suit de là que toutes les marques sont des images, qu'elles soient images de paysage, d'emblèmes, de vignettes, de lettres, de chiffres, de noms, de pseudonymes et même de phrases, et c'est parce que les marques sont des images qu'il y a des images de marque.

3.4. La marque et l'écriture

Toutes les marques sont donc figuratives et par conséquent la différence faite entre les marques figuratives et les marques nominales, ou verbales, ne concerne pas les marques, mais les signes avant qu'ils ne soient consacrés marques. Différence qui renvoie, en réalité, à l'opposition entre les marques et les deux autres types de signes distinctifs (les noms commerciaux et les enseignes, les appellations et les désignations), qui, eux, sont toujours des noms.

En effet, c'est en perdant leur caractère de « désignateurs rigides », donc « sonore », que les noms et les enseignes deviennent des marques. De même, c'est en perdant leur spécificité de « désignateurs locaux » que les appellations d'origine et les désignations de provenance peuvent également faire marque.

Ainsi dans le cas du chocolat « Côte d'Or », la désignation d'origine est perdue, « Côte d'Or » étant belge et non originaire de Guinée. Et si son emblème, l'éléphant, l'associe à l'Afrique, c'est sur un mode purement imaginaire. Par ailleurs, la marque s'est donné ce droit souverain de se communiquer à travers une connotation tirée de sa phonétique : la « côte », et non de son nom géographique, en sponsorisant un navire dont Tabarly fut naguère le skipper. C'est en ce sens que les sons sont des « attributs » de la marque. Ils sont des fonctions « attributives » d'images homophoniques.

Il convient de revenir maintenant à ce qu'on avait déjà évoqué plus haut, au rapport entre les trois signes élémentaires, de l'image, de la lettre et du chiffre, et les trois types de signes distinctifs, marques, noms et enseignes, appellations et désignations, ainsi qu'à leur fonction idéologique associée.

A l'estampille et à la fonction de production s'associe le nombre, soit que celle-ci se voit imposer un numerus clausus, soit que la fabrication se trouve comptabilisée avec des numéros de série. Le nombre et son image, le chiffre comme signe distinctif, s'originent par conséquent du champ général de la production et code la provenance, la production étant, par définition, de l'ordre du multiple.

Quand il passe dans la marque, le nombre (de production) perd son sens conceptuel d'idéalité mathématique pour lui apporter une connotation de mystère ou de secret. Cette connotation se tire de l'idée de « cryptage » associé au « chiffre ». La marque possède un « chiffre », c'est-à-dire un secret, secret de fabrication, et ce n'est pas par hasard que les parfums, réputés pourtant irrationnels, en font grand usage.

Le grand secret de Numéro 5, par exemple, est la molécule d'aldéhyde utilisée pour la première fois dans l'histoire de la parfumerie. A la suite de quoi la rumeur s'est créée que ce nombre signifie ou bien l'heureuse erreur du chimiste de s'être trompé de un à cinq dans les proportions d'aldéhyde (cardinalité imaginaire du nombre), ou bien que le « jus » choisi par Mademoiselle était le cinquième proposé (ordinalité imaginaire). Dans l'un et l'autre cas, « cinq » évoque bien un « secret » imaginaire et non « réel ». On retrouve donc à nouveau le rapport qu'il y a entre le chiffre de production et la griffe des mystérieux griffons.

Autres exemples de marques-chiffres : « Huit », « Givenchy III », « Azzaro 9 » et plus particulièrement, les noms de voitures : « R 5 », « 305 », « DS 19 », etc. Remarquons que, point important, dans ce dernier cas, les lettres elles-mêmes peuvent jouer le rôle de nombre. Ainsi dans « CX », à l'image du numéro minéralogique (lequel, s'associant par la « mine » au génie du lieu et révélant le rapport qu'il y a entre les numéros de série et les génies chtoniens, nous rassure sur l'inertie administrative de faire examiner le permis de conduire aux inspecteurs des mines), les lettres codent un nombre : le coefficent de pénétration dans l'air.

Il est bon de faire une remarque sur un nombre particulier, le prix. Il est clair qu'il concerne la fonction guerrière dans le champ de l'enseigne. Il relève donc de la réclame et non de la publicité. Le prix n'appartient pas à la marque et aucune marque ne peut se communiquer dans un prix. De fait, le prix conserve un signifié, une idéalité, il veut dire un vrai nombre, alors que les « chiffres » de la marque ne sont que des images.

Maintenant, au nom et à l'enseigne s'associent nécessairement la lettre. Et non pas seulement si l'enseigne mentionne effectivement le nom et l'adresse, mais même dans le cas où l'enseigne est une image. Si au niveau de l'estampille, de la marque de fabrique ou d'origine, les lettres peuvent faire nombre, dans l'enseigne, les images peuvent faire lettre.

En effet, le plus souvent l'enseigne est une « arme parlante » telle que l'image d'un lion d'or (« Au Lion d'Or ») doive se lire « Au lit, on dort ». L'enseigne hérite des armoiries en général, et les armoiries sont toujours parlantes en ceci qu'elle notent de près ou de loin un nom. Comme l'enseigne est presque toujours un « rébus » ou une « charade », il suit de là que l'image d'enseigne est une suite de lettres au sens qu'on a vu plus haut, de pictogramme ou de phonogramme. C'est une image phonétisable.

Par exemple, les armoiries de Lunéville contiennent trois croissants de lune posés en bande, le nom y est donc mentionné, à l'aide du phonogramme « lune », lequel est bien ici une lettre, un signe « scriptural ». Les armoiries de Tours font figurer trois « tours » (donnant même le « s » du pluriel). Celles de la Touraine sont entourées d'une bordure d'azur et de gueule qui en fait le « tour ». De même, l'écu de Colbert porte une couleuvre en pal d'azur. Comme « couleuvre » se dit « coluber » en latin, les armoiries du ministre portent le phonogramme de son nom.

On conviendra donc que, comme le nom, l'enseigne, fut-elle une image, relève de la lettre.

Et lorsque la lettre de l'enseigne ou du nom passe dans l'image, elle apporte alors à la marque l'idée d'un corps, d'une institution, idée qui trouve plus particulièrement sa figuration dans sa monumentalisation en trois dimensions. Le « corps » de la lettre étant ce qui pointe (désigne rigidement) le corps de l'institution.

On remarque donc que lorsque l'image « tombe » dans l'enseigne, elle devient une lettre et de même, lorsque la lettre « tombe » dans l'appellation d'origine ou la marque de fabrique, elle devient un nombre. Réciproquement, lorsque ces signes s'élèvent à la dignité de la marque, ils sont des images. Il est intéressant de voir que la scansion est précisément le fait des signes dits distinctifs eux-mêmes, qui départagent les territoires sémiotiques.

Or, cette oscillation de la lettre vers l'image, ou de l'image vers la lettre (de l'image qui crypte la lettre), est ce que l'on trouve au principe des premières écritures. L'écriture égyptienne en est le prototype, qui contient à la fois des mots-images (des idéogrammes), des images-sons (des phonogrammes), des signes alphabétiques (consonantiques) et des *déterminatifs*.

Ces derniers sont des signes qui ne se prononcent pas, mais qui indiquent à quels types d'êtres le nom ou le mot ainsi « déterminé » se rapporte. Il y a, par exemple, des déterminatifs égyptiens qui permettent de savoir si l'on a affaire à un dieu, à un homme ou à une femme, si le signe qui suit est un idéogramme ou un phonogramme, etc.

Maintenant, des lettres qui ne se prononcent pas, ce sont justement des « images mutiques ». Avec le déterminatif, la lettre devient une image. Ce signe modélise donc le basculement de l'écriture dans l'icône, basculement qui fait les marques, inverse du basculement de l'image dans la lettre, qui fait l'écriture.

Dans notre propre écriture, de tels « déterminatifs » s'utilisent toujours couramment, c'est le cas de la majuscule. Une majuscule ne se prononce pas en tant que telle, mais elle a le pouvoir de classer le référent du mot. Elle indique si l'on a affaire à un objet ou à une personne (morale ou physique) : « maison » est un édifice, alors que « Maison » est une ville, une personne ou une société. La croix qu'on voit dans les listes de personnes est le déterminatif des morts. En allant plus loin, les caractères typographiques eux-mêmes sont aussi des déterminatifs, car, pour parler d'une machine, on utilisera plus volontiers des « mécanes », ou des « linéales », alors que pour parler d'un parfum on utilisera plus volontiers des « didones » ou des lettres de chancellerie. Et l'aspect figuratif des caractères typographiques ne se prononce pas non plus.

Les déterminatifs sont par conséquent des lettres, mais des lettres spéciales puisqu'elles ne se prononcent pas, par où s'infiltre l'image, et donc qui préfigurent le passage du « nom » ou de l'« enseigne » au « signe matériel distinctif », et par ailleurs, ce sont justement des signes distinctifs, des signes classificateurs, qui, dans leurs usages antiques, renvoient à des activités économiques précises, et à ce que nous appelons, nous, des classes de dépôt. On se rappelle que c'est à l'aide des déterminatifs sous lesquels les scribes classaient les produits dans les entrepôts égéens, c'est-à-dire grâce aux marques de commerce du deuxième millénaire, que l'on a pu déchiffrer l'écriture connue sous le nom de « linéaire B » et qui notait un grec archaïque. De nos jours, le déchiffrement de nos propres « linéaires » reste à faire, éberlué que l'on est par le seul usage de l'alphabet.

Les marques modernes, à la fois des signes-images qui ne se prononcent pas et des signes distinctifs qui servent à classer des produits dans la mémoire publique, en sont les héritières directes. Et il est bon justement de remarquer que la marque n'est pas l'héritière de l'idéogramme, car celui-ci non seulement est une image qui fait lettre et non une lettre qui devient muette, mais surtout ne « classe » rien.

Les logos actuels, qui sont des « super-majuscules », sont de semblables déterminatifs, pour lesquels l'écriture alphabétique sert de complément phonétique. Par exemple, comme le mouvement ou la vitesse se traduisent souvent par un graphisme incliné, les logos des entreprises de transport sont le plus souvent inscrits en oblique. L'obliquité typographique est le déterminatif de cette classe de services. Les logos des marques de papier hygénique contiennent des feuilles (de « lotus », de « trèfle »), ou des strates superposées qui sont le déterminatif du papier absorbant en général, et déterminatif motivé du fait que le papier provient de la cellulose des feuilles.

Il est rare qu'une publicité pour un ordinateur ne contienne pas l'image d'un store de bureau (car, symboliquement, la machine est un esclave « enchaîné » et le « store », avec ses lattes alternées, illustre la « chaîne » rendue apparente du tissu, ce qui explique par ailleurs les bandes que l'on voyait au vêtement des forçats, redondances vestimentaires de leur chaînes).

Les lettres du logo IBM sont justement obtenues par le croisement de caractères appelés « mécanes » et d'un « store ». Le store est ici l'image informante des lettres d'IBM, leur déterminatif morphologique. Le store est motivé pour cette classe de produits du fait qu'il laisse ou ne laisse pas passer la lumière, en quoi il est analogique d'une diode ou d'un transistor. Il devient par là le déterminatif du « langage machine », binaire.

Les « mécanes » sont des caractères typographiques dont l'empattement carré connote la production industrielle, le soclage mécanique. Ces « mécanes », comme leur nom dans la classification Vox l'indique, codent le terme même de « machines ». Leur « storage » (stockage), en bandes alternées, connote à la fois le mot « Business » (bureau) et l'imaginaire du produit, le « binaire » électronique (l'occultation des circuits), vu qu'à propos de store, le tissage est à l'origine des ordinateurs.

Enfin, cette imagerie de la lettre, translinguistique par excellence, est, en abîme, « International(e) ».

Comme le logo d'IBM est ainsi constitué de « mécanes binaires », il est alors devenu une pure image, en laquelle est transmuté le nom commercial « International Business Machines », et image « déterminative » de son activité économique.

Ainsi, la marque moderne est la forme actuelle du « déterminatif » des anciennes écritures, c'est-à-dire une lettre-image, phonétisable mais non prononcée (muette), classificatoire et distinctive, ayant le pouvoir d'encoder, de manière purement visuelle, mais pour une culture nationale, un type d'activité économique.

3.5. Le Dieu éponyme

Si donc la marque est une image mutique, il reste à comprendre ce qu'il en est exactement de son nom.

Il y a une grande différence de statut entre une marque et un nom de personne. Alors qu'elle est arrêtée par d'autres marques, une marque ne peut pas être interdite du fait que des personnes portent le même nom qu'elle. Et au contraire, une marque peut limiter l'usage d'un nom patronymique. Les marques en tant que noms sont donc supérieures aux patronymes.

Et, justement, un nom « supérieur » en pouvoir, en puissance, à un autre nom, un nom « au-dessus » d'un nom, est, selon l'étymologie même, un « éponyme », c'est-à-dire un « donneur de nom ».

Les saints patrons et les dieux sont des « donneurs de noms ». L'archange St-Michel est le saint éponyme des prénommés Michel. Et « patron » veut précisément dire, qui donne le « modèle », le « pattern », du nom. Comme fait également le patron d'une entreprise. De la même manière, la marque est « éponyme ». Elle donne leur nom aux produits spécifiques ou de références, et dans certains cas la dérive est minime. Toutes les « Danettes » ont Danone pour éponyme, tous les « Gervita » ont Gervais pour saint patron.

L'usage de ce terme est légitime, car le patrimoine, à la fois symbolique, économique et comportemental, que l'on mettait sous le patronage des saints au Moyen-Age est tout-à-fait l'équivalent du patrimoine de la marque, celle-ci gérant également des symboles, des biens et une « clientèle » de « fidèles ».

Et lorsque, par ailleurs, une corporation au Moyen-Age se plaçait sous l'égide d'un saint patron, celui-ci était autant sa marque de commerce que son « concept » publicitaire. Le culte rendu au saint, au cours duquel on expose sa légende et ses attributs pour introduire ses dimensions signifiantes dans l'imaginaire collectif, est évidemment l'équivalent d'une campagne publicitaire, le terme de « liturgie » étant initialement une cérémonie offerte au public. Culte qui, entre parenthèses, avait sur les campagnes publicitaires modernes, dont l'audience est volatile depuis l'apparition du zapping, l'immense avantage, sous la menace d'hérésie, d'être obligatoire.

La marque n'a donc pas de nom, mais un « super-nom », un « saint nom », un « nom de patron ».

Et, de même qu'en tant que lettre la marque est un déterminatif qui classe des objets, de même, en tant que nom, elle est un nom de classe, un nom classificateur, un déterminatif nominal.

Ainsi, la marque Nicolas est « plus » que tous les noms patronymiques « Nicolas », puisque si un monsieur Nicolas s'avise de faire du vin sous son nom, toute sa production appartiendra d'office à la marque Nicolas, son « éponyme », son donneur de nom. Il est clair que le nom de marque ici est un nom de classe, et non pas un « nom ». La marque Nicolas étant le St-Nicolas des vins.

L'*éponymie* représente, par conséquent, dans le nom une fonction équivalente au *déterminatif* dans l'écriture.

3.6. La marque et l'image

La question qu'il faut maintenant résoudre est : quelle est la nature de cette image qu'est la marque ? En effet, à partir du moment où les marques dites nominales ou verbales se résorbent dans les marques dites figuratives, que signifie cette « figuration », ce pouvoir de « figurer » ? Et tout d'abord, la marque est-elle comme une peinture qui représente quelque chose d'autre ?

Magritte nous a appris qu'un tableau qui montre une pipe n'est pas une pipe, qu'une peinture de pomme n'est pas une pomme. De ce point de vue, une marque dont le « signifiant » est une signature, un sigle, un nom, un blason, un emblème, une vignette, ne doit pas pouvoir être une signature, ni un sigle, ni un blason, ni un emblème, ni une vignette. Si la marque est « figurative », elle n'est évidemment pas les objets qu'elle figure. Mais qu'est-elle alors ?

Il arrive qu'en remontant ainsi la filière des signes matériels que la marque peut figurer, on tombe sur une catégorie interdite, celle des drapeaux, des sceaux et des poinçons officiels. On s'y attendait. C'est se retrouver au même point par un autre chemin.

Si la marque ne peut pas « imiter » un drapeau ou un sceau souverain, c'est qu'elle est elle-même un sceau souverain, un drapeau national ou un poinçon officiel. Elle appartient à cette catégorie. C'est la limite de sa « figurativité », de son pouvoir figuratif. Car la limite du figuratif, de la mise en image, c'est le réel lui-même. Ainsi, le sceau n'est donc pas seulement le signe archéologique de la marque, c'est sa véritable nature. Et il n'y a donc pas de solution de continuité historique entre la marque et les proto-marques.

Si elle était purement « figurative », de la même manière qu'un acteur peut « représenter » un roi, parce que cette « représentation » appartient à l'espace fictionnel du drame, sans usurper la place du roi, la marque pourrait « figurer » un sceau sans l'usurper.

C'est ainsi que justement on n'interdit pas à une peinture de représenter la République ou le drapeau français. On considère que cette figuration appartient à un espace non réel, qui n'est pas l'espace de réalité. Ainsi, le célèbre tableau de Delacroix au Louvre (dont le cas, il est vrai, est devenu ambigu depuis qu'il figure sur les billets de 100 F), le célébrissime tableau de Jaspers John qui représente le drapeau américain, ceux du douanier Rousseau, de Marquet, où se voient nombre de drapeaux français, etc., montrent que l'usage du drapeau, du sceau ou de la République n'est pas interdit « en peinture ». Pourquoi ? Parce que la peinture est réputée appartenir à un « autre monde », « cosa mentale » disait Léonard, celui, débrayé, de la fiction. Ce n'est pas le cas de la marque. La marque, quoiqu'imaginaire (imagique), appartient à ce côté-là de la réalité, et là où elle la touche, c'est à la jonction de l'image souveraine. Car le pouvoir de l'image se tire de l'image du pouvoir.

Deux raisons, au moins, font que la marque n'est pas une fiction, mais, comme les dieux, un être réel.

— Elle se communique en espace public qui est espace de souveraineté. L'espace public s'oppose à celui de la conscience privée, la seule à jouir de l'art, y ayant, entre autre, un rapport historique entre la « privatisation » de la conscience et la « cosa mentale » qu'est la peinture renaissante. Ce qui fait qu'on ne peut pas trouver de publicité dans un livre, les supports de la conscience privée ne sont pas des médias.

— Elle s'applique à un objet, ce qui fait qu'elle n'est pas une simple image. L'application obligatoire à un objet la transforme en « symbole », signe qui « est » son propre référent. Ainsi la marque « est » ce qu'elle représente. Il suit de là que la marque, qui n'est pas une peinture, est elle-même un sceau, un poinçon de l'Etat.

On en a une indication supplémentaire dans l'interdiction pratique qui lui est faite d'utiliser les drapeaux étrangers. Bien que protégée uniquement sur l'étendue du territoire national, la marque ne peut figurer le drapeau d'un autre pays. Ceci montre bien qu'elle est assumée par le pays qui la reconnaît comme susceptible d'une interface internationale, c'est-à-dire comme un de ses propres emblèmes nationaux.

Les cinq cent mille marques déposées en France sont les figures de sa souveraineté, les formes agréées, « agréables » au prince, de ses richesses. On l'a vu, Coca-Cola, IBM, etc., sont des marques françaises. En cela, la marque est la descendante directe du « Privilège du Roi » fonctionnant ainsi symboliquement comme un monopole.

Dans la marque, c'est l'Etat qui se reconnaît. La marque moderne appartient au capital symbolique de l'Etat nation, au même titre que ses sceaux, ses drapeaux, les figures sur la monnaie, etc. Voilà qui règle la question de la nature institutionnelle de la marque dans sa dimension figurative. C'est un sceau souverain. Plus exactement, le fait de la marque est de pouvoir s'approprier n'importe quel signe à titre de sceau.

C'est ici qu'on comprend mieux la définition légale de la marque, d'être un signe « matériel ». Matériel vaut pour l'empreinte que le sceau peut et doit faire dans l'objet auquel elle s'applique (l'*adhérence* de la marque est obligatoire dans certains pays traditionnels, comme la Suisse, où la marque conserve ainsi une mémoire de son « histoire naturelle ») et qui exclut par conséquent du monde des marques, les prétendues marques auditives.

Un *sceau* qui laisse ainsi une empreinte matérielle est un *poinçon*. Et les poinçons, notamment en matière métallique, sont obligatoires. La nécessité pour la marque d'être un signe matériel est par conséquent en rapport direct avec l'obligation de publicité pour les signes officiels.

Comme les sons, en principe, ne laissent pas de trace dans les objets auxquels ils s'appliquent (bien qu'ils soit capables d'y créer des formes éphémères), ils ne peuvent faire marque, ne pouvant matérialiser leur empreinte dans l'objet.

Le fait que l'on puisse noter de la musique ou enregistrer des sons de manière visuelle, n'a évidemment rien à voir avec la philosophie de la marque.

Un tel enregistrement relève du droit d'auteur ou du brevet : il ne passe pas dans l'imaginaire collectif. La trace matérielle de la marque est ce qui fait image de manière « monopolistique », de sorte que si une marque est déposée comme musique avec ses notes, c'est l'inscription des notes qui fait image, c'est-à-dire les connotations visuelles de *musicalité* associées au dessin non pertinent des notes. A partir de ce moment-là, aucune autre marque ne peut être « musicale » sans usurper la première, puisque c'est le halo visuel de ressemblance qui fait la marque.

3.7. Le droit au portrait de souveraineté

De l'existence d'une limite à la figurativité de la marque, la question se pose alors de savoir si la marque est bien « figurative ».

Ce qui empêche de le penser, c'est que, on l'a vu, la marque n'existe pas par elle-même, n'est pas une image en soi, mais ne vaut qu'appliquée à un objet. La marque n'est donc pas une « peinture », l'image « analogique » de quelque chose d'autre. Ce ne doit pas être dans ce sens là, en tous cas, que fonctionne la « figurativité » de la marque.

Le véritable principe est, qu'en tant qu'image de souveraineté, la marque a droit au portrait. En effet, « sceau » vient de « sigillum » qui veut dire « figurine ». La marque en tant que sceau est une figure souveraine. C'est un droit de « portraiture » qu'elle exerce. La marque, comme le roi, comme le président de la République, comme Marianne, a le droit de se faire « représenter ». Ce n'est pas elle qui « représente », mais elle qui s'approprie les traits de quelque figure que ce soit, un visage humain, animal, object, lettre, chiffre, emblème, etc.

La marque exerce ce droit de s'approprier des traits, des « traits » qui valent pour elle, et tous ces « traits » exercent la même fonction d'être des « pourtraicts », des « portraits » de la marque. De là, l'usage fondamental dans la publicité du « modèle », c'est-à-dire du prêteur de traits.

Et de même que le buste de Marianne dans les mairies n'est pas le portrait d'un individu particulier, en l'occurence du modèle, Brigitte Bardot ou Catherine Deneuve (on notera que ce sont des actrices, c'est-à-dire des « prêteuses de traits » professionnelles[1]), mais le portrait de la République en personne, dont le droit souverain est de s'approprier les traits de qui elle veut, de la même manière, les annonces où figure le cow-boy Marlboro ne sont pas les portraits

[1] C'est le statut très particulier de ce « représentant » iconique qui a jadis mis l'acteur au ban de la société, lui interdisant notamment de se faire enterrer en terre consacrée, c'est-à-dire en terre publique, espace « publicitaire », pour éviter toute confusion. Alors que la marque est dite « consacrée » comme le roi, le prêteur de trait au souverain consacré n'a pas, lui, droit à la terre consacrée. Cette exclusion symbolique le relègue dans le « casting », en même temps qu'elle consacre la différence entre le réel et le fictionnel. Si l'acteur peut jouer le personnage du roi, c'est à condition que son corps soit « déréalisé » ad vitam aeternam.

d'un cow-boy quelconque, mais celui de la marque Marlboro en personne, qui a exercé là son droit souverain à se faire « représenter » en espace public. Ce qui n'est pas à la portée d'un simple citoyen.

Le rapport à ce « représentant », c'est-à-dire à ce « prêteur de traits », a une longue histoire en Occident, dont une date majeure est le deuxième Concile de Nicée qui, condamnant l'iconoclasme, a consacré le droit au portrait, non seulement des souverains mais surtout de la Divinité, c'est-à-dire a autorisé, contre la tradition sémitique où règne l'interdit de l'image, le droit de faire le portrait de Dieu sous trois « représentants » : un homme mûr, inspiré de l'icononographie de Zeus olympien, une homme jeune, inspiré de celle d'Adonis, un oiseau, copié de la colombe de Vénus, symbole de l'amour (du contrat).

La « Trinité » est donc principalement un dogme iconique, puisqu'il permet de représenter Dieu sous trois personnes, c'est-à-dire sous trois masques, vu que personna veut dire « masque ». Et le christianisme est cette religion qui révèle, autrement dit, cache (ré-véler = revoiler par velatum = voile) Dieu de trois manières. Par contre, il n'a pas autorisé de représentation féminine, bien que la colombe de l'Esprit soit l'attribut d'une déesse.

La relation qu'entretient la marque au signe matériel est donc celle d'un trait représentatif, la marque ne figure rien elle-même, mais elle est « figurée par ». On notera alors que le droit au portrait, de se faire représenter par d'autres traits que les siens, soi-même étant absent, est l'équivalent dans l'image, du déterminatif dans la lettre et de l'éponymie dans le nom.

Sous ces trois aspects, la marque n'est pas tant un signe définitif qu'un programme, un pattern génératif. Car, en tant que « pour-traicts », il s'agit d'une classe de traits, d'une classe de traits possibles, ou d'une classe de représentants, d'un « casting » pour la marque.

Maintenant, pour mieux comprendre la philosophie du droit de protection d'une telle image, il faut savoir que la ressemblance stricte, plus exactement la « répétition » sur le même modèle, le même moule, n'est nullement un critère du « portrait de souveraineté ». Cela en raison d'une doctrine de droit célèbre, connue sous le nom de « Double Corps du Prince ».

Ainsi, il existe au Louvre un portrait de St Louis « sous les traits de Charles le Chauve ». C'est pourtant bien St Louis (le double de son corps de prince) qui, en tant que souverain, figure là sous les traits d'un autre, sans risque de confusion possible.

La fonction du portrait de souveraineté est de *représenter* mais non de *reproduire* à l'identique (le sceau représente, mais le poinçon reproduit). Du reste on serait bien en peine de connaître les véritables traits de Dieu le Père, de la République, de la ville de Strasbourg ou du Crédit Lyonnais.

De fait, la « reproduction », la « répétition », relèvent de la fonction de production (celle de l'objet standard) et non de la souveraineté (celle de l'image de marque). Et c'est pourquoi cette « reproduction », cette répétition à l'identique est protégée par autre chose que la marque, un autre type de propriété : le modèle déposé.

Le modèle n'est autre que le « moule » de la répétition possible. Une marque n'est pas un tel moule, ni un tel modèle à usage répétitif, reproductif.

De même qu'on ne donne pas de nom à la marque, mais que c'est elle qui en crée, on ne peut pas faire un portrait ressemblant de la marque mais, au contraire, c'est elle qui, en s'appropriant un « représentant », crée une image. Ce renversement, la marque n'est pas un objet que l'on peut nommer ou dessiner, mais, au contraire, c'est elle qui nomme et qui figure, est la caractéristique d'un pouvoir souverain, d'un pouvoir démiurgique.

De là vient que si l'on ne peut pas échapper aux proportions répétitives de la bouteille Waterman, qui est un modèle déposé, en revanche, on peut très bien avoir le roi Louis IX sous les traits d'un autre, Marianne sous ceux de Bardot ou de Deneuve et de nombreux acteurs pour le cow-boy Marlboro, le bonhomme Michelin, etc. (le nombre, paraît-il considérable, de sosies officiels qu'avait Staline, relève de cette fonction de figuration sacrée).

La souveraineté de la marque, qui n'est pas de servitude répétitive (et dont l'image échappe par conséquent à des critères sémiotiques stricts construits par différence pertinente), est précisément ce halo de voisinage sur lequel elle règne.

La marge que génère ce halo de ressemblances autour d'un représentant souverain, classe d'images protégée par la loi, c'est justement l'espace laissé libre à sa stratégie de communication, marge qui permet l'évolution de la marque. Si la marque était un modèle déposé, protégé par ses différences pertinentes, non seulement elle ne pourrait pas changer, suivre la « dérive des signifiants », mais elle ne pourrait tout simplement pas se communiquer.

Ainsi les marques, ces personnes qui logent dans l'espace public, sont des portraits de souveraineté protégés par effet de halo.

Dans le principe ce sont des visages, mais comme ce sont des visages non ressemblants (qui ne se rapportent pas à des modèles mais à des paradigmes), ce par quoi on les identifie, ce sont leurs attributs, précisément définis comme combinaison de couleur, liseré, lisière, emblème, etc., tout signe matériel.

Mais surtout, ce halo, il faut bien le préciser, n'est autre que la « gloire » qui enveloppe les souverains et les divinités aux yeux des mortels. Cette même gloire qui, d'après les mythes, ne permet justement pas de distinguer, sous peine de mort, les traits véritables des dieux.

Ainsi quand la loi protège, non des traits précis et pertinents, mais un nuage de voisinage, un halo de ressemblances possibles, il faut entendre par là qu'elle postule la « gloire » de la marque.

3.8. La gloire de la marque

La gloire de la marque n'est autre que le développement figuratif du sceau dans la communication publicitaire. Une campagne publicitaire, c'est très exactement l'ouverture du sceau de la marque, qui se donne, pendant ce temps, un champ d'images particulier. Tout se passe comme si son sceau était effectivement un chaton magique lequel, une fois tourné, offrait à voir des scènes fantastiques et des personnages merveilleux, mais chaton, qu'il est toujours loisible à la marque de refermer pour l'ouvrir d'une autre manière, sur un autre champ d'images. Essayons de le montrer à l'aide d'un exemple.

IBM a développé naguère une campagne de presse dont les annonces montraient des cadres et des secrétaires utilisant des machines à écrire et des ordinateurs, sur le fond d'un paysage marin et d'un ciel de « gloire » où le soleil perçait derrière des nuages. Ces personnages flottaient en plein ciel, manifestement en silence, portés par des plans magnétiques transparents, qui laissaient voir une mer rendue fantastique. Dans certains cas, on les voyait communiquer entre eux par rayons lasers.

Ce n'est pas trop difficile de voir dans ces annonces des variantes « paysagistes » du sceau de la marque, c'est-à-dire du logo IBM.

En effet, tout d'abord, le thème récurrent du soleil glorieux caché par un nuage (« mise en abîme » de la gloire de la marque), avec l'opposition du noir et du blanc, de la lumière et de l'ombre, figure, à l'échelle cosmique (celle des ambitions de la firme), le langage binaire, qui est au principe de la production de la marque. Cette image du soleil, qui se répétait dans toutes les annonces, était donc un équivalent des lettres à occultation du logo.

Dans cette campagne, le soleil caché par un nuage était, à la fois le portrait paysagiste d'une diode ou d'un transistor, et une transposition du « déterminatif » des lettres du logo, qui, on l'a vu, sont « storées ». Les nuages sont en effet comme des stores « historiés », rendus paysages. L'idée par conséquent d'un soleil caché par un nuage est programmée, patronnée (consciemment ou non), par le logo lui-même, dont le « déterminatif » occulte de la même manière les lettres du « seing ». Et ajoutons qu'elle vaut pour la fonction d'estampille du produit, non pas seulement parce que le nuage « estampe » l'astre du jour, mais parce qu'elle donne le symbole de son « origine », de son univers de production.

Maintenant, les personnages et leurs machines, dans le ciel, sur des tapis volants magnétiques, représentent les utilisateurs témoins, ou plus exactement, les conditions symboliques pour devenir utilisateurs d'IBM et lui prêter allégeance. Expliquons-nous. Les ordinateurs d'IBM exigent de l'utilisateur qu'il apprenne une langue abstraite, étrangère, une langue extra-terrestre, une langue « dans les nuées », et qu'afin d'entrer dans la « boîte noire » du « computer », il perde sa langue maternelle. Pour l'imaginaire, un tel apprentissage exige de l'utilisateur qu'il meure à la vie terrestre et devienne une entité désincarnée, raison pour laquelle on le voit maintenant flotter dans l'espace.

Ainsi, l'image raconte que, dans la sphère de la gloire d'IBM, les « élus », qui sont passés par la boîte noire, le cercueil des logiciels, qui se sont faits « softement » dématérialiser et métamorphoser en des entités angéliques, séparés des vagues temporelles par des écrans magnétiques, conversent en silence par transmission de pensée et rayons lasers, au dessus des servitudes terrestres et de la mer des changements.

Celle-ci, la mer, encode justement plusieurs idées. D'abord, elle crypte le « M » du logo, qui a la forme de ses vagues. Mais surtout, comme son étendue est un espace *international*, elle représente l'idéogramme de cet élément du nom commercial et ce, en rendondance avec le « surnom » d'IBM , appelé familièrement « Big Blue ». La mer des annonces est donc essentiellement une arme parlante, renvoyant et au nom, et au surnom.

Ajoutons enfin que le soleil, symbole de la divinité, est à mettre en rapport avec le « I » du logo qui, en anglais veut dire « moi » et dont la forme figure l'unité. D'ailleurs, prononcé à l'américaine « IBM » se dit « Dieu » = « I Be Am », « Je suis l'Etre ». Mégalomanie qui se retrouve dans toutes les campagnes de la firme. Mais, soleil à moitié derrière un nuage, qui s'avance masqué, il s'énonce comme « deux absconditus », ce qui correspond bien à sa fonction de service.

Cette campagne d'IBM déclinait donc à de multiples niveaux de redondance :

— l'imaginaire du produit par la diode solaire,

— l'idéologie de la firme et son ambition planétaire, par sa vision cosmique et son identification divine,

— sa clientèle d'allégeance, ses témoins « dématérialisés » par les logiciels, par des personnages qui n'ont plus rien de terrestre,

— les éléments de son nom et de son logo le soleil pour le « I », la mer pour « International », « Machines » et « Business » y étant prosaïquement représentés,

— enfin son « surnom » par le bleu de la mer.

Ainsi le paysage de cette campagne n'était pas un décor fantaisiste mais bien une *ouverture* figurative du sceau de la marque. Et rappelons que dans l'Apocalypse, dont le nom veut dire « annonce », le principe est décrit de l'ouverture des sceaux pour expliciter le secret des emblèmes des villes.

Mais le droit souverain de la marque est de modifier les signifiants figuratifs du sceau, de modifier sa « peinture d'histoire » avec d'autres « pour-traicts ». Ainsi, par la suite, IBM a choisi de remplacer son utilisateur-témoin initié par son antithèse, la victime machinique des Temps Modernes, en s'appropriant Charlot comme « fou du roi », mais tout autant « dématérialisé » à vrai dire, pour être passé, jadis, lui aussi, par la boîte noire d'une chaîne de production meurtrière, et qui contemple maintenant dans les nuées de son insignifiance, la divine grandeur de la marque.

CONCLUSION

Il est temps de conclure.

Après avoir montré que la marque moderne est le complexe de trois couples de proto-marques, qui sont les inscriptions archéologiques dans le système du schéma indo-européen, l'analyse détermine alors, qu'aboutissement d'une tendance iconotrope, l'essence de la marque est d'être une pure image. Elle en tire des propriétés singulières.

Dans son rapport au nombre, la marque est un « *chiffre* », cryptage imaginaire d'un secret. Dans son rappport à l'écriture, elle est un « *déterminatif* », une lettre classificatoire muette. En tant que nom, c'est un « *éponyme* » et en tant qu'empreinte c'est un « *seing* ». Dans son rapport à l'image, elle est un « *sceau* ». En tant que « *sceau* », c'est un « *portrait* », qui ne figure rien, mais dont le droit souverain est de s'approprier toute figure qui lui convienne.

Enfin, ce droit de figuration, qui est la possibilité de développer son sceau à sa guise, programme d'images et de portraits sans fin, est ce qui lui ouvre les chemins de la *gloire*.

BIBLIOGRAPHIE

Alleau R. (1982), *La Science des symboles,* Paris, Payot.

Audry J. (1982), *Les Indo-Européens,* Que-Sais-je ?

Barjansky M. et Krief Y. (1980), « La Marque : nature et fonctions », in *Publicité et Communication.* IREP.

Bruneau P. (1982), « Le Portrait », *Revue d'Archéologie Moderne et d'Archéologie Générale.*

Cabat O. (1978), « Les Croisades », « La Chevalerie » in *Histoire des Idéologies,* Paris, Hachette.

Ernet L. (1968), *Anthropologie de la Grèce antique*, Paris, Flammarion.

Février J.(1959), *Histoire de l'écriture,* Payot, Paris.

Kripke Saul (1980), *La Logique des noms propres,* Paris, Les Editions de Minuit.

Leroi-Gourhan A. (1964), *Le Geste et la Parole*, Paris, Albin Michel.

Mathely P. (1984), *Le Droit français des signes distinctifs,* Paris, Librairie du Journal des Notaires et des Avocats.

Oody J. (1986), *La Logique de l'écriture,* Paris, Armand Colin.

Peirce C.S. (1978), *Ecrits sur le signe,* Paris, Seuil.

Péninou G. (1970), « Le Oui, le Nom et le Caractère » in *Communication*, numéro 17.

Robin R. (1986), *Le Réalisme socialiste,* Paris, Payot.

Saint-Gal Y. (1982), *Protection et défense des marques de fabrique et concurrence déloyale*, Paris, Delmas et Cie.

Simondon G. (1969), *Du mode d'existence des objets techniques*, Paris, Aubier-Montaigne.

Chapitre 11

Marque, marketing et légitimité

par Romain Laufer

Si l'on admet que critiquer le marketing c'est mettre en cause sa légitimité, alors on ne sera pas surpris que la marque occupe une place de choix dans le concert des critiques du marketing : la marque figure, en effet, à la fois au cœur de la notion de marketing et au cœur de la notion de légitimité.

Du point de vue du marketing, la marque est à la fois l'essentiel du produit et l'essentiel de la publicité. Pour le marketing, ce qui prime dans le produit, c'est ce que le consommateur en perçoit ; or la marque est, par définition, ce signe que porte le produit et qui le désigne au consommateur comme étant bien ce qu'il paraît être. Pour le marketing, ce qui compte dans la publicité, c'est sa capacité à référer au produit qu'elle cherche à promouvoir. Or, la marque est précisément ce signe qu'il lui suffit d'arborer pour que l'on sache qu'il est question du produit qu'elle rend visible et repérable.

Pris dans son sens le plus large, la marque en tant que « signe distinctif mis sur une chose pour la distinguer, la reconnaître ou servir de repère » joue un rôle déterminant dans tous les débats portant sur la légitimité d'une chose, d'une action ou d'une personne. La légitimité de la chose, c'est ce que vient garantir « le label » ou « le sceau » apposé par les corporations et jurandes de l'Ancien Régime. C'est le poinçon qui garantit la qualité des ors, c'est « le cachet qui atteste le contrôle ou le paiement d'un droit ». La légitimité des personnes, ce sont ces signes qui les désignent dans leur qualité et dignité (« armoiries ») ou leur indignité (« marque d'infamie » que l'on portait sur le corps des criminels lorsque l'on voulait les destituer à tout jamais de toute légitimité). La légitimité des actes, ce sont ces signes qui permettent aux enquêtes de progresser : « indications », « indices », « preuves », « traces », « manifestations » portant « témoignage » de l'acte incriminé[1]. La marque est donc une notion bien plus

[1] Les citations proviennent de la définition du mot « marque » dans le dictionnaire Robert.

ancienne que le marketing. Elle accompagne tout au long de l'histoire les conflits de légitimité dont celle-ci est pleine. De ce fait, elle se doit de jouer un rôle dans les débats que suscitent les critiques du marketing. Bien plus, du fait de la place privilégiée qu'elle occupe dans le marketing lui-même, elle nous laisse d'emblée supposer que marketing et légitimité sont deux notions intimement liées.

De la légitimité des choses, des actes et des personnes, il est question lorsqu'un conflit intervient à leur propos. Ainsi, aujourd'hui, le débat sur la marque surgit-il à l'occasion de différends opposant les acteurs du marketing : producteurs, distributeurs, consommateurs. Aux critiques des uns s'oppose alors la défense des autres, et ces débats nous laissent avec la question de savoir qui a raison. Pour clarifier un tel débat obscurci par l'imbrication même des notions de marque, marketing et légitimité, nous proposons de suivre un chemin qui nous permettra de sérier les arguments.

Une analyse des critiques classiques du marketing montrera comment celles-ci renvoient à la question de la légitimité de ceux qui le pratiquent ; l'analyse des fondements de la légitimité sociale et de leur histoire permettra à son tour de situer la place et le rôle de la marque dans ces fondements tout au long de l'histoire ; nous disposerons alors des éléments qui nous permettront de mettre en scène les conflits qui opposent aujourd'hui producteurs, distributeurs et consommateurs à propos de la marque, et ainsi d'en comprendre les modalités et les enjeux.

1. LES CRITIQUES DU MARKETING

Avec son développement et sa généralisation dans tous les domaines de la vie sociale (jusque dans le secteur public, la politique, la culture, la bienfaisance, la religion), le marketing a fini par être largement accepté. Si les critiques du marketing demeurent présentes, elles se mélangent désormais avec la reconnaissance de sa nécessité, voire à une révérence pour son pouvoir et une réelle admiration pour ses méthodes : des festivals de films publicitaires trouvent leur place parmi les productions cinématographiques, un musée de l'affiche est désormais mêlé aux autres expositions d'arts plastiques, de plus en plus nombreux, revues et journaux consacrent des commentaires savants et circonstanciés aux stratégies marketing des entreprises. Cet état de chose est nouveau, et celui qui avait la tâche d'enseigner le marketing, il y a seulement une dizaine d'années, se souvient du courant nourri d'objections auxquelles il lui fallait répondre, de la méfiance qu'il lui fallait affronter. C'est en se souvenant de ces vifs échanges d'idées que l'on peut se faire une image à la fois vivante et complète des critiques du marketing. On se souviendra alors de débats tournoyants et sans fin, où se succédaient arguments contradictoires et jugements de valeurs fondés sur des catégories incertaines.

Au marketing, on reprochait volontiers à la fois d'être une technique non scientifique, mal fondée, floue, produit d'un bavardage de quelque charlatan et en même temps d'être une technique, dont la puissance redoutable modelait mentalités et comportements conduisant à une société aliénée par la consommation. A travers ces critiques contradictoires étaient posées deux questions : une question épistémologique (sur quel savoir le marketing est-il fondé ?) et une question éthique (quels sont les effets de la pratique du marketing sur les individus et sur la société dans son ensemble ?).

Si la critique épistémologique n'allait guère au-delà de l'accusation de « vendre du vent » et de l'offense ressentie par ceux que leur formation d'ingénieur ou d'économiste avait habitué à d'autres critères de rigueur, les critiques éthiques, elles, donnaient lieu à des discussions vives et désordonnées où il était cependant possible de reconnaître une série limitée d'arguments qui venaient sans cesse relancer le débat. Les critiques s'adressaient alternativement à la publicité, aux produits que celle-ci vantait, aux besoins que ces produits étaient censés satisfaire.

Les critiques de la publicité tournaient pour l'essentiel autour de la différence entre information et séduction : la première étant légitime, l'autre non. Encore fallait-il définir de façon précise la limite entre ce qui serait accepté comme usage efficace de la publicité et ce qui serait rejeté comme mensonge. Si tous convenaient que des abus étaient possibles, tous ne plaçaient pas la limite au même endroit. Certains rejetaient le phénomène publicitaire en bloc. D'autres proposaient d'édicter des règles de loyauté (du type des lois sur la publicité mensongère). D'autres enfin justifiaient l'usage des artifices de la publicité par l'utilité des produits promus par elle.

Là encore, le débat rebondissait. Qui aurait autorité pour dire si tel produit qui est acheté et consommé à la satisfaction apparente du client est bon ou mauvais et, plus encore, s'il est utile ou inutile ? Qui aurait autorité pour décréter que moins d'effort devrait être consacré à tel produit de grande consommation plutôt qu'à tels autres jugés socialement plus utiles (création culturelle ou ceinture de sécurité par exemple) ? Ces questions renvoient inévitablement à un débat portant sur les besoins satisfaits par les produits et sur leur plus ou moins grande valeur.

En cette matière, les qualificatifs abondent : les besoins peuvent être dits « artificiels », « faux », « superflus », etc. Chacun y allait donc de ses priorités et préférences jusqu'à ce que soit mise à jour la situation paradoxale suivante : ou bien on laisse à chacun la liberté d'exprimer ses préférences et le marketing est justifié du seul fait de son aptitude à vendre les produits dont il a la charge, quitte à déplaire à certains, ou bien on décrète que pour libérer les consommateurs de l'aliénation où les tient le marketing, il est nécessaire de leur imposer un système de valeurs et de décider à leur place de ce qui est souhaitable pour eux. Condamnés à garantir la liberté des consommateurs contre leurs propres désirs exprimés ou à les laisser dans l'aliénation que ces désirs expriment, les arguments finissaient par culminer en cette question fondamentale : qui dispose de l'autorité légitime pour définir et évaluer les besoins qui doivent être satisfaits ?

En tentant de remettre en cause la légitimité de ceux qui le pratiquaient, les critiques du marketing conduisaient de façon inéluctable à poser la question des fondements de la légitimité des acteurs sociaux, afin de comprendre les processus par lesquels ceux-ci élaborent et produisent la liste des besoins qu'il convient de satisfaire.

Pour traiter cette question d'une façon claire, il est nécessaire de considérer le rôle central que joue la notion de légitimité dans le fonctionnement de la société.

2. SYSTÈME DE LÉGITIMITÉ, HISTOIRE ET MARQUE

Chaque société peut être caractérisée par le dispositif qu'elle met en œuvre pour résoudre les conflits qui peuvent y naître : nous lui donnerons le nom de système de légitimité. Pour qu'une résolution des conflits soit possible, il est nécessaire que chacun s'accorde sur le critère qui, de manière ultime, détermine la légitimité des choses, des actes et des personnes.

Suivant le sociologue Max Weber, on peut distinguer trois types d'autorité ou de légitimité : charismatique, traditionnel et rationnel-légal. L'autorité charismatique réfère ses jugements à la présence du *sacré*, présence qui est le plus souvent incarnée dans un chef charismatique et attestée par la *foi* que lui vouent tous les membres de la société. L'autorité traditionnelle réfère ses jugements à l'existence de *règles et procédures traditionnelles* dont la mémoire incombe en général à un groupe social déterminé auquel les membres de la société vouent le *respect* que leur inspire le caractère vénérable des institutions ainsi préservées. L'autorité rationnelle-légale réfère ses jugements à l'existence de *lois de la nature* dont les déterminismes éternels s'imposent à tous ceux qui, par leur raison, ont accès à la *science* qui permet de les découvrir et d'en faire le fondement des lois de la société, c'est-à-dire le fondement du droit.

Si les critères de légitimation caractérisent une société à un moment donné, l'histoire est là pour nous rappeler qu'ils ne sont pas éternels. En 1789, les légitimités charismatique et traditionnelle qui fondaient l'Ancien Régime ont laissé place à la légitimité rationnelle-légale dont l'expression accomplie n'est autre que le Code civil.

Ceci permet de préciser en quoi la question de la légitimité de la marque diffère de celle de la légitimité du marketing. Alors que la notion de marketing s'inscrit d'emblée dans le monde moderne, c'est-à-dire dans le système rationnel-légal dont elle est un des produits les plus flamboyants, la notion de marque, elle, peut être suivie tout au long de l'histoire. A chaque type de légitimité correspond en effet un type particulier de marque légitime. Les marques correspondant à l'autorité charismatique sont ces signes auxquels l'homme de foi associe la manifestation du sacré : aura du chef, empreinte laissée par lui sur des objets ainsi transfigurés en autant de reliques, etc. Les marques correspondant à l'autorité traditionnelle sont elles-mêmes transmises par la tradition, elles font partie intégrante de ce savoir que la catégorie sociale qui en est dépositaire se doit de respecter et de faire respecter. Si le chef charismatique est à lui-même sa propre marque, le chef traditionnel ne peut exercer son pouvoir qu'en arborant les insignes qui caractérisent son office.

3. LA RÉVOLUTION DANS LES MARQUES

L'instauration de la légitimité rationnelle-légale par la Révolution française a eu pour effet de substituer à un système économique et social strictement organisé et hiérarchisé, caractérisé par l'existence de corporations et de jurandes, un système fondé sur la liberté et sur l'égalité de tous. Ceci ne pouvait manquer d'avoir un effet sur la légitimité des marques. Dans l'Ancien Régime, on distingue les marques privées, celles « dont faisait usage tout artisan pour distinguer ses produits de ceux des artisans de la même corporation », et les marques publiques, c'est-à-dire « la marque du corps de métier, de la corporation, sorte de poinçon de l'autorité ». Ces marques publiques étaient celles qui au premier chef garantissaient que le produit avait été fabriqué suivant les normes transmises par la tradition au sein de chaque profession organisée. Les marques privées pour leur part étaient des signes subordonnés dont la valeur tenait d'abord à l'appartenance de leur auteur à sa propre corporation.

Pour supprimer l'ordre traditionnel qui contraignait les libertés, il fallait ôter toute légitimité à toute organisation sociale (corporations ou coalitions de toute sorte) qui prétendait obtenir pour ses membres un quelconque privilège dont seraient du même coup exclus tous les autres citoyens. C'est ce que va faire la célèbre loi Le Chapelier. Elle abolit effectivement les corporations et en conséquence le fondement de toutes les marques distinctives porteuses d'inégalité qui leur était associées. « La Révolution arriva et fit table rase de tout le passé. Le décret du 2 mars 1791, en supprimant les jurandes et les maîtrises, en proclamant la liberté absolue du commerce et de l'industrie, substituait à une législation d'une sévérité peut-être excessive, une liberté allant jusqu'à la licence, lorsqu'il édictait que tous pouvaient faire tous les négoces, exercer toutes les professions sans restriction aucune, sans même prendre le soin de limiter cette liberté à la pratique de la bonne foi commerciale la plus sommaire. » (Brun, 1897)

Cette méfiance originelle des institutions engendrées par la Révolution française envers les marques ne saurait être sans rapport avec celles qui se manifestent aujourd'hui à leur égard.

4. RAISON, MARCHÉ, LÉGALITÉ

Fonder un ordre social sur le double principe de la liberté et de l'égalité, notions qui semblent a priori plus à même de produire l'anarchie que la soumission à un ordre, suppose que l'on dispose d'individus capables de reconnaître librement les règles qui doivent régir une telle société et de s'y soumettre volontairement : en ceci consiste la notion de Raison. Et c'est elle, en effet, qu'il faut invoquer pour comprendre la construction raffinée, faite de science et de logique, qui fonde la conception moderne de l'Etat de Droit.

Le cœur du système de légitimité libéral tel que la Révolution française a tendu à l'établir, réside dans la division de la société en deux secteurs : le public et le privé. Cette dichotomie peut se déduire directement du principe de la soumission de toutes les actions aux lois de la nature. La Révolution française avait vaincu l'Ancien Régime. Avec l'Ancien Régime, c'est la tradition qui le fondait qui est destituée. Naguère intangible, source de toute valeur, la tradition appartient désormais à l'univers des faits culturels voués à se transformer au cours de l'histoire. Pour fonder une nouvelle légitimité, il était nécessaire de trouver un nouveau principe intangible auquel soumettre les hommes confrontés à la relativité de leur état d'être culturel. Or, la science et son déterminisme éternel vont offrir une solution. Il suffisait dès lors de décider la soumission de la culture aux lois de la nature.

Le secteur privé n'est rien d'autre que le lieu ou règnent les lois de l'économie politique, c'est-à-dire les lois naturelles qui gouvernent la « main invisible » du marché. La soumission aux lois du marché est parfaitement garantie par le respect du droit des contrats. Toutefois, le secteur privé ne saurait fonctionner sans l'aide du secteur public. En effet, les lois de l'économie politique classique diffèrent des lois de la physique qui leur ont servi de modèle en ce qu'il est nécessaire pour les faire régner, non seulement en les reconnaissant, mais surtout en créant les conditions nécessaires à leur bon fonctionnement (garantir la libre circulation des biens et des personnes, ainsi que la sécurité des biens, des personnes et des contrats). C'est au secteur public qu'incombe cette tâche. La légitimité du secteur public est assurée par la loi constitutionnelle. Cette dernière énonce la façon dont la raison humaine, grâce à la procédure du vote, parvient à découvrir les lois de la nature et à les instituer en lois de la société. Dans cette perspective, le secteur public doit laisser au secteur privé toutes les activités économiques et sociales, ne réservant à son administration directe que ce qui est nécessaire à son propre fonctionnement.

Le bon fonctionnement du secteur privé suppose pour sa part qu'un certain nombre de conditions soient remplies, dont la principale est sans doute celle de la rationalité des individus. C'est par la raison que l'individu pourra déduire lui-même les quatre conditions du bon fonctionnement du marché :

— les individus visent à maximiser leur profit (ce sont des acteurs économiques rationnels, des « homo œconomicus ») ;

— la concurrence est pure et parfaite (les acteurs économiques sont infiniment petits par rapport au marché, l'information sur ce marché est parfaite, les biens sont fongibles) ;

— l'entrepreneur assume les risques du marché (il se soumet au verdict de la main invisible du marché) ;

— enfin, l'entrepreneur respecte le droit des contrats dont la fonction est précisément de garantir la rationalité des acteurs économiques.

De ce point de vue, les contrats sont valides s'ils respectent un principe central, celui de *l'autonomie de la volonté*. Ainsi *la capacité des contractants* n'est autre que la définition juridique de leur rationalité, et les conditions de nullité des contrats, *l'erreur, le dol, la violence,* ne sont que les diverses façons dont la raison humaine peut être mise en défaut, soit par confusion entre apparence et réalité (erreur), soit par les manœuvres frauduleuses du co-contractant (dol), ou encore par la menace physique ou morale.

Dans un tel système, l'usage de la marque reste possible dans la mesure où chacun est libre d'agir comme il lui plaît, du moins tant qu'il respecte la règle juridique dont nous venons d'exposer les fondements. Aussi n'est-il pas surprenant que les critiques portées aujourd'hui encore contre les marques aient deux origines : le point de vue économique qui énonce en quoi elles interfèrent avec le bon fonctionnement des lois du marché, et le point de vue éthique qui énonce en quoi elles interfèrent avec les conditions qui garantissent à chacun l'autonomie de sa volonté.

D'un point de vue économique, la marque est parfois accusée de favoriser la hausse des prix ou d'être le moyen privilégié de création de fausses valeurs économiques. Elle favoriserait la hausse des prix en perturbant le bon fonctionnement de la concurrence, soit en favorisant la constitution de positions monopolistiques, soit en permettant dans le cas de l'oligopole d'éviter la guerre des prix grâce à la différenciation des produits. Elle engendrerait la création de fausses valeurs économiques en faisant agir la séduction là où ne devrait régner que l'information utile sur les produits.

D'un point de vue éthique, la marque serait un facteur d'aliénation du consommateur, c'est-à-dire qu'elle conduirait à le priver de « l'autonomie de sa volonté », soit en tant qu'information mensongère, dol proprement dit, soit en tant que pouvoir hypnotique de suggestion, action sur la capacité des individus à distinguer apparence et réalité. Sa séduction serait telle qu'elle opérerait une véritable violence à l'égard des individus, les privant du libre usage de leur raison.

Le mensonge traduit par exemple des situations dans lesquelles le même produit est vendu sous deux marques différentes. La suggestion rend compte de situations où la marque constitue une part déterminante de la valeur attribuée au produit : à la limite, le consommateur semble acheter la marque, non pas le produit.

Si les principes de la légitimité libérale classique permettent de rendre compte des critiques de la marque, ils ne permettent pas, par eux-mêmes, de comprendre pourquoi la marque joue aujourd'hui un rôle essentiel et non subsidiaire dans la stratégie des entreprises, ou pourquoi les critiques dont elles font l'objet ne semblent pouvoir être satisfaites par le seul recours à la procédure juridique.

L'explication se trouve dans l'histoire du système de légitimité tel qu'il va évoluer à partir de la Révolution française et dans le fait que celle-ci a, petit à petit, débouché sur une crise du système de légitimité rationnel-légal. Cette crise se manifeste justement dès lors que les questions de légitimité ne disparaissent plus derrière les questions de légalité. Elle correspond aussi à l'importance croissante du rôle joué par la marque et au développement parallèle du marketing.

L'histoire que nous allons conter comporte trois périodes au cours desquelles on voit la marque jouer un rôle croissant : le XIXe siècle où coexistent le principe de l'entrepreneur et des marques sans légitimité ; le XXe siècle jusqu'à la fin des années cinquante avec l'émergence de l'entreprise taylorienne et du débat sur la marque-garantie ; enfin, depuis le début des années soixante, avec l'avènement de la grande entreprise moderne et du règne de la marque.

5. LE XIXe SIÈCLE ET LE PRINCIPE DE L'ENTREPRENEUR : LA MARQUE SANS LÉGITIMITÉ

Pour le libéralisme classique, la définition des produits, de leur prix et des méthodes utilisées pour leur promotion, relève entièrement du secteur privé, le secteur public étant réduit à l'exercice des fonctions de souveraineté nécessaire à la protection des mécanismes de marché. Du point de vue du savoir, la science économique construite sur le modèle de la physique suffit à assurer la légitimité du secteur privé. L'exercice de la science suppose qu'une claire distinction soit faite entre diverses catégories d'informations. Il existe, d'une part, des informations porteuses de savoir, celles qui révèlent les divers aspects du fonctionnement des lois de la nature (par exemple : la mesure du temps et de l'espace en physique ou la mesure de quantité et de prix en économie politique) et, d'autre part, des informations qui ne font que donner forme à notre ignorance, telles que l'apparence et l'opinion.

Si l'information légitime est celle que détermine directement la nature, c'est-à-dire la loi du marché lorsqu'elle fixe les prix et les quantités des produits, la marque en tant que signe ajouté par l'entrepreneur ou en tant que signe culturel, ne saurait avoir de légitimité propre. L'omission des légistes révolutionnaires n'est donc pas un hasard. La marque est ignorée. Elle est toutefois tolérée, le système garantissant la liberté des acteurs économiques. Toutefois, cette tolérance ne se justifie que par la soumission des marques aux lois du marché, c'est-à-dire par leur absence d'efficacité propre sur les mécanismes économiques. Ainsi, par exemple, la marque ne peut être légitime que si elle ne permet pas de distinguer efficacement les produits qui s'échangent sur un même marché. La théorie suppose en effet que les produits sont fongibles, c'est-à-dire précisément qu'ils ne sont pas différenciés.

Le critère de fongibilité des produits devrait conduire à une condamnation pure et simple des marques par le libéralisme classique si n'intervenait à son tour le principe de l'information parfaite qui est censée caractériser le marché. Selon ce principe, les consommateurs et les producteurs disposent d'une information infinie sur les produits. La marque en tant qu'élément d'information supplémentaire disparaît dans cette infinité : son inefficacité propre est donc garantie.

En effet, la marque ne parvient pas plus à différencier les produits qu'elle ne parvient à donner un statut singulier à l'entrepreneur qui l'emploie, car la concurrence pure et parfaite garantit l'atomicité des agents économiques, c'est-à-dire leur invisibilité. C'est donc bien la « main invisible » du marché qui fixe les équilibres entre les offres et les demandes, déterminant de façon souveraine les produits qu'il convient de produire et les besoins qu'il convient de satisfaire.

Dans ce contexte, le marketing ne saurait se développer, comme en témoigne le fait qu'il fallu attendre la fin du XIXe siècle pour que celui-ci fasse l'objet d'un enseignement et de traités aux Etats-Unis. Certes, l'entrepreneur développe librement toutes les techniques qui lui conviennent pour autant que celles-ci ne transgressent pas l'espace de liberté garanti par le droit. Ainsi, chaque agent économique développe ses talents de vendeur ou de producteur, mais aucun n'en tire le moyen de définir les produits et les prix offerts sur le marché.

6. LA PREMIÈRE PARTIE DU XXe SIÈCLE ET L'ENTREPRISE TAYLORIENNE : LA QUESTION DE LA MARQUE-GARANTIE

La crise de légitimité que connut le système libéral à la fin du XIXe siècle peut être illustrée à travers le débat ouvert aux Etats-Unis par l'existence de très grandes entreprises (Du Pont de Nemours, Standard Oil, Vanderbilt etc.). Il devenait difficile de dire si elles étaient soumises ou non à la main invisible du marché : le principe de la concurrence pure et parfaite était mis à mal. Pour combler le vide laissé par la crise de la concurrence pure et parfaite, il fallut faire appel aux ressources du droit et de la science. La solution fut donnée par l'introduction dans le droit d'une phrase qui résolvait en toute logique le problème posé par la taille excessive des entreprises : « il est interdit d'être trop grand ». Cette phrase constitue l'essentiel des lois antitrust qui furent édictées aux Etats-Unis dans les années 1890.

D'autre part, ce nouvel ordre économique supposait un recours à la science : celle dont devait s'armer le juge de la législation antitrust pour mesurer les entreprises et décider de la compatibilité de leur taille avec les principes de la concurrence. Ainsi, par exemple, la Standard Oil fut-elle jugée trop grande par le juge antitrust et découpée en autant de sociétés différentes qu'il était nécessaire pour que chacune de ces unités puisse être considérée comme suffisamment petite.

Un nouveau modèle apparaît qui fonde l'assise du secteur public et du secteur privé. Les dysfonctionnements du marché supposaient que le secteur public, qui avait la charge de veiller à son bon fonctionnement, intervienne pour apporter les correctifs nécessaires. Cette intervention pouvait prendre deux modalités : la régulation, et la substitution dans certains domaines déterminés tels que l'instruction publique ou la santé, du secteur public au secteur privé. La régulation se traduit par l'intervention d'un spécialiste en mécanique des marchés, capable d'en assurer le bon fonctionnement et, par là, de porter main forte à la main invisible du marché : le juge antitrust est le prototype d'un tel dispositif. La substitution, pour sa part, prend le visage de l'intervention de l'Etat afin de fournir des produits partout où un besoin légitime (légitimité mesurée par le personnel politique en tant qu'interprète des vœux de la population) paraît ne pouvoir être satisfait de façon satisfaisante par les mécanismes du marché. Ce type de démarche trouve son expression la plus complète dans la théorie du Service public qui se constitue à la fin du XIXe siècle en France. La production des biens jugés utiles pour la collectivité est confiée à des corps de fonctionnaires spécialisés dans chacune des catégories de biens définies (instruction publique, santé, etc.). Le secteur privé pouvait, grâce à des dispositifs spécifiques de régulation, continuer à fonctionner comme si les mécanismes du marché résultaient du libre jeu de la seule nature.

Toutefois, si l'on interdit aux firmes d'être trop grandes, c'est que l'on reconnaît qu'elles sont désormais suffisamment grandes pour pouvoir être soupçonnées. C'est dire qu'elles ne sont plus des atomes de vie économique, mais des systèmes sociaux où des conflits peuvent surgir qui ne sauraient être réglés par la seule évocation des lois naturelles du marché. Il faut donc que s'ajoute à la science du marché celle des processus sociaux de production : c'est ce que signifie la notion de « management scientifique », dont la figure la plus typique va être Frederick W. Taylor.

La légitimité du système est garantie par le principe du « one best way ». Selon ce principe, il n'existe qu'une seule manière optimale de diviser les tâches, de les attribuer aux plus aptes, de rémunérer ceux-ci de façon à ce que chacun soit satisfait. Ce principe est vertueux collectivement : l'ouvrier touchant une paye plus élevée, l'entreprise produisant plus, le tout conduit au meilleur développement économique de la société globale.

L'ensemble de ces dispositifs fait apparaître un nouveau modèle de savoir : le savoir positiviste. Les principales caractéristiques de cette forme de savoir sont : la division de la connaissance en champs spécialisés, l'existence de corps de spécialistes, le fait pour chaque corps de spécialistes de disposer d'instruments de mesure adéquats à leur champ de spécialisation, et enfin, l'idée de progrès du savoir et de progrès par le savoir qui faisait de celui-ci la valeur centrale de la société.

Un tel dispositif a des conséquences importantes quant à la nature des informations. Alors que, jusque-là, on pouvait distinguer deux types d'informations auxquels chacun avait accès, celles qui manifestent la vérité de la nature et celles qui manifestent l'illusion des apparences et des opinions, il faut désormais distinguer trois types d'informations, celles dont dispose le spécialiste qui les produit grâce à ses instruments de mesure et qui a le statut de savoir, celles dont dispose le non-spécialiste sur le savoir du spécialiste et qui a le statut d'opinion légitime, et les autres qui relèvent des apparences et des opinions sans valeur.

Si nous définissons la marque comme le signe que le spécialiste appose sur son produit pour en désigner les qualités auprès du non-spécialiste, on voit qu'il est possible de définir une marque comme ayant une valeur propre, celle de garantir la qualité du produit ainsi désigné. Un tel système n'est pas sans rappeler celui que la Révolution avait supprimé par la loi Le Chapelier. Cette présence, au sein du système rationnel-légal, de formes qui semblent empruntées à la légitimité traditionnelle ne saurait surprendre quand on sait que c'est vers le Moyen Age que le fondateur du positivisme, Auguste Comte, pensait devoir se tourner pour retrouver le secret de l'organisation du pouvoir hiérarchique que la Révolution avait voulu abolir.

Toutefois, l'articulation de la fonction externe de l'entreprise, liée aux mécanismes de marché, et de la gestion interne, liée à l'organisation positiviste, ne va pas sans de redoutables problèmes théoriques qui se traduisent en longs débats sur la légitimité de l'entreprise. Or la marque et le marketing jouent précisément un rôle déterminant dans ce débat.

Tous les ouvrages de marketing se font l'écho du conflit qui opposait alors les spécialistes tayloriens de la production et les spécialistes de l'adaptation des produits aux besoins du consommateur. S'il y avait conflit, c'est que le marketing remettait en cause la légitimité du spécialiste de la production et des critères techniques par lesquels il pensait pouvoir définir la qualité des produits propre à satisfaire le besoin du public.

Le constat de l'échec des producteurs à vendre leur production, a conduit à interposer entre les mécanismes du marché et les processus de production une nouvelle catégorie de spécialistes, les spécialistes du marketing. Ceux-ci opposent au producteur et à son savoir « scientifique » un nouveau modèle de consommateur où les aspects irrationnels, opinions et apparences, jouent un rôle déterminant. Ce faisant, le marketing se hasarde dans des domaines où le savoir laisse place à l'incertitude, ce qui explique sans doute les reproches qui lui sont faits d'un point de vue épistémologique. Comme le remarquait un ouvrage montrant la compatibilité entre la logique du marché et l'organisation de l'entreprise : « ... le principe de spécialisation est exemplifié par la tendance des domaines hautement incertains et spéculatifs de la vie industrielle à se séparer progressivement des aspects stables et prédictibles et à être assumés par des services différents — ceci est évidemment ce qui s'est passé en vérité dans la forme ordinaire de spécialisations déjà remarquée, à savoir la séparation de la fonction marketing des aspects technologiques de la production, la première étant beaucoup plus spéculative que les seconds. »

Dans un monde tel que celui du taylorisme, qui prétend se fonder sur les déterminismes de la science, se confronter à l'incertain, comme le fait le marketing, c'est prendre le risque de se placer en marge de la légitimité dominante et, de ce fait, d'être critiqué au nom des critères qui la régissent. Donner une place à l'incertain, c'est remettre en cause le système de légitimité rationnel-légal.

La question de la compatibilité entre la légitimité rationnelle-légale et l'émergence du marketing est posée au sein de la théorie économique par Chamberlin en 1933. Selon lui, parce que les situations économiques mêlent concurrence et monopole, le marché est imparfait. Cet état de fait résulte des processus de différenciation des produits qui détruisent l'homogénéité nécessaire au bon fonctionnement du marché. Suivant cette théorie, l'entreprise n'est plus soumise à la main invisible du marché, elle exerce au contraire un pouvoir sur le marché. Pour reprendre le vocabulaire des critiques du marketing, c'est la « main visible » des managers qui désormais « manipule » le marché, créant des besoins que l'on dira « artificiels » du fait que leur définition ne résulte pas du libre jeu des lois de la nature. Le rôle du marketing est donc directement associé par Chamberlin à la différenciation des produits, c'est-à-dire à l'usage de signes distinctifs, c'est-à-dire de la marque.

La marque joue dans ce contexte un rôle qui ne peut plus être sous-estimé. Si dans une situation où l'information est parfaite (cas de la concurrence pure et parfaite), la marque disparaît dans la masse des informations disponibles, dans un marché où l'information est imparfaite, la marque en tant qu'information manifeste (donc accessible) prend au contraire de l'importance. Elle sert en effet de garantie, c'est-à-dire de substitut à d'autres informations non directement disponibles sur le produit (comme celles qui constituent la compétence spécifique du spécialiste-producteur). Une autre fonction de la marque réside dans le fait qu'elle a une valeur par sa signification symbolique. Dans ce cas la marque est recherchée pour elle-même, pour ce qu'elle signifie : le bon goût de celui qui l'a choisie, le sentiment de luxe qu'elle apporte à celui qui peut se l'offrir.

La distinction entre marque-garantie et marque à valeur symbolique n'est pas toujours simple à établir. Cette distinction repose en fait sur une conception technicienne du produit qui suppose, qu'il existe des spécialistes capables de définir de façon « objective » le produit et d'en garantir les caractéristiques techniques. Dès le départ, dans son opposition à l'approche du producteur, le spécialiste du marketing remet en cause une telle distinction : la garantie n'est elle-même qu'un des attributs symboliques du produit. « Le fait remarquable est que l'ubiquité de l'incertitude, qui traverse toutes les relations de vie, apporte avec elle le fait que l'information est une des marchandises principales que l'organisation économique tente de fournir. De ce point de vue, il importe peu de savoir si l'« information » est vraie ou fausse ou si elle n'est que suggestion hypnotique. Comme dans d'autres domaines de l'action économique concurrentielle, le consommateur est le juge final... Ceux qui sont moralement scrupuleux (et naïfs) peuvent protester qu'il y a une distinction entre utilités réelles et nominales ; mais ils finiraient par trouver très dangereux pour leur optimisme de tenter de poursuivre trop loin. Après examen, on trouvera que la plupart des choses sur lesquelles nous dépensons nos revenus et que nous désirons, en particulier pratiquement toutes les valeurs « spirituelles » les plus élevées, tendent à tomber dans la deuxième catégorie » (Knight, 1921).

Au début du XXe siècle, la marque va peu à peu acquérir droit de cité, ne serait-ce que comme marque garantie, puisqu'une telle catégorie est acceptable car étant conforme à l'ordre positiviste. Toutefois, elle ne peut se borner à ce rôle : au-delà de la garantie, elle est porteuse d'une valeur symbolique propre. Sous cet aspect, la marque est directement associée au travail des spécialistes du marketing.

Sa valeur symbolique, la marque la tient dans le fait qu'elle constitue un des attributs de l'apparence du produit, apparence qui, pour le spécialiste du marketing, est l'essentiel de la définition du produit. La marque-garantie peut renvoyer aussi aux spécialistes qui l'ont apposée et au-delà à l'entreprise qui les emploie. Toutefois, une telle association entre marque et entreprise reste illégitime tant que l'entreprise est supposée être suffisamment petite pour être compatible avec l'hypothèse de la concurrence pure et parfaite. La seconde partie du XXe siècle va conduire à l'abandon de cette hypothèse ; du même coup, le rôle de l'entreprise va prendre une place essentielle dans la signification des marques.

7. LA SECONDE MOITIÉ DU XXe SIÈCLE ET LA GRANDE ENTREPRISE MODERNE : LE RÈGNE DE LA MARQUE

La tension qui existait dans le secteur privé entre la logique externe du marché et la logique interne de la gestion organisationnelle, tension dont le rôle du marketing et de la marque-symbole est la mesure, n'a fait que s'accroître entre les deux guerres, aboutissant à une crise de tous les fondements de la légitimité : secteur privé, secteur public, savoir scientifique.

La crise des logiques du privé se manifeste par exemple dans l'étude que Berle et Mead ont effectuée en 1932. Celle-ci montrait la perte de pouvoir croissante — dans le gouvernement des entreprises — des actionnaires face aux managers, perte de pouvoir qui remettait en cause le principe du risque de l'entrepreneur : celui qui décide n'étant pas celui qui paie, l'optimum économique n'est plus garanti par la théorie économique.

Cette crise s'accentua lorsque des entreprises se mirent à ne plus faire de profit, ce qui est grave, et à ne plus faire faillite, ce qui l'est encore plus, la faillite étant la marque de la soumission de l'entreprise à la loi d'airain du marché. Car les entreprises étaient désormais trop grandes pour que leur disparition puisse laisser indifférents les pouvoirs publics. De cette nouvelle situation, on peut donner quelques exemples juridiques, économiques et manageriaux.

Au niveau juridique, on peut penser à la modification de l'esprit même des lois définissant la faillite, ou bien à la loi sur le bilan social qui indique que l'objectif de l'entreprise n'est plus seulement économique (le bilan économique mesure la sanction des lois naturelles du marché), mais aussi social (le bilan social mesure des comportements culturels de l'organisation). Au niveau économique, on peut penser au renflouement de Chrysler par le gouvernement des Etats-Unis, moment symbolique où les lois antitrust, qui avaient fixé à quatre le nombre minimum d'entreprises nécessaires pour constituer un marché de l'automobile aux Etats-Unis, sont mises en échec : ou bien, on laisse Chrysler faire faillite et il ne reste plus que trois entreprises dans le secteur, ou bien on apporte l'aide publique à Chrysler et l'on entérine le fait que les forces du marché ne parviennent pas à faire survivre par elles-mêmes une concurrence suffisante. L'issue trouvée à cette alternative a été de décréter que la concurrence doit désormais se mesurer au niveau mondial. Si une telle approche est acceptable du point de vue du marché, il faut reconnaître qu'elle porte un coup fatal à la souveraineté des Etats nationaux (en l'occurrence des Etats-Unis !). Le contrôle de l'organisation optimale de l'économie leur échappant désormais, c'est au niveau mondial que se pose désormais la question de la légitimité économique notamment celle du marketing et de la marque. Au niveau managerial, la crise peut être illustrée par les vifs débats qui opposent les « raiders » qui accusent les managers d'être des bureaucrates inefficaces et d'usurper les droits légitimes des actionnaires, et les managers qui accusent les « raiders » de conduire l'économie à la catastrophe par leur politique démagogique de profit à court terme.

L'intervention du secteur public pour « réguler » la situation ainsi créée, est rendue peu efficace, le secteur public étant également le lieu d'une crise — crise qui est d'abord celle de la définition de ses propres limites, ainsi que le montre, en France, l'histoire de la notion juridique qui les fixe, à savoir le « critère du droit administratif ». Tous les traités de droit public racontent la même histoire. Au critère de la puissance publique a succédé, à partir de 1880, le critère de service public, puis dès 1950, la crise du critère.

Le principe de légalité ne permet plus de résoudre les conflits dans la société, le droit devient trop confus et trop complexe : ce que le juriste ne sait définir, il n'est pas censé de penser que le citoyen puisse le connaître à sa place.

Par crise du critère, il faut entendre que le tribunal des conflits renonce à l'espoir de trouver un critère simple qui permette de délimiter ce qui est public et ce qui est privé. Désormais, c'est en considérant un faisceau de critères que le tribunal décidera s'il faut considérer l'acte jugé comme relevant plutôt d'un secteur que de l'autre. De là, il résulte que celui qui agit ne peut savoir avec certitude sur quels critères il sera jugé.

Cette crise de légitimité interne à l'Etat (puisqu'elle est définie dans le cadre de l'application du droit national) vient se conjuguer avec la remise en cause de la souveraineté de l'Etat face à la concurrence internationale qu'illustrent les difficultés rencontrées par les lois antitrusts aux Etats-Unis ou les bouleversements juridiques promis pour 1992 à tous les pays du Marché commun. Peut-être peut-on voir là deux raisons propres à inspirer la « modestie » à l'Etat moderne pour reprendre l'expression du sociologue Michel Crozier (1988). Cette crise de la limite entre secteur public et secteur privé a une importance particulière pour notre sujet dans la mesure où elle permet d'expliquer pourquoi le secteur public peut être conduit à faire du management et en particulier du marketing (Laufer et Burlaud, 1980). Les méthodes du secteur public ne peuvent plus en effet être nettement séparées de celles du secteur privé ; la remise en cause des limites du secteur public correspond à une remise en cause de sa légitimité qui le conduit à devoir user des techniques du privé pour se légitimer. Progressivement, l'Etat est conduit à défendre ses services publics comme une entreprise défend ses marques contre d'éventuels concurrents, ainsi que le montrent par exemple l'évolution de la Poste et la création de France Telecom. Au-delà, l'Etat est conduit à concevoir son action économique au niveau international en considérant de plus en plus le pays lui-même comme une marque qu'il est chargé de promouvoir. La promotion de l'image du pays devient un moyen privilégié pour augmenter la part des produits « made in France » dans les échanges internationaux.

La critique puis l'effacement du modèle « taylorien » correspond également à une remise en cause de la science positiviste qui la fondait. Etait centrale, dans le modèle taylorien du savoir, l'idée de progrès. Or, la soumission à l'autorité des savants apparaît comme n'entraînant plus cette contrepartie vertueuse qu'est la marche certaine vers le mieux-être. On peut voir les signes de l'effondrement de cette croyance dans les débats sur les limites de la croissance qui s'engagèrent dans les années 1960 autour des travaux du « Club de Rome ». La méthode utilisée dans ses travaux par le Club de Rome, l'analyse de système comme science de la complexité, est au moins aussi importante que ses résultats : dérivée des travaux de Von Bertallanfy (1939) et de Norbert Wiener (1950), elle constitue le nouveau modèle épistémologique dont Herbert Simon montrera qu'il constitue la logique même de l'entreprise moderne (1947). Suivant Simon en effet, le monde est trop complexe pour que l'entreprise puisse rechercher la maximisation du profit, elle doit se contenter de construire un modèle d'action cybernétique propre à produire un résultat jugé acceptable par les managers de l'entreprise. Tant que le résultat de l'action des managers, conduite en se conformant à ce modèle, est « satisfaisant », ceux-ci continuent à se conformer à sa logique. Si le résultat devient insatisfaisant (« feed back négatif »), les managers sont conduits à modifier leur modèle d'action.

La science puisait sa certitude dans sa capacité à décrire les lois de la nature de façon objective, c'est-à-dire indépendamment de l'univers de la relativité culturelle. La « systémique » est un art, non pas une science au sens propre du terme. Elle ne produit pas de représentations univoques de la nature, mais seulement des modèles qui ne valent que dans la mesure de leur conformité aux phénomènes, c'est-à-dire aux apparences. C'est donc l'opinion, celle du public comme celle des spécialistes, qui mesure désormais la validité du savoir. Si l'analyse de système est une science, elle est, pour reprendre l'expression de Simon, une « science de l'artificiel », elle rend compte de la confusion du naturel et du culturel, puisque l'artificiel n'est autre que le nom de cette confusion.

Désormais, il n'est plus possible de distinguer de façon certaine les informations qui caractérisent le savoir du spécialiste de celles qui relèvent de l'opinion de tout un chacun aux prises avec les apparences. La légitimité du savoir des spécialistes repose donc sur la croyance dont ils sont investis — ce pour quoi les modèles d'action qu'ils proposent peuvent être critiqués à tout moment par le public soit comme faux ou douteux, du fait du caractère irréductible de la complexité du monde, soit comme inutiles, voire nuisibles. Par exemple, la fin de la croyance au progrès conduit à s'interroger sur des sciences et des techniques qui semblent aussi menaçantes que bienfaitrices, qu'il s'agisse du nucléaire, de la génétique ou de l'informatique.

De la crise du savoir, il résulte qu'il n'y a plus de marque (en tant qu'information) qui vaille par elle-même comme pur signe de la nature ou garantie d'un savoir. La marque ne vaut que pour autant que le public lui accorde sa confiance.

Cette façon de mesurer la légitimité de la marque par la croyance ou la foi que lui accorde le public, n'est pas sans rappeler le fonctionnement de la légitimité charismatique, ainsi que le confirme l'idée de plus en plus répandue que la marque doit être traitée comme une personne (marque-personne), qu'elle a un caractère, un style, qu'elle doit devenir « une star » (star-stratégie). Elle n'en diffère que dans la mesure où la croyance n'étant pas, du point de vue de la raison, un critère totalement rassurant, elle fait l'objet d'attaques incessantes : la croyance qui constitue la marque ne peut donc jamais être considérée comme acquise, elle est le produit d'une lutte incessante entre ceux qui la défendent et ceux qui la critiquent. Dans ce sens très général déjà, on voit que la valeur de la marque est le résultat d'une lutte.

Du point de vue de son rapport au produit, la crise du modèle taylorien fait perdre toute autonomie à la notion de marque-garantie : la marque ne vaut comme garantie que pour autant que le public la perçoit comme telle.

Le développement des stratégies de qualité et le souci du « zéro défaut » sont des manifestations d'un véritable marketing de la « marque-garantie ». En effet, puisque le produit ne peut être défini autrement que par son apparence, puisque la marque constitue une part essentielle (manifeste, distinctive, reconnaissable) de cette apparence et qu'elle ne peut référer à autre chose qu'à ce que chacun investit en elle de croyance, il y a confusion croissante entre le produit et la marque, ce que symbolise dans les entreprises, le jeu sémantique entre les notions de chef de produit et celle de chef de marque. Un autre exemple de cette confusion entre le produit et la marque est donné par le nombre croissant de produits de luxe ou de mode qui arborent la marque de façon aussi visible que possible, au lieu de la porter cachée comme garantie discrète d'un produit dont la qualité était censée devoir être reconnue par les connaisseurs, les hommes de goût.

Les critiques du marketing et les critiques de la marque se devaient de se manifester de façon publique et durable à partir du moment où le système de légitimité rationnel-légal était en crise. Ceci explique le développement de la contestation consumériste dans les années 1960. Par-delà les produits, cette contestation s'adresse à l'entreprise : celle-ci est désormais trop grande et trop forte, par son assise multinationale et par ses effets sur la vie quotidienne, pour pouvoir nier que son action a un pouvoir structurant sur son environnement. L'entreprise ne peut plus se contenter de se cacher derrière le marché, derrière ses produits, derrière ses marques, et rester un agent économique pur. Elle entre en société. A travers les critiques de la marque, c'est donc l'entreprise elle-même qui est visée. Loin de se contenter d'agir « en privé », il lui faut développer un management, un marketing « public » (Laufer et Burlaud, 1980) — management ou marketing dont l'objectif est justement de faire accepter des programmes d'action par le public en développant des stratégies dont l'objet est de répondre aux critiques, en particulier à celles que l'on porte à ses marques.

Ce faisant, l'entreprise devient visible, elle doit se constituer une « image ». De cette image, les marques constituent désormais une part essentielle à la fois par les ressources économiques qu'elles drainent et par la faveur qu'elles savent acquérir auprès du public. Image d'entreprise et marques doivent désormais être gérées de façon solidaire.

La mise en cause de la légitimité de l'entreprise, de son marketing et de ses marques conduit ainsi au développement d'un marketing de la légitimité de l'entreprise, de son marketing et de ses marques. L'entreprise devient une institution. Il ne s'agit pas seulement de vendre des produits, mais de gérer une relation avec le public.

8. LA LUTTE DES MARQUES : PRODUCTEURS, DISTRIBUTEURS, CONSOMMATEURS

Le temps du consumérisme peut aujourd'hui sembler loin, avec son concert de critiques du marketing et des marques. La conscience de la concurrence internationale a tempéré les tentations de réglementation publique excessive. Aussi n'est-ce pas dans un quelconque mécontentement croissant du public qu'il faut chercher les manifestations les plus actuelles de la question des critiques de la marque, mais dans la lutte qui oppose les producteurs à la grande distribution. Dans ce conflit, les grands distributeurs reprennent à leur compte les critiques de la marque à trois fins : pour contraindre les fabricants à leur vendre des produits (même lorsque ceux-ci voudraient les réserver à des circuits sélectifs), pour justifier la constitution de groupements d'achat entre chaînes de distributeurs qui pèsent sur les prix, ou encore en vue de produire des publicités leur permettant de promouvoir les marques de distributeurs à bas prix comme étant des « non-marques » ou, suivant la formule célèbre, des « produits libres ».

Ces attaques ne vont pas sans être quelque peu paradoxales. En effet, les distributeurs qui attaquent les marques de fabricants, défendent leurs propres marques, qu'il s'agisse de leur enseigne ou de leurs « marques de distributeur ». On voit mal pourquoi leur marque et leur marketing échapperaient comme par miracle à la suspicion qu'ils font peser sur ceux des autres. Car la popularité des critiques de la marque correspond à une crise plus profonde de la légitimité sociale qui ne saurait épargner toute entreprise quelle qu'elle soit. Les grands distributeurs font bien partie des grandes entreprises : à ce titre, ils sont justiciables de tous les arguments et critiques qui sont adressés à celles-ci. Et pourtant, force est de reconnaître que leur argumentation semble primer le plus souvent sur celle que leur opposent les producteurs.

Du reste, lorsque l'on considère les grands conflits sociaux qui ont marqué l'histoire des critiques de la marque, force est de reconnaître que si on a vu les producteurs s'opposer entre eux (à travers le problème des contrefaçons), les consommateurs s'opposer aux producteurs (développement du consumérisme), les distributeurs s'opposer aux producteurs, le chapitre des conflits opposant les distributeurs aux consommateurs reste (encore ?) relativement modeste.

Nous aimerions proposer l'hypothèse que cette paix relative résulte non tant d'une plus grande légitimité de principe de la grande distribution moderne, que de la stratégie qu'elle a menée depuis le grand mouvement de concentration commencé au cours des années 1960. La grande distribution a en effet développé depuis déjà longtemps une stratégie de « marketing public » visant au premier chef à promouvoir sa propre légitimité institutionnelle. Les arguments développés par la grande distribution visent en effet le public et les pouvoirs publics.

Au terme de cet ouvrage, le lecteur saisit combien la marque a été jusqu'à ce jour mal comprise car objet de trop d'enjeux et de discours qui, sous couvert de la décrire, étaient en fait des stratégies d'influence. Le temps est venu de rétablir un juste équilibre en donnant sa juste place à une réflexion théorique sur la marque, ne serait-ce que pour comprendre pourquoi de telles stratégies d'influences sont nécessaires et comment elles sont possibles.

BIBLIOGRAPHIE

Arnold T. (1949), *The Folklore of Capitalism,* New Haven, Yale University Press.

Berle A. and Mean G. (1968), *The Modern Corporation and Private Property,* New York, Harcourt, Brace and World.

Bertallanfy L.V. (1973), *Théorie générale des systèmes,* Paris, Dunod.

Brun J.-L. (1897), *Les Marques de fabrique et de commerce,* Paris, Librairie de la Société Générale du Recueil des Lois et des Arrêts.

Chamberlin E., H. (1956), *Theory of Monopolistic Competition,* Cambridge, Harvard University Press.

Code civil (1987), Paris, Dalloz.

Colloque de l'I.R.P.I. (Institut de Recherche en Propriété Intellectuelle Henri Desbois) (1983), *Examen des marques à l'épreuve de la pratique,* Paris, Librairies Techniques.

Comte, A (1974), *Philosophie des sciences,* Paris P.U.F.

Crozier, M (1988), *Etat moderne, Etat modeste,* Paris, Editions du Seuil.

Knight, F.H (1921), *Risk Uncertainty and Profit,* Chicago, University of Chicago Press.

Laufer R. et Burlaud A. (1980), *Management public : Gestion et Légitimité,* Paris, Dalloz.

Laufer R. Paradeise C. (1982), *Le Prince bureaucrate : Machiavel au pays du marketing,* Paris, Flammarion.

Seguela J. (1982), *Hollywood lave plus blanc,* Paris, Flammarion.

Simon H.A (1974), *La Science des systèmes, science de l'artificiel,* Paris, Epi.

Taylor F.W, (1957), *La Direction scientifique des entreprises,* Paris, Dunod.

Thil E. et Baroux C. (1983), *Un pavé dans la marque,* Paris, Flammarion.

Weber M. (1971), *Economie et Société,* Paris, Plon.

Wiener N., (1969), *The Human Use of Human Beings : Cybernetics and Society,* New York, Disus Books.

Epilogue

Tout produit porte inévitablement un nom. Mais il ne suffit pas de mettre un nom sur un emballage pour faire une marque. Etre une marque, c'est mettre le consommateur au centre de ses préoccupations, se mobiliser, se structurer et s'organiser en ce sens. Les goûts des consommateurs ne cessent d'évoluer, leur niveau d'exigence de croître, leurs besoins de s'affiner. La difficulté est de suivre ces changements et surtout de les anticiper, grâce à la recherche et aux études de marché, afin de pouvoir produire à l'échelle industrielle des propositions compétitives.

La marque a une vision élargie de la compétitivité. Celle-ci ne se résume pas à la seule réduction des coûts. En effet, cette démarche ne peut s'appliquer qu'une fois le plus dur réalisé : trouver les idées de produits nouveaux, d'améliorations de performances encore plus proches des goûts changeants du public. Là réside le challenge de la marque : une préoccupation constante d'amélioration des performances pour la mettre au service du plus grand nombre de consommateurs. De nombreuses marques sont mortes pour avoir oublié cette mission. Etre une vraie marque n'a jamais été un statut définitif.

La marque est une relation avec les consommateurs. N'ayant pas failli à sa mission de progrès, la marque en reçoit la récompense : un attachement de la part des acheteurs, un préjugé favorable, quand ce n'est une véritable fidélité. Ce capital n'est pas une rente, il est une opportunité. La marque est une chance donnée à l'entreprise de prendre des risques. Elle est l'oxygène qui lui donne le temps et les moyens de réinvestir sans cesse en R & D, en lancements de produits performants et innovants.

La logique de la marque est d'étendre toujours son périmètre d'influence. Certains besoins se retrouvent aussi bien en Allemagne qu'en France, ou encore au Nord-Est des Etats-Unis. Etendant son souci du consommateur national au consommateur mondial, la marque est une relation aux consommateurs non encombrée de préjugés nationalistes. L'existence d'une marque confère des économies d'échelle au niveau des coûts de marketing : elle permet les considérables investissements en R & D et en production, nécessaires aujourd'hui pour la poursuite du progrès technologique et son offre à un prix compétitif. La marque donne son nom à ce progrès technologique. Elle devient un drapeau de ralliement tant pour les énergies au sein de l'entreprise que pour les consommateurs internationaux. On comprend alors que la marque est la vraie mesure de la compétitivité d'un pays.

Face à cette réalité, on peut s'étonner des attaques portées à l'encontre de la notion même de marque dans les pays occidentaux. On semble critiquer ce qui a contribué à la qualité de la vie dans ces sociétés modernes. En effet, le cycle de progrès et d'innovation a largement été rendu possible grâce à la marque et la production de masse qu'elle autorise par les débouchés qu'elle procure. D'autre part, à l'heure où l'on parle de marché européen, et de concurrence mondiale, on ne saurait affaiblir les marques pour céder à des intérêts locaux ou des préoccupations court-termistes. Ne l'oublions pas, la compétitivité d'un pays se compte au nombre de ses marques fortes.

Jean-Noël Kapferer et Jean-Claude Thoenig

INDEX DES SUJETS

F

G

H

I

L

M

N

INDEX

Noms de marques et d'entreprises cités dans le livre

INDEX

Liste des produits ou services faisant l'objet de développements dans le livre

874 - La Bayeusaine graphique
6-12, rue Royale - 14401 Bayeux
Dépôt légal N° 7494 - mai 1989
Imprimé en France